权威·前沿·原创

皮书系列为
"十二五""十三五"国家重点图书出版规划项目

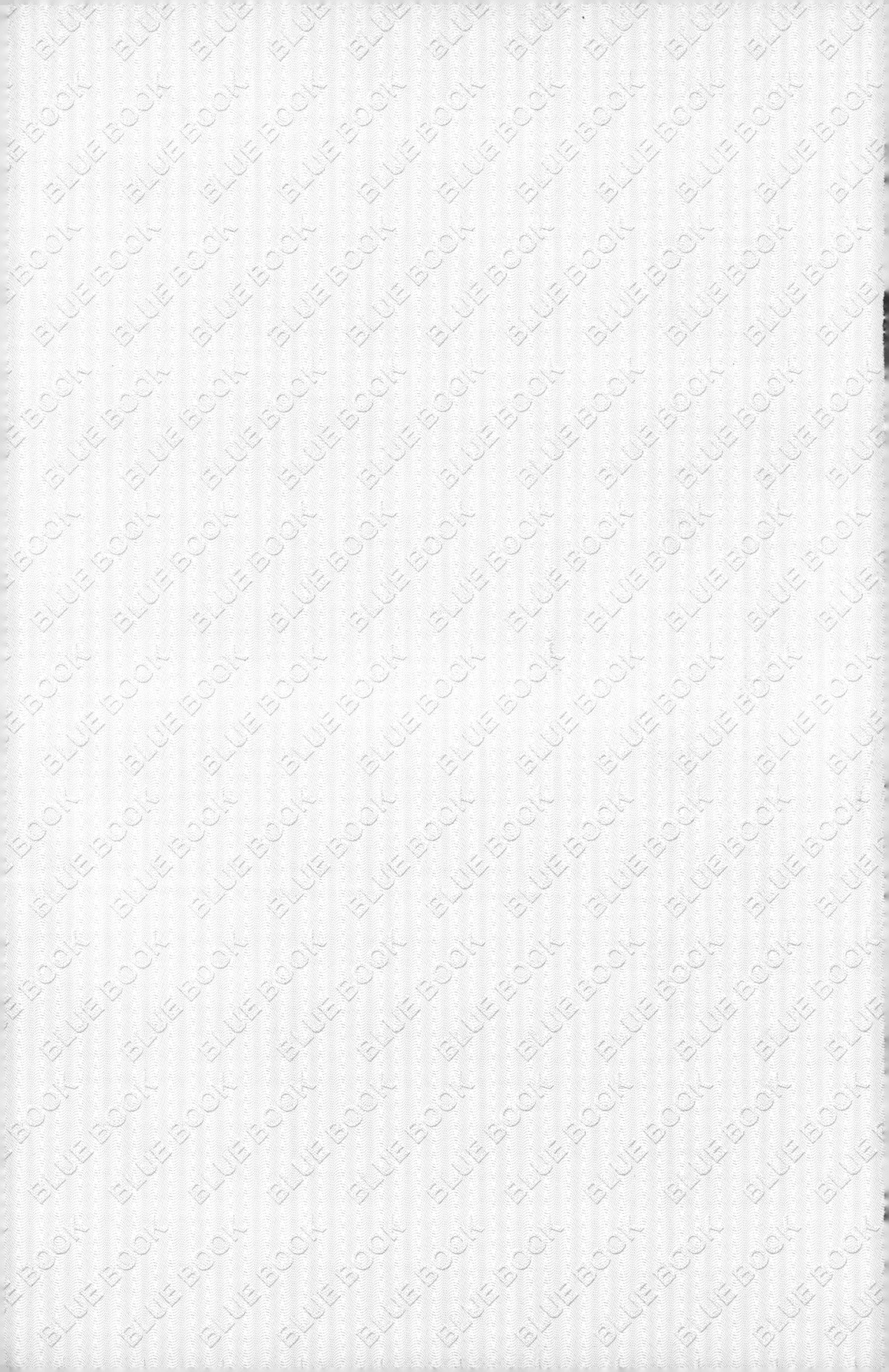

B

BLUE BOOK

智库成果出版与传播平台

《文化建设蓝皮书：中国文化发展报告》
编辑委员会

主要研创人员简介

江 畅 男，博士，教育部长江学者特聘教授，湖北大学哲学学院教授、博士生导师，湖北大学高等人文研究院名誉院长，中华文化发展湖北省协同创新中心主任、首席专家，上海大学社会科学部兼职教授，湖北省有突出贡献的中青年专家，享受国务院政府特殊津贴，国际价值哲学学会（ISVI）前会长、中国伦理学会副会长、价值哲学专业委员会副会长、文化建设与评价专业委员会常务副会长、湖北省伦理学学会名誉会长、湖北省传统文化教育研究会会长，《价值论与伦理学研究》（丛刊）、《文化发展论丛》、"道德·价值·文化丛书"主编。

孙伟平 男，博士，上海大学社会科学部主任、马克思主义学院院长、"伟长学者"特聘教授、博士生导师，中国社会科学院研究生院教授，曾任中国社会科学院哲学研究所副所长，《世界哲学》杂志主编。"百千万人才工程"国家级人选，国家有突出贡献中青年专家，享受国务院政府特殊津贴。中国现代文化学会副会长、文化建设与评价专业委员会会长，中国辩证唯物主义研究会副会长、价值哲学专业委员会会长，湖北大学高等人文研究院兼职研究员，中华文化发展湖北省协同创新中心首席专家。

戴茂堂 男，博士，湖北大学哲学学院党委书记、教授、博士生导师，湖北大学高等人文研究院常务副院长，中华文化发展湖北省协同创新中心副主任、首席专家，湖北省道德与文明研究中心主任，文化建设与评价专业委员会副会长，教育部哲学专业教指委委员，价值哲学专业委员会常务副秘书长，湖北省哲学学会副会长，湖北省伦理学学会副会长，享受湖北省政府专项津贴,《价值论与伦理学研究》(丛刊)、《德国哲学》(丛刊)、"道德·价值·文化丛书"主编。

    阮　航　男,博士后,湖北大学哲学学院副教授、硕士生导师,湖北大学高等人文研究院副院长,湖北大学中国文化发展研究中心副主任,中华文化发展湖北省协同创新中心主任助理、研究员,文化建设与评价专业委员会副秘书长。

    李家莲　女,博士,湖北大学哲学学院副教授、博士生导师,湖北大学高等人文研究院副院长,中华文化发展湖北省协同创新中心主任助理、副研究员。

    徐　弢　男,博士,湖北大学哲学学院副教授、硕士生导师,湖北大学高等人文研究院院长助理,中华文化发展湖北省协同创新中心主任助理、副研究员。

摘　要

2018～2019 年，我国人民满怀豪情迎接中华人民共和国成立 70 周年，以习近平新时代中国特色社会主义思想为指导，加大文化建设的力度，取得了举世瞩目的巨大成就。

2018～2019 年，我国文化事业投入持续稳步增长，为文化事业的建设和发展提供了重要支撑。我国文化事业建设成效显著，统筹推进文化和旅游公共服务融合，深入开展乡村文化振兴，中国特色社会主义文化弘扬呈现新局面。但在文化事业建设的过程中，还需进一步贴近人民群众文化需求，增强其文化获得感，培育其阅读兴趣，提升其阅读质量和阅读水平。中国文化生产领域继续深化改革，总体状况持续向好，保持了较为稳定的增长。文化及相关产业在国民经济中的地位稳步上升，文化产品的进出口稳中有升。互联网文化产业成为我国文化生产领域新的增长点，显示出巨大的潜力和国际竞争力。文化产品的生产正走上高质量发展之路，努力实现提质增效、推动融合发展，同时主题出版与期刊转型成为年度亮点，国产电影强势崛起，总体上取得了不俗的成绩，但文化产品从"量"的扩张到"质"的提升依旧任重道远，新旧媒体融合发展缓慢。我国在公共文化服务领域出台和落实了一系列更加具体的相关政策，进一步提升了公共文化服务效能，并取得了明显的成效。公共文化服务体系建设进一步完善，基本公共文化服务进一步均等化，公共文化服务科技含量越来越高，公共文化服务供给越来越精准，非物质文化遗产保护效果明显，文化助力精准扶贫工作成效显著，群众对公共文化服务的满意度进一步提升。中国在文化国内传播和影响力方面取得了一系列较大成就，文化体制改革政策红利惠及文化传播行业，县级融媒体中心建设取得阶段性成果，影视行业的结构性调整成效初显，网络视频平台逐步转型为新的文化载体。

湖北大学高等人文研究院、中华文化发展湖北省协同创新中心在 2019 年 8~12 月开展了一年一度的"中国文化发展状况调查（2019）"，为《文化建设蓝皮书：中国文化发展报告（2020）》的研创提供事实依据与数据支持。为庆祝中华人民共和国成立 70 周年，本报告对 1949~2019 年我国文化发展与经济社会发展的关系进行了考察和分析，提供了《公共文化机构资本积累对社会经济发展贡献的特征与趋势》研究报告。报告利用新中国成立以来公共文化机构发展 70 年的时间序列数据，在描述分析的基础上，采用了 10 个时间序列弹性变量，构建了长期协整模型。

为增强中国文化建设和发展的自觉性、主动性和预见性，本报告立足于我国文化发展现状，从文化事业、文化生产、文化产品、公共文化服务、文化国内和国际传播与影响力六个方面，对 2018~2019 年我国文化发展的新成就、新态势以及存在的一些问题做出总体上和指数上的描述和分析，对中国文化近年来所达到的水平和竞争力做出定性和定量的评估，对 2020 年及今后一段时间我国文化建设发展前景进行预测，希望借此为党和政府的有关决策和管理提供宏观上的理论参考和数据支撑。

关键词： 文化发展指数　文化事业　文化生产　文化产品　文化传播

目　录

Ⅰ　总报告

B.1 中国文化发展报告（2019）……………… 阮　航　罗　佳 / 001

　　一　文化发展的宏观环境 ………………………………… / 002

　　二　文化发展现状与水平 ………………………………… / 006

　　三　培育和践行社会主义核心价值观以及"一带一路"

　　　　对外文化交流情况考察 ………………………………… / 019

　　四　文化发展的主要成就 ………………………………… / 026

　　五　文化发展中存在的主要问题 ………………………… / 033

　　六　对策和建议 …………………………………………… / 040

Ⅱ　指数报告

B.2 中国文化发展指数发布与评价报告（2019）

　　…………………………………………… 卿　菁　刘皓蓉 / 045

Ⅲ　分类报告

B.3 中国文化事业报告（2019）………………………… 黄文红 / 079

B.4 中国文化生产报告（2019）………… 陶文佳　尤银波　武　雷 / 109

B.5 中国文化产品报告（2019）………………………… 张媛媛 / 143

B.6 中国公共文化服务发展报告（2019）

    ………………………… 周鸿雁　李玉寒　郭嘉峰 / 169

B.7 中国文化国内传播与影响力报告（2019）

    …………………………… 黄　妍　王　燎　黄文霞 / 202

B.8 中国文化国际传播与影响力报告（2019）…… 李家莲　叶华珍 / 236

Ⅳ　专题报告

B.9 公共文化机构资本积累对社会经济发展贡献的特征与趋势

    ——基于中国1949～2018年时间序列数据建模分析

    ……………………………………………………… 张智敏 / 254

Ⅴ　中国文化发展状况调查数据

B.10 "中国文化发展状况调查（2019）"问卷及基本信息分析

    ………………………… 湖北大学高等人文研究院

    中华文化发展湖北省协同创新中心 / 302

Ⅵ　附录

B.11 中国文化发展大事记（2019年1月～12月）

    …………………………………… 刘　刚　贺艳菊 / 332

B.12 后　记 ………………………………………… 江　畅 / 343

Abstract ……………………………………………………… / 345

Contents ……………………………………………………… / 348

皮书数据库阅读**使用指南**

总 报 告

General Report

B.1
中国文化发展报告（2019）

阮 航 罗 佳*

摘 要： 2018～2019 年中国文化建设取得了突出的成绩，主要表现在六个方面：文化政策具有较强的针对性，体现出高度的战略眼光；文化发展总体势头良好，发展格局趋于均衡；文化产业成绩突出，正向国民经济支柱产业迈进；新媒体发展势头强劲，文化传播能力显著增强；培育和践行社会主义核心价值观取得明显进展；"一带一路"文化对外交流成果显著，得到民众较高认可。但目前中国文化建设仍存在五个方面的不足：基层公共文化建设的机构发展停滞不前，群众文化活动开展不足；文化精品力作不多，粗制滥造、低水平重复的

---

* 阮航，博士后，湖北大学哲学学院副教授、硕士生导师，湖北大学高等人文研究院副院长，中华文化发展湖北省协同创新中心研究员，主要从事伦理学与中国文化研究；罗佳，湖北大学哲学学院 2018 级硕士研究生。

文化产品充斥市场；优秀传统文化的发展不尽如人意，尚未得到足够的支持；党员干部在文化建设中的引领作用发挥不够；文化"走出去"仍然缺乏创意、办法和针对性，未能达到应有的效果。解决这些问题，必须采取有针对性的对策："送文化"与"种文化"相结合，活跃基层民众的文化生活，满足人民群众不断增长的多样化的文化需求；政府管理与市场机制相结合，助力文化精品的生产；根据继承和弘扬优秀传统文化的精神，精心设计能够适应当代中国文化生活的实现路径；提高相关党员干部的文化素养，建立适当的民主监督机制；建立多种文化"走出去"渠道，鼓励有针对性的创意和办法，讲好中国故事。

关键词： 中国文化发展　文化建设　文化政策　社会主义核心价值观　文化"走出去"

根据 2018～2019 年国家相关统计数据以及"中国文化发展状况调查（2019）"的统计结果，本报告力图从文化发展的宏观环境、文化发展现状与水平、培育和践行社会主义核心价值观以及"一带一路"对外文化交流等方面，考察 2018～2019 年中国文化的发展状况，总结其主要成就，分析其中存在的主要问题，并提出有针对性的对策和建议。

一　文化发展的宏观环境

党和政府高度重视文化强国建设，2019 年出台了一系列政策和措施，为文化建设和发展提供了指导思路。据初步统计，2019 年党中央、国务院及有关政府部门推出的文化相关重要政策和法规文件共计 44 份。从内容看，生态文明建设（包括文化遗产保护）方面11份，占比最高，为25.0%；党建方面8份，占18.2%；旅游服务方面6份，占13.6%；乡村及基层文化建设方面5份，占11.4%；新兴文化产业（包括文化创意产业、网络文化）方面5份，占11.4%；文化宣传（包括中国特色社会主义及道德建设）方面4份，占9.1%；文化总体发展的制度和规划方面3份，占6.8%；文艺表演方面2份，占4.5%（见表1）。

表1　2019年中国文化相关重要政策法规一览

发布时间	发布机构	名称
2019年1月	文化和旅游部	《关于实施旅游服务质量提升计划的指导意见》
2019年1月	中宣部、文化和旅游部等	《国有文艺院团社会效益评价考核试行办法》
2019年3月	文化和旅游部	《国家全域旅游示范区验收、认定和管理实施办法（试行）》《国家全域旅游示范区验收标准（试行）》*
2019年3月	中办	《关于解决形式主义突出问题为基层减负的通知》
2019年4月	中办、国办	《关于统筹推进自然资源资产产权制度改革的指导意见》
2019年4月	中共中央、国务院	《关于建立健全城乡融合发展体制机制和政策体系的意见》
2019年5月	中办、国办	《大运河文化保护传承利用规划纲要》
2019年5月	中办、国办	《国家生态文明试验区（海南）实施方案》
2019年5月	文化和旅游部	《文化和旅游规划管理办法》
2019年5月	国务院	《关于同意承德市建设国家可持续发展议程创新示范区的批复》《关于同意郴州市建设国家可持续发展议程创新示范区的批复》《关于同意临沧市建设国家可持续发展议程创新示范区的批复》*
2019年6月	中办、国办	《中央生态环境保护督察工作规定》
2019年6月	中办、国办	《关于加强和改进乡村治理的指导意见》
2019年6月	国办	《关于同意建立大运河文化保护传承利用工作省部际联席会议制度的函》
2019年6月	中办、国办	《关于建立以国家公园为主体的自然保护地体系的指导意见》
2019年6月	国务院	《关于促进乡村产业振兴的指导意见》
2019年6月	文化和旅游部	《文化产业促进法（草案征求意见稿）》
2019年7月	中办、国办	《天然林保护修复制度方案》

发布时间	发布机构	名称
2019 年 7 月	文化和旅游部	《曲艺传承发展计划》
2019 年 8 月	中办、国办	《关于深化新时代学校思想政治理论课改革创新的若干意见》
2019 年 8 月	中共中央	《中国共产党机构编制工作条例》
2019 年 8 月	中共中央、国务院	《关于支持深圳建设中国特色社会主义先行示范区的意见》
2019 年 8 月	国办	《关于进一步激发文化和旅游消费潜力的指导意见》
2019 年 8 月	中共中央	《中国共产党宣传工作条例》
2019 年 9 月	中共中央	《中国共产党农村工作条例》
2019 年 9 月	中共中央	《中国共产党问责条例》
2019 年 9 月	国务院	《关于同意南昌、新余、景德镇、鹰潭、抚州、吉安、赣州高新技术产业开发区建设国家自主创新示范区的批复》
2019 年 9 月	中共中央	《中国共产党党内法规制定条例》《中国共产党党内法规和规范性文件备案审查规定》《中国共产党党内法规执行责任制规定(试行)》*
2019 年 10 月	国务院	《国务院关于核定并公布第八批全国重点文物保护单位的通知》
2019 年 10 月	中共中央、国务院	《新时代公民道德建设实施纲要》
2019 年 10 月	国务院	《国务院关于长三角生态绿色一体化发展示范区总体方案的批复》
2019 年 10 月	文化和旅游部	《在线旅游经营服务管理暂行规定(征求意见稿)》
2019 年 10 月	中共中央	《中共中央关于坚持和完善中国特色社会主义制度推进国家治理体系和治理能力现代化若干重大问题的决定》(下文简称《决定》)
2019 年 11 月	文化和旅游部、国家文物局	《公共文化服务领域基层政务公开标准指引》
2019 年 11 月	中共中央	《中国共产党党校(行政学院)工作条例》
2019 年 11 月	中办	《2019－2023 年全国党员教育培训工作规划》
2019 年 11 月	中共中央、国务院	《新时代爱国主义教育实施纲要》
2019 年 11 月	中办、国办	《关于强化知识产权保护的意见》
2019 年 11 月	文化和旅游部	《游戏游艺设备管理办法》
2019 年 11 月	国家网信办、文化和旅游部等	《网络音视频信息服务管理规定》
2019 年 11 月	国务院	《关于同意建设江苏南京国家农业高新技术产业示范区的批复》《关于同意建设山西晋中国家农业高新技术产业示范区的批复》*

发布时间	发布机构	名称
2019 年 12 月	中共中央、国务院	《长江三角洲区域一体化发展规划纲要》
2019 年 12 月	中办	《2019－2023 年全国党政领导班子建设规划纲要》
2019 年 12 月	中办、国办	《长城、大运河、长征国家文化公园建设方案》
2019 年 12 月	文化和旅游部	《国家级旅游度假区管理办法》

＊放在该栏目下的文件，是政府部门在同一时间发布的同一主题的文件，这些文件是一体的，此处不分开计算，本表同。

资料来源：文化和旅游部官网、中国政府网。

基于表 1 可以看出，2019 年中国文化政策表现出如下特点。第一，高度重视生态文明建设。不仅出台的相关文件数量最多，占比最高，而且在 10 月 31 日党的第十九届中央委员会第四次全体会议通过的《决定》中特别指出，要坚持和完善生态文明制度体系，促进人与自然和谐共生。4 月 28 日，习近平总书记在北京世园会开幕式的重要讲话中提出"五个追求"的主张，要求"为全球同筑生态文明之基、同走绿色发展之路提供重要指引，彰显中国作为全球生态治理参与者、贡献者、引领者的作为担当"①。这些都表明，生态文明建设和环境保护，已经成为我国今后文化发展中必须重点关注的一个问题，是中国文化建设中必须考虑的一个基本维度。第二，注重加强中国共产党的建设，以充分有效地发挥党的领导作用。《决定》指出，中国共产党领导是中国特色社会主义最本质的特征，是中国特色社会主义制度的最大优势，党是最高政治领导力量，必须坚持和完善党的领导制度体系，提高党科学执政、民主执政、依法执政水平。2019 年我国出台的与党建有关的文件共 8 份，占比仅次于生态文明建设方面的文件，这表明，《决定》中的这一精神已逐步落实。可以预见，中国文化建设中党的领导作用会日益增强，领导水平会得到相应的提升。第三，充分重视基层文化建设和新兴文化产业的发展，出台的相关文件各 5 份，分别占 11.4%。可以说，

---

① 《习近平一年前提出的"五个追求"引领全球绿色发展》，中国新闻网，2020 年 4 月 29 日，http://www.chinanews.com/gn/2020/04－29/9171533.shtml。

自党的十九大提出加快建设创新型国家、实施乡村振兴战略以来，党和政府就陆续推出相关的指导方针和政策，力求为基层和乡村文化建设以及新兴文化产业的发展创建良好的宏观制度环境。2019年的上述政策是这一文化发展思路的延续，并做出了进一步的部署。这表现在出台的一系列具体的政策和措施上，其中一些已深入到操作层面。如2019年1月，中央农办等八个部门联合发布《关于推进农村"厕所革命"专项行动的指导意见》；2月末，国家广播电视总局等十个部门印发《农家书屋深化改革创新 提升服务效能实施方案》；4月23日，文化和旅游部印发《公共数字文化工程融合创新发展实施方案》；5月16日，中办、国办印发《数字乡村发展战略纲要》等。第四，文化法治建设取得重大进展。其中尤其值得注意的是文化和旅游部6月出台的《文化产业促进法（草案征求意见稿）》。文化产业是文化建设的主体部分，而《文化产业促进法》被视为文化产业领域的"基本法"。2010年，制定我国《文化产业促进法》的设想首次被提出，2015年正式起草，2018年"两会"期间被列入五年的立法规划。2019年6月出台的《文化产业促进法（草案征求意见稿）》，既是我国高度重视文化立法工作的表现，也是我国文化法治建设取得重大进展的一个标志。

总体上看，2019年推出的中国文化政策，既突出了重点，也不乏亮点，充分体现了党和政府对文化建设的引领作用，为不断优化中国文化发展的宏观环境提供了有效的政策导向和有力的制度保障。

二 文化发展现状与水平

2018～2019年，在党的领导和政府的推动下，我国的文化建设稳步有序地展开。本部分将从文化投入、文化生产、文化供给、文化传播等方面描述2018～2019年我国文化发展的现状及水平。

（一）文化投入

作为衡量文化建设的一项重要指标，文化投入为文化建设提供动力，同时体现着一个国家对文化建设的重视程度。以下将从三个方面来考察2018～2019年我国的文化投入：一是文化事业费投入，二是文化事业费投入的比重和分布，三是对主要公共文化设施和机构的拨款。

先看文化事业费投入情况。2014～2018年我国文化事业费投入总量及增长速度见图1。

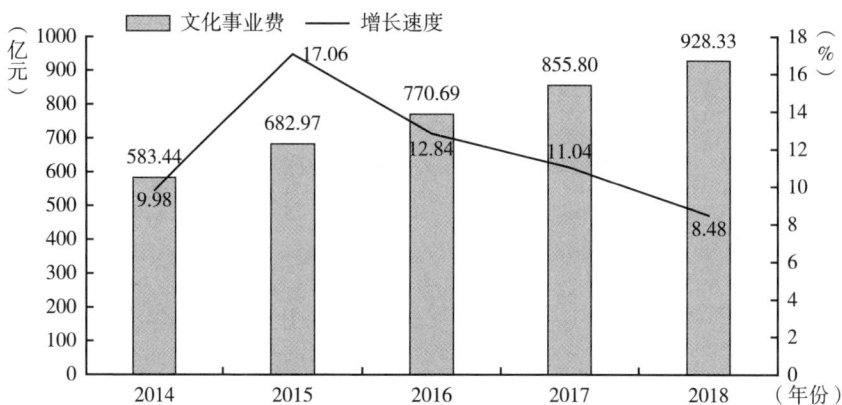

图1　2014～2018年全国文化事业费投入总量及增长速度

资料来源：文化和旅游部编《中国文化和旅游统计年鉴2019》，国家图书馆出版社，2019。

图1显示，2014～2018年我国文化事业费投入总量呈持续增长的趋势。2018年文化事业费总量为928.33亿元，较2017年增长72.53亿元，增幅为8.48%；较2014年增长344.89亿元，增幅为59.11%。以2013年文化事业费投入总量530.49亿元为基数，2014～2018年的五年间，年平均增长率为11.84%。其中2015年增长速度最快，达17.06%，其后增长速度逐年放缓。

2014～2018年全国人均文化事业费及其增长速度见图2。

图2显示，2014～2018年我国人均文化事业费有较大的提高，整体上呈逐年增长的趋势。2018年人均文化事业费为66.53元，较2017年增长4.97元，增幅为8.07%；较2014年增长23.88元，增幅为55.99%。从增长速度看，2015年最高，增幅达16.48%，其后增速逐年放缓。

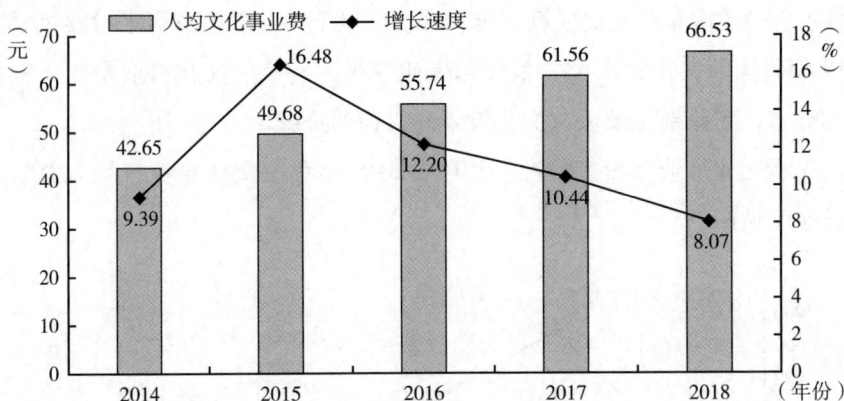

图2　2014～2018年全国人均文化事业费及增长速度

资料来源：文化和旅游部编《中国文化和旅游统计年鉴2019》，国家图书馆出版社，2019。

　　再看文化事业费投入的比重和分布情况。2014～2018年全国文化事业费占国家财政支出比重见图3。

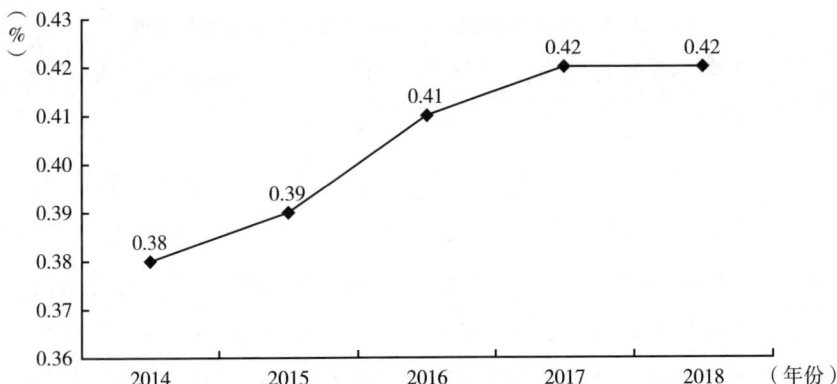

图3　2014～2018年全国文化事业费占国家财政支出比重

资料来源：文化和旅游部编《中国文化和旅游统计年鉴2019》，国家图书馆出版社，2019。

　　图3显示，2014～2018年我国文化事业费占国家财政支出的比重，由2014年的0.38%增长到2018年的0.42%，共增长了0.04个百分点。其中2018年文化事业费占国家财政支出的0.42%，与2017年持平；而2016年

增长了 0.02 个百分点，增幅最大，这表明，2014～2018 年我国文化事业费占国家财政支出比重，整体上呈稳中有升的趋势。

2018 年我国文化事业费投入共 928.33 亿元。其中县以上文化单位 424.96 亿元，占 45.78%；县及县以下文化单位 503.37 亿元，占 54.22%。2018 年县以上文化单位文化事业费投入占比比 2017 年下降了 0.77 个百分点，比 2015 年下降了 5.88 个百分点，比 2010 年下降了 18.19 个百分点；与此对应，2018 年县及县以下文化单位文化事业费投入比 2017 年、2015 年、2010 年则有不同程度的提高。这表明，2010～2018 年我国文化事业费的投入不断向乡镇倾斜，城乡差距不断缩小而趋于均衡。从地区分布看，与 2010 年相比，2015 年西部地区文化事业费所占比重提高了 1.84 个百分点，东部和中部地区则分别下降了 2.22 个百分点和 0.30 个百分点。2015 年、2017 年、2018 年东部地区和中部地区所占比重逐年提高，而西部地区所占比重则呈逐年下降的趋势。总体上说，2010～2018 年东西部及中部地区占全国文化事业费比重的变化较为平稳，其间略有起伏，而以 2015 年为转折点（见表 2）。

表 2　2010～2018 年全国文化事业费按城乡和区域分布情况

		2010 年	2015 年	2017 年	2018 年
总量（亿元）	全国	323.06	682.97	855.80	928.33
	县以上	206.65	352.84	398.35	424.96
	县及县以下	116.41	330.13	457.45	503.37
	东部地区	143.35	287.87	381.71	416.24
	中部地区	78.65	164.27	213.30	232.71
	西部地区	85.78	193.87	230.70	242.93
所占比重（%）	全国	100.00	100.00	100.00	100.00
	县以上	63.97	51.66	46.55	45.78
	县及县以下	36.03	48.34	53.45	54.22
	东部地区	44.37	42.15	44.60	44.84
	中部地区	24.35	24.05	24.92	25.07
	西部地区	26.55	28.39	26.96	26.17

资料来源：《中华人民共和国文化和旅游部 2018 年文化和旅游发展统计公报》，文化和旅游部官网，2019 年 5 月 30 日，http：//zwgk.mct.gov.cn/auto255/201905/t20190530_844003.html。

最后看主要公共文化设施和机构的拨款情况。2015～2018 年，我国公共图书馆及群众文化机构财政拨款情况分别见图 4 和图 5。

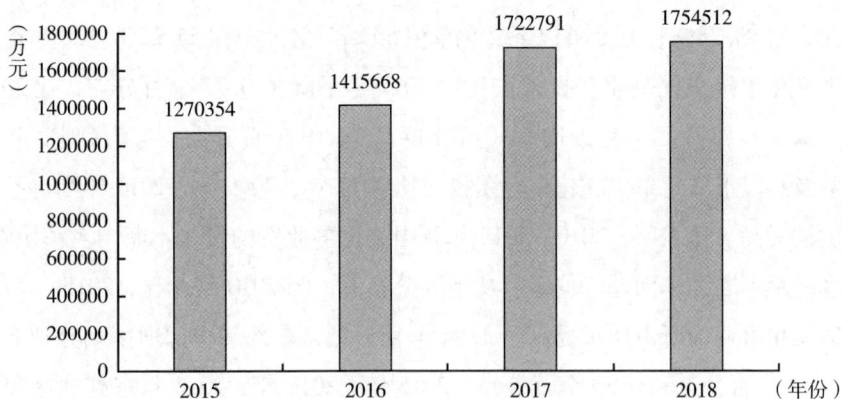

图 4　2015～2018 年公共图书馆财政拨款

资料来源：文化和旅游部编《中国文化和旅游统计年鉴 2019》，国家图书馆出版社，2019。

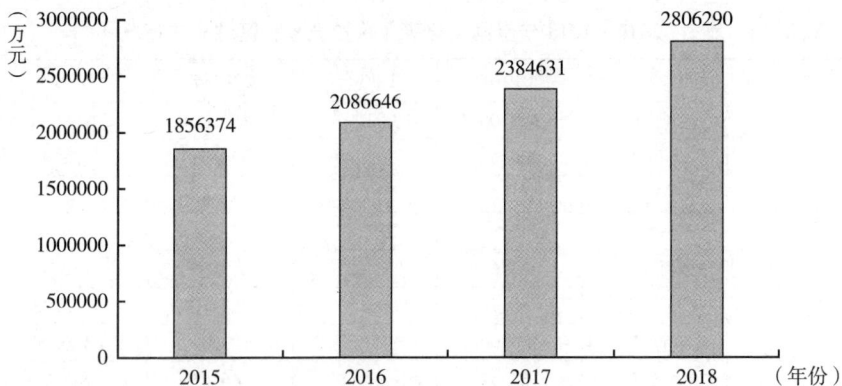

图 5　2015～2018 年群众文化机构财政拨款

资料来源：文化和旅游部编《中国文化和旅游统计年鉴 2019》，国家图书馆出版社，2019。

由图 4 和图 5 可见，2015～2018 年，我国公共图书馆及群众文化机构财政拨款逐年增加。其中群众文化机构财政拨款的增幅更大，2018 年群众文化机构财政拨款金额为 2806290 万元，比上年增加 421659 万元，相比 2015 年则增加了 949916 万元；2016 年、2017 年、2018 年比上一年分别增长了 12.40%、14.28%、17.68%，呈加速增长的趋势。这表明，近几年来我国不仅高度重视公共文化服务设施的建设，而且充分贯彻了以满足人民群众不断增长的精神文化需求为目的的指导思想。

（二）文化生产

文化生产是文化建设的主要内容。以下将根据文化产业增加值及占 GDP 比重、文化和旅游机构数及人员数、文化机构数三个指标来考察 2018 年中国文化生产状况。

2014~2018 年中国文化产业增加值及占 GDP 比重情况见图 6。

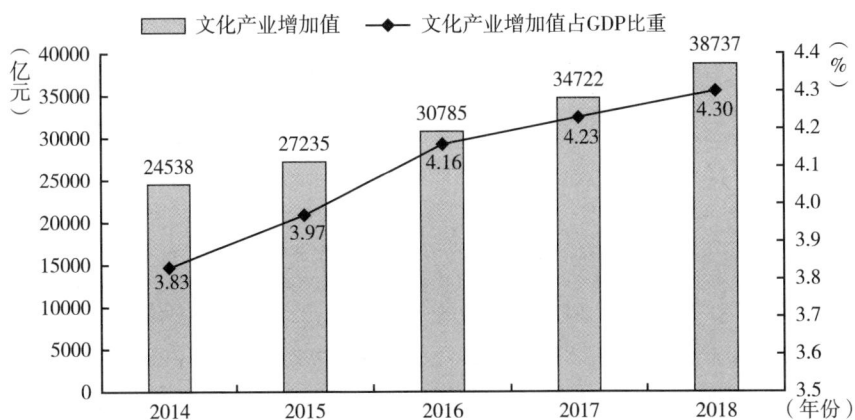

图 6   2014~2018 年中国文化产业增加值及占 GDP 比重

资料来源：文化和旅游部编《中国文化和旅游统计年鉴 2019》，国家图书馆出版社，2019。

图 6 显示，2018 年我国文化产业增加值为 38737 亿元，较 2017 年增加了 4015 亿元，增长率为 11.56%；较 2014 年增加了 14199 亿元，增长率达 57.87%。2014~2018 年我国文化产业增加值占 GDP 比重逐年提高，由 2014 年的 3.83% 提高到 2018 年的 4.30%。这表明，2014~2018 年我国文

化产业呈持续稳定增长的趋势，表现出良好的发展势头，正在向成为国民经济支柱产业这一"十三五"规划目标稳步前进。

2014～2018 年我国文化和旅游机构数及人员数见图 7。

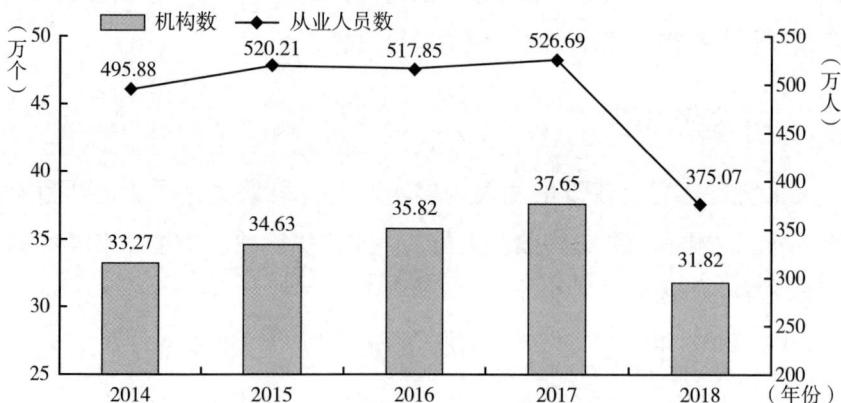

图7 2014～2018 年全国文化和旅游机构数及人员数

资料来源：《中华人民共和国文化和旅游部 2018 年文化和旅游发展统计公报》，文化和旅游部官网，2019 年 5 月 30 日，http：//zwgk. mct. gov. cn/auto255/201905/t20190530_844003. html。

图 7 显示，2018 年我国各类文化和旅游机构数为 31. 82 万个，比 2017 年减少 5. 83 万个，下滑 15. 48%；2018 年从业人员数为 375. 07 万人，比 2017 年减少 151. 62 万人，下滑 28. 79%。2014～2017 年我国各类文化和旅游机构数及人员数整体上呈低速增长的趋势，分别从 2014 年的 33. 27 万个、495. 88 万人增长到 2017 年的 37. 65 万个、526. 69 万人。2018 年为何一反前几年的增长趋势而出现大幅下滑，是一个值得分析和探究的问题。

2014～2018 年除旅游机构外，其他文化机构总数呈持续稳定增长的趋势。2018 年的文化机构总数为 74923 个，比 2017 年增加 1564 个，增幅为 2. 13%；比 2014 年增加 10196 个，增幅为 15. 75%。2014～2018 年各类文化机构的增长情况又有差别。其中艺术表演团体数增长速度最快，呈逐年加速增长的趋势；文物机构数的增长较为稳定，增长速度也比较快；群众文化机构数各年度略有起伏，但整体上保持稳定；公共图书馆数则呈逐年缓慢增长的趋势（见表3）。

表3　2014～2018年中国文化机构数

单位：个

年份	公共图书馆数	群众文化机构数	艺术表演团体数	文物机构数	总数
2014	3117	44423	8769	8418	64727
2015	3139	44291	10787	8676	66893
2016	3156	44497	12301	8954	68908
2017	3166	44521	15741	9931	73359
2018	3176	44464	17123	10160	74923

资料来源：文化和旅游部编《中国文化和旅游统计年鉴2019》，国家图书馆出版社，2019。

总体上看，2018年我国文化生产整体呈现出良好的发展势头，尤其是文化产业增加值取得了突出的成绩，艺术表演团体数也呈现快速增长的态势。这表明，我国文化产业市场繁荣，正处于高速发展的时期。文化机构数总体上发展良好，但群众文化机构数停滞不前，表明在促进基层文化组织的自主发展方面仍有改进和提升的空间。2018年我国文化和旅游机构数及人员数的大幅下滑，则是一个值得关注的问题。

（三）文化供给

从文化建设的角度看，文化供给主要指以政府部门为主的公共部门向社会成员提供的公共文化产品与服务。本部分将从公共图书馆和文物机构发展情况及群众文化设施这几个方面来描述2018年我国的文化供给情况。

据相关统计，截至2018年底，我国共有公共图书馆3176个，比2017年增加10个。公共图书馆从业人员57602人，比2017年增加35人。公共图书馆实际使用房屋建筑面积达1595.98万平方米，比2017年增长5.3%；图书总藏量103716万册，比2017年增长7.0%；阅览室座席111.68万个，比2017年增长4.9%；计算机22.35万台，其中供读者使用的电子阅览终端

14.63 万台，均与 2017 年基本持平。①

2014~2018 年全国公共图书馆人均资源见图8。

图8　2014~2018 年全国公共图书馆人均资源

资料来源：文化和旅游部编《中国文化和旅游统计年鉴 2019》，国家图书馆出版社，2019。

图8 显示，截至 2018 年底我国平均每万人公共图书馆建筑面积为 114.4 平方米，比 2017 年增加 5.4 平方米；人均图书馆藏量 0.74 册，比 2017 年增加 0.04 册。2014~2018 年，我国公共图书馆人均资源的各项基本指标均呈持续稳定增长的趋势。

2014~2018 年全国公共图书馆总流通量及书刊外借情况见图9。

图9 显示，2018 年我国公共图书馆总流通量为 82032 万人次，比 2017 年增长 10.18%。书刊外借次数达 58010 万册次，比 2017 年增长 5.30%。2014~2018 年我国公共图书馆总流通人次与书刊外借册次均持续上升，但相对于外借册次，总流通人次的上升趋势更明显。这表明，越来越多的读者更倾向于在图书馆阅览室内阅读，这与近年来我国公共图书馆阅读环境的不断改善是分不开的。

---

① 参见《中华人民共和国文化和旅游部 2018 年文化和旅游发展统计公报》，文化和旅游部官网，2019 年 5 月 30 日，http://zwgk.mct.gov.cn/auto255/201905/t20190530_844003.html。

图9

图表：2014～2018年全国公共图书馆总流通量及书刊外借情况

- □ 总流通人次（万人次）
- ▨ 书刊外借次数（万册次）

年份	总流通人次	书刊外借次数
2014	53036	46734
2015	58892	50896
2016	66037	54725
2017	74450	55091
2018	82032	58010

图9　2014～2018年全国公共图书馆总流通量及书刊外借情况

资料来源：文化和旅游部编《中国文化和旅游统计年鉴2019》，国家图书馆出版社，2019。

2014～2018年全国文物机构接待观众人次及未成年观众人次见图10。

- □ 接待观众次数
- ▨ 接待未成年观众次数

（万人次）

年份	接待观众次数	接待未成年观众次数
2014	84256	22403
2015	92508	24663
2016	101269	26298
2017	114773	28909
2018	122387	29665

图10　2014～2018年全国文物机构接待观众及未成年观众人次

资料来源：文化和旅游部编《中国文化和旅游统计年鉴2019》，国家图书馆出版社，2019。

图10显示，2018年我国各类文物机构共接待观众122387万人次，比2017年增长6.63%。其中接待未成年人29665万人次，占参观总人数的24.2%，比2017年增长2.62%。总体上看，2014～2018年我国文物机构接

待观众及未成年观众人次呈逐年稳定上升的趋势，其中接待成年观众人次增长更快。这表明，我国文物机构所发挥的文化传播作用正逐渐增强，而对成年人的影响更为显著。

截至 2018 年底，我国共有群众文化机构 44464 个，比 2017 年减少 57 个。其中乡镇综合文化站 33858 个，比 2017 年减少 139 个。2018 年我国群众文化机构从业人员 185637 人，比 2017 年增加 4726 人。2018 年我国群众文化机构实际使用房屋建筑面积 4283.09 万平方米，比 2017 年增长 4.30%；业务用房面积 3146.17 万平方米，比 2017 年增长 5.70%。

2014～2018 年全国平均每万人群众文化设施建筑面积见图 11。

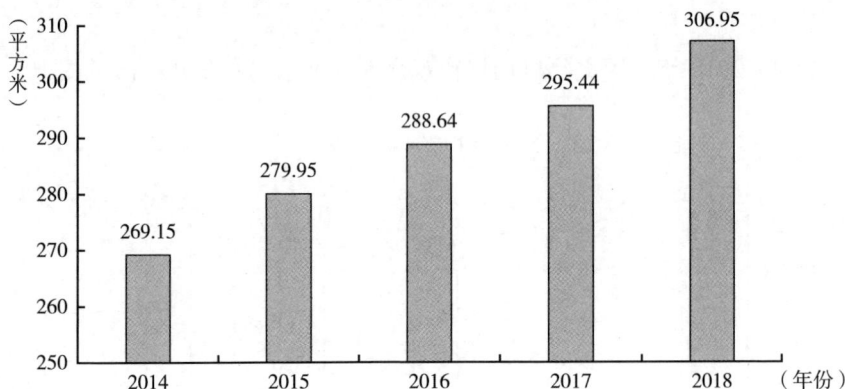

图 11　2014～2018 年全国平均每万人群众文化设施建筑面积

资料来源：文化和旅游部编《中国文化和旅游统计年鉴 2019》，国家图书馆出版社，2019。

图 11 显示，截至 2018 年底，我国平均每万人群众文化设施建筑面积达 306.95 平方米，比 2017 年增加 11.51 平方米，增幅为 3.90%；比 2014 年增加 37.8 平方米，增幅达 14.04%。2014～2018 年全国平均每万人群众文化设施建筑面积呈持续稳定增长的趋势。这表明，我国极为重视对群众文化基础设施的改善，并取得了明显的成效。

（四）文化传播

作为文化建设的重要一环，文化传播直接关系到民众接受文化的范围以及受影响的程度。本部分将从新闻出版以及广播电视制播这两个方面来描述 2018 年我国的文化传播概况。

首先看新闻出版物基本情况。2018 年我国出版图书种数为 519250 种，较 2017 年增长 1.32%；总印数 1000974 万册（张），较 2017 年增长 8.28%。2018 年我国出版期刊种数为 10139 种，较 2017 年增长 0.09%；总印数 229205 万册，较 2017 年下降 8.03%。2018 年我国出版报纸种数为 1871 种，较 2017 年下降 0.69%；总印数 3372583 万份，较 2017 年下降 6.96%。2014～2018 年，我国出版物总印数呈逐年下降趋势，其中图书出版呈逐年小幅上升趋势，期刊及报纸出版则均呈逐年下降趋势（见表 4）。

表 4　2014～2018 年我国出版物基本情况

年份	图书		期刊		报纸	
	种数（种）	总印数（万册/万张）	种数（种）	总印数（万册）	种数（种）	总印数（万份）
2014	448431	818465	9966	309452	1912	4638987
2015	475768	866233	10014	287833	1906	4300869
2016	499884	903682	10084	269669	1894	3900666
2017	512487	924399	10130	249213	1884	3624989
2018	519250	1000974	10139	229205	1871	3372583

资料来源：国家统计局和中宣部编《中国文化及相关产业统计年鉴 2019》，中国统计出版社，2019。

其次看广播电视制作和播出情况。2018 年我国广播节目制作时间为 8017573 小时，较 2017 年增长 1.64%；公共广播节目播出时间为 15267407 小时，较 2017 年增长 2.34%。2018 年我国电视节目制作时间为 3577444 小时，较 2017 年下降 2.04%；公共电视节目播出时间为 19250257 小时，较 2017 年增长 2.34%。2014～2018 年我国广播节目制作及播出时间均逐年增加；电视节目制作时间总体呈上升趋势，仅在 2016 年、2018 年有小幅下降，公共电视节目播出时间逐年增加（见表 5）。

表5 2014～2018 年全国广播电视节目制作及播出情况

单位：小时

年份	广播节目制作时间	公共广播节目播出时间	电视节目制作时间	公共电视节目播出时间
2014	7647267	14058328	3277394	17476126
2015	7718163	14218253	3520190	17796010
2016	7820296	14565058	3507217	17924388
2017	7888254	14918863	3651775	18810197
2018	8017573	15267407	3577444	19250257

资料来源：国家统计局和中宣部编《中国文化及相关产业统计年鉴 2019》，中国统计出版社，2019。

最后看广播和电视综合人口覆盖率情况。2018 年我国广播节目综合人口覆盖率达98.94%，较 2017 年增长 0.23 个百分点，其中农村广播节目覆盖率达98.58%。2018 年我国电视节目综合人口覆盖率达99.25%，较 2017 年增长 0.18 个百分点，其中农村电视节目覆盖率达99.01%。2014～2018 年我国广播和电视综合人口覆盖率逐年提高，服务面越来越广（见表 6）。

表6 2014～2018 年全国广播和电视综合人口覆盖率

单位：%

年份	广播节目综合人口覆盖率	农村	电视节目综合人口覆盖率	农村
2014	97.99	97.29	98.60	98.11
2015	98.17	97.53	98.77	98.32
2016	98.37	97.79	98.88	98.49
2017	98.71	98.24	99.07	98.74
2018	98.94	98.58	99.25	99.01

资料来源：国家统计局和中宣部编《中国文化及相关产业统计年鉴 2019》，中国统计出版社，2019。

三 培育和践行社会主义核心价值观以及"一带一路"对外文化交流情况考察

自党的十八大以来，培育和践行社会主义核心价值观就一直是我国文化建设的一项重要内容，是建设当代中国文化的重中之重。"一带一路"倡议则是习近平总书记于 2013 年提出的对外文化交流设想和部署，是积极扩大中国文化国际影响力的一项重大举措。我国文化建设的这两项重要举措已实施多年，其效果如何，是一个值得关注的问题。本部分将以"中国文化发展状况调查（2019）"中的相关调研数据为基础来展开考察和分析。"中国文化发展状况调查（2019）"是由湖北大学高等人文研究院、中华文化发展湖北省协同创新中心联合组织人员于 2019 年 8～12 月进行的，旨在了解民众对我国文化发展及培养和践行社会主义核心价值观情况的总体评价。本次调查共收回问卷 6185 份，剔除无效问卷 624 份，共收回有效问卷 5561 份。本次调查的有效样本涉及 29 个省（自治区、直辖市），77 个市（州），262 个县（市、区）。29 个省、自治区、直辖市分别是河北省、山西省、辽宁省、黑龙江省、江苏省、浙江省、安徽省、福建省、江西省、山东省、河南省、湖北省、湖南省、广东省、海南省、四川省、贵州省、云南省、陕西省、青海省，内蒙古自治区、广西壮族自治区、西藏自治区、宁夏回族自治区、新疆维吾尔自治区，北京市、天津市、上海市、重庆市。湖北省样本偏大，为 678 份，占 12.19%，涉及 10 个地级以上的市（州），具体是武汉市、黄石市、十堰市、宜昌市、荆门市、孝感市、荆州市、黄冈市、咸宁市、恩施土家族苗族自治州。赴实地调查回收问卷 1426 份，委托调研点调查回收问卷 4135 份。城市（街道）样本 3489 份，乡村（镇及以下）样本 2072 份，社区样本 3674 份（含乡镇社区 185 份），村级样本 1887 份。问卷设计的题项涉及我国文化建设的各个方面，对培育践行社会主义核心价值观总成效以及"一带一路"对外文化交流成果的评价就是其中重点考察的对象。

先看培育和践行社会主义核心价值观的情况。为了便于分析，我们把调查表中的认同选项进行分类。将"非常不同意"和"不同意"归为"负向"评价，分别定义为"很不认同"和"不认同"两种情况；同时将"很不认同"称为"极端负向"评价，"不认同"称为"一般负向"评价。将"不清楚"定义为"不排斥"。将"同意"和"非常同意"归为"正向"评价，分别定义为"认同"和"高度认同"两种情况；同时将"认同"称为"一般正向"评价，将"高度认同"称为"积极正向"评价。为了便于分析统计结果，我们进一步将正向评价的比重进行分类：比重在70.00%以下，定义为"不尽如人意"；比重为70.00%～79.00%定义为"不容乐观"；比重为80.00%～89.00%定义为"情况良好"；比重为90.00%～100.00%定义为"令人满意"。2019年培育和践行社会主义核心价值观统计结果见表7。

表7　2019年培育和践行社会主义核心价值观统计结果

单位：%

题项	非常不同意	不同意	不清楚	同意	非常同意	正向评价合计
	极端负向	一般负向	不排斥	一般正向	积极正向	
培育和践行核心价值观明显增强了我国的文化自信和国家认同	0.60	1.70	10.10	38.60	48.90	87.50
我觉得核心价值观已深入人心	1.00	4.50	17.50	38.10	38.80	76.90
核心价值观应该融入国家治理中,使之法制化、道德化、政策化	0.80	1.50	9.90	37.20	50.50	87.70

资料来源：湖北大学高等人文研究院、中华文化发展湖北省协同创新中心"中国文化发展状况调查（2019）"数据库。

根据表7，可以把2019年培育和践行社会主义核心价值观情况的总体评价概括为如下几点。

第一，题项"培育和践行核心价值观明显增强了我国的文化自信和国家认同"，是要测度被调查者如何看待"培育和践行核心价值观"与"文化自信与国家认同"之间的关系。根据表7，对于该题项的评价，"极端负向"的评价人数占 0.60%，"一般负向"占 1.70%；"不排斥"占 10.10%；"一般正向"占38.60%，"积极正向"占48.90%，这两种正向评价合计占87.50%。依据这一统计结果，绝大多数（87.50%）被调查者对该题项给予正向评价，评价结果处在"情况良好"的状态；持负向态度的人数极少，仅占2.30%。这表明，关于培育和践行社会主义核心价值观对我国文化建设的积极作用，我国民众的认同度较高。也就是说，培育和践行社会主义核心价值观作为一种文化建设举措，得到了我国民众的认同。

第二，题项"我觉得核心价值观已深入人心"，是要测度被调查者对培育和践行核心价值观的总成效评价。根据表7，对于该题项的评价，"极端负向"的评价人数占1.00%，"一般负向"占4.50%；"不排斥"占17.50%；"一般正向"占38.10%，"积极正向"占38.80%，这两种正向评价合计占76.90%。依据这一统计结果，多数人（76.90%）对该题项给予正向评价，评价结果处在"不容乐观"的状态；持负向态度的人数较少，占5.50%。这表明，2018~2019年我国培育和践行社会主义核心价值观取得了一定的效果，但仍有较大的提升空间。

第三，题项"核心价值观应该融入国家治理中，使之法制化、道德化、政策化"，是要测度被调查者对培育和践行核心价值观的政策化路径的认知。根据表7，对于该题项的评价，"极端负向"的评价人数占0.80%，"一般负向"占1.50%；"不排斥"占9.90%；"一般正向"占37.20%，"积极正向"占50.50%，这两种正向评价合计占87.70%。依据这一统计结果，绝大多数（87.70%）被调查者对该题项给予正向评价，评价结果处在"情况良好"状态，值得注意的是，其中大多数（50.50%）给予"积极正向"评价或者说持高度认同的态度；持负向态度的人数极少，仅占2.30%。这表明，对于这一举措，政策化路径是民众较为认可的。

可以通过比较2018年我们的相关调研数据来进一步考察2018～2019年我国培育和践行社会主义核心价值观的进展情况。2018年我们共发放问卷4500份，收回问卷4200份。调研样本涉及25个省（自治区、直辖市），41个市（州）、区、县以及2个师资培训中心。数据分析的分类设定与2019年相同。为了便于比较，这里选择了类似的三个题项，统计结果见表8。

表8　2018年培育和践行社会主义核心价值观统计结果

单位：%

题项	非常不同意	不同意	不清楚	同意	非常同意	正向评价合计
	极端负向	一般负向	不排斥	一般正向	积极正向	
核心价值观有鲜明的民族文化根基，是新时代中国人的精神标识	1.20	2.70	14.30	35.60	46.20	81.80
近年来核心价值观已深入人心，成为人们日常行为的指南	1.30	5.60	20.50	37.30	35.30	72.60
要使核心价值观成为人们的行为习惯践行，必须道德化、法制化	1.30	2.30	12.80	33.60	50.00	83.60

资料来源：湖北大学高等人文研究院、中华文化发展湖北省协同创新中心"中国文化发展状况调查（2018）"数据库。

根据表8，可以分析2018年的相关统计结果，然后将2018年、2019年的分析结果进行比较。

第一，2018年的题项"核心价值观有鲜明的民族文化根基，是新时代中国人的精神标识"，同样涉及文化自信和国家认同问题，可以测度培育和践行社会主义核心价值观作为一项文化建设举措，其本身能否得到民众认同。根据表8，对于该题项的评价，"极端负向"的评价人数占1.20%，"一般负向"占2.70%；"不排斥"占14.30%；"一般正向"占35.60%；"积极正向"占46.20%，这两种正向评价合计占81.80%。依据这一统计结果，81.80%的被调查者对该题项给予正向评价，评价结果处在"情况良好"的状态；持负向态度的人数较少，占 3.90%。与之相较，2019 年的正向评价（87.50%）上升了 5.70 个百分点，负向评价（2.30%）下降了 1.60 个百分点。这表明，2018～2019 年民众的认同度虽然尚未达到"令人满意"的状态，但有了明显的提高。

第二，2018 年的题项"近年来核心价值观已深入人心，成为人们日常行为的指南"，与 2019 年的测度目标基本相同，表述也差别不大。根据表 8，对于该题项的评价，"极端负向"的评价人数占 1.30%，"一般负向"占 5.60%；"不排斥"占 20.50%；"一般正向"占 37.30%，"积极正向"占 35.30%，这两种正向评价合计占 72.60%。依据这一统计结果，72.60% 的被调查者对该题项给予正向评价，处在"不容乐观"的状态；持负向态度的人数较少，占 6.90%。与之相较，2019 年的正向评价（76.90%）上升了 4.30 个百分点，负向评价（5.50%）下降了 1.40 个百分点。这表明，2018～2019 年我国培育和践行社会主义核心价值观的效果有所改善，但总体上说尚未达到"情况良好"的状态。

第三，2018 年的题项"要使核心价值观成为人们的行为习惯践行，必须道德化、法制化"，与 2019 年的测度目标和表述基本类似，涉及对社会主义核心价值观政策化路径的认知。根据表 8，对于该题项的评价，"极端负向"的评价人数占 1.30%，"一般负向"占 2.30%；"不排斥"占 12.80%；"一般正向"占 33.60%，"积极正向"占 50.00%，这两种正向评价合计占 83.60%。依据这一统计结果，83.60% 的被调查者对该题项给予正向评价，评价结果处在"情况良好"的状态；持负向态度的人数较少，占 3.60%。与之相较，2019 年的正向评价（87.70%）上升了 4.10 个百分点，负向评价（2.30%）下降了 1.30 个百分点。这表明，2018～2019 年民众对社会主义核心价值观政策化路径的认可度进一步提高，但并未超出"情况良好"的状态，仍有提高的空间。

基于以上考察和分析，2018～2019 年我国培育和践行社会主义核心价值观的总体状况良好，尤其是相对于 2017～2018 年的状况有了明显的改善。上述三个题项，简单地说也可以理解为分别体现了民众对这一文化建设举措的认同度、实践效果、政策路径认知。上述结果表明，2018～2019 年民众的认同度情况良好，对其实践效果的评价不容乐观，对政策路径认知情况良好；与 2017～2018 年的情况相比，2018～2019 年的三项指标均有提高，其中认同度的提高最为显著。

接下来看民众对"一带一路"文化对外交流成果的评价。我们调研设计的相关题项共 5 个，分别测度"一带一路"与文化产业发展，"一带一路"与教育、文化的人文交流评价，"一带一路"与不同国家文明融合的感知与评价，"一带一路"与不同文化的理解、包容，"一带一路"与文化互联互通的初衷的理解和评价（统计结果见表 9，其中的认同选项分类定义与表 7 和表 8 相同）。

表 9　2018～2019 年"一带一路"文化对外交流成果认知认同统计结果

单位：%

题项	非常不同意	不同意	不清楚	同意	非常同意	正向评价合计
	极端负向	一般负向	不排斥	一般正向	积极正向	
"一带一路"搭建了文化产业开放的桥梁,激发了外国人到中国旅游的热情	0.80	1.50	12.40	39.70	45.60	85.30
"一带一路"扩大了教育文化对外开放,促进了文化交流和人文沟通	0.60	1.80	9.70	39.30	48.70	88.00
"一带一路"扩大了国与国的交往,促使了不同国家文明的交流和融合	0.60	1.80	10.10	38.80	48.80	87.60
"一带一路"促进了人们对不同文化的理解,推进了各国人民相知相亲	0.60	1.70	11.60	38.40	47.60	86.00
"一带一路"教育文化对外交流,互联互通合作,促进了民心相通	0.70	2.00	11.40	39.50	46.40	85.90

资料来源：湖北大学高等人文研究院、中华文化发展湖北省协同创新中心"中国文化发展状况调查（2019）"数据库。

对表9的分析如下。

第一，对于"'一带一路'搭建了文化产业开放的桥梁，激发了外国人到中国旅游的热情"这一题项，"极端负向"的评价人数占0.80%，"一般负向"占1.50%；"不排斥"占12.40%；"一般正向"占39.70%，"积极正向"占45.60%，正向评价合计占85.30%。统计结果表明，85.30%的被调查者对该题项给予了正向评价，评价结果处在"情况良好"的状态。

第二，对于题项"'一带一路'扩大了教育文化对外开放，促进了文化交流和人文沟通"，"极端负向"的评价人数占0.60%，"一般负向"占1.80%；"不排斥"占9.70%；"一般正向"占39.30%，"积极正向"占48.70%，正向评价合计占88.00%。统计结果表明，88.00%的被调查者对该题项给予正向评价，评价结果处在"情况良好"的状态。

第三，对于题项"'一带一路'扩大了国与国的交往，促使了不同国家文明的交流和融合"，"极端负向"的评价人数占0.60%，"一般负向"占1.80%；"不排斥"占10.10%；"一般正向"占38.80%，"积极正向"占48.80%，正向评价合计占87.60%。统计结果表明，87.60%的被调查者对该题项给予正向评价，评价结果处在"情况良好"的状态。

第四，对于题项"'一带一路'促进了人们对不同文化的理解，推进了各国人民相知相亲"，"极端负向"的评价人数占0.60%，"一般负向"占1.70%；"不排斥"占11.60%；"一般正向"占38.40%，"积极正向"占47.60%，正向评价合计占86.00%。统计结果表明，86.00%的被调查者对该题项给予正向评价，评价结果处在"情况良好"的状态。

第五，对于题项"'一带一路'教育文化对外交流，互联互通合作，促进了民心相通"，"极端负向"的评价人数占0.70%，"一般负向"占2.00%；"不排斥"占11.40%；"一般正向"占39.50%，"积极正向"占46.40%，正向评价合计占85.90%。统计结果表明，85.90%的被调查者对该题项给予正向评价，评价结果处在"情况良好"的状态。

由以上分析可见，对于"一带一路"文化对外交流成果，民众对其各方面的评价均处在"情况良好"的状态，也就是说对于"一带一路"的成果，民众总体上是比较认可的。其中对其教育、文化等人文交流方面的成果认可度最高，达88.00%；对于其促进不同文明之间的理解和融合方面的成果认可度次之，达87.60%；对于其促进文化产业方面的成果认可度相对低一点，为85.30%。这表明，2018～2019年我国"一带一路"文化对外交流总体上发展势头良好，但仍有提升的空间：一方面各方面的推进均未达到"令人满意"的水平，需要加大推进力度，提高文化对外交流质量；另一方面，其中表现较好的成果集中体现在人文交流等精神文化层面，而在文化产业等与经济载体相结合的层面相对来说较为欠缺，这表明，如何依托经济发展来提升文化影响以加强文化对外交流的纽带作用，仍是在推进"一带一路"对外文化交流中需要着力解决的问题。

四　文化发展的主要成就

本部分拟依据前面三个部分的考察并结合我们的相关调研结果，总结2018～2019年中国文化发展的主要成就。

（一）文化政策具有较强的针对性和高度的战略眼光

基于第一部分的考察可以看出，2019年党和政府推出的一系列中国文化政策，针对的正是目前我国文化建设中的一些突出问题。如表1所示，按照所占比重高低，2019年的主要文化政策依次涵盖了生态文明建设、党自身的文化建设、旅游服务、基层文化建设和新兴文化产业的发展，以及文化法治建设。这些方面的文化政策是目前决定我国文化建设能否持续健康发展的关键所在，在此意义上，2019年的这些文化政策可以说正是对症下药，能够为优化文化发展的宏观环境发挥积极的作用。

2019年的中国文化政策同时体现了党和政府长远的战略眼光。生态问题是全球性的，其成因复杂、影响广泛而又难以归责，因此生态文明建设不仅需要全方位的部署，而且往往由于短期难以见效，必须经过长期不懈的努力。党自身的文化建设，同样是一个长期而艰巨的任务。2019 年党和政府高度重视这两个方面的问题，相关政策所占比重高居前两位，这是极富远见的。

（二）文化建设总体发展势头良好，文化发展格局趋于均衡

基于第二部分的考察，2018～2019 年我国文化建设总体发展势头良好。这不仅表现在 2018 年文化投入、文化生产、文化供给和文化传播的各项基本指标均处于较好的状态，而且得到了"中国文化发展状况调查（2019）"相关统计结果的支持（见表 10）。

表 10　2018～2019 年文化发展总体评价统计结果

单位：%

题项	非常不同意	不同意	不清楚	同意	非常同意	正向评价合计
	极端负向	一般负向	不排斥	一般正向	积极正向	
中华人民共和国成立 70 周年来,文化事业建设和发展的成就辉煌	1.00	1.60	9.50	34.50	53.30	87.80
中华人民共和国成立 70 周年来,文化事业的发展明显提升了综合国力	0.80	1.60	8.30	35.10	54.30	89.40
我国积极推进亚洲共同体和人类命运共同体建设,体现了大国的责任和担当	0.70	1.80	9.60	36.80	51.20	88.00

资料来源：湖北大学高等人文研究院、中华文化发展湖北省协同创新中心"中国文化发展状况调查（2019）"数据库。

对表 10 的结果简要分析如下。

第一，"中华人民共和国成立 70 周年来，文化事业建设和发展的成就辉煌"，是要测度被调查者对中华人民共和国成立 70 周年来文化发展成就的总评价。对于该题项，"极端负向"的评价人数占 1.00%，"一般负向"占 1.60%；"不排斥"占 9.50%；"一般正向"占 34.50%，"积极正向"占 53.30%，正向评价合计占 87.80%。统计结果表明，87.80% 的被调查者

对该题项给予正向评价，评价结果处在"情况良好"的状态。

第二，"中华人民共和国成立 70 周年来，文化事业的发展明显提升了综合国力"，是要测度被调查者对中华人民共和国成立 70 周年来文化事业发展对综合国力提升的贡献评价。对于该题项，"极端负向"的评价人数占 0.80%，"一般负向"占 1.60%；"不排斥"占 8.30%；"一般正向"占 35.10%，"积极正向"占 54.30%，正向评价合计占 89.40%。统计结果表明，89.40% 的被调查者对该题项给予正向评价，评价结果处在"情况良好"的状态。

第三，"我国积极推进亚洲共同体和人类命运共同体建设，体现了大国的责任和担当"，是要测度被调查者对国家推进文化文明交流的评价。对于该题项，"极端负向"的评价人数占 0.70%，"一般负向"占 1.80%；"不排斥"占 9.60%；"一般正向"占 36.80%，"积极正向"占 51.20%，正向评价合计占 88.00%。统计结果表明，88.00% 的被调查者对该题项给予正向评价，评价结果处在"情况良好"的状态。

被调查者对这三个题项的评价均处在"情况良好"的状态，这表明，民众对中华人民共和国成立 70 周年来文化发展的总体状况、文化发展对于提高国力的作用以及国际影响，都是较为肯定的。如果考虑到正向评价均接近"令人满意"（90.00%），负向评价所占比重极低的状态，那么可以说，在民众看来，我国文化是在持续健康发展的，总体发展势头良好。

依据前文表 2，2010～2018 年我国文化事业费的投入不断向乡镇倾斜，城乡差距不断缩小，而至 2018 年县及县以下单位文化事业费投入首次超过县以上单位文化事业费投入。2010～2018 年东西部及中部地区占全国文化事业费比重的变化则较为平稳。从这些统计结果看，我国近年来一直在着力缩小城乡和地区差距，并不断加大调整的力度。从第二部分文化投入、文化传播的相关数据看，以前城乡和地区文化发展存在不合理差距的状况已有了明显的改观，我国文化发展的基本结构和区域布局趋于均衡。

（三）文化产业成绩突出，正向国民经济支柱产业迈进

基于前文的考察可以看出，2018 年我国的文化产业发展取得了突出成绩，主要表现为如下三点。第一，文化产业的经济总量快速增长，占 GDP 比重明显提高。如前文图 6 所示，不仅 2018 年的文化产业增加值及占 GDP 比重较 2017 年有了较大的增长，而且 2014～2018 年一直保持着这种强劲的发展势头。第二，文化市场繁荣，正处于高速发展的时期。除前文图 7 和表 3 的统计结果之外，另据相关统计，截至 2018 年底，我国共有各类艺术表演团体 17123 个，比 2017 年底增加 1381 个；从业人员 41.64 万人，比 2017 年增加 1.34 万人。2018 年我国艺术表演团体共演出 312.46 万场，比 2017 年增长 6.4%。总收入 366.73 亿元，比 2017 年增长 7.2%。[1] 2018 年我国电影票房收入 609.8 亿元，2013～2018 年年均增长 19.6%；2018 年我国电影院线拥有银幕 60079 块，2013～2018 年年均增长 28.9%，银幕总数跃居世界第一。[2] 第三，文化产业呈现出规模化、集约化和专业化的发展趋势。截至 2018 年底，我国共有文化骨干企业 6.0 万家，2013～2018 年年均增长 8.6%。共有 10 个国家级文化产业示范园区，10 个国家级文化产业试验园区和 335 个国家级文化产业示范基地。[3]

这些都表明，2018 年我国文化产业延续了近年来快速增长的态势，在各个基本方面都表现优异，正在顺利迈向国民经济支柱产业这一"十三五"规划目标。

（四）新媒体发展势头强劲，文化传播能力显著增强

2018～2019 年我国文化传播的能力有了显著提高，这主要表现在两个

---

[1] 参见《中华人民共和国文化和旅游部 2018 年文化和旅游发展统计公报》，文化和旅游部官网，2019 年 5 月 30 日，http：//zwgk.mct.gov.cn/auto255/201905/t20190530_ 844003.html。

[2] 参见《文化事业繁荣昌盛　文化产业快速发展》，国家统计局官网，2019 年 7 月 25 日，http：//www.stats.gov.cn/tjsj/zxfb/201907/t20190724_ 1681393.html。

[3] 参见《文化事业繁荣昌盛　文化产业快速发展》，国家统计局官网，2019 年 7 月 25 日，http：//www.stats.gov.cn/tjsj/zxfb/201907/t20190724_ 1681393.html。

方面。

第一，以"互联网＋"为基本特征，新媒体发展迅猛。据相关统计结果及其分析①，我国互联网产业呈现井喷式扩张的态势。截至2018年底，互联网和相关服务业企业法人数量12万户，比2013年增长3.8倍；资产总计2.6万亿元，比2013年增长4.4倍；全年营业收入1.7万亿元，比2013年增长5.5倍。目前我国固定宽带用户数量、移动电话基站数量、光缆线路长度均居世界首位。互联网及"互联网＋"产业已成为我国经济发展增速最快的行业之一。信息技术和互联网产业的发展不仅大力提升了各类企业经营的信息化程度和运作效率，而且为文化传播提供了新动力和巨大的增长点。截至2018年底，我国互联网宽带接入用户数达4.1亿，比2013年增长1.2倍；光纤接入用户数3.7亿，4G用户数11.7亿。全国网民数量达8.3亿，网民人均周上网时长为27.6小时；网络视频用户数达6.1亿，在线政务服务用户3.9亿，在线教育用户2亿。这些都表明，随着互联网的普及，我国广播影视新媒体呈现出蓬勃发展的势头。

第二，在文化传播网络化、新的视听和视频媒体高速发展的冲击下，传统媒体的基本面仍保持稳定，推出的核心文化产品不仅数量有所增长，而且质量不断提高。依据前文表4、表5、表6的统计结果及其分析可见，近年来我国出版物的总体数量虽然在新媒体的冲击下逐年下滑，但图书出版数仍保持逐年小幅上升的趋势。广播电视节目制播时间总体上保持着稳步上升的势头，其中2014~2018年我国广播节目制播时间逐年增加，电视节目制作时间总体呈上升趋势，仅在2016年、2018年有小幅下降，公共电视节目播出时间逐年增加。2014~2018年我国广播和电视综合人口覆盖率逐年提高，服务面越来越广。

为了考察新媒体的强劲发展以及传统媒体的现状，"中国文化发展状况调查（2019）"设计了相关题项。

---

① 本部分数据及其分析参见《我国信息技术产业蓬勃发展，动力强劲》，人民网，2020年1月21日，http://finance.people.com.cn/n1/2020/0121/c1004-31558440.html。

表 11 网络与融媒体文化建设以及文化产品评价认知认同统计结果

单位：%

题项	非常不同意	不同意	不清楚	同意	非常同意	正向评价合计
	极端负向	一般负向	不排斥	一般正向	积极正向	
我所在的地方实施了网络政务新媒体，方便了办事流程，提高了满意度	0.90	3.10	14.70	43.20	38.10	81.30
与简短的网络实时新闻相比，我更愿意阅读更具深度的长篇新闻报道	2.10	7.50	16.00	40.30	34.10	74.40
反映现实生活题材的电视剧，更能够影响我对生活和社会的看法	1.00	3.10	13.00	44.20	38.70	82.90
我期待观看更多反映地方特色的国产优秀电影、电视作品	0.50	1.90	9.20	40.60	47.80	88.40
我认为需要对网络游戏进行进一步管理才能避免负面影响	1.10	2.50	11.90	37.60	46.90	84.50

资料来源：湖北大学高等人文研究院、中华文化发展湖北省协同创新中心"中国文化发展状况调查（2019）"数据库。

对表 11 的分析结果如下。

第一，"我所在的地方实施了网络政务新媒体，方便了办事流程，提高了满意度"，是要测度被调查者对政务现代化、科技化发展与居民满意度的评价。对于该题项，"极端负向"的评价人数占 0.90%，"一般负向"占 3.10%；"不排斥"占 14.70%；"一般正向"占 43.20%，"积极正向"占 38.10%，正向评价合计占 81.30%。统计结果表明，81.30% 的被调查者对该题项给予正向评价，评价结果处在"情况良好"的状态。

第二，"与简短的网络实时新闻相比，我更愿意阅读更具深度的长篇新闻报道"，是要测度被调查者对网络与融媒体深度报道的影响力评价以及需求。对于该题项，"极端负向"的评价人数占 2.10%，"一般负向"占 7.50%；"不排斥"占 16.00%；"一般正向"占 40.30%，

"积极正向"占 34.10%，正向评价合计占 74.40%。统计结果表明，74.40% 的被调查者对该题项给予正向评价，评价结果处在"不容乐观"的状态。

第三，"反映现实生活题材的电视剧，更能够影响我对生活和社会的看法"，是要测度被调查者对电视剧产品的消费偏好。对于该题项，"极端负向"的评价人数占 1.00%，"一般负向"占 3.10%；"不排斥"占 13.00%；"一般正向"占 44.20%，"积极正向"占 38.70%，正向评价合计占 82.90%。统计结果表明，82.90% 的被调查者对该题项给予正向评价，评价结果处在"情况良好"的状态。

第四，"我期待观看更多反映地方特色的国产优秀电影、电视作品"，是要测度被调查者对国产电影、电视的期待与需求。对于该题项，"极端负向"的评价人数占 0.50%，"一般负向"占 1.90%；"不排斥"占 9.20%；"一般正向"占 40.60%，"积极正向"占 47.80%，正向评价合计占 88.40%。统计结果表明，88.40% 的被调查者对该题项给予正向评价，评价结果处在"情况良好"的状态。

第五，"我认为需要对网络游戏进行进一步管理才能避免负面影响"，是要测度被调查者对监管网络游戏的态度。对于该题项，"极端负向"的评价人数占 1.10%，"一般负向"占 2.50%；"不排斥"占 11.90%；"一般正向"占 37.60%，"积极正向"占 46.90%，正向评价合计占 84.50%。统计结果表明，84.50% 的被调查者对该题项给予正向评价，评价结果处在"情况良好"的状态。

总体上说，上述考察中第一、五点是针对网络新媒体，第三、四点是针对传统媒体，第二点则涉及两者的比较。由以上分析可以看出，民众较为认可网络媒体在提高办事效率方面的作用，对于其文化娱乐方面的作用则认为应当予以适度的规范化管理；民众对于电影电视等传统媒体的文化作用仍抱有较高的期待，同时较为重视其反映现实生活的文化功能；与传统媒体相比，网络媒体对民众的影响越来越大，民众较为重视新媒体适应快节奏现代生活的功能。

（五）培育和践行社会主义核心价值观取得明显进展

基于前文第三部分表 7、表 8 的统计结果及其分析，2018~2019 年我国培育和践行社会主义核心价值观的总体状况良好，尤其是相对于 2017~2018 年的状况有明显的改善。分开来说，与 2017~2018 年相比，2018~2019 年民众对培育和践行社会主义核心价值观这一文化建设举措本身的正向评价（87.50%）提高了 5.70 个百分点，负向评价（2.30%）降低了 1.60 个百分点，总体上对这一文化建设举措较为认同；对于培育和践行社会主义核心价值观效果的正向评价（76.90%）提高了 4.30 个百分点，负向评价（5.50%）下降了 1.40 个百分点，总体上民众对此评价仍处于"不容乐观"的状态，但相对于上一年有较大的改善；对社会主义核心价值观政策化路径的认可度进一步提高，民众的正向评价（87.70%）提高了 4.10 个百分点，负向评价（2.30%）下降了 1.30 个百分点。

（六）"一带一路"对外文化交流成果显著，得到民众较高的认可

依据前文第三部分表 9 的统计结果及其分析，我们 2019 年开展的调研显示，对于"一带一路"文化对外交流各方面的成果，民众给予了较高的评价，总体上比较认可。其中对其教育、文化等人文交流方面的成果认可度最高，达 88.00%；对于其促进不同文明之间的理解和融合方面的成果认可度次之，达 87.60%；对于其促进文化产业方面的成果认可度相对较低，为 85.30%。这表明，2018~2019 年我国"一带一路"文化对外交流总体上发展势头良好，尤其是在人文交流等层面的成果更为显著，民众的评价已接近"令人满意"（90.00%）的状态。

五　文化发展中存在的主要问题

2018~2019 年的中国文化建设仍存在一些不足，主要表现在以下几个方面。

（一）基层公共文化建设的机构发展停滞不前，群众文化活动的开展尚显不足，广大民众的文化需求仍未得到有效满足

近年来我国一直高度重视基层公共文化建设，不断加大投入力度，但基于前文第二部分的考察，2014～2018 年我国群众文化机构数停滞不前，2018 年还出现了下滑。结合 2018 年我国各类文化和旅游机构数及人员数大幅下滑的情况来看，其原因可能在于基层文化事业费的利用率不高、落实基层文化建设的专业化队伍欠缺、基层文化发展的自主性不足等。与此相应，群众文化活动的开展也不够充分，还不能满足群众日益增长的文化需要。

以下将结合"中国文化发展状况调查（2019）"的相关统计结果（见表 12），来做进一步的考察和分析。

表 12　基层公共文化建设认知认同

单位：%

题项	非常不同意	不同意	不清楚	同意	非常同意	正向评价合计
	极端负向	一般负向	不排斥	一般正向	积极正向	
社区(镇、村)绿色宜居环境明显改善，人们幸福感明显提升	0.80	2.90	12.80	44.00	39.40	83.40
社区(镇、村)广场歌舞活动开展得有声有色，深受人们喜爱	1.20	4.00	13.80	41.50	39.50	81.00
精准扶贫工作成效显著，贫困人口的居住环境改善明显	0.90	2.90	15.70	42.30	38.20	80.50
特色扶贫工作成效显著，地方特色文化资源得到了合理的开发	0.90	2.90	15.30	42.50	38.40	80.90
文化扶贫工作成效显著，乡村文化旅游发展迅速，旅游人数明显上升	0.80	3.00	15.60	40.60	40.10	80.70

资料来源：湖北大学高等人文研究院、中华文化发展湖北省协同创新中心"中国文化发展状况调查（2019）"数据库。

对表12的分析结果如下。

第一，"社区（镇、村）绿色宜居环境明显改善，人们幸福感明显提升"，是要测度被调查者对基层宜居环境建设效果的评价。对于该题项，"极端负向"的评价人数占0.80%，"一般负向"占2.90%；"不排斥"占12.80%；"一般正向"占44.00%，"积极正向"占39.40%，正向评价合计占83.40%。统计结果表明，83.40%的被调查者对该题项给予正向评价，评价结果处在"情况良好"的状态。

第二，"社区（镇、村）广场歌舞活动开展得有声有色，深受人们喜爱"，是要测度被调查者对群众喜闻乐见的文化活动发展的评价。对于该题项，"极端负向"的评价人数占1.20%，"一般负向"占4.00%；"不排斥"占13.80%；"一般正向"占41.50%，"积极正向"占39.50%，正向评价合计占81.00%。统计结果表明，81.00%的被调查者对该题项给予正向评价，评价结果处在"情况良好"的状态。

第三，"精准扶贫工作成效显著，贫困人口的居住环境改善明显"，是要测度被调查者对精准扶贫与人文环境改善的认知。对于该题项，"极端负向"的评价人数占0.90%，"一般负向"占2.90%；"不排斥"占15.70%；"一般正向"占42.30%，"积极正向"占38.20%，正向评价合计占80.50%。统计结果表明，80.50%的被调查者对该题项给予正向评价，评价结果处在"情况良好"的状态。

第四，"特色扶贫工作成效显著，地方特色文化资源得到了合理的开发"，是要测度被调查者对特色扶贫与地方特色文化改善的评价。对于该题项，"极端负向"的评价人数占0.90%，"一般负向"占2.90%；"不排斥"占15.30%；"一般正向"占42.50%，"积极正向"占38.40%，正向评价合计占80.90%。统计结果表明，80.90%的被调查者对该题项给予正向评价，评价结果处在"情况良好"的状态。

第五，"文化扶贫工作成效显著，乡村文化旅游发展迅速，旅游人数明显上升"，是要测度被调查者对扶贫与乡村文化产业发展的评价。对于该题项，"极端负向"的评价人数占0.80%，"一般负向"占3.00%；"不排斥"

占 15.60%；"一般正向"占 40.60%，"积极正向"占 40.10%，正向评价合计占 80.70%。统计结果表明，80.70% 的被调查者对该题项给予正向评价，评价结果处在"情况良好"的状态。

由以上分析可见，被调查者对于前面五项的评价均处于"情况良好"的状态，但除了第一项（83.40%）外，其他各项均未超出 81.00%，离"令人满意"还有相当大的距离。这表明，2018～2019 年我国基层文化建设虽然取得了一定的成绩，得到了民众的基本认可，但远未达到满意的程度。基层文化建设工作仍然存在一些问题，还有较大的提升空间。这与前文基于对官方数据的分析而得出的结论基本上是一致的。

（二）文化精品力作不多，粗制滥造、低水平重复的文化产品充斥市场

近年来，我国文化市场虽然持续繁荣发展，但缺乏文化精品力作；重数量而轻质量的现象在文化市场中仍然大量存在，不容忽视。依据前文图 7 与表 3 的统计数据，并与文化投入逐年加大的趋势相对照，可以看出我们的投入并没有取得应该达到的生产水平。也就是说，文化投入的利用率偏低，这从一个侧面表明我国文化发展的质量还有较大的提升空间，文化产品的整体质量有待提高。"中国文化发展状况调查（2019）"相关题项的统计结果进一步揭示了这一问题。如前文表 11 中的题项"我期待观看更多反映地方特色的国产优秀电影、电视作品"，得到了高达 88.40% 的被调查者的认同，这表明电影电视精品缺乏，离满足民众的期待和需求还有较大的距离。

文化生产缺乏精品力作的问题也应引起党和政府相关部门的关注和重视。目前我国的文化产品有数量、缺质量，有"高原"缺"高峰"……还不能满足广大人民群众多样化、多层次、多方面的精神文化需求……有的企业甚至一味迎合市场、制造文化垃圾[①]。应该说，在目前

---

① 《国务院关于文化产业发展工作情况的报告》，搜狐网，2019 年 6 月 27 日，https：//www.sohu.com/a/323262142_100191061。

我国文化产业高速发展的情况下，这个问题是我们必须深入思考并着力解决的。

（三）优秀传统文化的发展虽然取得一定进展，但仍然不尽如人意，尚未得到足够的支持

近年来我国比较重视优秀传统文化的继承和弘扬，并出台了一些相关的政策文件，取得了一定进展，但囿于文化西方化（美国化）、市场化的影响，总体状况仍然不尽如人意。由于这一方面尚未有较为系统的官方数据可供参考，为了考察和分析传统文化的发展现状，"中国文化发展状况调查（2019）"设计了相关题项。

表13 对传统文化的认同与评价

单位：%

题项	非常不同意	不同意	不清楚	同意	非常同意	正向评价合计
	极端负向	一般负向	不排斥	一般正向	积极正向	
中国传统节日的礼仪和仪式,对继承和弘扬传统文化有重要意义	0.60	1.50	9.20	39.10	49.50	88.60
我认为在城镇化的过程中,传统村落解体,一些传统习俗已经丢失	1.40	3.70	15.10	40.60	39.30	79.90
当今人们对自由、平等、公正、法治理解更理性,且继承了传统文化精髓	0.70	2.80	13.60	40.30	42.60	82.90
近年来,地方特色曲艺文化得到了民间艺人的关注,受到民众的喜爱	0.80	3.20	17.40	41.10	37.50	78.60

资料来源：湖北大学高等人文研究院、中华文化发展湖北省协同创新中心"中国文化发展状况调查（2019）"数据库。

对表13的分析结果如下。

第一，"中国传统节日的礼仪和仪式，对继承和弘扬传统文化有重要意

义", 是要测度被调查者对传统文化继承与仪式的认知认同度。对于该题项, "极端负向"的评价人数占0.60%, "一般负向"占1.50%; "不排斥"占9.20%; "一般正向"占39.10%, "积极正向"占49.50%, 正向评价合计占88.60%。统计结果表明, 88.60%的被调查者对该题项给予正向评价, 评价结果处在"情况良好"的状态。

第二, "我认为在城镇化的过程中, 传统村落解体, 一些传统习俗已经丢失", 是要测度被调查者对城镇化发展中传统习俗继承情况的评价。对于该题项, "极端负向"的评价人数占1.40%, "一般负向"占3.70%; "不排斥"占15.10%; "一般正向"占40.60%, "积极正向"占39.30%, 正向评价合计占79.90%。统计结果表明, 79.90%的被调查者对该题项给予正向评价, 评价结果处在"不容乐观"的状态。

第三, "当今人们对自由、平等、公正、法治理解更理性, 且继承了传统文化精髓", 是要测度被调查者对社会主义核心价值观是否与传统文化相容相通的理解。对于该题项, "极端负向"的评价人数占0.70%, "一般负向"占2.80%; "不排斥"占13.60%; "一般正向"占40.30%, "积极正向"占42.60%, 正向评价合计占82.90%。统计结果表明, 82.90%的被调查者对该题项给予正向评价, 评价结果处在"情况良好"的状态。

第四, "近年来, 地方特色曲艺文化得到了民间艺人的关注, 受到民众的喜爱", 是要测度被调查者对地方特色文化的传承与发展认知。对于该题项, "极端负向"的评价人数占0.80%, "一般负向"占3.20%; "不排斥"占17.40%; "一般正向"占41.10%, "积极正向"占37.50%, 正向评价合计占78.60%。统计结果表明, 78.60%的被调查者对该题项给予正向评价, 评价结果处在"不容乐观"的状态。

由以上分析可知, 在认知层面(第一、三题项), 民众对传统文化及其与社会主义核心价值观的相容相通的评价均处于"情况良好"的状态, 对优秀传统文化的认可度较高。但在当前传统文化的发展这一文化实践层面(第二、四题项), 民众的评价均处于"不容乐观"的状态。这表明, 我们在优秀传统文化的继承和弘扬方面仍然做得不够, 不尽如人意, 离民众的期待尚有较大的距离。

（四）党员干部在文化建设中的引领作用发挥不够

我国的文化建设是在我党的指导下由相关政府部门和文化工作者来具体实施的，这就需要党员干部发挥引领作用，尤其是要在基层文化建设中树立正面积极的形象，成为文化建设团队的核心。尽管近年来我国文化建设取得了巨大的成绩，但在这方面做得还不够。"中国文化发展状况调查（2019）"的相关统计结果说明了这一点。

表 14　党员干部在文化建设中的作用

单位：%

题项	非常不同意	不同意	不清楚	同意	非常同意	正向评价合计
	极端负向	一般负向	不排斥	一般正向	积极正向	
近几年来,党员干部形象、带领作用在群众中有了大幅度的提升	1.10	3.40	15.80	41.80	38.00	79.80

资料来源：湖北大学高等人文研究院、中华文化发展湖北省协同创新中心"中国文化发展状况调查（2019）"数据库。

对表14简要分析如下。"近几年来，党员干部形象、带领作用在群众中有了大幅度的提升"，是要测度被调查者对党员的表率、引领作用的评价。对于该题项，"极端负向"的评价人数占1.10%，"一般负向"占3.40%；"不排斥"占15.80%；"一般正向"占41.80%，"积极正向"占38.00%，正向评价合计占79.80%。统计结果表明，79.80%的被调查者对该题项给予正向评价。

（五）文化"走出去"仍然缺乏创意、办法和针对性，未能达到应有的效果

中华文化"走出去"，是党的十八大以来着力推进的文化战略。对于扩大中国文化的国际影响力、树立中国文化的健康形象、增强中国文化软实力来说，这个战略无疑具有重要而深远的意义。但目前看来，文化"走出去"

战略的进展还不尽如人意，没有达到应有的效果。如前文表9所示，民众虽然较为认可"一带一路"文化对外交流在精神文化层面的成果，但对于其促进文化产业作用的认可度相对较低。

进一步说，我国文化产品的进出口还存在较大的"逆差"和"赤字"，而文化"走出去"要真正落到实处，就必须依托教育机构、文化企业等各种实体，打造一批具有国际竞争力的文化品牌。在这方面，我们仍然缺乏创意、办法和针对性，做得还很不够。应该看到，在我国文化"走出去"的过程中，这些因素都是难免遭遇的障碍，必须对此有充分的认识并设计有针对性的方案，才能顺利地克服，从而实现文化"走出去"战略的持续健康发展。

六　对策和建议

针对上述问题，本报告提出如下建议。

（一）"送文化"与"种文化"相结合，活跃基层民众的文化生活，满足人民群众不断增长的多样化的文化需求

如上一部分所述，我国对基层文化建设逐年加大投入，但并没有取得相应的成效，基层文化投入的利用率不高。要改变这一状况，从根本上提高基层文化建设的成效，就必须做到"送文化"与"种文化"相结合。

作为我国文化建设的基础性部分，基层文化建设首先是"送文化"，是在党和政府相关文化政策的指导下启动的，需要专业的基层文化工作团队落实相应的文化目标，由此要精心设计群众文化活动的各个环节，指导活动的顺利开展，以引导群众形成中国新时代的文化价值观，培育积极健康的群众文化生活方式。但同时要看到，基层文化建设的根本目的在于充分满足群众的文化需要，那就不应该采取由上至下的指令姿态乃至官僚作风，而应该是在了解群众文化心理的基础上予以适当引导，激发群众文化参与的自觉性和积极性，让我们要"送"的文化在群众心中生根发芽，得到内心的认同。在此意义上，"送文化"只是就外在的表现形式说的，就其实质内容而言，

基层文化建设应该是要在群众中"种文化"，是给群众"送"文化种子。我们的文化建设要切实有效，就应该让这个文化的种子健康而富有活力、富有吸引力，从而能够得到群众真正的认同。有了这样的认同，群众就会自觉地参与，发挥其主动性和创造性，让这个种子生根发芽、苗壮成长，而我们的基层文化建设也就能够真正活跃基层民众文化生活、满足人民群众不断增长的多样化文化需求。

（二）政府管理与市场机制相结合，助力文化精品的生产

要为生产文化精品力作提供有力的保障和有效的支持，就必须坚持政府管理与市场机制相结合，通过政府这只"看得见的手"和市场这只"看不见的手"协同发挥作用。可以从如下几个方面着手。其一，改革文化评价体制和机制，建设有利于文化创新的文化秩序。促进文化精品生产的一个前提条件在于建立合理而健全的文化评价体制和机制，这样才能有明确统一的质量认定标准，才能让优秀的文化产品得到其应有的评价和发展条件，才能避免文化市场出现以次充好、以假乱真的混乱现象。毋庸讳言，目前的文化评价体制和机制仍存在不健全和不合理之处，必须进行相应的改革，以促进文化创新为价值导向，建立良性的文化秩序，为文化精品的生产创造良好的制度环境。其二，加强文化价值观方面的引导，培育健康积极的文化市场需求。不同于一般的经济产品，文化产品具有一定的文化内涵，文化精品则应该蕴含健康而积极的文化价值观。何种文化价值观才是健康而积极的？表面上看，这应该是由个人通过其内心认同来做出判断的，但深层次上来自文化环境对于个人的影响，取决于社会的主流价值观。我们只有加强这方面的引导，才能培育优良的文化价值观。这对于文化精品的生产者和消费者都是至关重要的：生产者只有对此有充分的自觉，才能设计相应的文化精品；消费者只有认同这样的价值观，有相应的文化需求，才能选择文化精品，通过市场投票为文化精品的生产提供实质性的支持。其三，完善文化市场的监管规范，确立切实有效的奖惩机制。促进文化精品生产的另一面是要打击假冒伪劣的文化产品。"假作真时真

亦假"，如果不能建立切实有效的文化市场规范，不能对那些伪劣产品予以有力的监管而任其泛滥，文化精品的生产就得不到保护，就不能发挥其应有的优势。

（三）根据优秀传统文化的精神，精心设计能够适应当代中国生活的文化实现路径

从上一部分的相关考察和分析来看，目前我国民众对传统文化怀有深厚的情感，寄托了较高的期待。但对于文化建设中包含传统要素的文化活动，民众的评价不容乐观。本报告认为，造成这种状况的一个主要原因在于，我们对优秀传统文化的继承和弘扬缺乏足够的变通，不能与时俱进、因时而变，从而仅得其形而失其神。从中国文化传统的发展来看，历代对文化传统成功的继承和弘扬，都不是通过简单的模仿来实现的，而是根据传统的精神，因应当时的情况发展出新的实践模式。理论上说，我们的社会主义核心价值观与传统文化的相容相通，是民众较为认可的。但是，优秀传统文化要真正焕发活力，为当代中国人的文化生活提供精神指引，就必须因应当代中国生活的现实，精心设计恰当的文化实现路径。在这方面，我们可能还需要付出更多的努力。

（四）提高党员干部的文化素养，建立适当的民主监督机制

要让党员干部在文化建设中发挥应有的模范带头作用，可以从内在修养和外在规范这两个方面入手。就内在修养而言，我们应高度重视加强对党员的理论知识、思想觉悟等方面的训练，这是极有必要的。但仅停留于此还不够，对理论的理解要真正化为内在的修养，还必须与党员干部的职位相结合，知道在其具体职位上应该怎么做，怎样做才能真正体现出其作为党员干部的思想觉悟和文化素养。党员干部只有做到知行合一，才能为其勇于担责提供切实有效的动机，也才能由此真正不断提高内在修养。从事文化建设的党员干部要切实履行职责，就应该具备相应的文化素养。

但仅靠内在修养并不够，必须建立适当的民主监督机制来提供切实有效

的外在规范。这不仅因为党员干部思想境界的提高是一个长期的过程，而且因为要在文化建设的实践中担负自己的责任，需要不断调整和选择恰当的实践模式，其间难免有无心之失，这就必须有相应民主监督机制来纠错，来帮助党员干部形成良好的工作作风和有效的实践模式。当然，这种民主监督应该限定在何种范围、进行到何种程度、采取何种方式，需要通过合理的考量来安排，根据具体的职务内容予以微调。

（五）建立多种文化"走出去"渠道，鼓励有针对性的创意和办法，讲好中国故事

作为我国文化建设的一项长期战略，文化"走出去"要持续健康发展，就应该至少把握好三点。

第一，建立文化"走出去"的多种渠道。文化本身是多个层次的复合体，中国文化要"走出去"，在国际舞台上发挥积极影响，就必须从多个层次展开，寻求多种适当的传播渠道。从大的方面说可分为官方的正式渠道和民间的交流渠道，前者包括建立各种中外文化合作机制、文化学者之间的交流对话机制、作为经济合作基础的各种文化沟通机制等，后者包括我国文化企业的国际经营、非政府组织的中外文化活动、民间传统艺术的中外交流项目等。只有通过多种渠道协同发挥作用，才能从整体上把握好文化"走出去"战略，使之井然有序地展开。

第二，设计切实有效的具体方案，鼓励有针对性的创意和办法。中国文化"走出去"，实质上是进行多种文化之间的交流和对话，需要克服彼此的"文化差异"而实现文化的和谐共存乃至融通，要让文化"走出去"产生令人满意的效果，有针对性的创意和办法就显得至关重要。这里的"针对性"，一方面是要针对我们的交流对象，也就是要了解对方的文化，考虑以对方易于接受的方式进行交流与合作，让我们的文化能够真正"走进去"；另一方面是要针对具体文化实践的特点，也就是要结合我们的文化渠道来选取恰当的交流与合作模式，力求达到预期的实践效果。比如说，如果是文化企业的国际经营，那么我们的交流与合作方式就应该与各种经济考量相

结合。

第三，弘扬中国文化，讲好中国故事。"走出去"战略的主体是中国文化，是要建立中国文化的健康形象，扩大中国文化的影响力。这一基于文化自信的中国文化主体性，是我们推进文化"走出去"战略的根本目的和基本方向。就此而论，我们首先要讲中国故事，然后结合具体情况选择恰当的实现方式来讲好中国故事。在推进"走出去"的战略过程中，我们必须对此保持充分的文化自觉。

参考文献

《中华人民共和国文化和旅游部 2018 年文化和旅游发展统计公报》，文化和旅游部官网，2019 年 5 月 30 日，http：//zwgk. mct. gov. cn/auto255/201905/t20190530_ 844003. html。

国家统计局和中宣部编《中国文化及相关产业统计年鉴 2019》，中国统计出版社，2019。

文化和旅游部编《中国文化和旅游统计年鉴 2019》，国家图书馆出版社，2019。

湖北大学高等人文研究院、中华文化发展湖北省协同创新中心"中国文化发展状况调查（2019）"数据库。

江畅、孙伟平、戴茂堂主编《文化建设蓝皮书：中国文化发展报告（2019）》，社会科学文献出版社，2019。

指 数 报 告

Index Report

B.2
中国文化发展指数发布
与评价报告（2019）

卿　菁　刘皓蓉*

摘　要： 本报告构建了文化投入、文化生产、文化供给、文化传播和
　　　　　文化消费 5 个一级指标和 39 个二级指标组成的文化发展评价
　　　　　指标体系，对 2019 年全国 31 个省区市（不含港澳台）的文
　　　　　化发展状况进行实证分析与评价，厘清各省区市的文化优势
　　　　　与文化短板，为我国地方文化决策部门提供参考依据，为我
　　　　　国文化发展提供有益的启示。

关键词： 文化发展指数　文化传播　文化消费

---

* 卿菁，湖北大学政法与公共管理学院副教授、硕士生导师，湖北大学县域治理研究院政府绩
效评估中心主任，美国加州大学河滨分校（UCR）访问学者（2012～2013），研究方向为公
共文化研究；刘皓蓉，女，湖北大学政法与公共管理学院 2018 级硕士研究生。

一 文化发展指数与评价指标体系

（一）文化发展指数的研究意义

文化不仅承担着正确引导公民价值观和规范公民行为的使命，而且其发展已成为衡量国家经济建设水平、国家治理水平的重要指标。党的十九届四中全会提出，坚持和完善繁荣发展社会主义先进文化的制度，巩固全体人民团结奋斗的共同思想基础。发展社会主义先进文化、广泛凝聚人民精神力量，是国家治理体系和治理能力现代化的深厚支撑。必须坚定文化自信，牢牢把握社会主义先进文化前进方向，激发全民族文化创造活力，更好构筑中国精神、中国价值、中国力量。[①] 因此，国家能否在一个可监测的、紧约束的基础上实现文化发展的战略意图，这将影响和决定我们建设文化强国的进程。就现阶段我国文化发展战略研究而言，文化发展的研究具有重大意义。

指数是指在空间与时间条件存在差异的情况下，以直观、综合的方式来呈现社会经济现象平均变动的相对数；指数提供了一种能够度量某一领域发展程度的数据标准。在大数据时代背景下，无论是从政府管理，抑或是从社会生活诸领域来讲，指数作为国家与公民一览社会经济或文化发展状况的工具，时刻发挥着重要作用。放眼全球社会治理领域，发展指数的建立和编制是推进社会治理的主流趋势，而文化发展为社会治理提供理论支撑：社会治理与文化发展体现了共同的价值取向，即满足广大人民群众的需求；社会的发展与变革离不开先进文化的引导与推动——思想是行动的先导，文化发展利于提高个体素质涵养、凝聚个体精神力量、促进个体全面发展为社会善治提供动力。对于我国的文化发展而言，文化发展指数的建立和编制具有必要性与战略意义。从国内层面看，文化发展指数能使各级政府全面、清晰、准

[①] 《中共中央关于坚持和完善中国特色社会主义制度 推进国家治理体系和治理能力现代化若干重大问题的决定》，《人民日报》2019 年 11 月 6 日，第 1 版。

确地了解各地文化发展状况，从而为文化发展规划和战略决策的制定提供依据，进而掌握我国文化发展状况的基本规律并发现其中存在的诸多问题，最终引导我国文化建设工作实现又好又快的发展；从国际层面看，文化发展指数的建立和编制，能够客观有效地显示我国文化发展的现状，为制定文化发展战略目标、探索文化发展路径等工作提供客观信息支持，为进一步提高我国文化整体发展水平，抢占国际文化战略制高点、加强文化输出，树立文化自信、实现文化强国奠定坚实基础。建立和编制文化发展指数，不仅能客观反映我国文化发展的现状，而且对我国文化的繁荣发展具有重要意义。因此，建立和编制文化发展指数是当前我国文化研究领域的一项势在必行的研究任务。

（二）文化发展指数评价指标体系的构建

本报告拟构建包含 5 个一级指标和 39 个二级指标的文化发展指数评价指标体系，以各地区文化发展实际指标数据为基础，设计测评体系，对我国 31 个省区市的文化发展状况进行客观测评分析。通过建立相应模型，将原始数值标准化后，确定各指标权重，并将数值转化成标准分数，以期使用直观数据对比，发现当前我国各省区市文化发展差异，以及具体差值情况，方便对症下药精准改进各省区市当前文化发展中的不足之处，从而共同进步，提高国家整体文化发展水平。

文化是相对于经济、政治而言的人类全部精神活动及其产品，文化是一种整体的生活方式，其发展离不开体系的循环与文化产业的产生与繁荣。

文化的发展离不开文化的循环体系。斯图亚特·霍尔最早提出文化的循环理论，他指出"文化的循环"作为文化的生产理论，分为表征、认同、生产、消费、规则这五个环节，在研究文化制品的要素时每一个环节都参与了另一个环节的形成，是另一个环节的要素[①]。1986 年联合国教科文组织为方便收集各成员国的文化统计数据，第一次制定了起指导性作用的文化统计

---

① 栾开印：《对斯图亚特·霍尔"文化循环"理论体系的解读》，《艺术百家》2017 年第 12 期。

框架，对文化传递及发展各过程进行了概念界定，以方便文化数据的统计。此文化统计框架将文化循环过程分为创作/生产、传递/扩散、接受/消费、注册/保存/保护、参与这五个环节。随着社会形势的变化、科技的巨大发展以及文化相关领域地位的提升，文化统计框架也应势做出了更改。2009 年，联合国教科文组织调整了文化统计框架以适应全球化进程与文化产品的繁荣，将文化循环过程调整为创作、生产、扩散、展会/接收/传递、消费与参与这五个环节。因此，文化发展指数指标的选取应不脱离文化循环过程。

与此同时，文化的发展促进了文化产业的繁荣，文化产业的发展与文化产品的形成及推广也反过来影响着文化的发展。联合国教科文组织关于文化产业有如下定义：文化产业就是按照工业标准，生产、再生产、储存以及分配文化产品和服务的一系列活动，也可以通过文化产品的工业标准化生产、流通、分配、消费、再次消费来界定。① 文化发展指数指标的选取也应不脱离文化产业发展过程。

因此，本报告基于文化的循环理论以及文化产业发展理论，结合联合国教科文组织文化统计框架的分类，借鉴《中国文化发展指数》指标的选取，参考《中国文化和旅游统计年鉴 2019》和《中国文化及相关产业统计年鉴 2019》中的统计数据类目，综合考虑数据的可获得性与可操作性，并遵循全面性、科学性与可比性原则，从投入、生产、供给、传播、消费这五大环节衡量当前文化发展的现状。选取文化投入、文化生产、文化供给、文化传播、文化消费作为本文化发展指数体系的一级指标，进而细化，落实至数目更多、更具体的且数据可获得的实际指标作为二级指标。

1. 文化投入

文化投入作为支持文化政策以及文化经济政策的重要部分，是文化发展的基本保障。我国中央政府每年都有不同比例的补助地方文化发展的专项基金，以期促进地方文化良性发展。本报告从 2018 年文化事业费占财政投入比

---

① 张毓强、杨晶：《世界文化评估标准略论——以联合国教科文组织文化统计指标体系为例》，《现代传播》2010 年第 9 期。

重、人均文化事业费、文化事业从业人员数、文化市场经营机构资产总计、文化市场经营机构从业人员数这 5 个方面来度量各省区市文化投入水平。

2. 文化生产

文化生产的最终目的是满足人民日益增长的精神文化需求，给人民提供丰富的文化产品和多样的文化服务。本报告从博物馆机构数、文化馆数量、文物机构数、公共图书馆机构数、群众文化机构数、公有制艺术表演场馆机构数、艺术表演团体个数、艺术表演团体演出收入、文化市场经营机构数、文化市场经营机构营业收入、娱乐场所营业收入这 11 个指标数据来度量各省区市文化生产状况以及相应的文化经济流量。

3. 文化供给

高质量的文化供给能增强人民的文化幸福感。"为人民谋幸福，为中华民族谋复兴"更是中国共产党人的初心和使命。文化供给水平是文化发展的直接体现。本报告从人均公共图书馆藏书量、群众文化机构组织活动次数、艺术表演团体演出场次、文物藏品数量、博物馆展览数、有线电视用户数占家庭比重、发行图书册数、发行报纸份数、发行期刊册数这 9 个方面予以度量。

4. 文化传播

文化传播促进多元文化的产生、加速全球化的进程，与此同时起到社会沟通、丰富文化信息量、达成文化增值的作用。本报告从艺术表演团体国内演出观众人次、博物馆参观总人次、公共图书馆总流通人次、群众文化机构服务人次、电视节目综合人口覆盖率、对外出访文化交流活动次数、对外出访文化交流人数、对外演出次数、对外演出人数这 9 个方面对文化传播能力进行评价。

5. 文化消费

文化消费是指对精神文化类产品及精神文化性劳务的占有、欣赏、享受和使用等，以物质消费为依托和前提，其需求的增长与否与社会生产力的发展水平息息相关，因而文化消费水平能够更直接、更突出地反映出现代物质文明和精神文明的程度。本报告将从人均购书费、群众文化业务活动专项经费、居民文化消费支出占总支出比重、居民人均文化消费（文化娱乐）、入境过夜游客数量这 5 个方面进行度量。

综上所述，中国文化发展指数评价指标体系构建了包含 5 个一级指标、39 个二级指标的综合评价体系（具体情况如表 1 所示）。

表 1　中国文化发展指数评价指标体系

一级指标	二级指标
文化投入	文化事业费占财政投入比重(%) 人均文化事业费(元) 文化事业从业人员数(人) 文化市场经营机构资产总计(千元) 文化市场经营机构从业人员数(人)
文化生产	博物馆机构数(个) 文化馆数量(个) 文物机构数(个) 公共图书馆机构数(个) 群众文化机构数(个) 公有制艺术表演场馆机构数(个) 艺术表演团体个数(个) 艺术表演团体演出收入(千元) 文化市场经营机构数(个) 文化市场经营机构营业收入(千元) 娱乐场所营业收入(千元)
文化供给	人均公共图书馆藏书量(册) 群众文化机构组织活动次数(次) 艺术表演团体演出场次(万场次) 文物藏品数量(件/套) 博物馆展览数(个) 有线电视用户数占家庭比重(%) 发行图书册数(万册) 发行报纸份数(万份) 发行期刊册数(万册)
文化传播	艺术表演团体国内演出观众人次(万人次) 博物馆参观总人次(万人次) 公共图书馆总流通人次(万人次) 群众文化机构服务人次(万人次) 电视节目综合人口覆盖率(%) 对外出访文化交流活动次数(次) 对外出访文化交流人数(人) 对外演出次数(次) 对外演出人数(人)

一级指标	二级指标
文化消费	人均购书费(元)
	群众文化业务活动专项经费（千元）
	居民文化消费支出占总支出比重（%）
	居民人均文化消费（文化娱乐）(元)
	入境过夜游客数量（万人次）

二　中国文化发展指数实证分析

基于所构建的中国文化发展指数评价指标体系，本部分依据相关统计资料和数据，运用归一化分析法、主成分分析法对中国文化发展指数进行实证分析。

（一）中国文化发展统计数据

依据《中国统计年鉴 2019》《中国文化和旅游统计年鉴 2019》和《中国文化及相关产业统计年鉴 2019》，可以得到全国 31 个省区市以上指标（见表 1）的具体统计数据（见表 2 至表 6）。

表 2　2018 年中国 31 个省份文化投入统计数据

省份	文化事业费占财政投入比重（%）	人均文化事业费(元)	文化事业从业人员数(人)	文化市场经营机构资产总计（千元）	文化市场经营机构从业人员数（人）
北京	0.47	161.75	8850	188442257	152478
天津	0.58	114.9	4025	39157833	15001
河北	0.35	35.78	13998	2155597	14910
山西	0.54	62.8	10985	7282947	37621
内蒙古	0.58	109.93	9167	3713103	17595
辽宁	0.32	38.63	10709	147091869	33054
吉林	0.57	79.96	8021	3229958	13637
黑龙江	0.35	43.91	10434	8815835	17722
上海	0.57	197.47	10209	60819287	46223
江苏	0.53	77.06	18435	57058318	105943
浙江	0.78	116.57	17811	133211876	153726

续表

省份	文化事业费占财政投入比重（%）	人均文化事业费（元）	文化事业从业人员数（人）	文化市场经营机构资产总计（千元）	文化市场经营机构从业人员数（人）
安徽	0.3	31.4	10811	16331700	88365
福建	0.58	71.24	8571	137622957	69942
江西	0.28	34.31	14616	5388108	30165
山东	0.42	42.11	19821	21623156	47666
河南	0.3	28.91	21353	12097174	87092
湖北	0.58	71.21	11745	19359541	56973
湖南	0.42	45.4	14260	29516329	71637
广东	0.63	87.67	21122	187626289	221265
广西	0.39	42.48	9645	8401929	37981
海南	0.42	76.18	1759	6362884	20961
重庆	0.47	68.36	9484	11179328	56580
四川	0.44	51.58	20598	36023763	88269
贵州	0.35	49.28	9626	15980212	38479
云南	0.49	62.05	11331	8150079	44857
西藏	0.51	293.22	6341	1269614	8647
陕西	0.41	56.71	18952	11819728	37059
甘肃	0.48	68.26	13394	4422369	22319
青海	0.51	138.87	2270	1254458	7543
宁夏	0.48	100.54	3079	6878186	8216
新疆	0.34	68.07	7643	9807593	15390

资料来源：国家统计局编《中国统计年鉴2019》，中国统计出版社，2019；国家统计局和中宣部编《中国文化及相关产业统计年鉴2019》，中国统计出版社，2019；文化和旅游部编《中国文化和旅游统计年鉴2019》，国家图书馆出版社，2019。

表3 2018年中国31个省份文化生产统计数据

省份	博物馆机构数（个）	文化馆数量（个）	文物机构数（个）	公共图书馆机构数（个）	群众文化机构数（个）	公有制艺术表演场馆机构数（个）	艺术表演团体个数（个）	艺术表演团体演出收入（千元）	文化市场经营机构数（个）	文化市场经营机构营业收入（千元）	娱乐场所营业收入（千元）
北京	82	20	139	23	350	14	20	208981	3287	126714965	909356
天津	65	17	84	29	261	28	16	78538	2000	19571737	358072
河北	134	180	470	173	2433	76	127	118192	3314	814787	344367

续表

省份	博物馆机构数（个）	文化馆数量（个）	文物机构数（个）	公共图书馆机构数（个）	群众文化机构数（个）	公有制艺术表演场馆机构数（个）	艺术表演团体个数（个）	艺术表演团体演出收入（千元）	文化市场经营机构数（个）	文化市场经营机构营业收入（千元）	娱乐场所营业收入（千元）
山西	152	130	400	128	1539	93	152	180971	4884	1769662	471811
内蒙古	109	120	211	117	1213	21	96	12925	5040	1456956	519131
辽宁	65	125	144	130	1585	32	34	48569	6981	32124053	873199
吉林	107	79	170	66	980	26	47	44598	3730	1305578	472512
黑龙江	191	149	282	109	1635	30	39	21771	5453	1988941	445351
上海	100	25	111	23	239	24	23	275007	3736	35933608	2656287
江苏	329	115	439	116	1379	101	127	406384	22264	29045269	5920832
浙江	337	101	528	103	1475	79	64	249258	16634	61205606	6522680
安徽	201	122	306	126	1559	48	51	115141	14672	12681823	1467660
福建	128	97	189	91	1223	50	72	62792	5444	23906841	3210952
江西	144	118	244	113	1873	46	83	46803	5877	2867895	1202953
山东	517	157	710	154	1976	93	105	96680	10841	6749966	858701
河南	334	204	632	160	2616	136	174	127978	15629	4939957	990694
湖北	200	125	326	115	1406	51	87	107652	10074	15322821	1378630
湖南	121	145	276	140	2540	63	100	57433	12257	17806908	2007122
广东	184	145	276	143	1755	47	74	205314	21452	128283786	6725074
广西	131	124	215	116	1297	13	25	33453	5101	4448590	1800270
海南	19	23	47	24	242	8	19	35931	2182	5148757	355307
重庆	100	41	145	43	1068	17	22	46969	7533	8551228	1892659
四川	252	207	488	204	4781	42	52	95183	16720	20348708	3203549
贵州	91	99	204	98	1688	6	41	64123	6689	6331470	2173552
云南	137	149	277	151	1594	16	101	20117	9695	3781152	2085567
西藏	7	82	1399	81	774	14	85	1771	866	797538	681017
陕西	294	123	676	111	1507	80	92	129639	5049	4687586	602411
甘肃	215	103	378	103	1482	23	68	70374	4006	1829539	791054
青海	24	55	108	51	416	15	27	27588	834	659677	285450
宁夏	54	27	80	27	272	3	14	19860	1742	616502	312978
新疆	91	119	194	107	1306	15	110	8313	3069	7148594	578179

资料来源：国家统计局编《中国统计年鉴2019》，中国统计出版社，2019；国家统计局及中宣部编《中国文化及相关产业统计年鉴2019》，中国统计出版社，2019；文化和旅游部编《中国文化和旅游统计年鉴2019》，国家图书馆出版社，2019。

表4　2018年中国31个省份文化供给统计数据

省份	人均公共图书馆藏书量（册）	群众文化机构组织活动次数（次）	艺术表演团体演出场次（万场次）	文物藏品数量（件/套）	博物馆展览数（个）	有线电视用户数占家庭比重（%）	发行图书册数（万册）	发行报纸份数（万份）	发行期刊册数（万册）
北京	1.34	95692	0.73	4422918	282	109.5	26742	48511	2751
天津	1.2	31336	0.29	1049957	242	91.6	9536	31574	2665
河北	0.36	78578	2.14	553930	479	30.4	31674	108930	4214
山西	0.5	44555	3.2	1799227	212	29.3	10174	198105	2259
内蒙古	0.75	41431	1.33	1009656	193	23.3	5974	26603	1309
辽宁	0.96	60334	0.42	644488	180	47.9	19080	73111	7159
吉林	0.76	34174	0.49	653784	357	44	23733	69801	5688
黑龙江	0.59	44734	0.55	990509	496	38.6	8204	49910	3484
上海	3.26	140887	1.06	4692055	442	88.6	48030	81297	8505
江苏	1.16	117172	4.66	2676969	1216	66.4	68474	214171	11272
浙江	1.5	215544	1.32	1504325	1371	85.8	41810	211181	7366
安徽	0.46	84767	1.21	1057972	429	37.1	32077	67725	4321
福建	0.95	49045	0.99	710838	785	65.2	11461	78555	2481
江西	0.54	44162	1.27	626591	313	48.1	24587	88317	7435
山东	0.62	181992	2.67	4506001	992	53	59987	218016	8260
河南	0.33	96643	4.94	2065508	738	29.9	31068	167259	8351
湖北	0.66	66659	2.27	2112271	460	51.6	26835	89408	11872
湖南	0.48	62230	1.41	1012975	237	47.9	45340	84801	8768
广东	0.84	143340	0.99	1398121	1155	71.1	35257	221184	10753
广西	0.56	54230	0.49	379337	292	43.5	29877	54325	3772
海南	0.59	6014	0.22	166662	100	85.7	5959	19044	593
重庆	0.58	63662	0.33	625321	335	58.4	15271	26398	4455
四川	0.47	129789	0.6	4241906	549	36.5	32520	132695	4997
贵州	0.41	39042	0.53	182108	98	53.2	9754	26604	1722
云南	0.45	54492	0.95	1518885	350	32.9	16044	33269	2493
西藏	0.64	11763	0.65	265886	6	30.6	1315	10876	244
陕西	0.49	52485	2.15	4046736	453	56.2	21651	52265	3119
甘肃	0.59	37053	1.34	556849	544	22.7	8384	42841	8093
青海	0.79	11557	0.27	93724	32	53.9	1020	8873	269
宁夏	1.06	19725	0.28	395521	70	48.4	8070	10284	516
新疆	0.57	81710	1.72	245892	100	43.1	21114	44043	1443

　　资料来源：国家统计局编《中国统计年鉴2019》，中国统计出版社，2019；国家统计局及中宣部编《中国文化及相关产业统计年鉴2019》，中国统计出版社，2019；文化和旅游部编《中国文化和旅游统计年鉴2019》，国家图书馆出版社，2019。

表5 2018年中国31个省份文化传播统计数据

省份	艺术表演团体国内演出观众人次（万人次）	博物馆参观总人次（万人次）	公共图书馆总流通人次（万人次）	群众文化机构服务人次（万人次）	电视节目综合人口覆盖率（%）	对外出访文化交流活动次数（次）	对外出访文化交流人数（人）	对外演出次数（次）	对外演出人数（人）
北京	270.88	2374.8	1903	1371.39	100	144	2461	115	3765
天津	186.63	1400.38	1226	487.9	100	46	633	25	588
河北	2130.88	3289.21	2371	2027.15	99.29	13	194	9	167
山西	2837.04	2533	1620	1443.09	99.57	10	194	5	167
内蒙古	915.33	1176.41	1252	1268.51	99.22	3	270	2	222
辽宁	251.47	1703.35	2850	1241.53	99.17	6	66	4	63
吉林	306.71	1040.77	812	1274.05	99.1	10	200	3	185
黑龙江	303.91	2144.4	1131	1253.78	99.07	34	811	65	1921
上海	349.18	2583.8	3036	2623.7	100	67	1383	35	973
江苏	2114.38	9518.83	8114	3512.46	100	62	820	18	554
浙江	1445.06	7005.39	11875	7842.41	99.8	107	1615	35	1019
安徽	925.26	3025.65	3341	2906.78	99.83	35	491	17	437
福建	654.83	3715.38	3355	1404.97	99.19	76	1692	59	1738
江西	1147.14	3696.99	1754	1531.36	99.09	8	83	7	75
山东	2128.32	7232.62	4578	5320.35	99.09	74	738	36	729
河南	5323.2	6040.11	3360	3471.6	99.04	16	264	13	255
湖北	2065.26	3922.46	2577	2621.41	99.58	15	384	9	319
湖南	1033.74	5444.09	2478	2323.81	99.64	50	487	17	369
广东	1061.13	5511.98	10518	6664.46	99.98	346	6503	1352	23642
广西	502.8	1753.65	2385	2859.81	98.78	62	772	42	2223
海南	241.5	234.46	578	311.87	99.08	17	212	9	295
重庆	268.29	3687.1	1604	2052.36	99.27	66	320	17	191
四川	433.04	7189.09	2562	4196.22	98.79	79	1484	69	1457
贵州	587.68	1973.75	882	1735.89	96.76	20	273	8	189
云南	1034.76	2322.63	1695	2619.82	98.9	46	735	29	807
西藏	440.17	19.97	35	299.11	98.21	——	——	——	——
陕西	1740.06	6713.38	1525	1760.59	99.34	10	162	3	148
甘肃	1527.77	2915.33	834	1295.58	98.81	20	433	4	127
青海	191.64	188.98	156	538.35	98.65	3	47	1	30
宁夏	172.35	724.24	512	549.79	99.79	9	146	6	133
新疆	1029.68	679.98	566	1760.17	98.07	1	34	1	34

资料来源：国家统计局编《中国统计年鉴2019》，中国统计出版社，2019；国家统计局及中宣部编《中国文化及相关产业统计年鉴2019》，中国统计出版社，2019；文化和旅游部编《中国文化和旅游统计年鉴2019》，国家图书馆出版社，2019。

表6　2018年中国31个省份文化消费统计数据

省份	人均购书费（元）	群众文化业务活动专项经费（千元）	居民文化消费支出占总支出比重（%）	居民人均文化消费（文化娱乐）（元）	入境过夜游客数量（万人次）
北京	5.062	372985	0.055	2191.6	400.4
天津	6.045	92602	0.051	1522.2	59
河北	0.629	148619	0.037	620.5	98.9
山西	0.985	100709	0.042	617.6	71.3
内蒙古	2.915	114615	0.038	737.8	188.1
辽宁	1.317	70350	0.051	1101	287.7
吉林	1.302	90230	0.039	675.3	143.8
黑龙江	0.587	89384	0.035	602.8	109.2
上海	6.943	739519	0.064	2786.3	742
江苏	2.182	599939	0.044	1100.2	400.9
浙江	4.057	882315	0.043	1258.9	456.8
安徽	0.855	190090	0.032	552.6	370.8
福建	2.551	514977	0.033	767.3	513.5
江西	0.856	110031	0.040	632.2	191.8
山东	1.031	333837	0.038	718.9	422
河南	0.573	220854	0.034	511.4	167.3
湖北	1.885	332743	0.035	691.4	405.1
湖南	0.931	210788	0.060	1130.2	365.1
广东	2.916	1399873	0.043	1114	3748.1
广西	1.039	136975	0.035	523.5	562.3
海南	1.479	52656	0.030	530.4	126.4
重庆	1.224	186901	0.040	764.4	280
四川	0.688	526008	0.038	663.5	369.8
贵州	0.804	198035	0.035	477.2	39.7
云南	0.558	187588	0.039	552.1	706.1
西藏	1.375	91220	0.017	200.4	47.6
陕西	1.224	137884	0.044	704.5	437.1
甘肃	1.038	165158	0.036	520.3	10
青海	1.095	72712	0.035	585.2	6.9
宁夏	2.32	36546	0.045	754.9	8.8
新疆	0.529	114417	0.033	528.9	99.3

资料来源：国家统计局编《中国统计年鉴2019》，中国统计出版社，2019；国家统计局及中宣部编《中国文化及相关产业统计年鉴2019》，中国统计出版社，2019；文化和旅游部编《中国文化和旅游统计年鉴2019》，国家图书馆出版社，2019。

（二）中国文化发展指数测算与分析

以下采用主成分分析法来分析各地文化建设综合情况，以构建中国文化发展指标体系综合评价模型。

（1）中国文化发展评价指标主成分分析

对中国 31 个省区市文化发展评价指标进行主成分分析，结果如表 7 至表 11 所示。

表 7　文化投入主成分载荷系数、得分系数、特征值

指标	主成分与载荷系数		主成分得分系数	
	文化投入规模 F_{A1}	文化投入资金 F_{A2}	文化投入规模 F_{A1}	文化投入资金 F_{A2}
文化市场经营机构从业人员数	0.953		0.436	−0.005
文化市场经营机构资产总计	0.805		0.358	0.150
文化事业从业人员数	0.696		0.341	−0.332
人均文化事业费		0.883	−0.074	0.523
文化事业费占财政投入比重		0.751	0.140	0.427
特征值	2.184	1.709		

对主成分分析得到的因子载荷矩阵进行计算，以每个主成分所对应的特征值占所提取主成分总的特征值之和的比例作为权重，得出综合得分：

$$F = \frac{\lambda_1 F_1 + \lambda_2 F_2}{\lambda_1 + \lambda_2}$$

计算可得：

文化投入 $F_A = (2.184 F_{A1} + 1.709 F_{A2}) \div (2.184 + 1.709)$
$= 0.561 F_{A1} + 0.439 F_{A2}$

表8　文化生产主成分载荷系数、得分系数、特征值

指标	主成分与载荷系数			主成分得分系数		
	文化图书机构 F_{B1}	文博表演机构 F_{B2}	文化市场经营机构 F_{B3}	文化图书机构 F_{B1}	文博表演机构 F_{B2}	文化市场经营机构 F_{B3}
群众文化机构数	0.923			0.390	−0.009	−0.184
公共图书馆机构数	0.911			0.333	−0.035	−0.082
文化馆数量	0.896			0.315	−0.058	−0.050
娱乐场所营业收入		0.884		0.076	0.328	−0.131
文化市场经营机构营业收入		0.815		−0.006	0.323	−0.157
文化市场经营机构数		0.800		0.166	0.243	−0.084
艺术表演团体演出收入		0.734		−0.235	0.274	0.226
公有制艺术表演场馆机构数			0.837	−0.130	0.028	0.374
艺术表演团体个数			0.788	−0.057	−0.094	0.341
文物机构数			0.692	−0.136	−0.109	0.363
博物馆机构数			0.653	−0.029	0.072	0.230
特征值	3.253	2.863	2.829			

计算可得：

$$文化生产 F_B = (3.253F_{B1} + 2.863F_{B2} + 2.829F_{B3}) \div (3.253 + 2.863 + 2.829)$$
$$= 0.364F_{B1} + 0.320F_{B2} + 0.316F_{B3}$$

表9　文化供给主成分载荷系数、得分系数、特征值

指标	主成分与载荷系数		主成分得分系数	
	文化供给规模 F_{C1}	文化供给水平 F_{C2}	文化供给规模 F_{C1}	文化供给水平 F_{C2}
发行图书册数	0.900		0.189	−0.007
群众文化机构组织活动次数	0.895		0.188	0.065
发行报纸份数	0.872		0.183	−0.160
博物馆展览数	0.860		0.181	−0.062
发行期刊册数	0.786		0.165	−0.089
文物藏品数量	0.669		0.141	0.156
艺术表演团体演出场次	0.605		0.127	−0.303
有线电视用户数占家庭比重		0.820	0.063	0.448
人均公共图书馆藏书量		0.794	0.075	0.433
特征值	4.761	1.832		

计算可得：

$$文化供给 \ F_C = (4.761F_{C1} + 1.832F_{C2}) \div (4.761 + 1.832)$$
$$= 0.722F_{C1} + 0.278F_{C2}$$

表10　文化传播主成分载荷系数、得分系数、特征值

指标	主成分与载荷系数		主成分得分系数	
	境外文化传播 F_{D1}	境内文化传播 F_{D2}	境外文化传播 F_{D1}	境内文化传播 F_{D2}
对外出访文化交流人数	0.965		0.237	−0.054
对外演出人数	0.965		0.253	−0.102
对外演出次数	0.950		0.247	−0.096
对外出访文化交流活动次数	0.949		0.224	−0.025
博物馆参观总人次		0.901	−0.090	0.378
群众文化机构服务人次		0.767	0.023	0.271
艺术表演团体国内演出观众人次		0.731	0.051	0.243
公共图书馆总流通人次		0.731	−0.170	0.357
电视节目综合人口覆盖率		0.371	0.032	0.120
特征值	4.388	2.712		

计算可得：

$$文化传播 \ F_D = (4.388F_{D1} + 2.712F_{D2}) \div (4.388 + 2.712)$$
$$= 0.618F_{D1} + 0.382F_{D2}$$

表11　文化消费主成分载荷系数、得分系数、特征值

指标	主成分与载荷系数		主成分得分系数	
	文化消费能力 F_{E1}	旅游文化消费能力 F_{E2}	文化消费能力 F_{E1}	旅游文化消费能力 F_{E2}
居民人均文化消费（文化娱乐）	0.922		0.307	−0.250
人均购书费	0.846		0.282	−0.212
居民文化消费支出占总支出比重	0.780		0.260	−0.299
群众文化业务活动专项经费	0.722		0.241	0.455
入境过夜游客数量		0.782	0.184	0.567
特征值	3.001	1.378		

计算可得：

$$文化消费\ F_E = (3.001F_{E1} + 1.378F_{E2}) \div (3.001 + 1.378)$$
$$= 0.685F_{E1} + 0.315F_{E2}$$

（2）中国文化发展评价指标模型综合得分

计算中国文化发展指数总体情况得分和各个一级指标得分，结果如表12所示。

表12　中国文化发展指数得分

省份	文化投入 F_A	文化生产 F_B	文化供给 F_C	文化传播 F_D	文化消费 F_E	总分
北京	1.449	-0.445	0.865	0.384	0.837	3.090
天津	0.126	-0.768	-0.038	-0.257	0.257	-0.680
河北	-0.766	0.320	-0.281	-0.176	-0.440	-1.343
山西	-0.125	0.251	-0.414	-0.236	-0.430	-0.954
内蒙古	-0.002	-0.245	-0.770	-0.409	-0.219	-1.646
辽宁	-0.079	-0.146	-0.173	-0.363	-0.131	-0.892
吉林	-0.158	-0.482	-0.297	-0.457	-0.396	-1.790
黑龙江	-0.723	-0.149	-0.494	-0.218	-0.523	-2.106
上海	0.689	-0.405	1.911	0.149	1.755	4.101
江苏	0.532	1.148	1.470	0.652	0.475	4.278
浙江	1.833	0.842	1.621	1.172	0.971	6.438
安徽	-0.497	0.220	-0.196	0.019	-0.316	-0.769
福建	0.751	-0.055	-0.054	0.136	0.283	1.062
江西	-0.838	-0.043	-0.238	-0.295	-0.389	-1.803
山东	-0.282	0.701	1.348	0.472	-0.032	2.207
河南	-0.444	1.008	0.200	0.151	-0.392	0.523
湖北	0.155	0.156	0.243	-0.050	-0.010	0.493
湖南	-0.162	0.350	0.011	0.042	0.111	0.352
广东	2.004	0.972	1.041	3.225	2.912	10.153
广西	-0.545	-0.242	-0.376	-0.043	-0.248	-1.454
海南	-0.520	-0.907	-0.596	-0.544	-0.549	-3.115
重庆	-0.169	-0.478	-0.321	-0.128	-0.206	-1.303
四川	0.070	0.950	0.406	0.350	0.103	1.879
贵州	-0.576	-0.228	-0.731	-0.577	-0.457	-2.569
云南	-0.200	0.095	-0.530	-0.123	-0.122	-0.880

省份	文化投入 F_A	文化生产 F_B	文化供给 F_C	文化传播 F_D	文化消费 F_E	总分
西藏	0.377	− 0.461	− 1.067	− 0.723	− 0.755	− 2.630
陕西	− 0.361	0.208	0.042	− 0.126	− 0.163	− 0.400
甘肃	− 0.313	− 0.164	− 0.546	− 0.336	− 0.467	− 1.826
青海	− 0.185	− 0.798	− 0.854	− 0.648	− 0.553	− 3.038
宁夏	− 0.347	− 0.911	− 0.677	− 0.475	− 0.361	− 2.770
新疆	− 0.694	− 0.296	− 0.506	− 0.567	− 0.543	− 2.606

三　中国文化发展指数结果分析

（一）中国文化发展指数排名分析

综合中国文化发展总体建设情况，并对全国 31 个省区市文化发展指标进行排名，得到各地排名情况（如表 13 所示）。

表 13　中国文化发展指数排名

省份	文化投入 F_A		文化生产 F_B		文化供给 F_C		文化传播 F_D		文化消费 F_E		文化发展总况 F	
	得分	排名	得分	排名	得分	排名	得分	排名	得分	排名	得分	排名
广东	2.004	1	0.972	3	1.041	5	3.225	1	2.912	1	10.153	1
浙江	1.833	2	0.842	5	1.621	2	1.172	2	0.971	3	6.438	2
江苏	0.532	6	1.148	1	1.470	3	0.652	3	0.475	5	4.278	3
上海	0.689	5	− 0.405	23	1.911	1	0.149	8	1.755	2	4.101	4
北京	1.449	3	− 0.445	24	0.865	6	0.384	5	0.837	4	3.090	5
山东	− 0.282	19	0.701	6	1.348	4	0.472	4	− 0.032	11	2.207	6
四川	0.070	10	0.950	4	0.406	7	0.350	6	0.103	9	1.879	7
福建	0.751	4	− 0.055	15	− 0.054	13	0.136	9	0.283	6	1.062	8
河南	− 0.444	23	1.008	2	0.200	9	0.151	7	− 0.393	21	0.523	9
湖北	0.155	8	0.156	12	0.243	8	− 0.050	13	− 0.010	10	0.493	10
湖南	− 0.162	15	0.350	7	0.011	11	0.042	10	0.111	8	0.352	11
陕西	− 0.361	22	0.208	11	0.042	10	− 0.126	15	− 0.163	14	− 0.400	12
天津	0.126	9	− 0.768	28	− 0.038	12	− 0.257	20	0.257	7	− 0.680	13

省份	文化投入 F_A		文化生产 F_B		文化供给 F_C		文化传播 F_D		文化消费 F_E		文化发展总况 F	
	得分	排名	得分	排名	得分	排名	得分	排名	得分	排名	得分	排名
安徽	-0.497	24	0.220	10	-0.196	15	0.019	11	-0.316	18	-0.769	14
云南	-0.200	18	0.095	13	-0.530	24	-0.123	14	-0.122	12	-0.880	15
辽宁	-0.079	12	-0.146	16	-0.173	14	-0.363	23	-0.131	13	-0.892	16
山西	-0.125	13	0.251	9	-0.414	21	-0.236	19	-0.430	23	-0.954	17
重庆	-0.169	16	-0.478	26	-0.321	19	-0.128	16	-0.206	15	-1.303	18
河北	-0.766	30	0.320	8	-0.281	17	-0.176	17	-0.440	24	-1.343	19
广西	-0.545	26	-0.242	20	-0.376	20	-0.043	12	-0.248	17	-1.454	20
内蒙古	-0.002	11	-0.245	21	-0.770	29	-0.409	24	-0.219	16	-1.646	21
吉林	-0.158	14	-0.482	27	-0.297	18	-0.457	25	-0.396	22	-1.790	22
江西	-0.838	31	-0.043	14	-0.238	16	-0.295	21	-0.389	20	-1.803	23
甘肃	-0.313	20	-0.164	18	-0.546	25	-0.336	22	-0.467	26	-1.826	24
黑龙江	-0.723	29	-0.149	17	-0.494	22	-0.218	18	-0.523	27	-2.106	25
贵州	-0.576	27	-0.228	19	-0.731	28	-0.577	29	-0.457	25	-2.569	26
新疆	-0.694	28	-0.296	22	-0.506	23	-0.567	28	-0.543	28	-2.606	27
西藏	0.377	7	-0.461	25	-1.067	31	-0.723	31	-0.755	31	-2.630	28
宁夏	-0.347	21	-0.911	31	-0.677	27	-0.475	26	-0.361	19	-2.770	29
青海	-0.185	17	-0.798	29	-0.854	30	-0.648	30	-0.553	30	-3.038	30
海南	-0.520	25	-0.907	30	-0.596	26	-0.544	27	-0.549	29	-3.115	31

综合以上结果，中国文化发展指数排名依次为：广东、浙江、江苏、上海、北京、山东、四川、福建、河南、湖北、湖南、陕西、天津、安徽、云南、辽宁、山西、重庆、河北、广西、内蒙古、吉林、江西、甘肃、黑龙江、贵州、新疆、西藏、宁夏、青海和海南。

广东、浙江、江苏、上海、北京分别位列此次文化发展指数排名的前五位，代表上述省市文化发展水平处于全国领先地位，与上述地区经济发展水平相符合，表现出经济文化齐头并进的良好发展态势。此次排名中，山东、四川、福建、河南和湖北也进入全国前十强，这五个省份具有丰富的文化资源和深厚的文化底蕴，同时拥有充满活力的文化市场转换能力，强大的文化辐射力和影响力，旺盛的文化消费能力，代表着我国文化发展的先进水平。

吉林、江西、甘肃、黑龙江、贵州、新疆、西藏、宁夏、青海和海南在此次文化发展指数排名中处于落后位次，与上述地区文化投入能力不足、文化生产和供给不够、文化传播影响力不强和文化消费水平不高等因素有密切关系，需要积极改进和加强发展。同时，上述地区具有突出的区位优势，有优质的生态环境资源和丰富的文化底蕴，未来有巨大的文化发展潜力，应找准定位，扬长避短，探索符合地区实际状况的文化发展路径。

从文化发展指数的五个一级指标来看，全国 31 个省区市排名情况分别如表 14 至表 18 所示。

表 14   文化投入分类指数排名

省份	文化投入规模 F_{A1}		文化投入资金 F_{A2}		文化投入 F_A	
	得分	排名	得分	排名	综合得分	排名
广东	3.203	1	0.470	11	2.004	1
浙江	2.203	2	1.361	3	1.833	2
北京	1.548	3	1.322	4	1.449	3
福建	0.736	6	0.769	7	0.751	4
上海	−0.039	14	1.620	2	0.689	5
江苏	1.084	4	−0.173	17	0.532	6
西藏	−1.188	30	2.377	1	0.377	7
湖北	0.068	12	0.265	13	0.155	8
天津	−0.713	26	1.199	5	0.126	9
四川	0.853	5	−0.932	25	0.070	10
内蒙古	−0.589	23	0.748	8	−0.002	11
辽宁	0.331	9	−0.603	20	−0.079	12
山西	−0.264	17	0.054	14	−0.125	13
吉林	−0.671	25	0.497	10	−0.158	14
湖南	0.256	10	−0.697	23	−0.162	15
重庆	−0.258	16	−0.055	15	−0.169	16
青海	−1.245	31	1.170	6	−0.185	17
云南	−0.233	15	−0.158	16	−0.200	18
山东	0.345	8	−1.082	27	−0.282	19
甘肃	−0.348	18	−0.269	18	−0.313	20
宁夏	−1.139	28	0.665	9	−0.347	21
陕西	0.104	11	−0.955	26	−0.361	22
河南	0.597	7	−1.773	31	−0.444	23

续表

省份	文化投入规模 F_{A1}		文化投入资金 F_{A2}		文化投入 F_A	
	得分	排名	得分	排名	综合得分	排名
安徽	− 0. 022	13	− 1. 103	29	− 0. 497	24
海南	− 1. 153	29	0. 290	12	− 0. 520	25
广西	− 0. 493	20	− 0. 611	21	− 0. 545	26
贵州	− 0. 499	21	− 0. 674	22	− 0. 576	27
新疆	− 0. 902	27	− 0. 429	19	− 0. 694	28
黑龙江	− 0. 670	24	− 0. 790	24	− 0. 723	29
河北	− 0. 505	22	− 1. 099	28	− 0. 766	30
江西	− 0. 396	19	− 1. 403	30	− 0. 838	31

文化投入分类指数排名中，广东、浙江、北京、福建和上海居前五位，表明上述省市文化投入充分，与其强大的经济实力相当，尤其是福建居全国文化投入第四位，较过去有明显提升。而黑龙江、河北和江西则列全国后三位，在文化投入上严重不足，影响了上述地区文化发展水平。

表 15　文化生产分类指数排名

省份	文化图书机构 F_{B1}		文博表演机构 F_{B2}		文化市场经营机构 F_{B3}		文化生产 F_B	
	得分	排名	得分	排名	得分	排名	综合得分	排名
江苏	− 0. 492	23	2. 374	2	1. 795	3	1. 148	1
河南	0. 913	5	− 0. 174	14	2. 315	1	1. 008	2
广东	0. 955	4	2. 876	1	− 0. 938	27	0. 972	3
四川	3. 011	1	0. 473	6	− 0. 941	28	0. 950	4
浙江	− 0. 239	19	2. 222	3	0. 689	8	0. 842	5
山东	0. 421	11	− 0. 205	15	1. 941	2	0. 701	6
湖南	1. 131	2	− 0. 016	11	− 0. 177	13	0. 350	7
河北	0. 866	6	− 0. 861	29	0. 889	7	0. 320	8
山西	− 0. 322	20	− 0. 479	20	1. 649	4	0. 251	9
安徽	0. 454	10	0. 285	7	− 0. 114	12	0. 220	10
陕西	− 0. 404	21	− 0. 450	19	1. 581	5	0. 208	11
湖北	0. 145	16	0. 005	10	0. 322	9	0. 156	12
云南	1. 030	3	− 0. 395	18	− 0. 485	20	0. 095	13
江西	0. 405	12	− 0. 501	21	− 0. 094	11	− 0. 043	14

省份	文化图书机构 F_{B1}		文博表演机构 F_{B2}		文化市场经营机构 F_{B3}		文化生产 F_B	
	得分	排名	得分	排名	得分	排名	综合得分	排名
福建	-0.098	18	0.197	8	-0.260	15	-0.055	15
辽宁	0.641	7	-0.148	13	-1.051	31	-0.146	16
黑龙江	0.572	8	-0.672	26	-0.448	19	-0.149	17
甘肃	-0.033	17	-0.561	23	0.087	10	-0.164	18
贵州	0.371	13	-0.127	12	-1.019	30	-0.228	19
广西	0.476	9	-0.347	17	-0.963	29	-0.242	20
内蒙古	0.300	14	-0.834	28	-0.276	16	-0.245	21
新疆	0.240	15	-0.894	30	-0.308	17	-0.296	22
上海	-1.840	31	1.019	5	-0.193	14	-0.405	23
北京	-1.724	30	1.377	4	-0.818	23	-0.445	24
西藏	-0.994	26	-1.473	31	1.178	6	-0.461	25
重庆	-0.572	24	0.019	9	-0.875	24	-0.478	26
吉林	-0.461	22	-0.590	24	-0.396	18	-0.482	27
天津	-1.463	29	-0.215	16	-0.527	21	-0.768	28
青海	-0.878	25	-0.751	27	-0.754	22	-0.798	29
海南	-1.248	28	-0.522	22	-0.902	25	-0.907	30
宁夏	-1.162	27	-0.632	25	-0.905	26	-0.911	31

从文化生产分类指数排名来看，江苏、河南、广东、四川和浙江居全国前五位，与上年前五位保持一致，表明上述省份文化生产能力充足且稳定，能够为地区文化发展奠定扎实的基础。而青海、海南和宁夏则处于全国文化生产指数排名的后三位，表明上述地区文化生产能力不足，影响了文化产品和服务的供给。

表16　文化供给分类指数排名

省份	文化供给规模 F_{C1}		文化供给水平 F_{C2}		文化供给 F_C	
	得分	排名	得分	排名	综合得分	排名
上海	1.444	5	3.125	1	1.911	1
浙江	1.894	3	0.910	5	1.621	2
江苏	2.307	1	-0.702	27	1.470	3
山东	2.061	2	-0.505	25	1.348	4

续表

省份	文化供给规模 F_{C1}		文化供给水平 F_{C2}		文化供给 F_C	
	得分	排名	得分	排名	综合得分	排名
广东	1.447	4	− 0.011	13	1.041	5
北京	0.319	9	2.284	2	0.865	6
四川	0.623	7	− 0.160	15	0.406	7
湖北	0.526	8	− 0.494	23	0.243	8
河南	1.044	6	− 1.992	31	0.200	9
陕西	0.056	11	0.005	12	0.042	10
湖南	0.207	10	− 0.498	24	0.011	11
天津	− 0.638	25	1.520	3	− 0.038	12
福建	− 0.222	16	0.382	8	− 0.054	13
辽宁	− 0.310	17	0.183	10	− 0.173	14
安徽	− 0.069	14	− 0.524	26	− 0.196	15
江西	− 0.155	15	− 0.455	22	− 0.238	16
河北	0.051	12	− 1.145	29	− 0.281	17
吉林	− 0.375	18	− 0.095	14	− 0.297	18
重庆	− 0.551	21	0.276	9	− 0.321	19
广西	− 0.454	20	− 0.173	16	− 0.376	20
山西	− 0.058	13	− 1.339	30	− 0.414	21
黑龙江	− 0.599	24	− 0.220	17	− 0.494	22
新疆	− 0.569	22	− 0.342	19	− 0.506	23
云南	− 0.582	23	− 0.393	20	− 0.530	24
甘肃	− 0.403	19	− 0.916	28	− 0.546	25
海南	− 1.177	29	0.911	4	− 0.596	26
宁夏	− 1.157	28	0.572	6	− 0.677	27
贵州	− 1.019	27	0.017	11	− 0.731	28
内蒙古	− 0.897	26	− 0.442	21	− 0.770	29
青海	− 1.355	30	0.449	7	− 0.854	30
西藏	− 1.391	31	− 0.227	18	− 1.067	31

文化供给分类指数排名中,上海、浙江、江苏、山东和广东名列全国前五位,上述省市一直是文化供给强省(市),具备较高的文化产品供给和服务能力,当地文化的供给和服务促成了当地文化的发展与繁荣。而内蒙古、青海和西藏则处于全国文化供给指数排名的后三位,上述地区经济发展相对滞后,且地区偏远,影响了文化产品和服务的有效供给,成为文化发展中的短板。

表 17　文化传播分类指数排名

省份	境外文化传播 F_{D1}		境内文化传播 F_{D2}		文化传播 F_D	
	得分	排名	得分	排名	综合得分	排名
广东	4.962	1	0.414	9	3.225	1
浙江	0.395	3	2.428	1	1.172	2
江苏	-0.273	19	2.149	2	0.652	3
山东	-0.222	17	1.596	4	0.472	4
北京	1.032	2	-0.663	22	0.384	5
四川	0.223	6	0.557	7	0.350	6
河南	-1.077	31	2.138	3	0.151	7
上海	0.325	5	-0.135	14	0.149	8
福建	0.348	4	-0.206	16	0.136	9
湖南	-0.207	15	0.444	8	0.042	10
安徽	-0.116	12	0.237	12	0.019	11
广西	0.210	7	-0.452	19	-0.043	12
湖北	-0.463	27	0.619	6	-0.050	13
云南	-0.065	11	-0.216	17	-0.123	14
陕西	-0.632	29	0.693	5	-0.126	15
重庆	-0.047	10	-0.260	18	-0.128	16
河北	-0.529	28	0.395	11	-0.176	17
黑龙江	0.114	8	-0.756	23	-0.218	18
山西	-0.635	30	0.409	10	-0.236	19
天津	0.081	9	-0.804	25	-0.257	20
江西	-0.462	26	-0.025	13	-0.295	21
甘肃	-0.417	24	-0.205	15	-0.336	22
辽宁	-0.241	18	-0.562	21	-0.363	23
内蒙古	-0.316	21	-0.560	20	-0.409	24
吉林	-0.219	16	-0.842	26	-0.457	25
宁夏	-0.182	14	-0.949	28	-0.475	26
海南	-0.158	13	-1.168	29	-0.544	27
新疆	-0.442	25	-0.770	24	-0.567	28
贵州	-0.348	22	-0.948	27	-0.577	29
青海	-0.278	20	-1.247	30	-0.648	30
西藏	-0.360	23	-1.311	31	-0.723	31

在文化传播分类指数排名中，广东、浙江、江苏、山东和北京名列全国前五强，上述省市文化传播能力强，境内外文化传播均衡发展、齐头并进，有力推动了地区文化"走出去"。而贵州、青海和西藏则处于文化传播指数排名的后三位，文化传播和影响力有待提升，这也成为地区文化发展的瓶颈。

表 18　文化消费分类指数排名

省份	文化消费能力 F_{E1}		旅游文化消费能力 F_{E2}		文化消费 F_E	
	得分	排名	得分	排名	得分	排名
广东	2.289	2	4.267	1	2.912	1
上海	3.183	1	-1.350	29	1.755	2
浙江	1.226	4	0.415	6	0.971	3
北京	1.859	3	-1.386	30	0.837	4
江苏	0.593	6	0.219	12	0.475	5
福建	0.111	9	0.656	3	0.283	6
天津	1.197	5	-1.787	31	0.257	7
湖南	0.523	7	-0.785	26	0.111	8
四川	-0.161	12	0.677	2	0.103	9
湖北	-0.171	13	0.340	10	-0.010	10
山东	-0.211	15	0.356	9	-0.032	11
云南	-0.401	17	0.485	5	-0.122	12
辽宁	0.181	8	-0.810	27	-0.131	13
陕西	-0.171	14	-0.146	20	-0.163	14
重庆	-0.253	16	-0.105	19	-0.206	15
内蒙古	-0.119	10	-0.436	25	-0.219	16
广西	-0.530	21	0.365	8	-0.248	17
安徽	-0.641	24	0.389	7	-0.316	18
宁夏	-0.126	11	-0.869	28	-0.361	19
江西	-0.482	20	-0.188	21	-0.389	20
河南	-0.689	25	0.252	11	-0.393	21
吉林	-0.438	18	-0.306	23	-0.396	22
山西	-0.453	19	-0.381	24	-0.430	23
河北	-0.608	22	-0.076	16	-0.440	24
贵州	-0.695	27	0.060	13	-0.457	25
甘肃	-0.636	23	-0.099	18	-0.467	26

续表

省份	文化消费能力 F_{E1}		旅游文化消费能力 F_{E2}		文化消费 F_E	
	得分	排名	得分	排名	得分	排名
黑龙江	−0.727	28	−0.079	17	−0.523	27
新疆	−0.820	30	0.059	14	−0.543	28
海南	−0.783	29	−0.038	15	−0.549	29
青海	−0.692	26	−0.250	22	−0.553	30
西藏	−1.355	31	0.549	4	−0.755	31

从文化消费指数排名来看，广东、上海、浙江、北京和江苏名列全国前五位，全国前五强与上年保持不变，表明上述地区文化消费旺盛且持续，文化市场繁荣，这与上述地区领先的经济社会发展水平相符，文化消费的蓬勃发展也促进了经济与文化的良性可持续发展。而海南、青海和西藏在此次文化消费指数排名中处于全国后三位，表明上述地区文化消费能力不足，与该地区经济发展水平在全国相对滞后存在一定关联，经济发展滞后制约了地区的文化发展。

（二）2016～2018年中国文化发展指数对比分析

综合2016～2018年这三年我国31个省区市文化发展指数排名情况进行对比分析，结果如表19和图1所示。

表19　2016～2018年中国文化发展指数排名对比

省份	2016年	2017年	2018年	省份	2016年	2017年	2018年
北京	5	8	5	湖北	12	11	10
天津	18	18	13	湖南	9	9	11
河北	15	14	19	广东	1	1	1
山西	14	16	17	广西	19	21	20
内蒙古	22	24	21	海南	29	29	31
辽宁	16	17	16	重庆	17	20	18
吉林	24	26	22	四川	7	5	7
黑龙江	23	22	25	贵州	27	23	26
上海	2	4	4	云南	21	15	15

续表

省份	2016 年	2017 年	2018 年	省份	2016 年	2017 年	2018 年
江苏	4	3	3	西藏	31	31	28
浙江	3	2	2	陕西	13	12	12
安徽	11	10	14	甘肃	26	25	24
福建	10	13	8	青海	30	30	30
江西	20	19	23	宁夏	28	28	29
山东	6	6	6	新疆	25	27	27
河南	8	7	9				

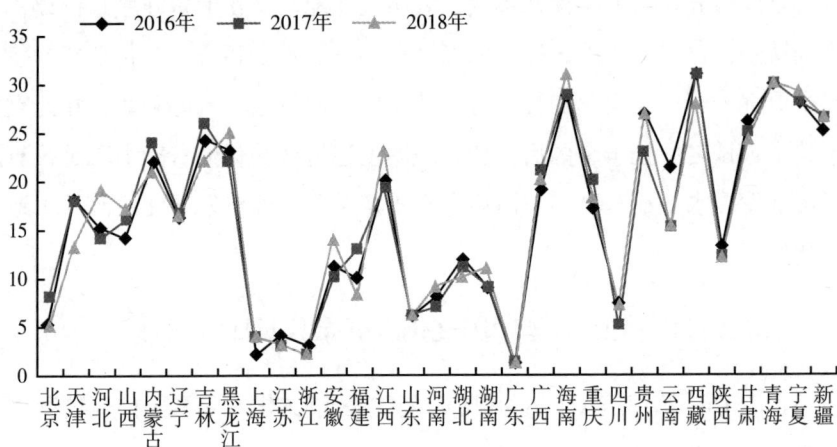

图1　2016～2018 年中国文化发展指数排名对比

从 2017～2018 年各省区市文化发展指数综合得分来看，名次上升的主要是：天津和福建分别上升 5 位，吉林上升 4 位，北京、内蒙古和西藏前进 3 位，重庆排名上升 2 位，辽宁、湖北、广西和甘肃排名均提升 1 位。名次下滑的主要有：河北排名后退 5 位，安徽和江西下降 4 位，黑龙江和贵州倒退 3 位，河南、湖南、海南和四川均出现 2 个位次的排名下滑，山西和宁夏均下降 1 位。同时，上海、江苏、浙江、山东、广东、云南、陕西、新疆和青海排名较上年保持不变。

综合 2016～2018 年排名情况来看，总体呈现稳定态势，广东、浙江、江苏、上海、北京等省市在近三年文化发展综合排名中处于优势地位，而海南、西藏、青海、宁夏等省区则在全国文化发展中相对滞后。

（三）中国文化发展指数地区发展状况对比分析

为清晰展示不同地区文化发展存在的差距，便于更深入分析地区文化发展特点，按照行政区划，将中国 31 个省区市划分为六类。一是华北地区：北京、天津、河北、山西、内蒙古（5 个省、区、市）；二是东北地区：辽宁、吉林、黑龙江（3 个省）；三是华东地区：上海、江苏、浙江、安徽、福建、江西、山东（7 个省、市）；四是中南地区：河南、湖北、湖南、广东、广西、海南（6 个省、区）；五是西南地区：重庆、四川、贵州、云南、西藏（5 个省、区、市）；六是西北地区：陕西、甘肃、青海、宁夏、新疆（5 个省、区）。文化投入地区发展状况对比见表 20。

表20　文化投入地区发展状况对比

地区	文化事业费占财政投入比重（％）	人均文化事业费(元)	文化事业从业人员数(人)	文化市场经营机构资产总计（千元）	文化市场经营机构从业人员数(人)
华北	0.504	97.032	9405.000	48150347.400	47521.000
东北	0.413	54.167	9721.333	53045887.333	21471.000
华东	0.494	81.451	14324.857	61722200.286	77432.857
中南	0.457	58.642	13314.000	43894024.333	82651.500
西南	0.452	104.898	11476.000	14520599.200	47366.400
西北	0.444	86.490	9067.600	6836466.800	18105.400
全国	0.466	81.504	11582.742	38777234.742	53784.387

从文化投入情况来看，华北和华东地区处于全国领先水平，其中华东地区在文化事业从业人员数（高于全国平均水平 23.67％）以及文化市场经营机构资产总计（高于全国平均水平 59.17％）两个指标上居全国首位，文化事业费占财政投入比重、文化市场经营机构从业人员数指标处于全国第二水平。华北地区在文化事业费占财政投入比重（高于全国平均水平 8.15 个百分点）这一指标上位居全国第一，且人均文化事业费位居全国第二，但是华北地区文化事业从业人员数和文化市场经营机构从业人员数指标相对落

后，处于全国平均水平之下。

中南和西南地区则都处于全国中间水平，其中西南地区在人均文化事业费（高于全国平均水平 28.70%）这一指标上居全国首位，表明文化资金投入充足；而文化市场经营机构资产总计、文化市场经营机构从业人员数和文化事业从业人员数指标则落后于全国平均水平。中南地区在文化市场经营机构从业人员数（高于全国平均水平 53.67%）指标上排名全国第一，且文化事业从业人员数和文化市场经营机构资产总计指标均优于全国平均水平，不足之处是文化事业费占财政投入比重和人均文化事业费指标均落后于全国平均水平，表明文化资金投入相对不足。

东北和西北地区在文化投入指标上相对落后，东北地区在文化事业费占财政投入比重（低于全国平均水平 11.37 个百分点）和人均文化事业费（低于全国平均水平 33.54%）指标上全国最低，同时文化事业从业人员数和文化市场经营机构从业人员数指标均落后于全国平均水平。西北地区在文化事业从业人员数（低于全国平均水平 21.72%）、文化市场经营机构资产总计（低于全国平均水平 82.37%）、文化市场经营机构从业人员数（低于全国平均水平 66.34%）指标上排在全国末位，且在文化事业费占财政投入比重指标上低于全国平均水平。

如表 21 所示，中南地区在文化生产方面表现出色，在文化馆数量（高于全国平均水平 18.99%）、公共图书馆机构数（高于全国平均水平 13.58%）指标上处于全国首位，同时在博物馆机构数、公有制艺术表演场馆机构数、艺术表演团体个数、文化市场经营机构营业收入和娱乐场所营业收入指标上处于全国第二，反映出中南地区文化阵地发展充分，文化市场繁荣，展现出文化事业与文化产业齐头并进的良好态势。华东地区在文化生产方面同样突出，在博物馆机构数（高于全国平均水平 58.22%）、公有制艺术表演场馆机构数（高于全国平均水平 49.08%）、艺术表演团体演出收入（高于全国平均水平 83.71%）、文化市场经营机构数（高于全国平均水平 48.46%）和娱乐场所营业收入（高于全国平均水平 85.65%）单项指标上均处于全国首位，显示出华东地区先进的文化生产能力，不足之处是文

表 21 文化生产地区发展状况对比

地区	博物馆机构数（个）	文化馆数量（个）	文物机构数（个）	公共图书馆机构数（个）	群众文化机构数（个）	公有制艺术表演场馆机构数（个）	艺术表演团体数（个）	艺术表演团体演出收入（千元）	文化市场经营机构数（个）	文化市场经营机构营业收入（千元）	娱乐场所营业收入（千元）
华北	108.40	93.40	260.80	94.00	1159.20	46.40	82.20	119921.40	3705.00	30065621.40	520547.40
东北	121.00	117.67	198.67	101.67	1400.00	29.33	40.00	38312.67	5388.00	11806190.67	597020.67
华东	250.86	105.00	361.00	103.71	1389.14	63.00	75.00	178866.43	11352.57	24627286.86	3120009.29
中南	164.83	127.67	295.33	116.33	1642.67	53.00	79.83	94626.83	11115.83	29325136.50	2209516.17
西南	117.40	115.60	502.60	115.40	1981.00	19.00	60.20	45632.60	8300.60	7962019.20	2007268.80
西北	135.60	85.40	287.20	79.80	996.60	27.20	62.20	51154.80	2940.00	2988379.60	514014.40
全国	158.55	107.29	327.36	102.42	1434.32	42.26	69.26	97364.77	7646.94	18994854.84	1680560.55

资料来源：国家统计局编《中国统计年鉴 2019》，中国统计出版社，2019；国家统计局及中宣部编《中国文化及相关产业统计年鉴 2019》，中国统计出版社，2019；文化和旅游部编《中国文化文物统计年鉴 2019》，国家图书馆出版社，2019。

化馆数量和群众文化机构数这两项指标均落后于全国平均水平，表明文化阵地建设仍需加强。

华北和西南地区在文化生产方面处于全国中间水平，其中西南地区在群众文化机构数（高于全国平均水平38.11%）指标上居全国首位，公共文化设施机构数方面总体高于全国平均水平，文物机构数（高于全国平均水平53.53%）更是处于全国首位，而在文化市场经营机构营业收入指标上落后于全国平均水平。而华北地区则在艺术表演团体演出收入和文化市场经营机构营业收入经营性指标上表现优异，显著高于全国平均水平；在公共文化设施机构数方面则低于全国平均水平，公共文化设施机构相对偏弱，是华北地区文化生产上的主要短板。

西北和东北地区在文化生产方面均落后于全国其他地区，东北地区在文物机构数、艺术表演团体个数和艺术表演团体演出收入指标上均处于全国最后位次，西北地区则在文化馆数量、公共图书馆机构数、群众文化机构数、文化市场经营机构数、文化市场经营机构营业收入和娱乐场所营业收入指标上居全国最末位。

如表22所示，从文化供给来看，华东地区在全国处于显著的优势地位，各个单项指标均高于全国平均水平，其中除发行期刊册数之外，所有指标均处于全国首位，表明华东地区提供的文化产品和服务内容丰富，供给充足，文化生产转换能力强。

中南地区在发行期刊册数指标上处于全国首位，且大部分指标均在全国平均水平之上，艺术表演团体演出场次、群众文化机构组织活动次数、博物馆展览数、发行图书册数和发行报纸份数指标仅次于华东地区，处于全国第二，显示出中南地区较强的文化供给能力。但中南地区在人均公共图书馆藏书量和文物藏品数量两个单项指标上均低于全国平均水平，是目前呈现出来的主要短板。

华北地区人均公共图书馆藏书量、文物藏品数量和有线电视用户数占家庭比重指标仅次于华东地区，处于全国第二；而群众文化机构组织活动次数、博物馆展览数、发行图书册数、发行报纸份数和发行期刊册数指标则低于全国平均水平，需要重点关注和改善。

表 22　文化供给地区发展对比

地区	人均公共图书馆藏书量（册）	群众文化机构组织活动次数（次）	艺术表演团体演出场次（万场次）	文物藏品数量（件/套）	博物馆展览数（个）	有线电视用户数占家庭比重（%）	发行图书册数（万册）	发行报纸份数（万份）	发行期刊册数（万册）
华北	0.830	58318.400	1.538	1767137.600	281.600	56.820	16820.000	82744.600	2639.600
东北	0.770	46414.000	0.487	762927.000	344.333	43.500	17005.667	64274.000	5443.667
华东	1.213	119081.286	1.883	2253535.857	792.571	63.457	40918.000	137037.429	7091.429
中南	0.577	71519.333	1.720	1189145.667	497.000	54.950	29056.000	106003.500	7351.500
西南	0.510	59749.600	0.612	1366821.200	267.600	42.320	14980.800	45968.400	2782.200
西北	0.700	40506.000	1.152	1067744.400	239.800	44.860	12047.800	31661.200	2688.000
全国	0.789	70799.903	1.338	1490545.871	435.742	52.400	23581.355	83547.613	4859.000

　　东北和西北地区在文化供给方面处于全国落后位次，东北地区除发行期刊册数这一指标外，其余所有指标均处于全国平均水平之下，而西北地区则所有指标均低于全国平均水平，说明上述地区需要加强文化产品和服务的供给能力。

　　如表23所示，文化传播方面，表现优异的地区是华东和中南地区，其中中南地区在境外文化传播方面居全国首位，对外出访文化交流活动次数、对外出访文化交流人数、对外演出次数和对外演出人数指标均显著高于全国平均水平，艺术表演团体国内演出观众人次（高于全国平均水平57.18%）也居全国首位，文化传播影响力强，在引领中国文化"走出去"方面发挥了重要作用；华东地区则在境内文化传播中表现突出，博物馆参观总人次、公共图书馆总流通人次和群众文化机构服务人次这三个指标均处于全国首位，极大地促进了地区文化辐射与传播。

　　华北处于全国文化传播中游水平，其中华北地区在电视节目综合人口覆盖率这一单项指标上居全国首位，而博物馆参观总人次、公共图书馆总流通人次和群众文化机构服务人次等指标则低于全国平均水平。

表23　文化传播地区发展对比

地区	艺术表演团体国内演出观众人次（万人次）	博物馆参观总人次（万人次）	公共图书馆总流通人次（万人次）	群众文化机构服务人次（万人次）	电视节目综合人口覆盖率（%）	对外出访文化交流活动次数（次）	对外出访文化交流人数（人）	对外演出次数（次）	对外演出人数（人）
华北	1268.152	2154.760	1674.400	1319.608	99.616	43.200	750.400	31.200	981.800
东北	287.363	1629.507	1597.667	1256.453	99.113	16.667	359.000	24.000	723.000
华东	1252.024	5254.094	5150.429	3591.719	99.571	61.286	974.571	29.571	789.286
中南	1704.605	3817.792	3649.333	3042.160	99.350	84.333	1437.000	240.333	4517.167
西南	552.788	3038.508	1355.600	2180.680	98.386	52.750	703.000	30.750	661.000
西北	932.300	2244.382	718.600	1180.896	98.932	8.600	164.400	3.000	94.400
全国	1084.519	3282.651	2628.548	2276.460	99.197	48.500	796.900	67.167	1427.400

　　西南、东北和西北地区在文化传播方面相对落后，一方面是境外传播明显不足，尤其是西北地区，境外传播与全国平均水平差距很大。另一方面是在境内传播中，西南地区的主要短板是艺术表演团体国内演出观众人次（低于全国平均水平49.03%），西南地区除对外出访文化交流活动次数以外，其余指标均与全国平均水平存在不同程度的差距；而西北和东北地区则在各个指标上均落后于全国平均水平，西北地区在公共图书馆总流通人次（低于全国平均水平72.66%）指标上处于全国末位，而东北地区在艺术表演团体国内演出观众人次（低于全国平均水平73.50%）指标上排名最后。

　　如表24所示，文化消费方面，华东和华北地区在全国表现最为优异。华东地区群众文化业务活动专项经费居全国首位，其余指标均为全国第二位，说明华东地区具有领先的文化消费能力，居民文化消费意识强烈，这与华东地区经济发展水平相符；华北地区文化消费的亮点是人均购书费（高于全国平均水平70.04%）、居民文化消费支出占总支出比重（高于全国平均水平10个百分点）和居民人均文化消费（高于全国平均水平34.96%）这三个单项指标均排名全国第一，说明华北地区文化消费实力较强，其不足主要表现在群众文化业务活动专项经费和入境过夜游客数量这两个指标均低于全国平均水平。

中南地区在文化消费上也处于较高水平，中南地区的入境过夜游客数量（高于全国平均水平 134.60%）位居全国榜首，群众文化业务活动专项经费仅次于华东地区，排名全国第二。但是人均购书费和居民人均文化消费指标均落后于全国平均水平，这显示了中南地区文化消费的短板所在。

西南、西北和东北地区则在文化消费方面处于全国落后位次，其中西南地区在人均购书费（低于全国平均水平 49.43%）、居民文化消费支出占总支出比重（低于全国平均水平 15 个百分点）和居民人均文化消费（低于全国平均水平 36.96%）这三个单项指标上处于全国末位，西北地区在入境过夜游客数量（低于全国平均水平 70.56%）这一指标上处于全国末位，东北地区则在群众文化业务活动专项经费（低于全国平均水平 69.69%）这一指标上居全国末位。上述地区文化消费不足，制约了文化发展水平的持续提升。

表 24　文化消费地区发展状况对比

地区	人均购书费（元）	群众文化业务活动专项经费（千元）	居民文化消费支出占总支出比重（%）	居民人均文化消费（元）	入境过夜游客数量（万人次）
华北	3.127	165906.000	0.044	1137.940	163.540
东北	1.069	83321.333	0.042	793.033	180.233
华东	2.639	481529.714	0.042	1116.629	442.543
中南	1.471	392314.833	0.040	750.150	895.717
西南	0.930	237950.400	0.034	531.520	288.640
西北	1.241	105343.400	0.038	618.760	112.420
全国	1.839	274856.774	0.040	843.145	381.800

文化的繁荣发展能提高我国文化软实力，也能推动我国政治经济建设稳步发展，最终使我国综合实力在全球市场上更具竞争力。构建和利用好文化发展指数是推动我国文化发展的一项势在必行的工作。首先，文化发展指数可以作为政府直观了解各地区文化发展状况的标尺，使政府有针对性地对我

国的文化建设与管理工作进行查漏补缺，有的放矢地搭建和改革文化体制框架，进一步提高我国文化发展水平。其次，文化发展指数可以量化文化发展的具体状况，通过指数的比较分析可以得出各地政府在文化建设各项工作（如投入、产出、消费以及传播）中的优劣势。最后，文化发展指数能够通过数据整合来发现问题，并有助于通过精密布局来深挖各地文化发展潜力，进而解决问题。综上所述，对于推动我国文化建设来说，做好文化发展指数的构建和评价工作意义重大。工欲善其事必先利其器，习近平总书记在十九大报告中强调，当前社会的主要矛盾是人民日益增长的美好生活需要和不平衡不充分的发展之间的矛盾。[①] 文化建设是实现人民美好生活过程的重要一环，各地区应充分利用好文化发展指数这一工具，做好本地文化建设工作，发展好本地文化建设事业，满足公民文化需求，提高文化认可度，为实现文化强国战略贡献力量。

参考文献

《中共中央关于坚持和完善中国特色社会主义制度　推进国家治理体系和治理能力现代化若干重大问题的决定》，《人民日报》2019 年 11 月 6 日，第 1 版。

江畅、孙伟平、戴茂堂主编《文化建设蓝皮书：中国文化发展报告（2019）》，社会科学文献出版社，2019。

张毓强、杨晶：《世界文化评估标准略论——以联合国教科文组织文化统计指标体系为例》，《现代传播》2010 年第 9 期。

[①]　习近平：《决胜全面建成小康社会　夺取新时代中国特色社会主义伟大胜利——在中国共产党第十九次全国代表大会上的报告》，人民出版社，2017。

分 类 报 告

Segment Reports

中国文化事业报告（2019）

黄文红[*]

摘　要： 2018～2019年，我国文化事业投入持续稳步增长，为文化事业的建设和发展提供了重要支撑。我国文化事业建设成效显著，文化和旅游公共服务融合统筹推进，乡村文化振兴深入开展，中国特色社会主义文化弘扬呈现新局面。但在文化事业建设的过程中，还需进一步贴近人民群众文化需求，增强其文化获得感，培育其阅读兴趣，提升其阅读质量和阅读水平。

关键词： 文化事业　文旅融合　中国特色社会主义文化

---

* 黄文红，哲学博士，《湖北大学学报》编辑部副编审，中华文化发展湖北省协同创新中心副研究员，主要从事中国传统文化与伦理学研究。

本报告结合国家相关部门文化建设方面的数据和湖北大学高等人文研究院、中华文化发展湖北省协同创新中心"中国文化发展状况调查（2019）"的数据，考察2018~2019年我国文化事业建设状况，在此基础上总结其取得的主要成就，分析其在发展中存在的主要问题并提出相应对策。

一　文化事业投入的基本状况

国家和各级政府对文化建设的投入力度直接影响着文化事业的发展。本报告将主要从中央补助地方文化项目资金投入、全国文化事业费投入、全国文物事业费投入和全国文化体育传媒经费投入等指标来考察2018年我国文化事业投入的基本状况。

（一）中央补助地方文化项目资金平稳增长

2018年，中央财政加大对地方文化建设的补贴力度，积极落实"三馆一站"① 免费开放、非物质文化遗产保护、公共数字文化建设等文化项目的扶持政策，补助地方文化项目资金50.51亿元，比上年增加0.30亿元，增长了0.60%。"十二五"时期，中央财政补助地方文化项目资金从2011年的35.97亿元，增加到2015年的47.80亿元，增长了32.89%。"十三五"时期开局的2016年，中央财政对相关地方文化项目的补助资金显著增长，相较于2015年，增长了27.70%，达到61.03亿元，为历史新高；2017年相对于2016年则有一定幅度的下降，减少到50.21亿元，下降了17.70%；2018年比2017年略有增长（见图1）。

（二）全国文化事业费持续增长

2018年，国家财政对文化建设的支持继续加强，各级政府进一步加大了文化事业费的投入力度，全国文化事业费②持续增长，达到928.33亿元，

① 指文化主管部门归口管理的地市级和县级美术馆、公共图书馆、文化馆以及乡镇综合文化站。
② 不含基本建设财政拨款和各级文化行政管理部门的行政运行费。

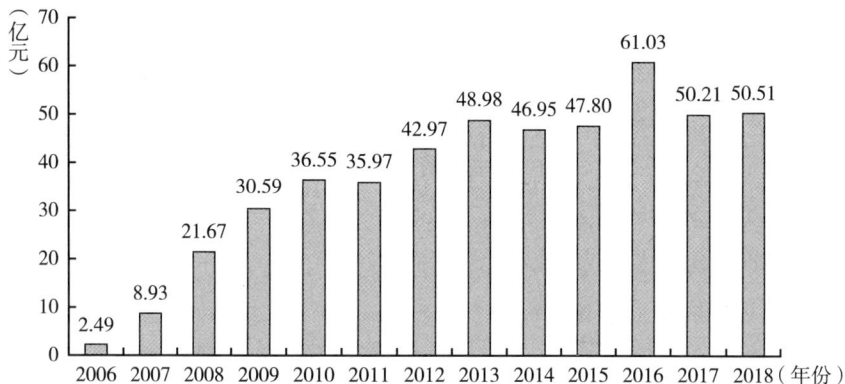

图1　2006～2018年中央对地方文化项目补助资金

资料来源：文化和旅游部编《2018年文化和旅游发展统计公报》，中国统计出版社，2019。

比上年增加72.53亿元，增长速度为8.5%。"十二五"以来，全国文化事业费呈现持续稳定增长的趋势，2018年比2011年增长了136.4%。与"十二五"时期相比，"十三五"以来的全国文化事业费的增长速度则有回落："十二五"时期，全国文化事业费的增长速度有所起伏，但总体保持在10.0%以上的较高水平；"十三五"以来，全国文化事业费的增长速度持续下降，由2015年的17.1%下降到2016年的12.8%，2017年下降到11.0%，2018年继续下降，落到了9.0%以下（见图2）。

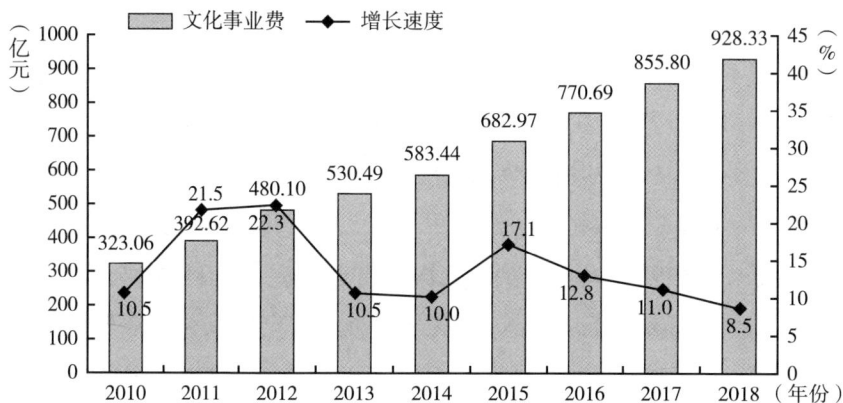

图2　2010～2018年全国文化事业费及增长速度

资料来源：文化和旅游部编《中国文化和旅游统计年鉴2019》，国家图书馆出版社，2019。

2018 年，全国文化事业费占国家财政总支出的比重为 0.42% ，与 2017 年持平。自 2010 年以来，全国文化事业费占国家财政总支出的比重呈现小幅度持续提高的趋势。"十二五"时期，2015 年的比重比 2010 年提高了 0.03 个百分点；在"十三五"时期的前三年，2018 年比重虽然与 2017 年持平，但相比于 2015 年已经提高了 0.03 个百分点。因此，本报告认为"十三五"时期全国文化事业费占国家财政总支出的比重的提高幅度总体会高于"十二五"时期（见图 3）。

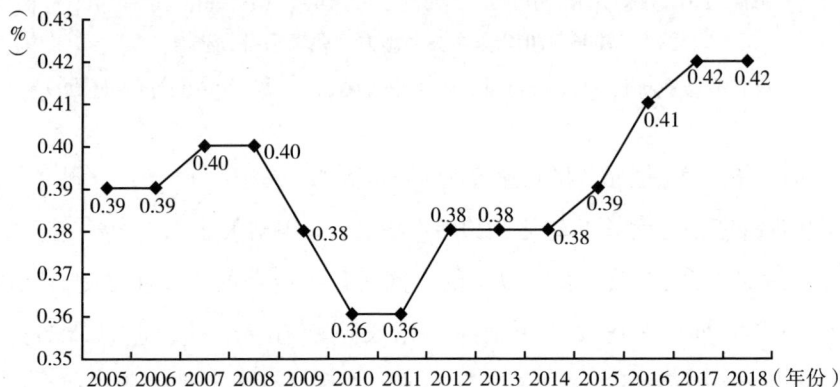

图 3　2005～2018 年全国文化事业费占国家财政总支出比重

资料来源：文化和旅游部编《2018 年文化和旅游发展统计公报》，中国统计出版社，2019。

如图 4 所示，2018 年全国人均文化事业费比 2017 年增加了 4.96 元，增长速度为 8.1% ，达到 66.53 元。与全国文化事业费总量的持续稳步增长趋势相对应，全国人均文化事业费也保持了逐年增长的趋势。"十二五"时期，2015 年全国人均文化事业费为 49.68 元，比 2010 年的 24.11 元翻了一倍；"十三五"时期，2016 年全国人均文化事业费则突破 55 元，2017 年达到 60 元以上，2018 年继续增长至 65 元以上。与全国文化事业费的增长速度趋势相对应，"十三五"以来，全国人均文化事业费的增长速度也持续下降，由 2015 年的 16.5% 下降到 2016 年的 12.2% ，2017 年下降到 10.5% ，2018 年继续下降到了 8.1% 。

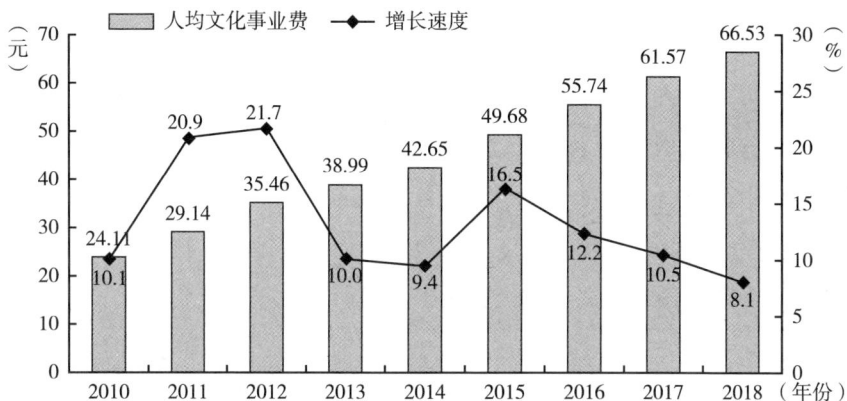

图4　2010～2018年全国人均文化事业费及增长速度

资料来源：文化和旅游部编《2018年文化和旅游发展统计公报》，中国统计出版社，2019。

从全国文化事业费的城乡分布来看，2018年，县以上文化单位文化事业费为424.96亿元，占全国文化事业费的比重为45.8%，比2017年降低0.7个百分点；县及县以下文化单位文化事业费为503.37亿元，所占比重为54.2%，比2017年提高0.7个百分点。"十二五"以来，县及县以下文化单位文化事业费的比重逐渐提高，2016年首次超过了县以上文化单位文化事业费的比重。2017年和2018年持续了这一增长趋势，2018年县及县以下文化单位文化事业费的比重比县以上文化单位文化事业费的比重高8.4个百分点。但"十三五"以来，县及县以下文化单位文化事业费比重的增长幅度呈下降趋势，由2016年的3.6%下降到2017年的1.6%，再降低到2018年的0.7%（见表1）。

从全国文化事业费的区域分布来看，2018年，东部地区①文化单位文化事业费为416.24亿元，占全国文化事业费的比重为44.8%，比2017年提高

---

① 东部地区包括北京、天津、辽宁、上海、江苏、浙江、福建、山东、广东；中部地区包括河北、山西、吉林、黑龙江、安徽、江西、河南、湖北、湖南、海南；西部地区包括内蒙古、广西、重庆、四川、贵州、云南、西藏、陕西、甘肃、青海、宁夏、新疆。

0.2 个百分点；中部地区文化单位文化事业费为 232.71 亿元，所占比重为 25.1%，比 2017 年提高 0.2 个百分点；西部地区文化单位文化事业费为 242.93 亿元，所占比重为 26.2%，比 2017 年下降 0.8 个百分点。2010～ 2018 年，东部地区文化单位文化事业费所占比重在 41%～45%，接近于全国文化事业费的一半。对比这一期间各区域的文化单位文化事业费比重，可以看到，中西部地区与东部地区差距很大，而西部地区的比重一直略高于中部地区。再来看各区域文化单位文化事业费所占比重的变化情况：东部和中部地区文化单位文化事业费所占比重，在"十二五"时期整体上呈下降趋势，"十三五"以来则呈上升趋势；而西部地区文化单位文化事业费所占比重变化情况则与之相反，在"十二五"时期整体上呈上升趋势，"十三五"以来则呈逐年下降趋势（见表 1）。

表 1　2010～2018 年全国文化事业费按城乡和区域分布状况

单位：亿元，%

项目		2010年	2011年	2012年	2013年	2014年	2015年	2016年	2017年	2018年
总量	全国	323.06	392.6	480.1	530.49	583.44	682.97	770.69	855.80	928.33
	县以上	206.65	205.5	243.08	272.67	292.12	352.84	371.00	398.35	424.96
	县及县以下	116.41	187.1	237.02	257.82	291.32	330.13	399.68	457.45	503.37
	东部地区	143.35	174.2	211.56	231.41	242.98	287.87	333.62	381.71	416.24
	中部地区	78.65	91.4	107.78	120.01	133.46	164.27	184.80	213.30	232.71
	西部地区	85.78	108.6	139.53	152.16	171.15	193.87	218.17	230.70	242.93
所占比重	全国	100.0	100.0	100.0	100.0	100.0	100.0	100.0	100.0	100.0
	县以上	64.0	52.3	50.6	51.4	50.1	51.7	48.1	46.5	45.8
	县及县以下	36.0	47.7	49.4	48.6	49.9	48.3	51.9	53.5	54.2
	东部地区	44.4	44.4	44.1	43.6	41.6	42.1	43.3	44.6	44.8
	中部地区	24.3	23.3	22.4	22.6	22.9	24.1	24.0	24.9	25.1
	西部地区	26.6	27.7	29.1	28.7	29.3	28.4	28.3	27.0	26.2

资料来源：文化和旅游部编《2018 年文化和旅游发展统计公报》，中国统计出版社，2019。

（三）全国文物事业费和全国文化体育传媒经费持续增长

2018 年，全国文物事业费为 378.79 亿元，比 2017 年增加 23.20 亿元，增长 6.5%，占财政总支出的比重为 0.17%，与 2017 年持平。[①] 近年来，国家和各级政府加强了对文物保护的投入力度，全国文物事业费逐年增加，2018 年的全国文物事业费比 2015 年增长了 35.1%（见图 5）。

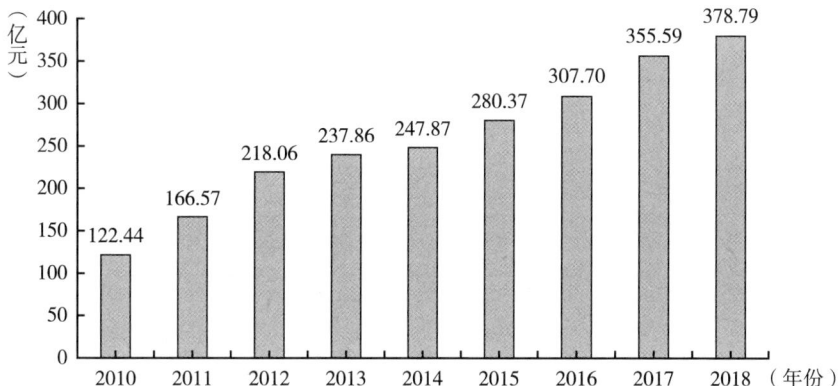

图 5　2010~2018 年全国文物事业费

资料来源：国家文物局编《中国文物年鉴 2012》，文物出版社，2013；《2018 年中国文化事业费平稳增长，中央财政加强对于地方的文化补贴》，中国产业信息网，2019 年 9 月 10 日，https://www.chyxx.com/industry/201909/781544.html。

2018 年，全国文化体育传媒经费为 3522 亿元，比 2017 年增长 3.7%，占全国财政支出的 1.59%，比 2017 年比重下降 0.07 个百分点[②]。"十二五"以来，全国文化体育传媒经费总量逐年增加，2018 年的全国文化体育传媒经费比 2011 年增长 86.1%。但全国文化体育传媒经费的增长速度则出现一定的起伏，整体上呈现出逐渐下降的趋势："十二五"时期，全国文化体育传媒经费的增长速度由 2011 年的 22.7% 下降到了 2014 年的

[①] 《2018 年全国文化产业发展现状及资金投入情况分析》，中商情报网，2019 年 6 月 3 日，https://baijiahao.baidu.com/s? id = 1635298247659872697。

[②] 文化和旅游部编《2018 年文化和旅游发展统计公报》，中国统计出版社，2019。

6.8%，2015 年又上升到 14.3%；"十三五"以来，全国文化体育传媒经费的增长速度下降的幅度较大，2016 年下降到 7.2%，比 2015 年降低了近一半，2017 年与 2016 年持平，2018 年继续下降到 3.7%，又降低了近一半（见图 6）。

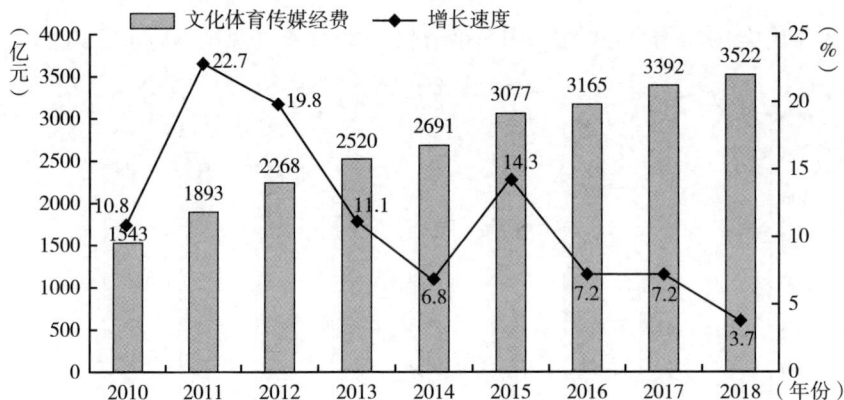

图 6　2010～2018 年全国文化体育传媒经费及增长速度

数据来源：文化和旅游部编《2018 年文化和旅游发展统计公报》，中国统计出版社，2019。

二　文化事业建设的主要成就

2018 年是改革开放 40 周年，2019 年是中华人民共和国成立 70 周年。2018～2019 年也是决胜全面建成小康社会、实施"十三五"规划承上启下的关键之年。在党和国家的高度重视和大力推动下，我国文化事业建设取得了一系列显著的成就，统筹推进文化和旅游公共服务融合，深入开展乡村文化振兴，广泛弘扬中华优秀传统文化和革命文化，呈现了新时代社会主义文化强国建设的新局面。

（一）文化和旅游公共服务融合统筹推进

2018 年是文化和旅游部组建之年，也是文旅融合开启之年。为了更好地促进文化和旅游资源的融合，推动文化事业发展，进一步提高国家文化软实力和中华文化影响力，党和国家通过深化机构改革，对现有文化管理部门进行了整合，其中文化和旅游部于 2018 年 4 月 16 日挂牌组建。2019 年 5 月，文化和旅游部制定了《文化和旅游规划管理办法》，从总则、立项和编制、衔接和论证、报批和发布、实施和责任等方面推进文化和旅游规划体系有机融合，以进一步完善规划管理、健全规划工作机制、加强对地方文化和旅游规范工作的有效指导。

2018～2019 年，党和国家高度重视文旅公共服务工作，积极促进文化和旅游公共服务资源共享与融合发展。这首先体现在大力加强文化和旅游公共服务人才队伍建设，为文化和旅游公共服务发展提供坚强的人才保障方面。为了适应新形势下文化和旅游事业发展的需要，文化和旅游部于 2019 年 3 月制定了《2019 年全国基层文化和旅游公共服务队伍培训工作计划》，以切实提高基层文化和旅游公共服务队伍的素质能力，加强基层文化和旅游队伍的培训工作，按照这一工作计划的要求，2019 年全国范围内共开展了包括远程培训在内的各类示范性培训 83 次，培训人数约 42 万人[1]。

2018～2019 年，我国公共文化服务体系建设的发展和基层公共文化服务能力的提升还得益于文化宏观管理政策的完善和一系列改革措施的落实推进。其一，为解决当前部分地方乡镇综合文化站存在的设施闲置、人员不在岗、活动匮乏、基本公共文化服务项目不健全等突出问题，提升乡镇综合文化站服务效能，文化和旅游部于 2018 年 9 月下发了《文化和旅游部办公厅关于开展乡镇综合文化站专项治理工作的通知》，决定自 2018 年 9 月至 2020 年底对全国的乡镇综合文化站进行专项治理。通过第三方暗访、数字化动态监管等方式，推动建立了乡镇文化站高效能服务、高质量发展的长效机制。其二，为了加快推进图书馆文化馆总分馆制，公共图书馆、博物馆、文化馆、科技馆、美术馆等公共文化机构均开展了以理事会为主要形式的法

---

[1] 《文化和旅游部介绍 2019 年文化和旅游公共服务工作和产业发展情况》，中国政府网，2019 年 12 月 25 日，http：//www.gov.cn/xinwen/2019 - 12/25/content_ 5463975. htm。

人治理结构改革。2019 年 6 月，文化和旅游部召开现场推进会，指导各地按照任务书、时间表、路线图做好相关改革的贯彻落实。截至 2019 年底，有 2325 个县（市、区）出台了公共文化服务目录，占全国县（市、区）的 83%；494747 个行政村（社区）建成综合性文化服务中心，占全国行政村（社区）的 86%；1649 个县（市、区）建成文化馆总分馆制，1711 个县（市、区）建成图书馆总分馆制，分别占全国县（市、区）的 68.5% 和 73.8%。2019 年国家图书馆理事会正式组建，219 个公共图书馆、151 个文化馆启动了理事会制度改革[①]。

　　2018～2019 年，文化和旅游公共服务资源共享与融合发展的积极推进还体现在文化和科技的深度融合成为公共文化服务发展的新动力上。为适应移动互联网等现代科技发展趋势，解决公共数字文化工程发展中存在的问题，提升服务效能，文化和旅游部 2019 年 4 月印发了《公共数字文化工程融合创新发展实施方案》，通过有力措施推动公共数字文化工程全面融合发展，扩大和增强工程的覆盖面和时效性。公共数字文化工程对公共文化云的建设和发展起到了重要的推动作用，依托国家公共文化云，与地方云联合打造了"云上群星奖""云上广场舞""云上合唱节"，"云上群星奖"总访问量超过 5000 万人次，"云上广场舞"形成"广场舞网络大联欢"。另外，科技部联合文化和旅游部等六部门于 2019 年 8 月共同研究制定了《关于促进文化和科技深度融合的指导意见》，意见提出，到 2025 年，基本形成覆盖重点领域和关键环节的文化和科技融合创新体系，实现文化和科技深度融合。国家发展改革委等七部门于 2019 年 12 月联合发布《关于促进"互联网＋社会服务"发展的意见》，提出鼓励沉浸式运动、数字艺术、演艺直播、赛事直播等智能化交互式创新应用示范，引领带动数字创意智慧旅游、智慧文化等新产业新业态发展。党和国家出台的一系列发展和改革举措促进了文化和科技的深度融合，提升了文化科技创新能力，推动了文化事业更好更快发

---

① 《文化和旅游部介绍 2019 年文化和旅游公共服务工作和产业发展情况》，中国政府网，2019 年 12 月 25 日，http：//www.gov.cn/xinwen/2019－12/25/content_ 5463975.htm。

展，更好地满足了人民精神文化生活新需求。

下面本报告将通过湖北大学高等人文研究院、中华文化发展湖北省协同创新中心"中国文化发展状况调查（2019）"的一组调研数据（见表2），来考察人们对公共文化服务设施建设和提供的文化服务效能的认同情况。第一，表2中"近年来公共文化服务设施和服务建设科技含量越来越高、越来越便利"题项，主要考察人们对公共文化服务设施中的科技含量和便利性的主观评价。数据显示，做出正向评价的比重为86.01%，选择"不清楚"人数的比重为11.45%，做出负向评价的比重为2.54%。可见，有接近90%的受访者认同我国公共文化服务设施建设中的科技含量越来越高、公共文化服务和产品越来越便利，只有不到3%的受访者表示不认同。5G、大数据、云计算、虚拟现实、交互展陈等科技的发展推动着图书馆、博物馆、文化馆等公共文化服务设施逐渐发展成为智慧化、体验化的场馆，使得人们充分享受到文化与科技融合发展所带来的更加丰富、便捷的公共文化产品和服务。第二，表2中"近年来公共文化服务设施和服务明显改善，越来越符合大众的需求"题项，主要考察人们对公共文化服务设施服务效能的主观评价。数据显示，做出正向评价的比重为85.53%，选择"不清楚"人数的比重为11.56%，做出负向评价的比重为2.92%。可见，有85.53%的受访者认同我国公共文化服务设施和服务明显改善、越来越符合他们的要求，只有近3%的受访者表示不认同。

表2　公共文化服务设施和服务建设评价

单位：%

题项	非常不同意	不同意	负向评价	不清楚	同意	非常同意	正向评价
近年来公共文化服务设施和服务建设科技含量越来越高、越来越便利	0.67	1.87	2.54	11.45	43.03	42.98	86.01
近年来公共文化服务设施和服务明显改善，越来越符合大众的需求	0.74	2.18	2.92	11.56	42.73	42.80	85.53

资料来源：湖北大学高等人文研究院、中华文化发展湖北省协同创新中心"中国文化发展状况调查（2019）"数据库。

综合以上数据来看，2018～2019年，我国文化事业在文旅公共文化服务的融合发展以及文化与科技的深度融合两个方面都取得了亮眼的成绩，都推进了现代公共文化服务体系建设，为广大人民群众提供了丰富多彩的文化产品和服务，能越来越符合人民群众的精神文化生活需求。

（二）乡村文化振兴深入开展

2018～2019年是决胜全面建成小康社会的关键年份，而实施乡村振兴战略是决胜全面建成小康社会、全面建设社会主义现代化国家的重大历史任务，"乡村振兴，文化先行"，乡村文化振兴则是乡村振兴的内生动力。2018～2019年，党和政府出台了《乡村振兴战略规划（2018－2022年）》《数字乡村发展战略纲要》《关于促进乡村产业振兴的指导意见》等一系列规划性政策。这些政策的贯彻落实推动了乡村文化振兴深入开展、乡村文化繁荣发展，尤其是通过深化文旅融合，在"改善农村人居环境""发掘乡村特色文化资源和文化优势""优化乡村旅游业"等方面推进了乡村文化振兴发展，在贫困地区文化扶贫工作中取得了显著成效。

第一，推进农村人居环境整治，乡村风貌得到明显改善。改善农村人居环境、建设美丽宜居乡村、弘扬传统农耕文化是实施乡村振兴战略的一项重要任务，2018～2019年我国各级政府从政策、财政等方面进一步加大了农村人居环境的改善力度。2018年2月，中共中央办公厅、国务院办公厅印发了《农村人居环境整治三年行动方案》，提出到2020年实现农村人居环境明显改善，村庄环境基本干净整洁有序，村民环境与健康意识普遍增强的基本目标。2019年3月，中共中央办公厅、国务院办公厅转发了《中央农办、农业农村部、国家发展改革委关于深入学习浙江"千村示范、万村整治"工程经验扎实推进农村人居环境整治工作的报告》，要求各地区深入学习浙江的经验做法，结合本地实际情况，推进农村人居环境整治工作。这也意味着2019年农村人居环境整治由典型示范逐步向面上推开。中央和地方财政也加大了投入力度，为农村人居环境整治重点任务提供支持，其中为了推进农村"厕所革命"，2019年中央财政安排70亿元专项资金支持有条件的农村普及卫生厕所，落实中央预算内投资 30 亿元重点支持中西部农村厕所粪污治理等人居环境基础设施建设①。各地方政府也加大财政投入，有的省份省级财政投入超过 10 亿元支持农村"厕所革命"。2019 年 11 月 26 日至 12 月 4 日，国务院组织开展了农村人居环境整治大检查，从检查整体情况来看，各地区各部门认真贯彻落实，全国农村人居环境整治工作总体进展良好，乡村面貌发生了明显变化，得到农民群众的普遍认可。全国 90% 以上的村庄开展了清洁行动，农村卫生厕所普及率超过 60%，农村生活垃圾收运处置体系覆盖全国 84% 以上的行政村，农村生活污水治理梯次推进②。

第二，发掘乡村特色文化资源和文化优势，弘扬优秀乡村传统文化。乡村文化是中华民族文化的根脉，推动乡村文化振兴，需要充分挖掘乡村丰富的独具特色的传统文化资源，进行切实的保护和传承发展，并使之与现代文化相融合。2018 ~ 2019 年，相关政府部门在物质文化层面加强了对传统村落格局、乡村文物古迹、传统建筑等的保护规划。住房和城乡建设部、国家文物局 2019 年 1 月发布了第七批中国历史文化名镇名村名单，有 60 个镇入选为中国历史文化名镇，211 个村入选为中国历史文化名村；此前，已公布六批，共计 528 个中国历史文化名镇名村③。住房和城乡建设部、文化和旅游部、国家文物局等 2019 年 6 月公布了第五批列入中国传统村落名录的村落名单，2666 个村落被列入中国传统村落名录；自 2012 年以来，住房和城乡建设部和相关部门先后数次组织传统村落调查，分四批将 4153 个村落列入了中国传统村落名录，涵盖全国所有省 272 个地级市、43 个民族④；第五批中国传统村落调查是最后一次全国性调查，建立了基本完善的中国传统村

---

① 《农业农村部：今年已落实 30 亿元用于农村人居环境整治》，新京报网，2019 年 9 月 25 日，http：//www. bjnews. com. cn/feature/2019/09/25/629387. html。

② 《2019 年各部门合力推进农村人居环境整治工作综述》，中国政府网，2020 年 3 月 10 日，http：//www. gov. cn/xinwen/2020 – 03/10/content_ 5489545. htm。

③ 《第七批中国历史文化名镇名村名单公布》，中国建设新闻网，2019 年 1 月 31 日，http：//www. chinajsb. cn/html/201901/30/1401. html。

④ 《国家公布第五批"中国传统村落名录"，你们村上榜了吗?》，新京报网，2019 年 6 月 21 日，http：//www. bjnews. com. cn/news/2019/06/21/594006. html。

落名录。这些保护性措施对中国历史文化名镇名村、中国传统村落进行了长期的、持续性的保护，能够更好地保护、继承和发扬我国优秀建筑历史文化遗产，弘扬民族传统文化和地方特色。

2018～2019年，相关政府部门在非物质文化层面加强了对乡村非物质文化遗产的保护、传承与发展，对乡村非物质文化遗产的发掘保护、传承弘扬工作取得了显著成效。文化和旅游部2019年2月下发了《文化和旅游部关于命名2018-2020年度"中国民间文化艺术之乡"的通知》，175个县、乡镇入选。对"中国民间文化艺术之乡"的建设，推动了民间文化艺术的繁荣发展，丰富了乡村基层群众的文化生活。文化和旅游部、国务院扶贫办2019年12月下发了《关于推进非遗扶贫就业工坊建设的通知》，进一步推进非遗扶贫就业工坊建设，提出要逐步建立稳定长效的非遗扶贫就业工坊建设和运行机制，促进非遗保护传承全面融入脱贫攻坚、乡村振兴等国家重大战略。保护我国重要农业文化遗产、传承弘扬农耕文化也是一项重要的乡村非物质文化遗产保护工作。从2012年起，原农业部组织开展了多项中国重要农业文化遗产发掘工作，目前已经发布了四批91个项目；2019年农业农村部先后与中国气象局气象影视中心联合举办了"中国重要农业文化遗产展播"①，与中国农学会联合发布了中国重要农业文化遗产系列科普微动漫②等活动，通过这些创新性举措，借助传媒和科技手段及文化创意表现形式，农业文化遗产地的知名度得到提高，农耕文化得到传承，乡村文化日益丰富多彩。

第三，推进乡村旅游持续健康发展。乡村旅游是实施乡村振兴战略的重要力量，是实现乡村文化扶贫、乡村文化传承以及美丽乡村建设等的有效途径。近年来，国家制定了一系列规范和促进乡村旅游持续健康发展的规划性政策，包括《中共中央国务院关于实施乡村振兴战略的意见》《乡村振兴战略规划（2018-2022年）》《促进乡村旅游发展提质升级行动方案（2018-

---

① 《弘扬农耕文化 助力乡村振兴》，央视网，2019年8月6日，http://tv.cctv.com/2019/08/06/ARTIljVHHnL Z6mHK2e3li9YZ190806.shtml。

② 《中国重要农业文化遗产系列科普微动漫发布》，光明网，2019年10月22日，http://kepu.gmw.cn/2019-10/22/content_ 33254238.htm。

2020 年)》《关于促进乡村旅游可持续发展的指导意见》等。为深入贯彻落实这些政策，2019 年 6 月，文化和旅游部、国家发展改革委发布了《关于开展全国乡村旅游重点村名录建设工作的通知》；2019 年 7 月，公布了第一批全国乡村旅游重点村名单，共计 320 个旅游村入选，文化和旅游部将依托各方资源，在旅游规划、创意下乡、人才培训等方面对全国乡村旅游重点村和精品项目予以支持。2019 年 7 月，文化和旅游部、中国农业银行印发《关于金融支持全国乡村旅游重点村建设的通知》，提出未来 5 年，农行将向重点村提供 1000 亿元意向性信用额度，用于支持重点村的文化和旅游资源开发、生态与传统文化保护等。2019 年文化和旅游部还推进了一系列切实加强乡村旅游人才培训的工作，9 月，与国务院在河北省石家庄市正定县联合举办了全国旅游扶贫工作培训班；11 月，在浙江省湖州市举办了全国乡村旅游和旅游扶贫检测点工作培训班。以上情况显示，国家在扶持乡村旅游发展方面出台的一系列政策措施，对乡村旅游发展加强了引导规划，提供了更为有利的发展环境。

文旅深度融合发展促进乡村面貌改善、乡村传统文化弘扬和乡村旅游发展，助力乡村振兴战略和农村贫困地区脱贫攻坚战所取得的成效，可以通过"中国文化发展状况调查"（2018、2019）数据库的数据对比来进一步了解。

表 3 是关于 2018 年和 2019 年乡村人居环境改善、乡村特色文化发掘和乡村旅游发展三个方面情况的评价统计结果。该结果显示，其一，第一组题项主要考察人们对农村贫困地区人居环境、村容村貌改善等问题的主观评价。数据显示，对于这一问题做出正向评价人数的比重，2018 年为 73.70%，2019 年为 80.47%，增加 6.77 个百分点；做出负向评价人数的比重，2018 年为 6.50%，2019 年为 3.83%，减少 2.67 个百分点；选择"不清楚"人数的比重，2018 年为 19.90%，2019 年为 15.70%，减少 4.20 个百分点。由此，从纵向来看，相较于 2018 年，2019 年做出正向评价的比重提高了，做出负向评价的比重降低了，选择"不清楚"的比重也降低了；从横向来看，2019 年有 80% 以上的受访者对问题表示认同，认同度比较高，

只有不到4%的受访者表示不认同。这说明，人们比较认可农村贫困地区人居环境、乡村面貌得到了明显改善，并且认可度越来越高。

其二，第二组题项主要考察人们对农村特色文化资源开发方面的主观评价。数据显示，对于这一问题做出正向评价人数的比重，2018年为72.80%，2019年为80.88%，增加8.08个百分点；做出负向评价人数的比重，2018年为7.10%，2019年为3.80%，减少3.30个百分点；选择"不清楚"人数的比重，2018年为20.00%，2019年为15.32%，减少4.68个百分点。由此，从纵向来看，相较于2018年，2019年正向评价的比重提高了，负向评价的比重降低了，选择"不清楚"的比重也降低了；从横向来看，2019年有80%以上的受访者对问题表示认同，认同度比较高，只有不到4%的受访者表示不认同。这说明，人们对乡村特色文化得到发掘保护、合理利用所取得的成效认同度比较高，而且随着乡村特色文化资源和文化优势的进一步挖掘开发，人们的认同度会越来越高。

其三，第三组题项主要考察人们对乡村文化旅游发展状况的主观评价。数据显示，对于这一问题做出正向评价人数的比重，2018年为75.30%，2019年为80.63%，增加了5.33个百分点；做出负向评价人数的比重，2018年为5.90%，2019年为3.80%，减少了2.10个百分点；选择"不清楚"人数的比重，2018年为18.90%，2019年为15.57%，减少了3.33个百分点。由此，从纵向来看，相较于2018年，2019年做出正向评价的比重提高了，做出负向评价的比重降低了，选择"不清楚"的比重也降低了；从横向来看，2019年有80%以上的受访者对问题表示认同，认同度比较高，只有不到4%的受访者表示不认同。这说明，人们对于乡村文化旅游发展成效的认同度比较高，而且有越来越高的趋势。

通过对2018年和2019年乡村文化建设情况的评价数据的对比分析，发现人们对近年来乡村文化建设所取得的成效比较认同，而且随着乡村人居环境显著改善、乡村特色文化资源进一步开发利用、乡村旅游持续健康发展，人们的认同度在不断提高。

表3　2018～2019年乡村文化建设情况评价

单位：%

题项	年份	非常不同意	不同意	负向评价	不清楚	同意	非常同意	正向评价
通过精准扶贫，农村贫困地区人口的居住环境、村容村貌改善明显	2018	1.50	5.00	6.50	19.90	41.10	32.60	73.70
精准扶贫工作成效显著，贫困人口的居住环境改善明显	2019	0.90	2.93	3.83	15.70	42.28	38.19	80.47
通过特色扶贫，农村地方特色文化资源得到了进一步开发	2018	1.40	5.70	7.10	20.00	41.50	31.30	72.80
特色扶贫工作成效显著，地方特色文化资源得到了合理的开发	2019	0.92	2.88	3.80	15.32	42.49	38.39	80.88
文化扶贫促进了乡村文化旅游发展，乡村旅游呈现上升趋势	2018	1.40	4.50	5.90	18.90	43.10	32.20	75.30
文化扶贫工作成效显著，乡村文化旅游发展迅速，旅游人数明显上升	2019	0.83	2.97	3.80	15.57	40.57	40.06	80.63

资料来源：湖北大学高等人文研究院、中华文化发展湖北省协同创新中心"中国文化发展状况调查（2018、2019）"数据库。

（三）中国特色社会主义文化弘扬形成新局面

新时代中国特色社会主义文化，源自中华民族五千多年文明历史所孕育的中华优秀传统文化，熔铸于党领导人民在革命、建设、改革中创造的革命文化和社会主义先进文化。本报告将从弘扬中华优秀传统文化、传承红色革命文化两个方面对2018～2019年的中国特色社会主义文化弘扬情况进行考察。

第一，中华优秀传统文化得到大力弘扬。2018～2019年，我国文物保护工作进入新的局面，党和国家出台了一系列保护性的政策和措施，对推动新时代文物和文化资源保护传承利用进行战略部署。2019年1月，文化和旅游部、国家文物局联合印发了《长城保护总体规划》，该规划实施期为2019~2035年，明确了长城保护的对象，提出了原址保护、原状保护的总体策略以及规划思路与体系、保障措施等，为提升长城保护管理和展示利用整体水平，传承与弘扬长城精神、伟大爱国主义精神、伟大抗战精神和伟大长征精神提供了政策保障。2月，中共中央办公厅、国务院办公厅发布《大运河文化保护传承利用规划纲要》，该规划纲要实施期为2018~2035年，展望到2050年，明确了大运河文化带建设的方向、目标和任务，对推进大运河保护传承利用工作进行了顶层设计。10月，国务院下发了《国务院关于核定并公布第八批全国重点文物保护单位的通知》，核定公布了第八批全国重点文物保护单位762处，以及与现有全国重点文物保护单位合并的项目50处。12月，国家文物局印发了《关于做好第八批全国重点文物保护单位保护利用工作的通知》，要求从落实保护责任、推进基础工作、加强科学保护、推进合理利用、传播文物价值等方面切实做好文物保护利用工作；中共中央办公厅、国务院办公厅发布《长城、大运河、长征国家文化公园建设方案》，对长城、大运河、长征国家文化公园建设进行安排部署，计划到2023年底基本建成长城、大运河、长征国家文化公园，重点建设文旅融合等四类主体功能区。

2018~2019年，我国非物质文化遗产保护通过继续推进相关法律法规体系、名录制度、分门类保护政策、传承创新等各项工作，取得了显著成果。2018年12月，文化和旅游部发布了《国家级文化生态保护区管理办法》，加强对非物质文化遗产区域性整体保护、建设和管理，维护和培育文化生态，传承弘扬中华优秀传统文化。2019年1月，中宣部、文化和旅游部、财政部联合印发了《非物质文化遗产传承发展工程实施方案》，明确了到2025年非物质文化遗产保护的指导思想和基本原则，要求深入推进非物质文化遗产保护工作，完善非遗传承体系，提升非物质文化遗产保护传承水平。4月，文化和旅游部下发了《关于开展2019年"文化和自然遗产日"非物质文化遗产宣传展示活动的通知》，决定在6月8日"文化和自然遗产日"前后集中开展非物质文化遗产宣传展示活动。6月，文化和旅游部下发了《关于推荐申报第五批国家级非物质文化遗产代表性项目的通知》，进一步加强国家级非物质文化遗产代表性项目名录建设。此前公布的四批国家级项目目录中共计有 1372 个国家级非物质文化遗产代表性项目[①]。7 月，文化和旅游部印发了《曲艺传承发展计划》，对到 2025 年曲艺类非物质文化遗产传承发展工作进行专项部署。该计划是继传统戏剧、传统工艺的又一非物质文化遗产分类保护政策文件，将积极推动曲艺类非物质文化遗产的传承发展。12 月，文化和旅游部公布了国家级文化生态保护区名单，7 家生态保护区入选。同时文化和旅游部还发布了《国家级非物质文化遗产代表性传承人认定与管理办法》，截至 2018 年，文化和旅游部先后认定了五批国家级非物质文化遗产代表性传承人，共 3068 名，中央财政将给予国家级非物质文化遗产代表性传承人每人每年 2 万元的传习补助，支持他们开展传习活动[②]。该项认定与管理办法使国家级非物质文化遗产代表性传承人认定与管理的指导思想、工作原则得到明确，国家级非物质文化遗产代表性传承人的认定条件和程序得到完善，这将有利于鼓励、支持和规范传承人开展传承活动。

下面通过一组"中国文化发展状况调查（2019）"数据库的调研数据，来考察人们对中华优秀传统文化传承发展的认同情况（见表4）。其一，关于"近年来国家和公民非物质遗产保护意识增强，地方文物保护成效显著"这一考察文物保护和非物质文化遗产保护的问题，有 82.21% 的人做出正向评价，选择"不清楚"的比重为 14.64%，只有 3.15% 的人做出负向评价。由此可见，人们对近年来文物保护和非物质文化遗产保护取得的成效认同度较高。其二，关于"当今人们对自由平等公正法治理解更理性且继承了传统文化精髓"这一问题，做出正向评价的比重为 82.88%，选择"不清楚"的比重为 13.65%，做出负向评价的比重为 3.48%。其三，关于"建国 70 年来中华优秀传统文化得到了很好的继承和弘扬"这一问题，做出正向评

---

① 《国家级非物质文化遗产代表性项目名录》，中国非物质文化遗产网·中国非物质文化遗产数字博物馆，2020 年 4 月 8 日，http：//www. ihchina. cn/project. html#target1。

② 《文化和旅游部出台〈国家级非物质文化遗产代表性传承人认定与管理办法〉》，中国政府网，2019 年 12 月 12 日，http：//www. gov. cn/xinwen/2019 – 12/12/content_ 5460561. htm。

价的比重为83.66%，选择"不清楚"的比重为11.96%，做出负向评价的比重为4.39%。由上面的数据可以看到，在三个问题中，人们对"建国70年来中华优秀传统文化得到了很好的继承和弘扬"做出正向评价的比重是最高的，对于"当今人们对自由平等公正法治理解更理性且继承了传统文化精髓"这一问题的认同度也比较高。以上认同情况，一方面显示出中华优秀传统文化是涵养社会主义核心价值观的重要源泉，另一方面也体现了中华优秀传统文化在与当代文化、当代社会相融合中展现出了生机与活力。

表4 中华优秀传统文化继承与弘扬情况评价

单位：%

题项	非常不同意	不同意	负向评价	不清楚	同意	非常同意	正向评价
近年来国家和公民非物质遗产保护意识增强，地方文物保护成效显著	0.76	2.39	3.15	14.64	42.85	39.36	82.21
当今人们对自由平等公正法治理解更理性且继承了传统文化精髓	0.67	2.81	3.48	13.65	40.30	42.58	82.88
建国70年来中华优秀传统文化得到了很好的继承和弘扬	0.94	3.45	4.39	11.96	37.66	46.00	83.66

资料来源：湖北大学高等人文研究院、中华文化发展湖北省协同创新中心"中国文化发展状况调查（2019）"数据库。

第二，革命文化得到不断发扬。2018～2019年，党和国家高度重视革命文化传承和建设，从出台保护性政策、发展红色旅游两个方面加强了对革命文物的保护利用和对革命精神的传承弘扬。从出台保护性政策方面来看，2018年4月27日，第十三届全国人民代表大会常务委员会第二次会议通过了《中华人民共和国英雄烈士保护法》，2018年5月1日正式实施。这部法律的实施将全面加强对英雄烈士的保护，传承和弘扬英雄烈士精神、爱国主义精神。8月，中共中央办公厅、国务院办公厅印发了《关于实施革命文物保护利用工程（2018-2022年）的意见》，对新时代革命文物工作做出了全面部署，这是首个专门针对革命文物保护利用的中央政策文件，提出要拓展革命文物利用途径，深入挖掘革命文物的价值内涵和文化元素，运用市场机制开发更多文化创意产品，促进文化消费。2019 年 1月，国家文物局出台《革命旧址保护利用导则（2019）》，进一步加强对革命旧址保护利用的规范和指导；中央军委办公厅制定了《新时代军史场馆体系建设规划》，明确了军史场馆建设的指导思想、建设理念、体系布局、目标任务、保障措施等，这一规划性文件为加强和改进军史场馆建设提供了重要指导性依据①。3 月，中宣部、财政部、文化和旅游部、国家文物局公布了《革命文物保护利用片区分县名单（第一批）》，确定了 15 个革命文物保护利用片区，涉及 20 个省 110 个市 645 个县。国家文物局将以 15个片区为"主战场"来统筹推进革命文物的整体规划、连片保护和统筹展示。5 月，国家文物局举办了全国革命文物保护利用工程实施研修班，为革命文物和革命文化资源的保护和利用提供了专业指导和培养了专业人才。

从大力推进红色旅游方面来看，2018 年文化和旅游部一共开展了 6 期红色旅游示范性培训，培训红色旅游行政人员、骨干讲解员、导游员等1300 余人。2018 年 11 月，文化和旅游部召开全国红色旅游五好讲解员建设行动推进会，在部分省份进行试点。2018 年 12 月与 2019 年 11 月，中宣部、文化和旅游部举办了首届、第二届全国红色故事讲解员大赛。2019 年 7 月，文化和旅游部举行了全国红色旅游五好讲解员建设行动试点工作总结交流活动，总结全国红色旅游五好讲解员建设行动试点工作，部署下一阶段重点任务，推进红色旅游在弘扬红色文化中的作用。2018～2019 年，我国红色旅游不断升温，相关政府部门围绕红色旅游安排和部署了一系列推进工作，不仅弘扬了革命文化，促进了革命文物保护利用，而且推动了乡村文化振兴和革命老区经济发展。

通过"中国文化发展状况调查（2019）"数据库中一组关于革命文化传

---

① 《革命文物保护利用工程迈出第一步》，人民网，2019 年 3 月 21 日，http://culture. people. com. cn/n1/2019/0321/c1013 - 30987919. html。

承与弘扬情况的调研数据，来看人们对革命文化传承发展的认同情况（见表5）。一是关于"红色文化基地建设大大提升了人们对革命传统文化继承的认知认同"这一问题，做出正向评价的比重为85.98%，选择"不清楚"的比重为11.11%，做出负向评价的比重为2.91%。二是关于"身边老战士老专家老劳模的楷模事迹激励我不忘初心励志前行"这一问题，做出正向评价的比重为86.73%，选择"不清楚"的比重为10.57%，做出负向评价的比重为2.70%。由上面的数据可以看到，人们对于红色文化基地建设在传承和弘扬革命传统文化中发挥的教育作用和先进楷模对自己所起的激励作用都比较认同，做出正向选择的比重都在85%以上。这显示出，近年来红色文化基地、爱国主义教育示范基地、全国红色旅游经典景区等的建设不断加强，成了革命文化传承的有效载体。人们可以在这些革命旧址、革命遗址中亲身体会到老一辈革命英雄的革命精神，加深对革命文化深刻丰富内涵的认同。

表5　革命文化继承与弘扬情况评价

单位：%

题项	非常不同意	不同意	负向评价	不清楚	同意	非常同意	正向评价
红色文化基地建设大大提升了人们对革命传统文化继承的认知认同	0.81	2.10	2.91	11.11	38.07	47.91	85.98
身边老战士老专家老劳模的楷模事迹激励我不忘初心励志前行	0.70	2.00	2.70	10.57	37.76	48.97	86.73

资料来源：湖北大学高等人文研究院、中华文化发展湖北省协同创新中心"中国文化发展状况调查（2019）"数据库。

三　文化事业建设中的主要问题和对策

（一）要更加贴近人民群众的文化需求，提升其文化获得感

近年来，在党和国家的高度重视下，我国文化事业建设取得了显著成

效。"中国文化发展状况调查（2019）"的调研数据也显示出人们对我国文化事业建设在宏观层面的成就有着较高程度的认同。在公共文化服务体系建设方面，前面表2的数据显示了人们对公共文化服务设施建设和服务供给效能的整体评价是比较高的。对"近年来公共文化服务设施和服务建设科技含量越来越高、越来越便利"和"近年来公共文化服务设施和服务明显改善，越来越符合大众的需求"这两个问题做出正向评价的比重都在85%以上。在中华优秀传统文化传承和弘扬方面，前面表4的数据显示人们对中华优秀传统文化传承和弘扬整体情况的认同度也比较高。不管是对"建国70年来中华优秀传统文化得到了很好的继承和弘扬"，还是对"当今人们对自由平等公正法治理解更理性且继承了传统文化精髓"，以及对"近年来国家和公民非物质遗产保护意识增强，地方文物保护成效显著"等问题，受访者做出正向评价的比重都在82%以上。

但是人们对身边具体的文化设施建设和文化服务供给的认同度相对较低，人们的文化获得感有待提高。在公共文化服务体系建设方面，对于"所在的村（社区）建有如下设施"（多选题）这一问题，有49.29%的人选择"文化广场"，有48.73%的人选择"综合文化服务中心"，有44.79%的人选择"公园"，有42.62%的人选择"健身路径"，有36.76%的人选择"阅报栏"，有19.89%的人选择"电子阅报屏"，有15.68%的人选择"农家书屋"，有9.60%的人选择"非遗文化建筑"（见表6）。通过数据可以看到，对于身边可以使用的公共文化服务硬件设施，受访者选择最多的是"文化广场"，但所占比重也只有49.29%，不到一半。关于身边可以享受到的公共文化服务项目也存在这一情况，对于"所在的乡镇（街道）有如下服务"（多选题）这一问题，有55.30%的人选择"卫星转播电视节目"，有44.56%的人选择"免费开放的图书馆"，有44.38%的人选择"政务公开服务"，有24.47%的人选择"送戏下乡"，有17.59%的人选择"免费开放的艺术馆"（见表7）。数据显示，对于日常能满足文化需求的服务，受访者选择最多的是"卫星转播电视节目"，但所占比重也只有55.30%。由此可以看到，人们对于公共文化设施建设和公共文化服务供给的整体成效情况与具体实际情况的评价存在一定的差距，其原因可能在于：一方面虽然国家加大了公共文化服务体系建设的力度，但是不均衡现象仍然存在，有的地区公共文化基础设施不健全、公共文化服务效能不高；另一方面在公共文化服务体系建设过程中，对公共文化设施缺少有效的管理机制和评价机制，公共文化设施提供的产品和服务不能充分贴近人们的文化需求，以致人们没有关注到身边的公共文化设施和服务。

表6 所在的村（社区）建有如下设施（多选题）

单位：人，%

分类	人数	占样本比重	占选择人次比重
综合文化服务中心	2710	48.73	18.23
农家书屋	872	15.68	5.86
阅报栏	2044	36.76	13.75
电子阅报屏	1106	19.89	7.44
文化广场	2741	49.29	18.44
公园	2491	44.79	16.75
健身路径	2370	42.62	15.94
非遗文化建筑	534	9.60	3.59
选择人次总计	14868	—	100.00

资料来源：湖北大学高等人文研究院、中华文化发展湖北省协同创新中心"中国文化发展状况调查（2019）"数据库。

表7 所在的乡镇（街道）有如下服务（多选题）

单位：人，%

分类	人数	占样本比重	占选择人次比重
卫星转播电视节目	3075	55.30	29.68
送戏下乡	1361	24.47	13.14
免费开放的图书馆	2478	44.56	23.92
免费开放的艺术馆	978	17.59	9.44
政务公开服务	2468	44.38	23.82
选择人次总计	10360	—	100.00

资料来源：湖北大学高等人文研究院、中华文化发展湖北省协同创新中心"中国文化发展状况调查（2019）"数据库。

同样，人们在中华优秀传统文化传承和弘扬方面也存在这种评价差异。如表 8 所示，对于"近年来地方特色曲艺文化得到了民间艺人的关注，受到民众的喜爱"这一问题，78.64% 的人做出正向评价。对于"近年来我至少对一种中国传统文化产生了兴趣并尝试去学习"这一问题，79.32% 的人做出正向评价。这两个问题更侧重考察中华优秀传统文化的传承和弘扬对人们产生的直接影响。推动曲艺等优秀传统文化传承发展，不仅是为了保护优秀传统文化，也是为了让人们感受到优秀传统文化的魅力，从而更好地满足人们的精神文化需求。但是人们对这两个问题的认同度明显低于对中华优秀传统文化传承发展整体成效的评价（相关正向评价的比重均在82%以上）。这说明，在国家和政府的大力支持下，中华优秀传统文化整体上得到了发展和繁荣，其丰富的内涵得到展现，并被赋予了新的时代价值，人们对此认同度比较高，但是要从认同到践行，要将优秀传统文化真正融入人们的日常生活之中，仍然需要一个过程。

表 8　中华优秀传统文化继承与弘扬个人获得感情况评价

单位：%

题项	非常不同意	不同意	负向评价	不清楚	同意	非常同意	正向评价
近年来地方特色曲艺文化得到了民间艺人的关注，受到民众的喜爱	0.79	3.18	3.97	17.39	41.13	37.51	78.64
近年来我至少对一种中国传统文化产生了兴趣并尝试去学习	1.62	4.30	5.92	14.76	41.14	38.18	79.32

资料来源：湖北大学高等人文研究院、中华文化发展湖北省协同创新中心"中国文化发展状况调查（2019）"数据库。

本报告认为，不管是公共文化体系建设，还是中华优秀传统文化传承发展，这两个方面的建设工作都要进一步贴近人们的精神文化需求，提升其文化获得感。因此，本报告对以上问题提出如下建议。

第一，深入推进公共文化体系建设和中华优秀传统文化的传承发展，不仅要进行宏观的规范设计，也要准确把握人们日常生活中的精神文化现实需要，注重引导人们充分利用公共文化资源主动参与文化活动，还要转变传统的自上而下的文化供给方式，建立健全群众文化需求跟踪反馈机制。

第二，要激发社会主体参与公共文化服务建设和传承发展中华优秀传统文化的积极性，引导和支持文化类社会组织、各类文化企业提供丰富多样的公共文化产品和服务，创新传承传播优秀传统文化的形式，满足人们多样化、多层次的需求。

第三，加强对文化建设项目的督促检查和绩效评价，积极开展群众满意度测评，不能以相关统计数据代表群众的满意度，要真正注重群众的精神文化获得感，以切实提高公共文化服务的内容和质量，满足群众日益增长的精神文化需要和对美好生活的追求。

（二）培养人民群众的阅读兴趣，提升其阅读质量和阅读水平

我国文化事业和文化产业的繁荣发展，为人们提供了丰富多彩的文化产品和服务，人们实现自己文化需求的形式和途径也日益多样化，但"中国文化发展状况调查（2019）"数据库相关数据显示，人们的阅读意愿需要进一步加强。如表9所示，对于"文化消费需求实现的途径"（多选题）这一问题，有76.10%的人选择"浏览互联网"，有59.86%的人选择"观看影视片"，有43.98%的人选择"阅读报纸杂志"，有29.60%的人选择"参加文化艺术活动"。通过数据可以看到，在对文化消费需求实现的途径进行多项选择时，选择人数最多的是"浏览互联网"，占比接近80%；只有不到一半的人选择阅读，排在第三位。

表9　文化消费需求实现的途径（多选题）

单位：人，%

分类	人数	占样本比重	占选择人次比重
浏览互联网	4232	76.10	36.32
阅读报纸杂志	2446	43.98	20.99
参加文化艺术活动	1646	29.60	14.13
观看影视片	3329	59.86	28.57
选择人次总计	11653	—	100.00

资料来源：湖北大学高等人文研究院、中华文化发展湖北省协同创新中心"中国文化发展状况调查（2019）"数据库。

再来看表10对"最喜欢的娱乐方式"这一问题的统计数据，这一问题要求受访者对最喜欢的娱乐方式进行排序，并限选三项。数据显示：选择人数排在第一位的是"上网"，所占比重为58.23%；排在第二位的是"看电视"，所占比重为49.47%；排在第三位的是"看电影"，所占比重为46.99%；排在第四位的是"运动健身"，所占比重为30.84%；排在第五位的是"看书读报"，所占比重为21.92%；往后依次为"逛街""打麻将""与邻居聊天""听广播""下棋""跳广场舞"。由此可以看到，在人们最喜欢的娱乐方式中，排在第一位的是"上网"，"看书读报"只排在第五位，而且所占比重只有21.92%，远远低于排在前三位的选择比重。

表10 最喜欢的娱乐方式

单位：人，%

项目	看电视	打麻将	看电影	上网	听广播	跳广场舞	下棋	看书读报	看戏	逛街	与邻居聊天	运动健身
选择人数	2751	918	2613	3238	595	386	478	1219	147	1105	711	1714
占样本比重	49.47	16.51	46.99	58.23	10.70	6.94	8.60	21.92	2.64	19.87	12.79	30.84

资料来源：湖北大学高等人文研究院、中华文化发展湖北省协同创新中心"中国文化发展状况调查（2019）"数据库。

表9、表10数据显示，阅读书籍报刊在人们的文化消费需求中所占比重不高，人们阅读意愿不强。这一结果可以从第十七次全国国民阅读调查结果中得到佐证。根据该项调查，2019年我国成年国民人均每天阅读时间为19.69分钟，只有12.1%的国民平均每天阅读图书1小时以上；对于阅读数量，37.5%的人认为自己的阅读数量很少或比较少，40.5%的人认为自己的阅读数量一般，6%的人认为自己的阅读数量比较多，只有2.1%的人认为自己的阅读数量很多[1]。这些数据显示出人们阅读时间短、数量少。

---

[1] 《第十七次全国国民阅读调查成果发布》，中国全民阅读网，2020年4月20日，http://www.nationalreading.gov.cn/ReadBook/contents/6271/414891.shtm。

表 9 和表 10 的数据显示，随着互联网技术的快速发展、智能化设备的普及，上网已经成为人们文化消费和娱乐的主要途径，这一趋势可以从人们对"文化消费需求实现的途径"和"最喜欢的娱乐方式"的第一位选择都是"浏览互联网"或"上网"的情况体现出来。而第十七次全国国民阅读调查显示，只有 20.5% 的网民将"阅读网络书籍、报刊"作为上网的主要活动之一，位于所有选项的倒数第二位[1]。这一情况说明，人们上网以交友聊天、阅读新闻、看视频听歌、网上购物为主，具有明显的娱乐化、碎片化特征。虽然在网上进行数字化阅读越来越为人所接受，但在网上进行书籍报刊阅读的比重较低。数字化阅读与纸质阅读并不冲突，还丰富了阅读的形式和内容，但要进行深度阅读，纸质阅读是不可或缺的。

本报告认为，当前人们的阅读意愿、阅读时间、阅读数量等方面都有待增强或增加。这就需要为人们提供良好阅读空间和更多优质阅读内容，同时培育和引导人们的阅读意愿，提升人们的阅读质量和能力。因此，本报告针对这一问题提出如下建议。

第一，加大公共阅读的硬件设施和软件条件建设，提供良好的阅读空间。优化公共图书馆、社区图书室、农家书屋、自助图书服务点等传统公共阅读空间的阅读环境；加强数字图书馆、阅读数字资源平台建设，推进数字化阅读服务；引导社会力量共同参与阅读公共设施建设，提供阅读服务，对实体书店实施补贴政策和扶持政策，鼓励建设 24 小时书店、特色书店，打造能够满足阅读需求的现代化阅读空间。

第二，加强优秀文化作品的创作和推出，提供丰富优质的阅读内容。激励和扶持出版单位多出精品力作，多出版适应人们购买能力的图书报刊。加大出版数字化转型升级的力度，创新数字出版产品的内容和形式，推进传统阅读与数字阅读相结合。

第三，提供更多的阅读专业指导，提高人们的阅读能力。针对不同人

---

[1] 《第十七次全国国民阅读调查成果发布》，中国全民阅读网，2020 年 4 月 20 日，http://www.nationalreading. gov.cn/ReadBook/contents/6271/414891.shtml。

群的阅读需求，开展优秀作品推荐活动。尤其要加强对青少年儿童的阅读指导，完善中小学图书馆等校园阅读设施，加大公共图书馆中少儿馆和独立的少儿图书馆的建设，为培养青少年儿童的阅读兴趣、阅读习惯和阅读能力提供条件和支持。

第四，营造良好的社会阅读氛围，激发人们阅读的兴趣。围绕世界读书日、中华传统节日、重要节假日和重大节庆活动，深入开展系列阅读推广活动，营造良好的书香社会氛围。通过电视、广播、网站、微博、微信公众号等传播平台大力宣传阅读在获取知识、提高自身文化素养、指导人生等方面的积极作用，从而激发人们的阅读兴趣，进而形成良好的阅读习惯。

参考文献

文化和旅游部编《中国文化和旅游统计年鉴2019》，国家图书馆出版社，2019。

文化和旅游部编《2017年文化发展统计公报》，中国统计出版社，2018。

文化和旅游部编《2018年文化和旅游发展统计公报》，中国统计出版社，2019。

《文化和旅游部介绍2019年文化和旅游公共服务工作和产业发展情况》，中国政府网，2019年12月25日，http://www.gov.cn/xinwen/2019－12/25/content_5463975.htm。

《农业农村部：今年已落实30亿元用于农村人居环境整治》，新京报网，2019年9月25日，http://www.bjnews.com.cn/feature/2019/09/25/629387.html。

《2019年各部门合力推进农村人居环境整治工作综述》，中国政府网，2020年3月10日，http://www.gov.cn/xinwen/2020－03/10/content_5489545.htm。

《第七批中国历史文化名镇名村名单公布》，中国建设新闻网，2019年1月31日，http://www.chinajsb.cn/html/201901/30/1401.html。

《国家公布第五批"中国传统村落名录"，你们村上榜了吗?》，新京报网，2019年6月21日，http://www.bjnews.com.cn/news/2019/06/21/594006.html。

《弘扬农耕文化　助力乡村振兴》，央视网，2019年8月6日，http://tv.cctv.com/2019/08/06/ARTIljVHHnLZ6mHK2e3li9YZ190806.shtml。

《中国重要农业文化遗产系列科普微动漫发布》，光明网，2019年10月22日，http://kepu.gmw.cn/2019－10/22/content_33254238.htm。

《国家级非物质文化遗产代表性项目名录》，中国非物质文化遗产网·中国非物质文化遗产数字博物馆，2020 年 4 月 8 日，http：//www. ihchina. cn/project. html#target1。

《文化和旅游部出台〈国家级非物质文化遗产代表性传承人认定与管理办法〉》，中国政府网，2019 年 12 月 12 日，http：//www. gov. cn/xinwen/2019 – 12/12/content_5460561. htm。

《革命文物保护利用工程迈出第一步》，人民网，2019 年 3 月 21 日，http：//culture. people. com. cn/n1/2019/0321/c1013 – 30987919. html。

《第十七次全国国民阅读调查成果发布》，中国全民阅读网，2020 年 4 月 20 日，http：//www.　nationalreading. gov. cn/ReadBook/contents/6271/414891. shtm。

B.4
中国文化生产报告（2019）

陶文佳　尤银波　武　雷[*]

摘　要： 报告基于对2018~2019年中国文化生产状况的分析，认为近两年我国文化生产领域继续深化改革，总体状况持续向好，保持了较为稳定的增长。我国文化生产取得的主要成绩有：文化体制改革的步伐坚定，为我国的文化产业发展提供了强有力的制度保障和政策依据；文化及相关产业在国民经济中的地位稳步上升，文化产品的进出口稳中有升；互联网文化产业成为我国文化生产领域新的增长点，显示出巨大的潜力和国际竞争力。但也出现一些问题：文化制造业呈现出一定的发展颓势；网吧这一行业的生存空间进一步缩窄；在传统文化习俗的保护问题上，民众仍然表现出一定的担忧。因此，需要十分关注文化制造业的发展，为网吧这一行业所面临的挑战早做准备，并加强对传统文化习俗的保护。

关键词： 文化生产　互联网文化产业　文化制造业

2018~2019年是我国"十三五"规划的落实阶段，"十三五"规划的各项目标特别是经济和文化的发展目标能否顺利完成，2018~2019年中国

---

* 陶文佳，湖北大学哲学学院讲师，硕士生导师，中华文化发展湖北省协同创新中心副研究员，主要从事外国哲学与政治哲学研究；尤银波，湖北大学哲学学院2018级硕士研究生；武雷，湖北大学哲学学院2019级硕士研究生。

文化生产的状况起到决定性作用。根据2017年文化部制定的《"十三五"时期文化发展改革规划》，我国的文化建设总目标是：到2020年，社会主义文化强国建设取得重要进展，国家文化软实力进一步提高。本报告基于我国"十三五"文化建设总目标，对我国文化生产总体状况和细分行业状况进行考察。本报告认为，2018～2019年我国文化生产建设虽然取得了令人瞩目的成绩，但我国的文化生产建设状况相对于总目标仍有一段距离。因此，我们需要对2018～2019年的中国文化生产情况进行分析，总结目前我国文化生产取得的成绩，指出其中存在的问题，并提出相应的对策和建议。

一 中国文化生产总体状况

2018～2019年中国文化生产领域呈现出继续深化改革、总体状况向好的发展趋势。在国家层面，首先，党和政府进行了文化管理机构的改革和整合，成立了文化和旅游部；其次，根据新时期我国文化生产的新情况、新特点、新趋势，相关管理部门及时对我国文化及相关产业分类进行了调整，体现出我国文化政策的及时性、前瞻性、灵活性；最后，文化管理部门继续推进了对文化生产领域各行业，特别是互联网、知识产权、中华优秀传统文化传承与发展等方面的规范与指导。在文化生产层面，我国文化生产总体状况持续向好，文化产业进一步向国民经济支柱性产业的目标坚实迈进，文化生产领域保持了较为稳定的增长。

（一）文化生产政策、法规

2018～2019年，我国文化生产领域在宏观决策层面有两个重要事件，体现出我国政府结合当前国情对我国文化治理体系进行了重要调整。一是党和政府深化机构改革，将国家旅游局与文化部合并，成立文化和旅游部。二是由国家统计局推出了新的文化及相关产业分类标准——《文化及相关产业分类（2018）》。因此，考察2018～2019年的文化生产状况首先要对这两个重要改革进行分析。

2018 年 3 月，国务院提请十三届全国人大一次会议审议并通过了机构改革方案，该方案将文化部、国家旅游局的职责整合，组建文化和旅游部，并将之作为国务院组成部门。其主要职责包括贯彻落实党的宣传文化工作方针政策，研究拟定文化和旅游工作政策措施，统筹规划文化事业、文化产业、旅游业发展，深入实施文化惠民工程，组织实施文化资源普查、挖掘和保护工作，维护各类文化市场包括旅游市场秩序，加强对外文化交流，进一步推动中华文化走出去。

组建文化和旅游部一方面能够进一步规范我国旅游管理体制，避免出现旅游业主管机构过多、权责不清等现象，促使我国旅游业的发展更加规范化；另一方面，文化是旅游业真正的灵魂，只有富有文化底蕴的旅游资源才拥有长久的吸引力。因此，文化和旅游部的建立能够在管理体制和管理机构层面进一步理顺责权关系，统筹文化事业、文化产业和旅游业的发展与开发，提高国家文化软实力和中华文化的影响力。

2018 年，国家统计局根据近年来我国文化生产领域所凸显出的新特点，推出了新的文化及相关产业分类标准——《文化及相关产业分类（2018）》。国家统计局在解读新的分类文件时指出，随着互联网时代的到来，以"互联网＋"为依托的文化新业态不断涌现并迅猛发展，日益成为文化产业中新的增长点，理应把这些新业态及时纳入统计范围。2017 年，国家统计局等部门出台了《国民经济行业分类》，文化及相关产业分类作为派生产业统计分类标准，客观上也需要根据新的国民经济行业分类标准进行修订。与《文化及相关产业分类（2012）》相比，2018 年版的《文化及相关产业分类》将文化产业划分为三个层次，层次更加简洁明了，新增了符合当今文化生产发展新业态的内容条目，如互联网文化娱乐平台、观光旅游航空服务、娱乐用智能无人飞行器制造、可穿戴文化设备和其他智能文化消费设备制造等，体现出互联网时代的文化生产的新发展、新趋势。与此同时，新版分类文件还对分类类别结构进行了调整，将文化及相关产业分为文化核心领域和文化相关领域，行业覆盖面进一步扩大（见表 1）。

表 1　《文化及相关产业分类》2012 年与 2018 年版本对比

文化及相关产业分类（2012）	文化及相关产业分类（2018）
第一部分　文化产品的生产	第一部分　文化核心领域
一、新闻出版发行服务	一、新闻信息服务
二、广播电视电影服务	二、内容创作生产
三、文化艺术服务	三、创意设计服务
四、文化信息传输服务	四、文化传播渠道
五、文化创意和设计服务	五、文化投资运营
六、文化休闲娱乐服务	六、文化娱乐休闲服务
七、工艺美术品的生产	
第二部分　文化相关产品的生产	第二部分　文化相关领域
八、文化产品生产的辅助生产	七、文化辅助生产和中介服务
九、文化用品的生产	八、文化装备生产
十、文化专用设备的生产	九、文化消费终端生产

资料来源：国家统计局、中宣部编《中国文化及相关产业统计年鉴 2019》，中国统计出版社，2019；《文化及相关产业分类（2012）》，国家统计局网站，2012 年 7 月 21 日，http：//www.stats. gov. cn/tjsj/tjbz/201207/t20120731_ 8672. html。

根据表 1 可知，《文化及相关产业分类（2018）》对于文化核心领域和文化相关领域的分类，使得覆盖的行业范围相对而言更广，增加了文化传播渠道、文化投资运营、文化消费终端生产三个新的大类，以体现我国文化生产领域的新行业、新趋势。与此同时，该文件还根据大类的调整，对于各中、小类进行了整合，如新增互联网文化娱乐平台、观光游览航空服务、娱乐用智能无人飞行器制造、可穿戴智能文化设备制造等新条目。

2018 年的我国文化机构调整与统计标准修订，体现出党和政府正在以新的发展理念引领文化建设，坚持文化领域的改革创新，深化文化体制改革，推进文化领域供给侧结构性改革，坚持科学发展的建设思路。通过顶层设计的改革与调整，现代文化产业体系更加完善，文化生产领域在国民经济中的地位和作用更加明确，更好地满足了文化体制改革和文化发展规划的需要。

2018～2019 年，党和政府有关部门出台了一系列重要的指导性政策文件，进一步推进了对文化及相关产业各类生产活动的规范化管理；进一步深化了文化体制改革，对文化领域的重点行业类别适时提供了相关政策和法规依据；陆续出台了促进部分文化生产领域发展的扶持措施与工作办法。

据初步统计，2018～2019年党中央、国务院及有关政府部门推出的文化生产重要政策和法规性文件共计38份。从文件性质看，涉及文化生产宏观领域的发展战略性文件（包括规划、计划和发展纲要）有5份，占13.1%；规范性的法规类文件（包括法律、规定、管理办法）有15份，占39.5%；调节类文件（包括指导意见和通知）有18份，占47.4%（见表2）。

表2　2018～2019年中国文化生产重要政策法规一览

发布日期	发布单位	政策法规名称
2018年1月	文化部	《文化部办公厅关于开展"中华优秀传统艺术传承发展计划"2018年度戏曲专项扶持工作的通知》
2018年2月	国家互联网信息办公室	《微博客信息服务管理规定》
2018年2月	中共中央办公厅、国务院办公厅	《关于加强知识产权审判领域改革创新若干问题的意见》
2018年3月	国务院办公厅	《知识产权对外转让有关工作办法（试行）》
2018年4月	国家统计局	《关于印发〈文化及相关产业分类（2018）〉的通知》
2018年5月	文化和旅游部、工业和信息化部	《关于发布第一批国家传统工艺振兴目录的通知》
2018年6月	文化和旅游部	《关于实施自由贸易试验区文化市场管理政策的通知》
2018年6月	文化和旅游部	《全国文化市场黑名单管理办法》
2018年6月	文化和旅游部	《关于大力振兴贫困地区传统工艺助力精准扶贫的通知》
2018年7月	文化和旅游部办公厅、国务院扶贫办综合司	《关于支持设立非遗扶贫就业工坊的通知》
2018年10月	中共中央办公厅、国务院办公厅	《关于加强文物保护利用改革的若干意见》
2018年11月	文化和旅游部、财政部	《关于在文化领域推广政府和社会资本合作模式的指导意见》
2018年12月	文化和旅游部、国家发展改革委等	《关于促进乡村旅游可持续发展的指导意见》
2018年12月	国务院办公厅	《文化体制改革中经营性文化事业单位转制为企业的规定》

续表

发布日期	发布单位	政策法规名称
2018 年 12 月	文化和旅游部	《国家级文化生态保护区管理办法》
2019 年 1 月	中共中央宣传部、文化和旅游部、财政部、人力资源和社会保障部	《国有文艺院团社会效益评价考核试行办法》
2019 年 2 月	文化和旅游部	《关于开展"中华优秀传统艺术传承发展计划"2019 年度戏曲专项扶持工作的通知》
2019 年 3 月	文化和旅游部	《国家全域旅游示范区验收、认定和管理实施办法(试行)》
2019 年 3 月	文化和旅游部、中央文明办	《2019 年文化和旅游志愿服务工作方案》
2019 年 4 月	文化和旅游部	《国家全域旅游示范区验收标准(试行)》
2019 年 4 月	文化和旅游部	《关于促进旅游演艺发展的指导意见》
2019 年 4 月	文化和旅游部	《公共数字文化工程融合创新发展实施方案》
2019 年 6 月	文化和旅游部	《文化和旅游规划管理办法》
2019 年 7 月	文化和旅游部	《关于废止〈网络游戏管理暂行办法〉和〈旅游发展规划管理办法〉的通知》
2019 年 7 月	文化和旅游部	《曲艺传承发展计划》
2019 年 7 月	文化和旅游部	《关于 2019 年动漫企业认定工作有关事项》
2019 年 8 月	国务院办公厅	《关于进一步激发文化和旅游消费潜力的意见》
2019 年 8 月	中国银保监会、国家知识产权局、国家版权局	《关于进一步加强知识产权质押融资工作的通知》
2019 年 9 月	国家知识产权局	《关于新形势下加快建设知识产权信息公共服务体系的若干意见》
2019 年 10 月	文化和旅游部	《文化和旅游部信访工作管理办法》
2019 年 11 月	国务院台办、国家发展改革委经商中央组织部、外交部等	《关于进一步促进两岸经济文化交流合作的若干措施》
2019 年 11 月	文化和旅游部、国家文物局	《公共文化服务领域基层政务公开标准指引》
2019 年 11 月	文化和旅游部	《游戏游艺设备管理办法》
2019 年 11 月	国家互联网信息办公室、文化和旅游部、国家广播电视总局	《网络音视频信息服务管理规定》
2019 年 11 月	中共中央办公厅、国务院办公厅	《关于强化知识产权保护的意见》
2019 年 12 月	文化和旅游部	《文化和旅游部关于进一步加强演出市场管理的通知(征求意见稿)》
2019 年 12 月	文化和旅游部	《国家级旅游度假区管理办法》

　　资料来源:笔者根据中国政府网、工信部、财政部、文化和旅游部、国家统计局、国家文物局等官方网站整理。

通过对这些政策性、法规性文件的进一步梳理，发现 2018～2019 年我国文化生产重要政策法规集中在以下四个方面。第一，政策性文件。此类文件主要是对《国家"十三五"时期文化发展改革规划纲要》和《文化部"十三五"时期文化产业发展规划》对文化生产领域建设要求的进一步落实。其中包括为加大文化体制改革力度而出台的明确相关领域改革的具体措施，如对经营性文化事业单位向企业转制的工作要求等；为真正使我国的文化事业面向基层、贴近群众而明确提出的《"十三五"时期繁荣群众文艺发展规划》；为推动"互联网＋"对传统文化产业领域的整合，以各种方式促进传统文化进一步发展，陆续出台的促进数字文化创新发展、加强互联网文化生产管理、保护和传承中华优秀传统文化等一系列文件。第二，法规类文件。此类文件主要是加强了对文旅市场的监管。其中主要包括在文化部和旅游部合并为文化和旅游部之后，对之前在文化市场和旅游市场两个领域中出现的一些问题，特别是在两个领域交叉出现的问题，提出了切实的管理方法。另外，相关法规类文件还包括对互联网文化相关各领域加强管理的政策内容，仅在 2019 年 11 月份，文化和旅游部就出台了两项政策，对包括游戏游艺设备以及网络音视频信息等内容进行监管，同时，在 2019 年 7 月文化和旅游部也出台了关于废止《网络游戏管理暂行办法》的文件，将网络游戏的管理纳入中宣部的管理范围，更加明确了政府各部门对互联网文化的责权界限。近年来，互联网产业不论是在文化生产、传播还是服务方面都逐渐壮大，成为文化产业中不可忽视的一股重要的新生力量。然而，作为新生事物，产生的各类问题也不在少数，及时对互联网文化生产领域加强管理、明确管理界限体现出对互联网文化相关产业更加清晰的管理思路和方法，更有利于这一产业的健康成长。第三，调节类文件。此类文件依旧是延续了对传统文化的扶持政策。2018～2019 年政府出台了各类措施以期通过各种方式来振兴传统文化产业，保障传统文化产业的继承与发展，探究新的文化发展模式，如在文化领域推广政府和社会资本合作的模式，通过推动旅游业的发展来带动文化产业的进步等。第四，保护知识产权的相关文件。根据我们对 2017～2018 年文化生产领域的相关分析，我国对知识产权保护相关工作十分重视，并已经有了一定的成效①。这一工作在 2018～2019 年继续成为工作重点，知识产权的保护性政策已经由相关法律法规的制定、知识产权保护等制度性层面扩展到了知识产权的运用、质押融资等操作性层面，体现出我国政府进一步深化了知识产权的规范化管理。

（二）文化生产发展概况

在这一部分，我们将根据 2018 年文化及相关产业的发展规模、文化及相关产业的固定投资增速、文化产品进出口三大方面的相关统计数据，对2018～2019 年中国文化生产的整体发展状况进行描述，以展现出该时期文化生产的概貌。

1. 文化及相关产业发展规模

文化及相关产业的发展规模体现出文化生产的总体发展状况和发展速度，我们依然选取文化及相关产业增加值及占 GDP 比重、法人单位增加值及构成比重，以及法人单位数及构成比重这三个指标来衡量 2018～2019 年我国文化生产的发展概况。

根据《文化部"十三五"时期文化发展改革规划》，"十三五"期间我国文化产业的发展总目标是到 2020 年，文化产业成为国民经济支柱性产业。而要想成为国民经济的支柱性产业，文化及相关产业生产总值占 GDP 比重需要达到 5%。要想在 2020 年达成这一目标，2018～2019 年的文化产业生产总值极为关键。

据统计，2018 年文化及相关产业增加值为 38737 亿元，占 GDP 比重为4.30%；与 2017 年相比，文化及相关产业增加值提升超过 4000 亿元，年增加值保持着较快的增长速度；与此同时，文化及相关产业生产总值占 GDP的比重也保持了稳步的提升，与 2017 年相比提升了 0.10 个百分点；占 GDP比重的增速相比 2017 年亦有所提升。然而如果继续按照目前的增速发展下

---

① 江畅、孙伟平、戴茂堂主编《文化建设蓝皮书：中国文化发展报告（2019）》，社会科学文献出版社，2019。

去，到 2020 年文化及相关产业的生产总值将仍然无法达到 GDP 占比 5% 的预期目标，文化产业成为国民经济的支柱性产业这一宏观目标的达成将会遇到较大的困难（见表 3）。

表 3　2012~2018 年文化及相关产业增加值及占 GDP 比重

单位：亿元，%

年份	增加值	占 GDP 比重
2012	18071	3.48
2013	21870	3.67
2014	24538	3.81
2015	27235	3.95
2016	30785	4.14
2017	34722	4.20
2018	38737	4.30

资料来源：国家统计局、中宣部编《中国文化及相关产业统计年鉴 2019》，中国统计出版社，2019。

从图 1 可以看出，近些年来，文化及相关产业的生产总值呈持续稳步增长的趋势，文化产业发展势头良好。但是我们也注意到，近两年来文化及相关产业增加值的增速略有放缓，特别是占 GDP 比重的提升速度放缓的趋势在 2016~2018 年表现得较为明显。

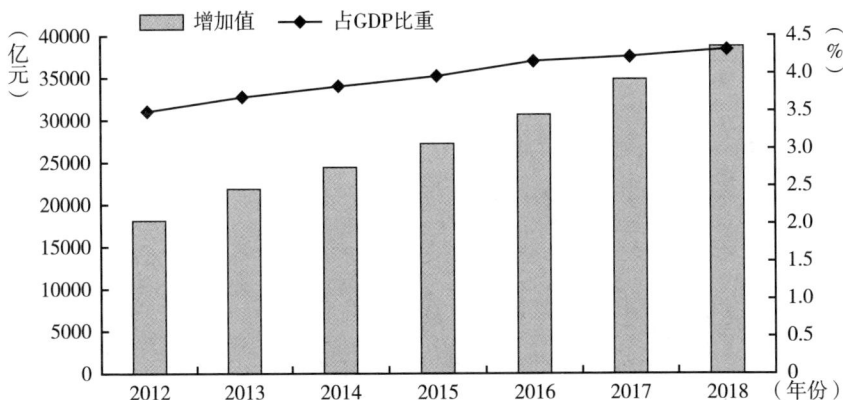

图 1　2012~2018 年文化及相关产业增加值及占 GDP 比重

资料来源：国家统计局、中宣部编《中国文化及相关产业统计年鉴 2019》，中国统计出版社，2019。

文化及相关产业法人单位数能够体现出文化生产领域的企事业单位数量。2018 年我国文化及相关产业法人单位数共计 210.31 万个，较 2017 年的 139.84 万个有了明显的增长（见图 2），增加了 70.47 万个，增幅为 50.39%；而 2017 年相对于 2016 年的法人单位数增幅仅为 7.55%。然而，这一数据并不能说明 2018 年我国文化及相关产业的法人单位数有了较大规模的增长，我们认为，这一增长主要还是统计口径的变化造成的。正如前文所说，在 2018 年版的文化及相关产业分类中增加了许多与互联网相关的文化产业类别，增加的相关文化产业类别属于新增文化产业中的法人单位数也一并纳入统计范围。因此，由这一数据所体现出的文化生产领域企事业单位数量增长趋势还有待于 2019 年及未来的统计数据才能得出更加可靠的结论。

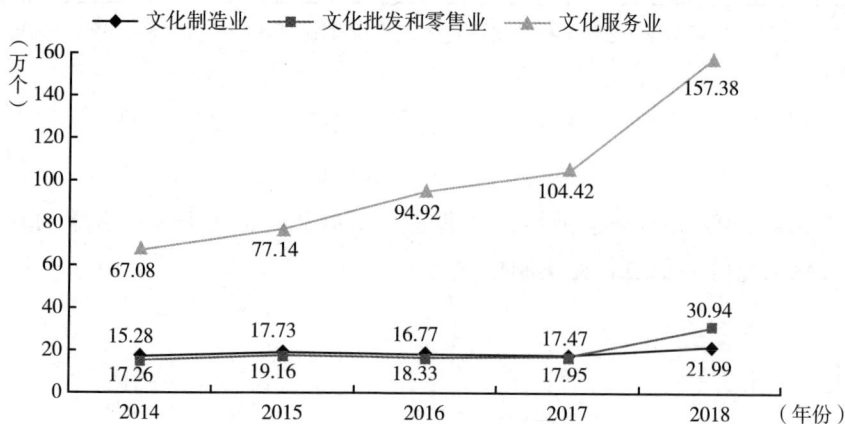

图 2　2014~2018 年文化产业各构成部分的法人单位数量增长趋势

资料来源：国家统计局、中宣部编《中国文化及相关产业统计年鉴 2019》，中国统计出版社，2019。

根据表 4 数据，我们仍然能够看出文化生产的第一产业、第二产业和第三产业的法人单位增长情况和法人单位构成比重情况。2018 年，从行业划分来看，文化制造业法人单位数为 21.99 万个，较 2017 年增加了 4.04 万个，文化批发和零售业法人单位数为 30.94 万个，较 2017 年增加了 13.47 万个，文化服务业法人单位数为 157.38 万个，较 2017 年增加了 52.96 万个。虽然三个行业的法人单位数都有增长，但是增长幅度不同。其中增幅最高的是文化批发和零售业，增幅达到 77.10%，其次是文化服务业，增幅达到 50.72%，增幅最低的是文化制造业，增幅为 22.51%。如表 4 所示，这三个产业在文化生产领域占比的情况体现出一定的变化：2014～2017 年的基本趋势是文化制造业、文化批发和零售业的占比逐年下降，而文化服务业的占比有所增加；在行业分类调整之后，2018 年的基本趋势则是文化制造业的占比进一步下降，文化批发和零售业占比上升，文化服务业占比继续有所上升，但上升的幅度并不明显。也就是说，在经历了行业分类调整之后，文化服务业比重变化不大，变化较为明显的是文化制造业、文化批发和零售业，而后者比重更高。然而，考虑到行业分类调整这个因素，我们也仍然无法就此对三个产业的构成比重趋势做出明确的判断，需在未来两三年内进行更加细致的观察。

表 4　2014～2018 年文化及相关产业法人单位数及构成比重

单位：万个，%

年份	总计	法人单位数			构成比重		
		文化制造业	文化批发和零售业	文化服务业	文化制造业	文化批发和零售业	文化服务业
2014	99.62	17.26	15.28	67.08	17.33	15.34	67.33
2015	114.03	19.16	17.73	77.14	16.80	15.55	67.65
2016	130.02	18.33	16.77	94.92	14.10	12.90	73.00
2017	139.84	17.95	17.47	104.42	12.83	12.49	74.67
2018	210.31	21.99	30.94	157.38	10.46	14.71	74.84

资料来源：国家统计局、中宣部编《中国文化及相关产业统计年鉴 2019》，中国统计出版社，2019。

2. 文化及相关产业固定资产投资

2019 年，国家统计局在文化及相关产业固定资产投资方面的统计数据做出了较大的调整。文化及相关产业固定资产投资的相关数据更改为按类别分文化及相关产业固定资产投资增速[①]；而对于文化及相关产业固定资产投

[①]　参见国家统计局、中宣部编《中国文化及相关产业统计年鉴 2019》，中国统计出版社，2019。

资实际到位资金来源情况、主要行业固定资产交付使用率以及施工和建成投产项目情况等方面则暂未提供相关数据。这既有可能是因为行业分类调整所导致的相关数据收集整理方面的困难，也有可能因为国家统计局统计方式的变化。目前，我们仅能对所获得的数据进行描述与分析。2018 年我国文化及相关产业固定资产总投资增速为 7.1%。其中文化娱乐休闲服务投资增速最高，为 19.2%；其次是创意设计服务，其投资增速为 16.0%；之后是文化投资运营，其投资增速为 14.3%。需要重点关注的是，以下几个行业出现了固定资产投资增速的负增长：文化装备生产的投资增速为 -28.6%；文化传播渠道的投资增速为 -18.5%；文化消费终端生产的投资增速为 -11.2%；内容创作生产的投资增速为 -3.6%。（见表 5）其中，前三个行业正是本次文化及相关产业分类调整的重点行业，文化装备生产在加入了一些相关新兴行业类别之后，其固定资产的投资仍然有十分明显的下降，说明我国在这一类行业的投资有较大幅度的缩减。文化消费终端生产投资情况也不容乐观，其固定资产投资下降超过 10 个百分点，作为一个刚刚纳入我国产业分类体系的新增行业，文化消费终端生产投资不仅未表现出强劲的增长势头，反而有所下降。另外，文化传播渠道方面也出现较大的固定资产投资增速负增长，说明对这个行业的投资也有所降低，问题不容忽视。

表 5　按类别分文化及相关产业固定资产投资增速

单位：%

类别	新闻信息服务	内容创作生产	创意设计服务	文化传播渠道	文化投资运营	文化娱乐休闲服务	文化辅助生产和中介服务	文化装备生产	文化消费终端生产
增速	1.8	-3.6	16.0	-18.5	14.3	19.2	1.3	-28.6	-11.2

资料来源：国家统计局、中宣部编《中国文化及相关产业统计年鉴 2019》，中国统计出版社，2019。

3. 文化产品进出口

2018 年我国文化产品的进出口总额为 1023.8 亿美元，继续保持了上升态势，增幅为 5.4%。其中，出口额为 925.3 亿美元，相比 2017 年增加了 34.4 亿美元，增幅为 4.9%；而进口额在 2018 年有所上升，为 98.5 亿美元，相比 2017 年增加了 9.2 亿美元，增幅为 10.3%；贸易差额为 826.8 亿美元，相比 2017 年增加了 34.2 亿美元，增幅为 4.3%。（见表 6）根据这一数据可以看出，我国的文化产品进出口仍然以出口为主，进口文化产品数额在近几年始终保持较低的数量。

表 6　2012～2018 年文化产品进出口情况

单位：亿美元，%

年份	进出口总额	出口额	进口额	贸易差额	增长		
					进出口总额	出口额	进口额
2012	887.5	766.5	121.0	645.5	32.2	31.7	35.6
2013	1070.8	898.6	172.2	726.4	20.6	17.2	42.3
2014	1273.7	1118.3	155.4	962.9	19.0	24.5	-9.8
2015	1013.2	870.9	142.3	728.6	-20.5	-22.1	-8.4
2016	881.5	784.9	96.6	688.3	-13.0	-9.9	-32.1
2017	971.2	881.9	89.3	792.6	10.2	12.4	-7.6
2018	1023.8	925.3	98.5	826.8	5.4	4.9	10.3

资料来源：国家统计局、中宣部编《中国文化及相关产业统计年鉴 2019》，中国统计出版社，2019。

从图 3 可以看出，2018 年我国文化进出口总额依旧延续了 2017 年以来的上升趋势，出口额自 2015 年、2016 年连续两年下降之后遏制住了下降趋

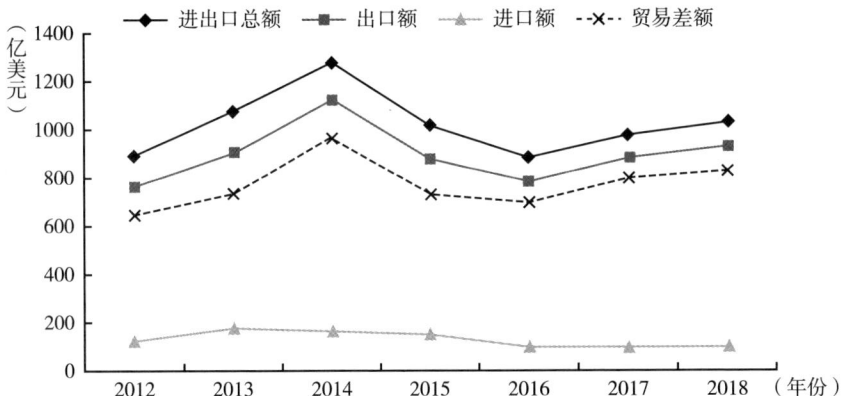

图 3　2012～2018 年文化产品进出口情况趋势图

资料来源：国家统计局、中宣部编《中国文化及相关产业统计年鉴 2019》，中国统计出版社，2019。

势，开始逐年上升，而进口额在 2016 年、2017 年连续下跌之后也有所回升。由此可见，"十三五"规划中制定的文化"走出去"战略起到了较为显著的成效，带动了我国文化产品的出口。同样，随着中国与世界文化交流进一步深入，文化产品的进口也有所增加，在文化产品的进出口领域体现出较为健康的状态。

二 中国文化生产细分行业基本情况

（一）各细分行业概况

2018 年，我国对文化及相关产业分类进行了调整，该分类首次明确了我国文化产业的统计范围、层次、内涵和外延，为启动和开展文化产业统计工作奠定了根基。这一新分类标准的实施能够更加有利于摸清我国文化产业的家底，为反映文化产业在国民经济中的地位和对社会经济的促进作用提供了更符合当前我国国情和文化发展建设现状的规范和标准。2018 年是《文化及相关产业分类（2018）》执行的第一年，各细分行业的具体企业单位数、从业人员人数等统计数据都会受到一定的影响，特别是九大类不同行业的数据与前一年相比会有较大调整，所以无法将 2018 年各细分行业的发展状况与前几年的情况相比较。然而我们仍然能够就 2018 年文化生产的各行业发展情况进行描述和基本分析。

2018 年我国文化生产三个产业的总体情况如下。企业单位数最高的是文化服务业，单位数为 30013 个，占文化企业单位总数的 49.64%；第二位的是文化制造业，其单位数为 19919 个，占 32.95%；居于末位的是文化批发和零售业，其单位数为 10528 个，占文化企业单位总数的 17.41%。而在年末从业人员人数上，最高的是文化制造业，为 4412102 人；紧接着的是文化服务业，为 3517194 人，而文化批发和零售业的年末从业人员总数居于末位，仅有 590402 人。在利润总额方面，排名最高的是文化服务业，其利润总额达到了 50776474 万元，占文化产业利润总额的 63.70%，紧接着的是文化制造业，其利润总额为 22926142 万元，占文化产业利润总额的 28.76%，而文化批发和零售业的利润总额最低，仅为 6011128 万元，仅占文化产业利润总额的 7.54%。从具体的九个行业大类来看，利润总额排名靠前的行业分别为新闻信息服务、内容创作生产，以及文化辅助生产和中介服务，对应的利润总额分别是 20455602 万元、19886987 万元和 10799511 万元；利润总额排名靠后的行业分别是文化投资运营的 1851278 万元、文化娱乐休闲服务的 1861602 万元和文化装备生产的 4418710 万元（见表7）。

表7　2018 年按类别分规模以上文化及相关产业企业基本情况

类别	企业单位数（个）	年末从业人员数（人）	资产总计（万元）	利润总额（万元）
总计	60460	8519698	1269376820	79713744
文化制造业	19919	4412102	341247984	22926142
文化批发和零售业	10528	590402	127466253	6011128
文化服务业	30013	3517194	800662583	50776474
一、新闻信息服务	2070	545608	153939644	20455602
二、内容创作生产	12266	1898480	240287256	19886987
三、创意设计服务	9890	957525	139931701	8364752
四、文化传播渠道	7424	696581	135619642	5182015
五、文化投资运营	341	37119	103286879	1851278
六、文化娱乐休闲服务	5089	517174	116256957	1861602
七、文化辅助生产和中介服务	10544	1473467	181502997	10799511
八、文化装备生产	3012	675477	58723895	4418710
九、文化消费终端生产	9824	1718627	139827847	6893289

资料来源：国家统计局、中宣部编《中国文化及相关产业统计年鉴2019》，中国统计出版社，2019。

由此可见，从我国的文化生产领域在企业数量、资产总计和利润总额来看，可以做出如下总结。第一，文化服务业都是占比最高的产业，其从业人员人数的占比也逐渐升高，文化服务业是我国文化生产、建设与发展的重要一环。第二，虽然文化制造业年末从业人员人数最高，然而其利润总额并非最高，与文化服务业相比不到其利润总额的一半，从两个产业人均创造的利润来看，文化制造业显著低于文化服务业。同样，从企业单位数与利润总额的比例来看，文化制造业企业平均利润额也显著低于文化服务业。文化制造业的各个企业和从业人员创造出的平均利润较低，这一产业的生产效益问题值得关注。第三，文化批发和零售业在企业单位数、年末从业人员人数和利润总额上都属于三个产业中数量和占比最低的产业，相较于文化制造业和文化服务业，文化批发和零售业的企业平均利润总额显著较低。然而若计算从业人员平均利润总额，这一行业的表现则较为出色，仅低于文化服务业，显著高于文化制造业。从这一情况来看，文化批发和零售业虽然目前在三个产业中比重不算高，但具备一定的发展潜力。

在具体行业大类中十分值得关注的则是文化娱乐休闲服务业。这一行业的企业单位数、年末从业人员人数及资产总计都不低，但其利润总额却排在倒数第二位，说明这一行业的生产效益并不高。因此，如何保证该行业在如此规模的企业单位数和年末从业人员人数的情况下取得更高的利润，是必须要去思考和探究的问题。

如前所述，由于行业分类的调整，我们无法对具体行业的文化生产发展趋势做出分析，但是我们可以对文化生产领域的分规模以上文化及相关产业企业基本情况增加值进行了解，从三个产业各自的发展趋势来了解文化生产发展的总体情况。如表 8 所示，相较于 2017 年的数据，2018 年文化及相关产业只有企业单位数有所增加，而在年末从业人员人数和利润总额方面都出现了不同程度的下滑。通过分析文化制造业、文化批发和零售业以及文化服务业的总体情况，我们可以看到，造成三个产业总体年末从业人员人数增加值和利润总额增加值下降的主要因素是文化制造业的下降，正是其在企业单位数增加的情况下，从业人员出现了流失，而利润总额与上年相比下降了587.6 亿元，这一行业利润总额的猛跌是文化服务业与文化批发和零售业利润总额增加的总值也无法弥补的。文化制造业在 2018 年成为整个文化生产领域中下滑最为严重的产业。文化服务业虽然在企业单位数上有较为明显的下降，其利润总额却在增加，显示出文化服务业的潜力巨大。

表 8   2018 年按类别分规模以上文化及相关产业企业基本情况增加值

类别	企业单位数增加值(个)	年末从业人员人数增加值(人)	利润总额增加值(万元)
总计	209	−294693	−2158521
文化制造业	116	−464594	−5876104
文化批发和零售业	789	36719	70576
文化服务业	−696	133182	3647007

资料来源：国家统计局、中宣部编《中国文化及相关产业统计年鉴2019》，中国统计出版社，2019；国家统计局、中宣部编《中国文化及相关产业统计年鉴2018》，中国统计出版社，2018。

（二）互联网文化产业发展状态

近些年来，随着"互联网＋""智能云"等技术的发展，网络文化产业迎来了新的机遇。十八大以来，党和政府加快推进互联网技术的发展，促进网络文化产业的进步。习近平同志在十九大报告中更是提出要推动互联网、大数据、人工智能和实体经济深度融合，加强互联网内容建设，建立网络综合治理体系，营造清朗的网络空间。我国的"十三五"文化发展纲要更明确提出了加强移动互联网建设和生态治理、制定互联网分类管理办法、完善互联网法律法规、强化网站主体责任、健全网站分级分层管理体制等互联网建设的新要求；指明了加强教育引导，进一步提升网民网络文明素养以及统筹推进网络舆论引导、网络文化建设、网络文明传播、网络公益活动，增亮网络底色，激发网络正气等互联网生态治理与互联网文化发展的新方向。2018～2019年党和政府也出台了多项政策、规章制度来促进和保障网络文化产业更好地发展。那么，这些措施对互联网领域的文化生产到底有没有起到促进作用呢？下面我们将从国内网吧经营情况以及现阶段我国各网络文化产业的发展规模等各方面数据来了解这一领域的文化生产情况。

1. 网吧基本情况

2018 年，我国网吧的机构数、从业人员人数、资产总计、营业收入以及营业利润额都有所下滑。2018 年，网吧机构数为 124266 个，较 2017 年减少 19168 个，降幅为 13.4%；从业人员人数为 346686 人，较 2017 年减少 94167 人，降幅为 21.4%；资产总计为 5592315 万元，较 2017 年减少 1355473 万元，降幅为 19.5%；营业收入为 2946316 万元，较 2017 年减少 879552 万元，降幅为 23.0%；营业利润额为 767578 万元，较 2017 年减少 304182 万元，降幅为 28.4%（见表 9）。

表 9　2014～2018 年国内网吧经营基本情况

年份	机构数（个）	从业人员人数（人）	资产总计（万元）	营业收入（万元）	营业利润额（万元）
2014	129368	452368	7431831	4479929	1962960
2015	134847	480260	6939291	4009643	1302975
2016	141587	488298	7484979	4323160	1312916
2017	143434	440853	6947788	3825868	1071760
2018	124266	346686	5592315	2946316	767578

资料来源：国家统计局、中宣部编《中国文化及相关产业统计年鉴 2019》，中国统计出版社，2019。

从国内网吧近年的基本情况可以看出，我国网吧整体呈逐步下降趋势，在 2015～2016 年我国网吧的数量、从业人员数、资产都处于较高点，特别是 2016 年，资产总计、营业收入和营业利润额都相较于 2015 年有一定的上升，但随后便开始下降，特别是在 2018 年，各方面的下降趋势都十分明显，下行曲线变陡，网吧机构数锐减至 2014 年的机构数之下。但相较于从业人员人数、资产总计、营业收入和营业利润额的下降速率，网吧机构数的下降速率仍相对缓慢，而营业收入和营业利润额下降得更加明显。网吧行业发展所表现出的较为明显的下降趋势的原因需要进行进一步的分析，其发展前景颇令人担忧。

2. 互联网文化产业发展概况

2018 年，我国的网民规模达 8.29 亿，较 2017 年新增网民 5653 万，增幅为 7.3%；我国手机网民规模达 8.17 亿，较 2017 年新增手机网民 6433 万，增幅为 8.5%。其中，网民使用手机上网的比例达 98.6%，使用电脑上网的比例为 83.9%（使用台式电脑、笔记本电脑上网的比例分别为 48.0% 和 35.9%），使用电视上网的比例为 31.1%，网民使用手机上网的比例较 2017 年提升了 1.1 个百分点，使用电脑上网的比例下降了 4.9 个百分点，使用电视上网的比例提升了 2.9 个百分点（见表 10）。

表 10 2015～2018 年网民规模及上网方式

年份	网民规模（亿人）		上网方式比例（%）		
	网民规模	手机网民规模	手机上网比例	电脑上网比例	电视上网比例（%）
2015	6.88	6.2	90.1	106.3	17.9
2016	7.31	6.95	95.1	96.9	25.0
2017	7.72	7.53	97.5	88.8	28.2
2018	8.29	8.17	98.6	83.9	31.1

资料来源：第 43 次《中国互联网络发展状况统计报告》，中共中央网信办网站，2019 年 2 月 28 日，http：//www. cac. gov. cn/2019－02/28/c_ 1124175677. htm。

注：此处"电脑上网比例"为使用台式电脑上网的比例和使用笔记本电脑上网的比例之和，因为会出现同时运用几种方式上网的情况，因此总数可能超过 100%。

由这一数据我们可以看到，我国网民规模逐年递增，其中手机网民规模增幅明显。而在上网方式之中，网民使用电脑上网的比例逐年降低，使用手机和电视上网的比例逐渐增加，特别是手机上网比例从 2015 年到 2018 年短短四年间增幅明显。随着互联网科技的发展、智能移动端的进步和普及，网民上网习惯也逐渐从电脑端向移动端转变，使用手机上网的方式已经成为最为普及的上网方式。

那么，网民通过手机上网时主要使用了哪些网络应用？手机上网能够满足网民的哪些需求？而这些网络应用所提供的互联网文化又涉及哪些行业呢？在中共中央网信办发布的第 43 次《中国互联网络发展状况统计报告》中我们看到，2018 年，网民主要使用的网络应用有新闻、视频、音乐、游戏、文学、直播、在线教育和短视频等。这些应用既涉及网络新闻、网络文学等已经有数年发展的互联网文化行业，也涉及音乐、游戏、直播、短视频等以提供网络娱乐为主的互联网文化行业，另外还有近年刚刚兴起的在线教育等行业。总的来说，在这些应用中，网民使用人数最高的是网络新闻和视频，网络音乐、游戏、文学和直播的使用人数也较高，而短视频在统计的第一年就异军突起，成为使用人数很高的新兴行业。

具体地说，2018 年网络新闻类应用的用户规模达 67473 万（见表11），较 2017 年增加了 2784 万，增幅为 4.3%；网络视频类应用的用户规模达 61201 万，较 2017 年增加了 3309 万，增幅为 5.7%；网络音乐类应用的用户规模达 57560 万，较 2017 年增加了 2751 万，增幅为5.0%；网络游戏类应用的用户规模达 48384 万，较 2017 年增加了 4223万，增幅为 9.6%；网络文学类应用的用户规模达 43201 万，较 2017 年增加了 5427 万，增幅为 14.4%；网络直播类应用的用户规模达 39676万，较 2017 年减少了 2533 万，降幅为 6.0%；在线教育类应用的用户规模达 20123 万，较 2017 年增加了 4605 万，增幅为 29.7%。另外，在此次统计中新增了短视频类应用的用户统计，短视频用户的规模达64798 万。

表 11　2015～2018 年网民各类网络应用的使用人数

单位：万

年份	网络新闻	网络视频	网络音乐	网络游戏	网络文学	网络直播	在线教育	短视频
2015	56440	50391	50137	39148	29674	—	11014	—
2016	61390	54455	50313	41704	33319	34431	13764	—
2017	64689	57892	54809	44161	37774	42209	15518	—
2018	67473	61201	57560	48384	43201	39676	20123	64798

资料来源：第 43 次《中国互联网络发展状况统计报告》，中共中央网信办网站，2019 年 2 月 28日，http：//www. cac. gov. cn/2019 - 02/28/c_ 1124175677. htm。

由图 4 可以看出，互联网文化产业中的许多行业拥有相当多的网民用户数量，而且新兴行业也在不断地涌现，如 2016 年开始纳入统计范围的网络直播，2018 年纳入统计范围的短视频等，都是互联网文化产业中发展迅猛的新兴行业。虽然 2018 年的网络直播类应用人数较 2017 年有所下降，但是和 2016 年相比，仍然呈现出上升的趋势。现今，随着短视频类应用的发展，如"抖音""快手""微视"等应用的普及化，我国互联网文化产业将迎来新的发展机遇。

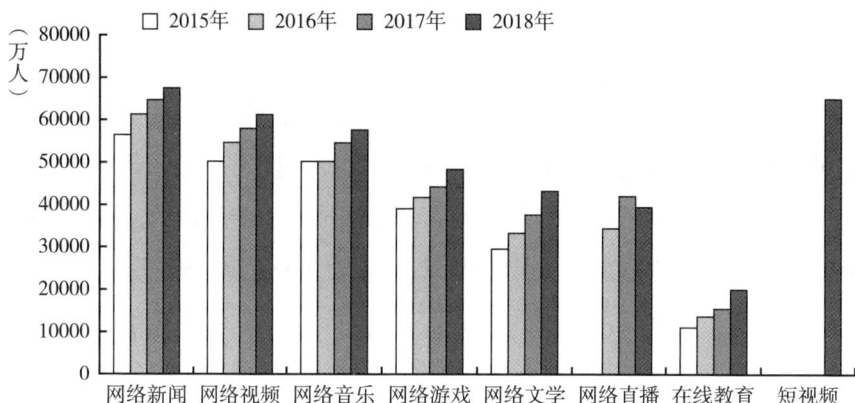

图 4　2015～2018 年网民各类网络应用使用人数

资料来源：第 43 次《中国互联网络发展状况统计报告》，中共中央网信办网站，2019 年 2 月 28 日，http://www.cac.gov.cn/2019-02/28/c_1124175677.htm。

除了新闻、娱乐等传统功能，互联网文化产业还可以提供一个不容忽视的新功能——在线教育，通过对我国知识付费用户规模的统计，我们可以看到这个市场潜力巨大。近年来，中国知识付费用户规模呈高速增长态势：2018 年知识付费用户规模达 2.92 亿人，相比 2017 年增加了约 1.04 亿人，增幅达到了 55.3%。随着移动支付技术的发展和整个社会对知识的迫切需求，知识付费市场规模不断扩大，用户逐渐养成知识付费的消费习惯。随着 2018 年知识付费市场传播以及营销手段的不断演进，知识付费市场的发展空间仍受人瞩目（见表 12）。

表12 2015～2018年中国知识付费用户规模

年份	用户规模（亿人）	增长率（%）
2015	0.48	—
2016	0.93	93.8
2017	1.88	102.2
2018	2.92	55.3

资料来源：《2018年中国知识付费发展现状 优质的内容团队是平台发展的关键》，华经情报网，2019年7月1日，https：//baijiahao. baidu. com/s？id＝1637646893585287806。

由图5我们可以看到，我国知识付费用户规模的增长十分迅猛，从2015年到2018年，知识付费的人数几乎增长了5倍，虽然从2017年到2018年，用户规模增长率看似有较大的下降，但我们需要意识到，这一下降趋势是基于知识付费用户数量2015～2017年每年都基本增长1倍的背景，因此相较于我国网民规模的增幅而言，知识付费用户数量仍保持着很高的增幅。

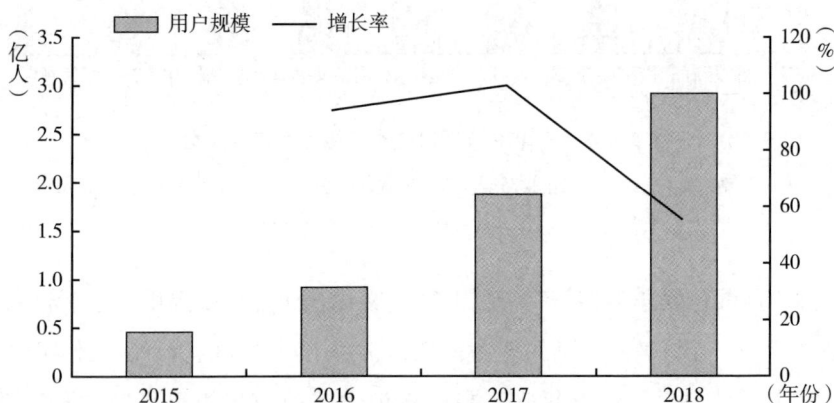

图5 2015～2018年中国知识付费用户规模

资料来源：《2018年中国知识付费发展现状 优质的内容团队是平台发展的关键》，华经情报网，2019年7月1日，https：//baijiahao. baidu. com/s？id＝1637646893585287806。

通过以上数据分析我们可以看到，近年互联网文化产业不论从网民规模、行业发展还是从新兴行业特别是在线教育和知识付费等领域来看，仍然具备巨大的发展潜力。

3. 民众对互联网文化发展的认同度调查

我国民众对互联网文化发展是否满意呢？我们通过湖北大学高等人文研究院、中华文化发展湖北省协同创新中心"中国文化发展状况调查(2019)"数据库中受访者对网络政务新媒体、网络新闻业与传统新闻业选择以及网络游戏管理三个方面的认同统计数据，对这一问题展开了调查。

我们调查了民众对网络政务新媒体的认同度。在对"我所在的地方实施了网络政务新媒体，方便了办事流程提高了满意度"这一问题做出回答时，5561 位受访者中共计有 81.3% 表示同意（选择"同意"和"非常同意"），仅有 4.0% 表示不同意（选择"非常不同意"和"不同意"），说明我国民众对于各级政府利用网络新媒体平台来简化政务办事流程的做法有较高的认同度（见表13）。

表13　对"我所在的地方实施了网络政务新媒体，方便了办事流程提高了满意度"的认同统计

单位：人，%

分类	人数	百分比
非常不同意	49	0.9
不同意	174	3.1
不清楚	816	14.7
同意	2402	43.2
非常同意	2120	38.1

资料来源：湖北大学高等人文研究院、中华文化发展湖北省协同创新中心"中国文化发展状况调查（2019）"数据库。

我们希望进一步了解网络新闻媒体与传统新闻媒体哪一个更能获得民众的认同，从而了解网络新闻行业是否对传统新闻行业形成了挑战，我们发现当对"与简短的网络实时新闻相比我更愿意阅读更具深度的长篇新闻报道"做出回答时，74.4% 的受访者表示同意（选择"同意"和"非常同意"），仅有 9.6% 表示不同意（选择"非常不同意"和"不同意"）。（见表14）

由此可见，现在民众获取信息更依赖的方式是网络新闻媒体，网络新闻媒体对传统新闻媒体形成了挑战。

表14　对"与简短的网络实时新闻相比我更愿意阅读更具深度的
长篇新闻报道"的认同统计

单位：人，%

分类	人数	百分比
非常不同意	117	2.1
不同意	419	7.5
不清楚	888	16.0
同意	2241	40.3
非常同意	1896	34.1

　　资料来源：湖北大学高等人文研究院、中华文化发展湖北省协同创新中心"中国文化发展状况调查（2019）"数据库。

　　我们还对民众对网络游戏管理的态度进行了调查。在对题项"我认为需要对网络游戏进行进一步管理才能避免负面影响"做出回答时，84.5%的受访者表示同意（选择"同意"和"非常同意"），仅有3.6%表示不同意（选择"非常不同意"和"不同意"）（见表15）。说明我国民众对于加强网络游戏管理的做法认同度较高。

表15　对"我认为需要对网络游戏进行进一步管理才能避免负面影响"的认同统计

单位：人，%

分类	人数	百分比
非常不同意	59	1.1
不同意	141	2.5
不清楚	660	11.9
同意	2093	37.6
非常同意	2608	46.9

　　资料来源：湖北大学高等人文研究院、中华文化发展湖北省协同创新中心"中国文化发展状况调查（2019）"数据库。

三　成绩、问题与对策

根据以上对2018～2019年我国文化生产领域的建设和发展状况的描述，我们可以看到我国文化生产领域在近两年最突出的成绩有三个：第一，文化体制改革的步伐坚定，为我国的文化产业发展提供了强有力的制度保障和政策依据；第二，文化及相关产业在国民经济中的地位稳步上升，文化产品的进出口稳中有升；第三，互联网文化产业成为我国文化生产领域新的增长点，显示出巨大的潜力和国际竞争力。

2018～2019年，我国文化生产领域最引人瞩目的变化是对文化体制改革的进一步深化。在文化管理机构上做出了重大的调整，将文化部与国家旅游局统筹整合建立了文化和旅游部。机构调整能够确保党和政府的文化工作方向更加明确，方针政策得到贯彻和落实。通过机构调整将文化、旅游资源开发与文化产业发展相结合，使得我国文化生产更加有序化、规范化、规模化。与此同时，机构调整还有助于进一步摸清我国文化资源家底，在文旅资源的开发与文物保护上准确地找到平衡点。在坚持立足于保的基础上做到保用结合，在切实加大文物保护力度、深入挖掘和系统阐发文物所蕴含的文化内涵和时代价值的同时，推进文物合理适度利用，并推动文化创新，发挥文物资源在文化传承中的重要作用。

这一调整体现出党和政府在建设和发展我国文化事业上的新思路、新方向。将文化和旅游这两大领域进行整合是根据我国文化与旅游发展的具体实际做出的调整，将文化与旅游相结合，不仅能以各地方特色鲜明的文化内涵与传承促进我国旅游业的多样化发展，而且能借助旅游开发进一步推动文化传承与文物保护工作，令中华优秀文化在得到保护的基础上迸发新的活力。这一结合还能以更加丰富多样的方式推进中华文化走出去。近年来，我国文化走出去战略碰到了不少困难。而以旅游业潜移默化地带动世界各国人民对中华文化的了解和兴趣，应能为我国文化的海外传播带来更积极的效果。另外，将文化与旅游事业整合起来也符合国际通行的惯例，例如在联合国教科文组织的文化及相关产业统计标准中，旅游业便被归入文化这一大类中进行统计，文旅结合相互促进协同发展，是各国都采取的一项有益措施。相信在文化和旅游部的领导下，我国文化事业发展和文化生产建设都能迈上新的台阶，为文化产业成为国民经济支柱性产业提供坚实高效的顶层设计和统筹规划。

另外，国家统计局在 2012 年文化及相关产业分类的基础上，于 2018 年对这一产业分类进行了调整。具体的调整内容在本文第一部分已经有所分析，这里不再赘述。需要强调的是，文化及相关产业分类的两次调整的时间虽然较为接近，但这正是近十年来我国文化生产领域所发生的重大变化的体现，特别是基于互联网的各类新的文化生产行业不断涌现并蓬勃发展，从一开始仅仅只是互联网新闻、娱乐等服务的提供者，到现在基于互联网的文化产业已经涉及教育、文化产品制造与生产，甚至是互联网政务等生产生活的各个方面，上网已经不仅仅涉及人们的娱乐需求，更与国民生活的各个方面都息息相关。而对文化及相关产业分类的调整正是为这一特殊的文化生产现象提供了及时而准确的分类和统计标准，将整个互联网文化生产领域纳入到了我国文化生产之中，为这一新兴行业的规范化管理提供了重要的依据。

以上两个重大调整体现出"十三五"期间党和国家对文化事业发展的重视及进一步深化文化体制改革的决心。秉着实事求是的精神，及时针对我国文化生产领域的新变革、新问题、新趋势，从制度建设、高层设计、结构调整等宏观方面将改革落到了实处，以推进中国文化的健康蓬勃发展。这些具有引领性、指导性的工作让我国的文化生产保持着稳步发展的态势，逐渐向国民经济支柱性产业的目标迈进。

由前述表 3 可知，我国文化及相关产业的国民生产总值在 2018 年实现了持续增长，从 2012 年以来始终保持着增长态势，在国民生产总值中所占的比例也稳步提升，从 3.48% 增长到了 4.30%，在我国国民经济增长速度有所放缓的背景下，文化产业逆势而上。文化和旅游部在 2018～2019 年为推动文化产业的发展做出了不少尝试，如进一步推动政府职能转变，创新文化供给机制，积极引导对文化和旅游领域的投融资，推广政府和社会资本合作的政策文件，扶持双创项目，推动民营文化企业和中小文化企业的发展，进一步推动文化产业的国际合作。通过以上这些工作，我国文化生产领域的投资额继续增加，同时及时止住了文化产品进出口总额的下跌之势，连续三年实现了进出口总额的增长，体现出良好的发展态势。

2018～2019 年，随着文化主管部门对互联网相关文化产业进一步加强管理，以数字经济为核心的文化和旅游新业态蓬勃兴起，2019 年底文化和旅游部对数字文旅产业发展情况的介绍为："一批新兴产业快速发展，供给不断丰富，成为优化文化和旅游供给、满足人民美好生活需要的有效途径和产业转型升级的重要引擎。一是企业高速成长。一批社会效益和经济效益突出，具有较强创新能力的企业不断发展壮大，内容型、社区型互联网旅游企业迅速成长。二是产品更加丰富。网络动漫、数字艺术展示等持续高速增长，智能语音、短视频等新型业态发展活跃……三是创新创业更加活跃。在线旅行服务平台、生活服务平台等众多新业态有力带动旅游领域创业就业，成为旅游产业发展的新领域。四是消费更加便利。数字技术驱动产业消费端转型升级，提高了文化和旅游消费的便捷度、品质感和体验性。五是技术创新更加凸显。我国自主原创的'数字化艺术品显示系统的应用场景、框架和元数据'标准经国际电信联盟批准成为国际标准（标准号 H. 629.1），为我国数字艺术展示产业创新发展打下了坚实基础"①。由此可以看出，近年来我国在文化生产领域对互联网相关文化旅游产业的系列规范和管理推动了这一产业的迅猛发展，政策支持和规范管理保证了这一新兴产业发展的合理有序性，互联网文化旅游产业前景广阔、潜力巨大，有望成为我国文化生产发展的新亮点，为带动文化旅游消费、推动文化与数字经济的融合提供新的助力。

在取得以上成绩的同时，我们也发现在文化生产领域还存在着以下一些问题，需要引起重视与关注。第一，在文化及相关产业中，虽然文化服务业

---

① 《文化和旅游部介绍 2019 年文化和旅游公共服务工作和产业发展情况》，中国政府网，2019年 12 月 25 日，http://www.gov.cn/xinwen/2019－12/25/content_ 5463975. htm。

发展势头迅猛，新兴行业丰富多样，文化批发和零售业也有较为稳定的增长，然而文化制造业似乎体现出一定的发展颓势，这一问题在 2017～2018 年便已有所体现，到了 2018～2019 年，情况并未好转，却有进一步恶化的趋势，需要十分警惕。第二，在互联网文化产业发展的同时，网吧这一行业的生存空间进一步缩窄，如何进行产业转型值得思考。第三，对中华优秀传统文化的传承和发展已经取得较为明显的进展，然而，在传统文化习俗的保护问题上，民众仍然表现出一定的担忧。

首先，文化制造业发展放缓甚至显出疲态。这一问题在 2017 年已有所体现，2018 年则更加明显。根据近几年的数据我们可以看到，在文化相关的三大产业之中，文化制造业的法人单位数在逐年下降，其在文化及相关产业中的构成比重也出现逐年下降的趋势，但直到 2017 年，文化制造业的产值仍然保持着增长。而 2018 年文化制造业的法人单位数虽然有一定的增长，但其占比在进一步下降。这虽然可能与文化与相关产业的统计口径有所变化相关，但仍然体现出文化制造业在我国文化生产领域占比不断下降的事实。更严重的问题出现在文化制造业的利润总额方面。前几年的数据显示出文化制造业的利润总额虽然增幅有所下降，但始终保持着一定的增长，然而在 2018 年，这一行业的利润总额却有较大幅度的下降，形成了负增长。在对文化及相关产业分类进行调整之后，文化制造业法人单位和从业人员的总数仍然未减少，该产业创造出的利润却在下降，这一问题更加突出。因此，文化制造业利润的下降态势及其在文化生产占比的不断减少趋势都十分值得我们关注。虽然第二、第三产业的迅猛发展带动了整个文化生产领域的国民生产总值和利润总值的持续性增长，然而，各类文化产品的生产才是文化发展的原动力，如果没有具有竞争力的文化产品，没有利润丰富而高效的文化生产企业，我国文化产业的发展就容易出现后劲不足、文化产品竞争力弱等问题，最终影响到文化产业的长远发展和我国文化建设目标的达成。

其次，在互联网文化产业迅猛发展的背景之下，网吧这一曾经在互联网文化服务方面占有极为重要地位的行业却出现了明显的下滑。我们需要分析造成这一现象的原因，是我国网民的规模有所缩小，还是人们的上网方式有所改变呢？根据我们的分析，答案应该是后者。

正如第二部分的数据显示出来的，智能手机的便利性（如可以随时随地上网）、功能的多样性、手机应用程序的蓬勃发展以及我国移动网络资费的下调等，都让用手机上网能够满足绝大多数工作和娱乐需求，移动端取代了电脑端成为人们上网的最主要方式，另外，笔记本电脑和平板电脑等便携式电脑近年来的相对普及也令网吧逐渐不再成为人们上网方式的第一选择。因此，我国网吧行业在近些年来所呈现出来的颓势，一方面与家用电脑的普及有关，而更主要的因素则是受到了智能手机及互联网应用程序发展的冲击。

我们还可以看出，各类型的网络应用已经满足了网民很大一部分的上网需求，除了较为传统的网络新闻、网络视频、网络音乐以及网络游戏等，网络应用甚至覆盖了线上教育这一领域，移动端的网络应用除了在移动办公领域还未达成一定规模，在短时间内还无法替代电脑端之外，在其他各类信息获取、娱乐与消费等领域都已经开始取代电脑端，而移动办公这一需求通常不会依靠网吧来满足。因此，网吧这一行业的发展前景不容乐观。这固然是我国互联网行业发展不可避免的趋势，然而我们仍应注意对网吧这一曾经在我国互联网发展中起到重要作用的行业的没落前景早做筹谋，关注这一行业的固定资产、从业人员等向其他行业流动的情况，在必要时为其转型到其他互联网相关文化产业提供扶持和帮助，合理利用现有的行业资产和人力资源，为这一行业的顺利转型提供政策支持。

最后，正如本文第一部分提到的那样，根据我国"十三五"文化发展规划，近年来文化主管部门连续出台政策扶持我国传统文化的传承和发展，如连续数年开展"中华优秀传统艺术传承发展计划"专项扶持、评选第一批国家传统工艺振兴目录等，并将传统工艺振兴与扶贫工作相结合，为全面推动和加强传统工艺振兴、弘扬中华优秀传统文化的工作打开了有利局面。党和国家下大力气在政策上予以的推动、促进和扶持取得了较为显著的效果，政策层面的扶持不仅推动了优秀传统文化的保护和继承，还结合实际促进了优秀传统文化再焕生机。然而，"中国文化发展状况调查（2019）"相关数据显示，在优秀传统文化的传承与发展上，虽然我国民众在地方曲艺的受欢迎程度和主动学习传统文化或技艺上表现出积极的态度，对于传统习俗特别是城镇化背景之下的传统习俗的保护却表现出更多的担忧。因此，既需要看到已经获得的成绩，也需要进一步关注传统习俗这一重要文化传承的保护。

在"中国文化发展状况调查（2019）"相关数据中，我们关注了2018～2019年我国文化政策扶持的传统文化重点领域——地方特色曲艺文化的民众喜爱程度，还进一步调查了民众是否对中国传统文化产生了真正的兴趣并能够主动去学习和了解，从而衡量中国传统文化传承的落实情况。另外，与地方曲艺、民间工艺等非物质文化遗产相比较，传统习俗的形式更加抽象，对人们价值观影响更加深远，因此，这一领域的传承情况也是我们所关心的重点。根据"中国文化发展状况调查（2019）"相关数据，通过政府的大力扶持和地方文化部门、民间艺人的各项努力，民众对地方特色曲艺文化表现出较高的喜爱程度，也有较高比例的民众近期对传统文化中的某个内容产生了兴趣并主动进行了学习。然而，随着城镇化的发展和传统村落的解体，一些传统习俗存在即将消失的危险。

如图6所示，绝大部分受访者认同近年来地方特色曲艺文化的发展，对"近年来地方特色曲艺文化得到了民间艺人的关注受到民众的喜爱"这一题项持认同态度（选择"同意"和"非常同意"）的总比例高达78.6%，不认同（选择"不同意"和"非常不同意"）的比例仅为4.0%，说明地方曲艺得到了大多数民众的认同与喜爱。

那么对于中国传统文化较高的认同度和喜爱程度，能否转化成为我国民众传承和发展传统文化的行动呢？我们以"近年来我至少对一种中国传统文化产生兴趣并尝试去学习"为题项来了解民众是否用行动来切实地传承和发展传统文化，这一调查结果颇令人鼓舞。根据表16中的统计结果，我们发现高达79.3%的受访民众（选择"同意"和"非常同意"）表达了他们对中国传统文化不仅产生了兴趣，而且能够主动学习，而没有采取行动的民众（选择"不同意"和"非常不同意"）的比

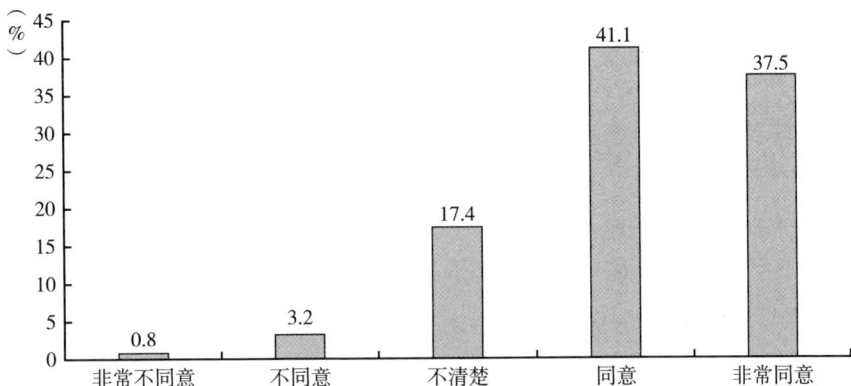

**图6　对"近年来地方特色曲艺文化得到了民间艺人的
关注受到民众的喜爱"的认同统计**

资料来源：湖北大学高等人文研究院、中华文化发展湖北省协同创新中心"中国文化发展状况调查（2019）"数据库。

例仅为5.9%。也就是说，近年来每5个受访者中几乎有4个在主动传承中国传统文化，这一比例体现出了我国民众对传统文化传承的积极态度。

表16　对"近年来我至少对一种中国传统文化产生兴趣并尝试去学习"的认同统计

单位：人，%

分类	人数	百分比
非常不同意	90	1.6
不同意	239	4.3
不清楚	821	14.8
同意	2288	41.1
非常同意	2123	38.2

资料来源：湖北大学高等人文研究院、中华文化发展湖北省协同创新中心"中国文化发展状况调查（2019）"数据库。

在我国城镇化规模不断扩展的背景下，不少村民都背井离乡从农村迁移到了城市，不少传统村落的社会结构产生变化，由此导致传统习俗的丢失。这一现象也颇令人担忧。"中国文化发展状况调查（2019）"相关数据也体现出同样的问题。调查中，受访者在对"我认为城镇化的过程中传统村落解体，一些传统习俗已经丢失"这一问题做出回答时，有高达79.9%的受访者表示认同（选择"同意"和"非常同意"）这种描述，仅有5.1%的受访者表示不认同（选择"非常不同意"和"不同意"）这种描述（见表17）。由此可见，接近80%的民众表现出对传统习俗丢失的担忧。

表17 对"我认为城镇化的过程中传统村落解体，一些传统习俗
已经丢失"观点的认同统计

单位：人，%

分类	人数	百分比
非常不同意	79	1.4
不同意	205	3.7
不清楚	837	15.1
同意	2257	40.6
非常同意	2183	39.3

资料来源：湖北大学高等人文研究院、中华文化发展湖北省协同创新中心"中国文化发展状况调查（2019）"数据库。

通过对数据的进一步分析我们发现，受访者对城镇化背景下传统村落的解体和传统习俗的丢失问题表现出担忧的比例随着年龄的增加而增加，年龄越大的群体越认同这一表述，相对而言，年龄较小的群体对这一表述的认同比例更低、不认同的比例更高。在60岁及以上群体中，表示认同（选择"同意"和"非常同意"）的比例高达84.6%，而年龄最小的19岁及以下群体中表示认同的共计72.2%，两者之间相差超过12个百分点。除此之外，选择"不清楚"这一选项的也基本呈现出年龄越小比例越高、年龄越大比例越低的趋势（参见表18）。

表18 对"我认为在城镇化的过程中传统村落解体，一些传统习俗已经丢失"

的年龄分组认同占比统计

单位：%

年龄分组 10 岁一组	非常不同意	不同意	不清楚	同意	非常同意	合计
19 岁及以下	3.9	3.7	20.2	39.3	32.9	100.0
20～29 岁	1.3	3.1	15.2	42.5	38.0	100.0
30～39 岁	1.6	3.8	14.3	38.9	41.4	100.0
40～49 岁	.8	4.3	13.9	41.7	39.4	100.0
50～59 岁	1.4	4.2	16.5	37.5	40.5	100.0
60 岁及以上	.6	2.6	12.3	39.4	45.2	100.0

资料来源：湖北大学高等人文研究院、中华文化发展湖北省协同创新中心"中国文化发展状况调查（2019）"数据库。

由此可见，随着我国城镇化程度的不断提升，我国面临着传统村落解体、传统习俗丢失的情况，而且相较而言年长者更加能够意识到这个问题，年龄较小者对这个问题的敏感度相对较低，说明传统习俗丢失不仅是一个实际存在的问题，而且也是一个可能在未来进一步恶化的问题。不同年龄群体对这个问题的反应所存在的差异性能进一步体现出传统习俗对年龄较小的群体影响更薄弱。一方面，传统习俗不同于物质文化遗产和非物质文化遗产，前者有着看得见、摸得着的具体实在的传承形式，而后者的传承形式是代代相传更加潜移默化的方式。因此，城镇化的发展、传统村落的解体和消失对传统习俗的传承和保护产生了较大的挑战。另一方面，党和政府以及各级文化主管部门目前对于中国传统文化传承和发展的关注重点主要在物质文化遗产、非物质文化遗产和地方曲艺等领域，对传统习俗传承保护的研究和支持还有所欠缺、亟待加强。

综合来看，根据2018～2019年我国文化生产的总体发展情况，结合2019年末至2020年初新冠肺炎暴发这一重大突发性公共卫生事件对2020年我国第一季度文化生产已经造成以及未来即将造成的各种消极影响，我们可以预测，如果按照2016～2018年的发展态势，到2020年底实现《"十三五"时期文化发展改革规划》中文化产业成为国民经济支柱性产业目标将会极为艰难，然而，考虑到 2020 年在新冠疫情的背景下，文化产业特别是互联网文化产业反而有可能由于不受空间、人群聚集等因素的影响而逆势成长，因此，我们仍然不可对文化产业成为国民经济支柱性产业的目标过于悲观。当然，从长远来看，文化产业要想在较长时间内保持支柱性产业的地位，其发展仍然迫切需要党和政府、各级文化主管部门、文化产业中的各行业特别是文化制造业和互联网文化产业领域的单位及从业人员的辛勤努力。

参考文献

国家统计局、中宣部编《中国文化及相关产业统计年鉴 2019》，中国统计出版社，2019。

江畅、孙伟平、戴茂堂主编《文化建设蓝皮书：中国文化发展报告（2019）》，社会科学文献出版社，2019。

第 43 次《中国互联网络发展状况统计报告》，中共中央网信办网站，2019 年 2 月 28 日，http：//www. cac. gov. cn/2019 – 02/28/c_ 1124175677. htm。

《2018 年中国知识付费发展现状 优秀的内容团队是平台发展的关键》，华经情报网，2019 年 7 月 1 日，https：//baijiahao. baidu. com/s？id＝1637646893585287806。

B.5

中国文化产品报告（2019）

张媛媛*

摘　要： 2018～2019 年，中国文化产品总体发展平稳。各类文化产品的总产量都有不同程度的减少，以传统类出版物表现尤为明显，其中音像制品和电子出版物出版下滑至历史最低。各类文化产品的质量都有明显提升，其中图书类在主题出版上表现亮眼，期刊类在结构优化上多种措施并举，国产电影取得口碑和票房双丰收。2018～2019 年，中国文化产品在减量提质和结构优化两个方面取得了显著成绩，然而从"量"到"质"的转变依旧任重而道远，在新旧媒体融合方面仍然是呼声高、进展慢。这些问题的解决，既需要国家在政策层面加强对导向和质量的把控，在人才培养、技术研发等方面给予相应支持，也需要生产部门创新思路，根据融合发展的需要，重塑生产出版流程。

关键词： 文化产品　主题出版　提质增效　结构转型　融合发展

　　本报告旨在对 2018～2019 年中国文化产品生产的总体状况进行考察，同时结合近五年的相关数据进行比较研究，以期在此基础上总结其成就，分析其中存在的问题并提出相应的对策建议。

---

　　* 张媛媛，哲学博士，《湖北大学学报》编辑部编辑，主要研究方向为价值论与伦理学、中国文化。

一 中国文化产品生产概况

本报告所采取的文化产品类别以《文化及相关产业分类（2018）》为分类标准，主要对出版类（含图书、报刊、音像制品和电子出版物）和广播电视类等文化产品分别进行考察。

（一）出版类产品

1. 品种数量平稳增长，印数总量持续下降

从品种数量上看，我国出版类文化产品总体上继续保持平稳增长的态势。2018 年，全国出版图书、期刊、报纸、音像制品和电子出版物等文化产品共550746 种，数量较 2017 年增长 3453 种，增长率为 0.63%。结合 2014～2018年数据可以发现，我国出版类文化产品的品种总数在近五年内呈持续增长态势，年均增长率为 3.1%。2015 年、2016 年、2017 年、2018 年的增长率分别为 5.26%、4.46%、2.09%、0.63%，增速呈逐年下降的趋势。总体上看，近五年出版类产品尽管总体数量在平稳增长，但增长的速度越来越缓慢。

依据对产品的分类统计可以看到，我国出版类文化产品呈现出多种出版物的品种数量减少、少数出版物维持缓慢增长的趋势。在 2018 年各类出版物中，图书类产品的品种数量最多（519250 种），占出版类文化产品总量的比重最高（94.28%），增速最快（年增长率为 1.32%）。除图书外，2018年出版类产品的品种数量从多到少依次是音像制品（11083 种）、期刊（10139 种）、电子出版物（8403 种）和报纸（1871 种）。其中图书和期刊保持了较小幅度的增长，而其他出版物品种数量均较 2017 年有所减少。从出版类产品的年增长率来看，2018 年出版类文化产品总体保持了 0.63% 的年增长率；就具体种类而言，图书、期刊的年增长率分别为 1.32%、0.09%，保持了小幅度的增长趋势，而其他出版类产品如报纸、音像制品、电子出版物年增长率均出现了负增长，品种数量均呈逐年下降的趋势。通过2014～2018 年的近五年数据比较可以发现，从产量上看，2014～2018 年间，

图书品种总数从 2014 年的 448431 种增长至 2018 年的 519250 种，期刊品种总数从 2014 年的 9966 种增长至 2018 年的 10139 种；除图书和期刊略有增长外，其他出版物品种数量均在持续减少。其中，报纸品种总数从 2014 年的 1912 种减少至 2018 年的 1871 种；音像制品从 2014 年的 15355 种减少至 2018 年的 11083 种，电子出版物由 2014 年的 11823 种减少至 2018 年的 8403 种。结合以上数据可以看到，图书和期刊类产品由于自身的不可替代性优势（主题出版需求、阅读体验等），发展相对平稳，而报纸、音像制品和电子出版物则受新媒体冲击较大，品种逐年减少（见表 1）。

表 1　2014~2018 年出版类文化产品品种数量

单位：种，%

类别	2014 年	2015 年	2016 年	2017 年	2018 年	2018 年增长率	2018 年度占比
图书	448431	475768	499884	512487	519250	1.32	94.28
期刊	9966	10014	10084	10130	10139	0.09	1.84
报纸	1912	1906	1894	1884	1871	-0.69	0.34
音像制品	15355	15372	14384	13552	11083	-18.22	2.01
电子出版物	11823	10091	9836	9240	8403	-9.06	1.53
总量	487487	513151	536082	547293	550746	0.63	100

数据来源：国家统计局：《中国统计年鉴 2018》，中国统计出版社，2018；国家统计局：《中国统计年鉴 2019》，中国统计出版社，2019。

从产品总印数来看，我国出版类文化产品总印数继续处于下降趋势。2018 年，全国图书、期刊、报纸、音像制品和电子出版物总印数为 465.28 亿册（份、盒、张），较 2017 年减少了 19.93 亿册（份、盒、张），年增长率为 -4.10%。通过 2014~2018 年近五年的数据比较可以发现，出版类产品的印数总量在这五年间呈逐年减少的趋势，印数总量从 2014 年的 583.49 亿册（份、盒、张）减少至 2018 年的 465.28 亿册（份、盒、张）；从印数总量的年增长率来看，2015 年、2016 年、2017 年、2018 年依次分别为 -5.63%、-6.84%、-5.43%、-4.10%，这表明 2014~2018 这五年间我国出版类文化产品印数总量的缩减幅度逐渐趋于平稳，年均增长率为

-5.5%（见表2）。

将产品分类进行统计可以看到，2018年各类出版物中报纸类产品的印数总量最多，占出版类产品印数总量的72.49%，其他产品占比依次为图书21.51%、期刊4.93%、电子出版物0.56%和音像制品0.52%。结合近五年数据可以看到，在总体印数持续减少的情况下，图书类产品印数却在持续增长，其中2018年印数在近五年中增幅最大，较2017年增长了8.33%。而其他种类出版物的印数均在逐年减少（除电子出版物仅在2016年有所增长）。将印数情况与前文中品种数量的统计分析相结合，可以看出，图书类产品总体上增长情况相对于其他传统媒体而言较好，品种数量和印数都保持稳定增长（见表2）。

表2 2014~2018年出版类文化产品印数

类别	2014年（亿册/份/盒/张）	2015年（亿册/份/盒/张）	2016年（亿册/份/盒/张）	2017年（亿册/份/盒/张）	2018年（亿册/份/盒/张）	2018年增长率（%）	2018年度占比（%）
图书	81.85	86.60	90.37	92.44	100.1	8.33	21.51
期刊	30.95	28.80	26.97	24.90	22.92	-7.95	4.93
报纸	463.90	430.10	390.07	362.50	337.26	-6.96	72.49
音像制品	3.29	2.90	2.76	2.56	2.41	-5.86	0.52
电子出版物	3.50	2.10	2.91	2.81	2.59	-7.83	0.56
总量	583.49	550.50	513.08	485.21	465.28	-4.10	100

数据来源：国家统计局：《中国统计年鉴2018》，中国统计出版社，2018；国家统计局：《中国统计年鉴2019》，中国统计出版社，2019。

2. 多种措施并举，促进出版结构进一步优化

从出版结构来看，2018~2019年我国出版类文化产品进一步延续了优化出版结构、控制品种数量的趋势。近年来，国家相关管理部门本着"减量、提质、增效"的原则，对图书品种和规模进行了持续性调控。而通过对相关数据的分析也表明出版单位正据此逐步确立"少而精"的出版思路，在控制品种数量、优化出版结构等方面取得了一定的成效。

出版结构的优化在图书和期刊两种产品类型上表现比较明显。从图书出

版情况来看，《2018 年新闻出版业分析报告》的相关数据显示，2018 年全国出版新版图书 24.71 万种，比 2017 年减少 3.14%；总印数 25.17 亿册，比 2017 增长 10.88%。2018 年全国出版重印图书 27.21 万种，比 2017 年增长 5.71%；总印数 57.74 亿册，比 2017 年增长 7.12%。结合 2016～2018 年近三年数据可以看到，新版图书品种数量呈逐年减少趋势，而重印图书的品种数量和印数都在逐年增长。这些数据说明，从总体生产情况来看，各出版单位在"减量提质"的指导方针下，基于"少而精"的出版思路，严格把控新版图书的品种数量，尽可能做到出版即精品，多出经典佳作（见表 3）。

表 3 2016～2018 年新版图书与重印图书品种、印数比较

类别	品种（万种）				印数（亿册/亿张）			
	2016 年	2017 年	2018 年	2018 年增长率（%）	2016 年	2017 年	2018 年	2018 年增长率（%）
新版图书	26.24	25.51	24.71	-3.14	24.05	22.7	25.17	10.88
重印图书	23.75	25.74	27.21	5.71	51.2	53.9	57.74	7.12

数据来源：国家新闻出版广电总局：《2016 年全国新闻出版业基本情况》，http://www.sapprft.gov.cn/sapprft/govpublic/6677/1633.shtml；国家新闻出版署：《2017 年全国新闻出版业基本情况》，http://www.gov.cn/guoqing/2018-08/10/content_ 5312927.htm；国家新闻出版署：《2018 年全国新闻出版业基本情况》，https://www.chinaxwcb.com/info/556005。

可以按照学科划分来考察 2018 年图书出版的结构情况。从 2018 年各学科图书的品种数量来看，文化、科学、教育、体育类图书出版的品种数量最多，占全年学科图书出版总量的 40.35%，较 2017 年下降了 0.29%。航空、航天类图书品种数量最少，仅为 706 种，占全年学科图书出版总量的 0.14%。在 22 类学科图书中，大多数学科图书的品种数量较 2017 年都有不同程度的增长，而军事类，文化、科学、教育、体育类，语言、文字类，农业科学类，交通运输类和综合性图书等 6 种学科图书的品种数量出现了下降。从 2018 年各学科图书占总印数的比重来看，文化、科学、教育、体育类图书的印数最多，以 750758 万册的数值占全年学科图书总印数的 75.00%。航空、航天类图书印数最少，仅为 194 万册。自然科学总论类、

农业科学类、交通运输类和综合性图书等四种学科图书的印数较 2017 年有所减少，其他学科图书的印数较 2017 年都有不同程度增长。从 2018 年各学科图书的总体出版情况（品种、印数）来看，大多数学科图书都保持了增长的趋势，其中马列主义、毛泽东思想类图书的增长情况在各学科图书中位居榜首，品种总数较 2017 年增长了 25.35%，印数较 2017 年增长了 121.56%。因此，无论是从品种数量还是印数来看，2018 年马列主义、毛泽东思想类图书都出现了显著性增长。（见表 4）2018 年马列主义、毛泽东思想类图书的大幅增长，一方面缘于各高校积极推动马克思主义理论研究和建设工程（简称"马工程"）教材的出版与使用，另一方面充分体现了近年来全国出版业对主题宣传的重视。

表 4 2017～2018 年各学科图书品种及印数

分类	品种数量情况				印数情况			
	2017 年（种）	2018 年（种）	2018 年增长率（%）	2018 年占比（%）	2017 年（万册）	2018 年（万册）	2018 年增长率（%）	2018 年占比（%）
马列主义、毛泽东思想	777	974	25.35	0.19	1127	2497	121.56	0.25
哲学	9984	10083	0.99	1.94	6765	7422	9.71	0.74
社会科学总论	5445	5770	5.97	1.11	2668	3165	18.63	0.32
政治、法律	18256	18972	3.92	3.65	24765	29125	17.61	2.91
军事	1410	1388	-1.56	0.27	848	866	2.12	0.09
经济	34840	35228	1.11	6.78	15267	18154	18.91	1.81
文化、科学、教育、体育	210137	209534	-0.29	40.35	696426	750758	7.80	75.00
语言、文字	21790	21367	-1.94	4.11	25745	26190	1.73	2.62
文学	56790	58909	3.73	11.35	73772	80024	8.47	7.99
艺术	27294	28488	4.37	5.49	19941	21586	8.25	2.16
历史、地理	18720	19444	3.87	3.74	12486	13966	11.85	1.40
自然科学总论	793	820	3.40	0.16	551	511	-7.26	0.05
数理科学、化学	9482	9789	3.24	1.89	4157	4689	12.80	0.47
天文学、地球科学	2968	3222	8.56	0.62	1276	1552	21.63	0.16
生物科学	3486	3907	12.08	0.75	1922	2248	16.96	0.22
医学、卫生	22633	23573	4.15	4.54	10356	11249	8.62	1.12
农业科学	5517	5355	-2.94	1.03	1922	1860	-3.23	0.19

分类	品种数量情况				印数情况			
	2017 年（种）	2018 年（种）	2018 年增长率（%）	2018 年占比（%）	2017 年（万册）	2018 年（万册）	2018 年增长率（%）	2018 年占比（%）
工业技术	48783	49336	1.13	9.50	15996	16561	3.53	1.65
交通运输	6035	5741	-4.87	1.11	2522	2256	-10.55	0.23
航空、航天	613	706	15.17	0.14	191	194	1.57	0.02
环境科学	2525	2561	1.43	0.50	1019	1155	13.35	0.12
综合性图书	3929	3746	-4.66	0.72	2768	2565	-7.33	0.26

数据来源：国家统计局：《中国统计年鉴 2018》，中国统计出版社，2018；国家统计局：《中国统计年鉴 2019》，中国统计出版社，2019。

从期刊出版情况来看，为进一步贯彻落实关于稳步推进报刊结构性改革的要求，2018～2019 年我国多家报刊出版单位在积极优化报刊类产品的出版资源配置、促进集约发展等方面采取了一系列举措。具体表现有两个方面。其一，积极寻求填补学科空白，新增多种学术期刊。例如，2019 年度创办了《扬子江文学评论》《人权研究》《历史评论》《南大法学》《镁合金学报（英文）》《博物馆管理》《电影理论研究（中英文）》《出土文献》等新期刊。其二，以社会结构与群众需求的转变为依据，主动实现改革和转型。例如，为细分服务领域，《中国皮革制品》更名为《皮革制作与环保科技》，《山西果树》更名为《果树资源学报》，《有线电视技术》更名为《广播电视网络》等；为推动新学科发展，《国外社会科学文摘》更名为《国外社会科学前沿》，《晚报文萃》更名为《新闻文化建设》，《中国艺术时空》更名为《中国非物质文化遗产》，《高等财经教育研究》更名为《统计学报》，《新财经》更名为《供应链管理》，《人口文摘》更名为《健康中国观察》等；为实现大众期刊向学术期刊的转变，《双足与保健》更名为《反射疗法与康复医学》，《世界遗产》更名为《国际法学刊》，《新能源经贸观察》更名为《商事仲裁与调解》等①。这些改革措施与转型路径，在期刊业

---

① 段艳文：《2019 年中国期刊业观察》，《青年记者》2019 年第 36 期。

重新盘活出版资源、实现期刊自身的改革和转变、满足广大读者的新需求等方面取得了一定的成效，也稍稍缓解了期刊业在新媒体时代举步维艰的状态。

3. 报刊类产品受新媒体冲击持续增强

近年来，随着互联网的迅速发展及人们阅读习惯的改变，传统报刊产品受到了新媒体的巨大冲击，其品种数量、印数都处于持续性下降的趋势。2018 年，全国共出版期刊 10139 种，较 2017 年增长 0.09%；总印数 22.92 亿册，较 2017 年减少 7.95%。全国共出版报纸 1871 种，较 2017 年减少 0.69%；总印数 337.26 亿份，较 2017 年减少 6.96%。结合 2014~2018 年的五年数据可以看到，无论是期刊还是报纸，其印数都在持续下滑且下滑幅度较大。期刊印数从 2014 年的 30.9 亿册下降至 2018 年的 22.92 亿册，五年平均增长率为 - 7.20%；报纸印数从 2014 年的 463.9 亿份下降至 2018 年的 337.26 亿份，五年平均增长率为 - 7.66%（见表 5）。

表 5 2014~2018 年报纸、期刊生产总量统计

产品	统计参数	2014 年	2015 年	2016 年	2017 年	2018 年	2018 年增长率（%）	五年平均增长率（%）
报纸	品种数量（种）	1912	1906	1894	1884	1871	- 0.69	- 0.54
	总印数（亿份）	463.9	430.1	390.1	362.5	337.26	- 6.96	- 7.66
期刊	品种数量（种）	9966	10014	10084	10130	10139	0.09	0.43
	总印数（亿册）	30.9	28.8	27	24.9	22.92	- 7.95	- 7.20

数据来源：国家统计局：《中国统计年鉴 2018》，中国统计出版社，2018；国家统计局：《中国统计年鉴 2019》，中国统计出版社，2019。

按学科分类对期刊发行情况进行考察可以看到，2018 年各学科期刊中，自然科学、技术类期刊品种数量最多（5037 种），占总量的 49.68%，增长幅度也最高，较 2017 年增长 0.20%。而哲学、社会科学类期刊所占比例与 2017 年持平，为 26.41%，文学、艺术类和综合类品种数量继续下降。从印数上来看，各学科分类印数都继续下滑，其中，哲学、社会科学类相对下滑幅度较小，相较 2017 年减少 4.22%。文学、艺术类期刊印数下滑幅度最大，达 20.65%（见表 6、表 7）。

表6　2014～2018年期刊分类品种统计（按上一年度增长率从高到低排序）

单位：种，%

分类	2014年	2015年	2016年	2017年	2018年	2018年度增长率	2018年占比
自然科学、技术类	4974	4983	5014	5027	5037	0.20	49.68
文化、教育类	1363	1377	1383	1397	1399	0.14	13.80
哲学、社会科学类	2618	2635	2664	2676	2678	0.07	26.41
文学、艺术类	646	653	658	665	663	-0.30	6.54
综合类	365	366	365	365	362	-0.82	3.57

数据来源：国家新闻出版广电总局：《2014年全国新闻出版业基本情况》，http://www.sapprft.gov.cn/sapprft/govpublic/6677/310.shtml；国家新闻出版广电总局：《2015年全国新闻出版业基本情况》，http://www.sapprft.gov.cn/sapprft/govpublic/6677/875.shtml；国家新闻出版广电总局：《2016年全国新闻出版业基本情况》，http://www.sapprft.gov.cn/sapprft/govpublic/6677/1633.shtml；国家新闻出版署：《2017年全国新闻出版业基本情况》，http://www.gov.cn/guoqing/2018-08/10/content_5312927.htm；国家新闻出版署：《2018年全国新闻出版业基本情况》，https://www.chinaxwcb.com/info/556005。

表7　2014～2018年期刊分类印数统计（按上一年度增长率从高到低排序）

单位：万册，%

分类	2014年	2015年	2016年	2017年	2018年	2018年度增长率	2018年占比
哲学、社会科学类	137315	131424	126966	119654	114607	-4.22	49.68
文化、教育类	71349	64777	61745	58717	53311	-9.21	13.80
综合类	22893	19694	18230	16679	14951	-10.36	26.41
自然科学、技术类	42587	39551	36920	33349	29821	-10.58	6.54
文学、艺术类	35309	32388	25808	20814	16516	-20.65	3.57

数据来源：国家新闻出版广电总局：《2014年全国新闻出版业基本情况》，http://www.sapprft.gov.cn/sapprft/govpublic/6677/310.shtml；国家新闻出版广电总局：《2015年全国新闻出版业基本情况》，http://www.sapprft.gov.cn/sapprft/govpublic/6677/875.shtml；国家新闻出版广电总局：《2016年全国新闻出版业基本情况》，http://www.sapprft.gov.cn/sapprft/govpublic/6677/1633.shtml；国家新闻出版署：《2017年全国新闻出版业基本情况》，http://www.gov.cn/guoqing/2018-08/10/content_5312927.htm；国家新闻出版署：《2018年全国新闻出版业基本情况》，https://www.chinaxwcb.com/info/556005。

4. 音像制品和电子出版物数量下滑至历史最低

2018年，我国共生产录音制品6391种，较2017年减少22.62%；生产录像制品 4672 种，较 2017 年减少 11.73%；生产电子出版物 8403 种，较 2017 年减少9.06%。2018 年，我国共生产录音制品 17756.62 万张，较 2017 年减少 4.93%；生产录像制品 6367.48 万张，较 2017 年减少 7.92%；生产电子出版物 25884.21万张，较 2017 年减少 7.99%。结合 2014~2018 年近五年数据我们可以看到，我国音像制品已然经过了它最辉煌的时代，近年来这两类文化产品的产量呈持续下降趋势，且在 2018 年下降幅度创历史新高（见表 8、表 9）。

表 8　2014~2018 年音像制品与电子出版物出版品种统计

单位：种，%

分类	2014 年	2015 年	2016 年	2017 年	2018 年	2018 年增长率
录音制品	9505	9860	8713	8259	6391	－22.62
录像制品	5850	5512	5671	5293	4672	－11.73
电子出版物	11823	10091	9836	9240	8403	－9.06

数据来源：国家新闻出版广电总局：《2014 年全国新闻出版业基本情况》，http：//www. sapprft. gov. cn/sapprft/govpublic/6677/310. shtml；国家新闻出版广电总局：《2015 年全国新闻出版业基本情况》，http：//www. sapprft. gov. cn/sapprft/govpublic/6677/875. shtml；国家新闻出版广电总局：《2016 年全国新闻出版业基本情况》，http：//www. sapprft. gov. cn/sapprft/govpublic/6677/1633. shtml；国家新闻出版署：《2017 年全国新闻出版业基本情况》，http：//www. gov. cn/guoqing/2018－08/10/content_ 5312927. htm；国家新闻出版署：《2018 年全国新闻出版业基本情况》，https：//www. chinaxwcb. com/info/556005。

表 9　2014~2018 年音像制品与电子出版物出版数量统计

单位：万张，%

分类	2014 年	2015 年	2016 年	2017 年	2018 年	2018 年增长率
录音制品	22385.1	23383.47	21358.41	18676.73	17756.62	－4.93
录像制品	10453.84	6034.75	6226.21	6915.15	6367.48	－7.92
电子出版物	35048.82	21438.38	29064.66	28132.92	25884.21	－7.99

数据来源：国家新闻出版广电总局：《2014 年全国新闻出版业基本情况》，http：//www. sapprft. gov. cn/sapprft/govpublic/6677/310. shtml；国家新闻出版广电总局：《2015 年全国新闻出版业基本情况》，http：//www. sapprft. gov. cn/sapprft/govpublic/6677/875. shtml；国家新闻出版广电总局：《2016 年全国新闻出版业基本情况》，http：//www. sapprft. gov. cn/sapprft/govpublic/6677/1633. shtml；国家新闻出版署：《2017 年全国新闻出版业基本情况》，http：//www. gov. cn/guoqing/2018－08/10/content_ 5312927. htm；国家新闻出版署：《2018 年全国新闻出版业基本情况》，https：//www. chinaxwcb. com/info/556005。

音像制品是视听内容和实物载体的组合，它的听阅需要特定的媒介播放器才能实现，但播放器并不方便携带。在数字时代，人们获取视听内容的方式发生重大改变，音像制品原有的短板导致其竞争力逐步降低，失去了原有的发展优势，日趋式微。另外，随着互联网的发展，音像制品的版权问题也日益突出，网上盗版侵权行为更是十分普遍，也是导致音像制品在数字时代举步维艰、持续下滑的一个重要因素。

（二）广播影视类产品

从产量上来看，2018 年我国广播影视类产品呈现出总体增长、个别产品减少的趋势。2018 年，广播节目产量为 8017573 小时，较 2017 年增长了1.64%；电视节目产量为 3577444 小时，较 2017 年减少了 2.04%；电影制作总量为 1082 部，较 2017 年增长了 11.55%。结合 2014～2018 年近五年数据我们可以看到，我国广播影视类产品总体保持了一个持续性增长的趋势，就具体类别而言，广播节目总时长逐年递增且涨幅平稳，五年平均增长率为1.19%；电视节目总时长增长与减少的情况交替出现，五年平均增长率为2.21%；电影制作总量逐年递增，五年平均增长率为 9.30%，其中 2018 年增长幅度为五年间之最（见表 10）。

表 10　2014～2018 年广播影视类总量统计

类别	2014 年	2015 年	2016 年	2017 年	2018 年	2018 年度增长率(%)	五年平均增长率（%）
广播节目产量(小时)	7647267	7718163	7820296	7888254	8017573	1.64	1.19
电视节目产量(小时)	3277394	3520190	3507217	3651775	3577444	-2.04	2.21
电影制作总量（部）	758	888	944	970	1082	11.55	9.30

数据来源：国家统计局官方数据，国家统计局官网，网址：http：//data. stats. gov. cn/easyquery. htm？cn = C01。

从产量上来看，相较传统出版类产品而言，广播影视类产品的增长情况更为明显。除了受新媒体发展形势的影响外，这与人们对文化产品选择方式的偏好也密不可分。关于"文化产品消费选择方式"的调查结果显示，在选择方式不唯一的情况下，有一半以上（50.53%）的人青睐看电视，有46.99%的人喜欢看电影，21.92%的人倾向于看书读报，10.70%的人选择听广播，仅有2.64%的人会选择看戏。由此可见，电视和电影是绝大多数人在休闲时会选择的文化产品消费方式，消费的偏好反映了消费者的需求情况，是影响各种广播影视类产品产量的重要因素（见表11）。

表11 关于"文化产品消费选择方式"的调查统计

选择项		19岁及以下（人）	20~29岁（人）	30~39岁（人）	40~49岁（人）	50~59岁（人）	60岁及以上（人）	合计		百分比	
								小项合计（人）	单项合计（人）	选项比（%）	单项比（%）
看电视	第一次序	117	402	400	489	213	68	1689	2810	60.11	50.53
	第二次序	36	160	146	166	78	23	609		21.67	
	第三次序	43	171	134	118	35	11	512		18.22	
看电影	第一次序	99	411	230	144	26	4	914	2613	34.98	46.99
	第二次序	127	417	319	179	43	7	1092		41.79	
	第三次序	66	218	179	114	26	4	607		23.23	
听广播	第一次序	2	24	19	25	15	5	90	595	15.13	10.70
	第二次序	4	42	55	79	31	10	221		37.14	
	第三次序	11	80	71	74	36	12	284		47.73	
看书读报	第一次序	12	49	82	99	26	4	272	1219	22.31	21.92
	第二次序	39	105	117	125	42	12	440		36.10	
	第三次序	50	122	114	160	45	16	507		41.59	
看戏	第一次序	1	6	5	7	4	2	25	147	17.01	2.64
	第二次序	1	22	9	18	10	8	68		46.26	
	第三次序	5	18	10	8	8	5	54		36.73	

数据来源：湖北大学高等人文研究院、中华文化发展湖北省协同创新中心"中国文化发展状况调查（2019）"数据库。

注：本题作答方式为非单选，因此最后一项百分比相加结果不为100%。

将广播影视类产品分类进行统计分析，我们可以看到，2018~2019年我国广播影视类产品的发展呈现出如下几点特征。

1. 电视剧生产总量下降，当代题材占比增长

从产量来看，2018～2019 年我国电视剧生产数量处于下降趋势。2019年，我国生产完成并获得发行许可证的电视剧总量为 254 部，共计 10650集，平均单部集数为 41.9 集，与 2017 年、2018 年同期数据相比，略有缩减。结合 2014～2018 年近五年数据我们可以看到，我国电视剧生产数量正处于逐年下降的趋势。如图 1 所示，除 2018 年我国生产完成并获得发行许可证的电视剧总量较 2017 年略有增加（年增长率 2.86%）之外，其余年份均较上一年份有所下降。2019 年我国生产完成并获得发行许可证的电视剧总量为 254 部，较 2018 年减少 21.36%；2017 年我国生产完成并获得发行许可证的电视剧总量为 314 部，较 2016 年减少 5.99%；2016 年我国生产完成并获得发行许可证的电视剧总量为 334 部，较 2015 年减少 15.22%；2015年我国生产完成并获得发行许可证的电视剧总量为 394 部，较 2014 年减少8.16%。

图 1　2014～2019 年生产完成并获得发行许可证的电视剧总量

数据来源：国家广播电视总局官网。

从电视剧题材分类来看，2018～2019 年我国电视剧中当代题材占比呈逐年增加趋势。如图 2 所示，通过对电视剧题材分类统计可以看到，2019年当代题材占年度电视剧生产总量的 60%，是占比第一的电视剧题材。而

近代题材则以 17% 的占比位列第二，其余题材占比从高到低依次为古代题材占比 12%、现代题材占比 10% 和重大题材占比 1%。与 2018 年同期数据相比，当代题材的电视剧占比较 2018 年略有增长，现代题材电视剧则增长近 100%，而近代、古代和重大等题材的占比，较 2018 年都有减少。这也意味着现、当代题材的电视剧占比正在逐年提升。①

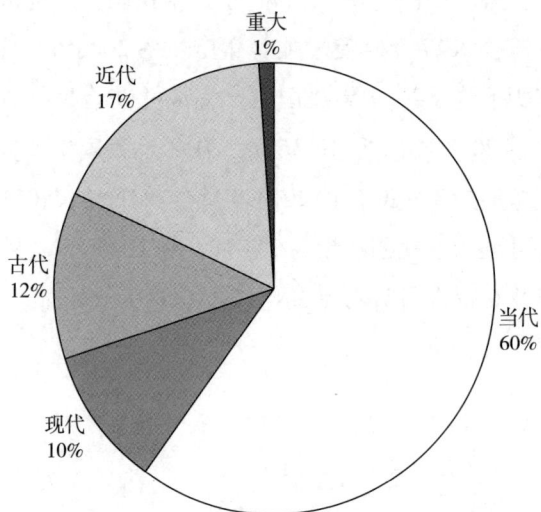

图 2　2019 年生产电视剧各题材占比

数据来源：国家广播电视总局官网，http：//www.nrta.gov.cn/art/2020/2/6/art_ 113_ 49820.html。

当代题材比重的逐年提升与人民群众对电视剧题材的关注程度息息相关。根据"中国文化发展状况调查（2019）"问卷调查，在"反映现实生活题材的电视剧更能够影响我对生活和社会的看法"一题的选择中，对现实主义题材的影响力持认同态度（选择"同意"和"非常同意"）的人群占到总体样本的82.9%，也就是说绝大多数人认为反映现实生活题材的电视剧会影响到自己的生活和价值观，也由此更关注这类题材的电视剧（具体情况如表 12 所示）。

---

① 数据来源：国家广播电视总局官网，http：//www.nrta.gov.cn/art/2019/1/28/art_ 38_ 40742.html；http：//www.nrta.gov.cn/art/2020/2/6/art_ 113_ 49820.html。

表 12　关于"反映现实生活题材的电视剧更能够影响我对生活和
社会的看法"的问卷调查统计

单位：人，%

选项	选择人数	有效百分比
非常不同意	58	1.0
不同意	170	3.1
不清楚	724	13.0
同意	2456	44.2
非常同意	2153	38.7
合计	5561	100.0

资料来源：湖北大学高等人文研究院、中华文化发展湖北省协同创新中心"中国文化发展状况调查（2019）"数据库。

结合以上数据我们可以看到，在 2018～2019 年，电视剧类产品在产量上随着国家政策的要求和人们品位的提升做了一定程度的控制，在结构上根据群众的偏好也做出了相应调整。

2. 国产电影生产"减量提质"

2019 年，全年国产电影总量共计 1037 部，较 2018 年减少 4.2%。其中故事片数量 850 部，占总量的 81.97%，较 2018 年减少 5.76%；动画片 51 部，与 2018 年持平；科教影片和特种影片较 2018 年都有较大幅度的增长（见表 13）。

表 13　2015～2019 年国产影片生产情况

单位：部，%

电影种类	2015 年	2016 年	2017 年	2018 年	2019 年	2019 年增长率	2019 年占比
故事影片数	686	772	798	902	850	-5.76	81.97
动画片数	51	49	32	51	51	0.00	4.92
科教影片数	96	67	68	61	74	21.31	7.14
纪录影片数	38	32	44	57	47	-17.54	4.53
特种影片数	17	24	28	11	15	36.36	1.45

数据来源：国家统计局：《中国统计年鉴2019》，中国统计出版社，2019；国家电影局官网，http：//www.chinafilm.gov.cn/chinafilm/channels/167_2.shtml。

从分类统计情况来看，2019 年影片总产量的降幅主要源于故事片产量的减少。随着生活水平的提高，人民群众对优质内容的需求也日益凸显。国民对电影精品意识的提升进一步影响了电影产品结构的变化，部分浮躁、低质量电影由于受众的减少降低了产出。

国产影片的种类分布与观众对影片的喜好情况息息相关。在关于"你喜欢的国产电影电视片类型"的调查统计中，我们可以看到，超过半数的人对喜剧片颇为喜爱，达 59.76%；历史纪录片的受欢迎程度紧跟其后，占比 47.1%；接下来依次为科幻片（43.1%）、武侠动作片（34.96%）、青春爱情片（29.38%）；动画片和恐怖片相对小众，分别为 13.43% 和 12.48%。

表 14　"你喜欢的国产电影电视片类型"问卷综合统计

单位：人，%

选择项		19 岁及以下	20 ~ 29 岁	30 ~ 39 岁	40 ~ 49 岁	50 ~ 59 岁	60 岁及以上	合计	百分比
历史纪录片	是	151	608	630	786	348	96	2619	47.1
	否	284	1055	789	599	156	59	2942	52.9
科幻片	是	245	831	681	481	144	15	2397	43.1
	否	190	832	738	904	360	140	3164	56.9
喜剧片	是	276	1116	865	775	225	66	3323	59.76
	否	159	547	554	610	279	89	2238	40.24
武侠动作片	是	142	602	539	455	152	54	1944	34.96
	否	293	1061	880	930	352	101	3617	65.04
青春爱情片	是	186	620	446	290	70	22	1634	29.38
	否	249	1043	973	1095	434	133	3927	70.62
恐怖片	是	87	278	178	111	34	6	694	12.48
	否	348	1385	1241	1274	470	149	4867	87.52
动画片	是	139	310	192	77	21	8	747	13.43
	否	296	1353	1227	1308	483	147	4814	86.57

资料来源：湖北大学高等人文研究院、中华文化发展湖北省协同创新中心"中国文化发展状况调查（2019）"数据库。

3. 网络影视作品有效播放提升

2018～2019 年，网络影视作品表现亮眼，一改往日制作粗糙、内容低俗的形象，在各方面都有了较大提升。

在网络剧方面，爱奇艺、云合数据联合发布的《连续剧网播表现及用户分析报告（2019）》数据显示，2019 年，网络剧有效播放 1058 亿次，同比增长 16%，网络剧有效播放占比由 2018 年的 39% 提升至 44%。有效播放超过 10 亿剧集共 31 部，同比增长 7 部。2019 年，上新网络剧在豆瓣口碑的平均评分为 6.5 分，比 2018 年高出 0.4 分，且比上新电视剧口碑高出 0.9 分；2019 年有效播放前十名的网络剧平均豆瓣评分为 7.7 分，比 2018 年高出 0.4 分，且比电视剧有效播放量前十名的平均豆瓣评分高出 1.3 分。从受众反馈来看，无论是口碑还是播放量，网络剧较往年都有了较大提升。

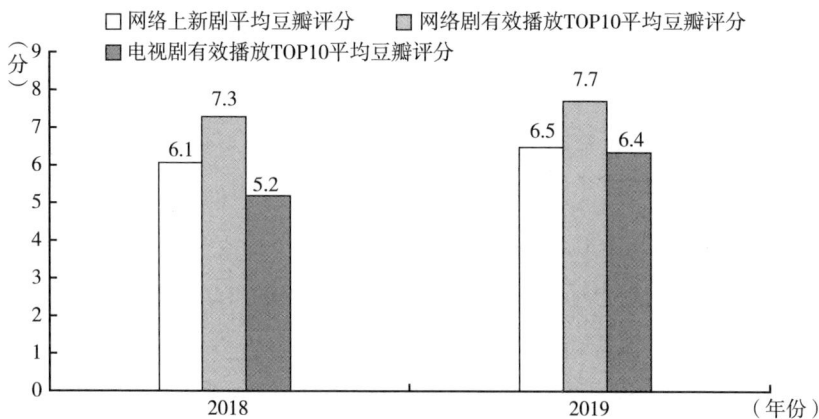

图 3　2018～2019 年网络上新剧、网络剧有效播放 TOP10、
电视剧有效播放 TOP10 平均豆瓣评分

数据来源：爱奇艺、云合数据《连续剧网播表现及用户分析报告（2019）》，http：//file. enlightent. com/20200103/77eb1b482590a7c4e7db338f434963cf. pdf。

在网络电影方面，《2019 年网络电影行业报告》显示，2019 年全网上线的网络大电影共 789 部，较 2018 年下降 48.67%，上新数量创历年新低。然而在上线数量大幅减少的情况下，2019 年播放量却得到了很大提升，较 2018 年增长了 23.91%。（见表 15）2019 年网络电影整体质量得到了明显提升，在价值取向上也开始向主流靠拢。一方面是因为政策的监管变严，让不符合主流价值观的网络电影无法准入；另一方面是由于视频平台主动改变，将资源向优质、热门的网络电影倾斜。

表 15　2018～2019 年网络电影上线量和正片播放量

类别	2018 年	2019 年	增长率(%)
上线量(部)	1537	789	-48.67
正片播放量(亿次)	38.9	48.2	23.91

数据来源：爱奇艺电影中心《2019 年网络电影行业报告》，https：//www.iqiyi.com/common/20200103/7470a81e0ca4b60b.html。

从平台分布情况来看，2019 年爱奇艺上线网络电影 418 部，优酷上线 174 部，腾讯视频上线 150 部，其他平台上线 71 部。三大平台网络电影上线量合计占比 93%，可见网络视频用户、内容和流量都在向三大平台集中。这一情况也可以从"中国文化发展状况调查（2019）"问卷调查数据中得到印证。在"关注喜欢的网站（前提网站无不良视频内容）"（多选题）的调查统计中我们可以看到，选择腾讯视频和爱奇艺的人数占总体样本比重分别为 56.37% 和 51.09%，分别是所有选项中的第一位和第二位。视频网站的内容质量决定了受众对平台的选择情况，同时，受众的喜好也影响着视频网站对平台内容的建设方向（见表 16）。

表 16　关注喜欢的网站（前提网站无不良视频内容）（多选题）的统计情况

单位：人，%

分类	人数	占样本比重	占选择人次比重
腾讯视频	3135	56.37	23.32
优酷	2055	36.95	15.29
爱奇艺	2841	51.09	21.14
抖音	2442	43.91	18.17
QQ 音乐	1865	33.54	13.88
喜马拉雅	1103	19.83	8.21
选择人次总计	13441		100.00

资料来源：湖北大学高等人文研究院、中华文化发展湖北省协同创新中心"中国文化发展状况调查（2019）"数据库。

二　中国文化产品的成就

2018 年是中国改革开放 40 周年，2019 年是新中国成立 70 周年，2018~2019 年是全面建成小康社会、"十三五"规划收官前的关键时期。在这一时期，党和政府以及相关行业在文化产品的生产与打造方面认真贯彻落实党的十九大精神，走高质量发展之路，中国文化产品总体上取得了不俗的成绩。

（一）提质增效成效显著

2018~2019 年是中国文化产品高质量发展的重要时期，实现了减量提质的全面开花。

一方面，出版行业围绕高质量发展这条主线不断发力。在 2019 年初举行的中国出版发展报告会上，中宣部出版局副局长许正明提出，2019 年要正确处理和把握当前出版工作的八种关系，即"小和大、多和少、快和慢、高和低、远和近、纸和网、主和次、中和外"。要正确把握这八种关系，从根本上就是要减量、提质、增效。近年来，管理部门一直在对图书品种数量和生产规模进行调控，从前文数据来看，已经取得了一定的成效。虽然图书品种数量在上升，但增速逐渐放缓，增长回归理性。在出书结构上，书号总量调控政策的实施加大了出版社获取书号的成本，促进出版单位挖掘现有图书品种，从追求数量规模逐渐转向提升内容质量，由发力图书品种数量的粗放式增长，逐步转为重选题、重质量的精细化增长。预计在 2019~2020 年，图书品种的增长将进一步放缓。

另一方面，国产影视在质量管控和利好政策扶持下强势崛起。2018 年以来，党和政府出台了一系列利好政策，为国产影片的生产提供广阔的发展空间和发展动力。2018 年 11 月，国家电影局出台了《关于加快电影院建设　促进电影市场繁荣发展的意见》；2018 年 12 月，教育部、中共中央宣传部发布了《关于加强中小学影视教育的指导意见》；2019 年 5 月，中央深改委第八次会议审议通过了《关于深化影视业综合改革促进我国影视业健康发展的意见》；2019 年 12 月，司法部公布了《中华人民共和国文化产业促进法（草案送审稿)》。在诸多利好政策的扶持和推动下，在进口大片陷入原创危机、呈现自我复制的困境之时，国产电影却凭借日趋成熟的叙事手法、厚重深刻的思想内涵、贴近群众的艺术感受强势崛起，充分展现了本土文化的优势。

以中国电影股份有限公司出品的《流浪地球》为例，在内容上，影片通过对地球生存危机的关注，凸显了中国智慧对"人类命运共同体"的深刻思考；在制作上，影片抢占新技术高地，提高了国产电影工业化制作的水准，成为中国科幻电影的标志性作品。这一情况也在"中国文化发展状况调查（2019）"问卷调查中得到印证。在"流浪地球等科幻片在世界各国受到欢迎说明中国电影质量提升明显"一题的选择中，其中持认同态度（选择"同意"和"非常同意"）的人群占到总体样本的 81.05%，也就是说绝大多数人认可中国电影的质量得到了明显的提升（见表 17）。

表 17　对"流浪地球等科幻片在世界各国受到欢迎说明中国电影质量提升明显"
观点的认同统计

单位：人，%

分类	样本数	占总体样本比重
非常不同意	60	1.08
不同意	168	3.02
不清楚	826	14.85
同意	2287	41.13
非常同意	2220	39.92
合计	5561	100.00

资料来源：湖北大学高等人文研究院、中华文化发展湖北省协同创新中心"中国文化发展状况调查（2019）"数据库。

在"减量提质"的大环境下，加之新冠疫情的持续影响，预计在 2020 年影视产品将会面临不同程度的减产。如此一来，也会在一定程度上影响到平台新项目的库存供给，一些积压剧集或将成为新宠。

（二）"主旋律"产品成绩突出

2018 年是改革开放 40 周年，2019 年是新中国成立 70 周年，主题出版是近两年出版工作的重中之重。在 2018～2019 年，全国出版业聚焦主题宣传，深入学习宣传贯彻习近平新时代中国特色社会主义思想，策划出版了多种"唱响主旋律、弘扬正能量"的精品图书。其中比较突出的出版主题有"纪念新中国成立 70 周年""纪念中国共产党成立 100 周年""习近平新时代中国特色社会主义思想""深度阐释社会主义核心价值观""精准扶贫"和"乡村振兴"等。这些文化产品以其较高的学术含量，全景或分领域系统展现了中国理论和中国道路。例如，《新中国发展面对面》（学习出版社、人民出版社）是"理论热点面对面"系列的最新读本，不仅描述了新中国发展的伟大成就，还着力揭示了成就背后的深层原因和内在机理，为读者呈现了一部气势恢宏的大国发展之路；《中华人民共和国简史（1949—2019）》（中英文版）（当代中国出版社）突出体现了新中国发展历程中取得的理论成果和巨大成就，具有鲜明的国史特色；《辉煌 70 年——新中国经济社会发展成就（1949–2019）》（中国统计出版社）是一部综合性统计资料书籍，从统计视角勾勒新中国经济腾飞之势；《乡村国是》《心无百姓莫为官——精准脱贫的下姜模式》《海边春秋》《经山海》《战国红》等一批现实主义文学作品，展现了伟大的时代精神和风貌；《中华人物故事汇》（接力出版社等）、"儿童文学光荣榜"系列（现代出版社）、"共和国 70 年儿童文学短篇精选集"（中国少年儿童新闻出版总社）等则是专门针对少年儿童精心开发的选题①。

另外，2019 年，中国主旋律电影精品迭出，创造了显著的经济效益和社会效益。同时，主旋律电影题材范围不断扩大，不再只局限于近现代革命历史题材，而是在叙事上不断进行新的探索。例如，春节档上映的《流浪地球》开启了中国科幻电影元年，提供了中国人对全球性危机的解决思路；暑期档

---

① 参见陈香《2019 年中国出版十件大事》，《中华读书报》2019 年 12 月 25 日，第 16 版。

《哪吒之魔童降世》通过对传统神话故事的大胆改编，实现了中华传统文化的创造性转化和创新性发展；国庆档《我和我的祖国》从细节处凸显大情怀，让我们看到了平凡人高贵的闪光点；《中国机长》通过对真实事件的改编，让观众更容易认同和接受人物的刻画；还有《攀登者》《少年的你》等多种不同风格的献礼片交相辉映，以其厚重的内容、深刻的思想、浓烈的情感深深打动了人心。这些影片在新中国成立 70 周年之际，成功地唱响了主旋律，激发和回应了人民心中的爱国热情，赢得了口碑与票房的双丰收。

2020 年是全面建成小康社会和"十三五"规划收官之年，中国文化产品将进一步加大主题出版力度，弘扬主旋律、汇聚正能量。中宣部明确了2020 年主题出版六个方面的选题重点：着眼为党和国家立心，加强习近平新时代中国特色社会主义思想的研究阐释；聚焦聚力工作主线，营造全面建成小康社会、打赢脱贫攻坚战的浓厚氛围；大力弘扬科学精神，普及科学知识，加强健康安全和生态保护教育，培育公民文明习惯；紧紧围绕宣传阐释党中央精神和决策部署，唱响中国经济光明论；立足培养担当民族复兴大任的时代新人，深化社会主义核心价值观宣传阐释；提早谋划、提前启动，认真做好庆祝中国共产党成立 100 周年选题编写出版工作。

三 问题与对策

2018～2019 年，中国文化产品生产取得了许多新的成就，但同时还存在着一些问题亟待解决。具体表现在以下两大方面。

（一）从"量"的扩张到"质"的提升任重而道远

虽然文化产品于 2018～2019 年在"减量提质增效"上取得了显著的成果，但是要真正实现从"量"的扩张到"质"的提升，依旧任重而道远。2019 年，国家新闻出版署组织开展了图书"质量管理 2019"专项工作，重点围绕文艺、少儿、教材、教辅、科普类图书进行了编校质量检查，共组织抽查 100 家图书出版单位的 300 种图书，其中文艺类 105 种、少儿类 44 种、教材类 58 种、教辅类 46 种、科普类 47 种。经专家审核，认定 35 种图书编校质量不合格①。

长期以来，文化产品的发展过于重视数量的增长和扩张，导致一些出版单位忽视质量问题。以图书为例，在部分图书出版单位，国家管理制度形同虚设。对图书导向和内容把关不严以及对出版流程管理的失范，致使图书出版质量跟不上数量超范围出书、作品无价值含量等，重复出版、炒冷饭、编校质量差、追求"三俗"、图书"标题党"等行业乱象层出不穷。在一些少儿图书里甚至夹杂着惊悚、暴力、色情、粗口等内容，给少年儿童的成长带来了不良影响。音像制品、广播、影视的情形也大致相同。

高质量发展是党的十九大提出的发展理念，实现高质量发展是建设文化强国的重要途径。针对这一问题，本报告提出以下对策。一是持续加强内容建设。党的十八大以来，新思想、新理念带来了一系列历史性变革，取得了许多历史性的成就，为文化产品的生产提供了丰富的创作素材和良好的创作土壤。文化产品在内容创作上要始终坚持把以人民为中心作为导向，加强现实题材的主导地位，真实、深刻地书写好新时代的篇章，力争打造文化精品。同时要严格把控编校质量，将"三审三校"制度落实到位。二是着力优化产业结构。推动文化产品的高质量发展需要各出版单位以国家政策为指导、以市场需求为依据不断深化改革，推进产品结构的优化调整，改变数量庞大但整体品质不高的现状，从以大规模品种扩张为主要特征的粗放式增长模式逐渐迈向质量效益型发展新阶段，实现由量到质的行业转型。三是坚持创新发展理念。随着互联网的飞速发展、数字信息技术的不断升级，我国文化产品的生产正面临一场全方位的深刻革命，这既是挑战也是机遇。我们应当抓住这个重要时机，不断创新发展理念，创新文化产品的题材样式、生产方式和传播方式，避免重复、跟风，从而激发新活力、培育新动能。

---

① 孙海悦：《图书"质量管理 2019"专项工作质检结果公布　35 种编校质量不合格图书被通报》，《中国新闻出版广电报》2019 年 12 月 17 日，第 1 版。

（二）新旧媒体融合发展进展缓慢

媒体融合发展自2014年上升为国家战略以来，已经走过了六个年头。尽管传统出版类产品与新媒体融合是转型发展的必然趋势，相关管理部门和行业在融合路径方面做出了很多探索和努力，也取得了一些成果，但是总体而言，传统出版类产品的数字化进程仍然非常缓慢甚至只是流于形式。

一方面，图书类产品融合发展的动力与能力不足。总体上图书行业增长情况相对于其他传统媒体而言较好，融合发展和转型的紧迫性不强，导致图书类产品在技术研发、技术应用、新媒体平台运营等方面的动力和能力显得不足。在内容生产方面，大部分图书类产品未能突破固有模式——投稿、编辑、出版、发行，在运用社交媒体进行内容生产上也沿袭固有的思路，简单复制纸媒内容，在知识呈现、信息附加、资料补充等方面的创新性和创造性不足。图书出版机构在推动图书出版与新兴技术融合发展过程中，还可能面临收益转化慢甚至收不抵支的困境。但如果图书出版业不及时地吸纳和应用新兴技术，就会在日趋激烈的阅读市场竞争中越来越多地受到新媒体的冲击。

另一方面，期刊（尤其是学术期刊）与新媒体整合的进程更是缓慢。与报纸等主流媒体相比，期刊对新媒体技术的敏感度不足，很多期刊对媒体融合仍持一种观望态度，最多在形式上改良一下。以学术期刊为例，尽管一些学术期刊引入了诸如微信公众号、微博、第三方数字化平台等媒介形式，甚至独立开发App，但总体来看，运营状况并不理想，与新媒体融合发展的成功案例鲜见。与此同时，融合发展也停留于形式，经常出现有新媒体平体平台而无内容更新的情况。目前，传统的纸质学术期刊仍然占据着主导地位，除少数优秀期刊外，我国大部分学术期刊应用新媒体的水平和技术还比较落后，学术期刊与新媒体的融合发展仍然任重道远。

新旧媒体的融合是由技术飞跃带来的深刻变革。全媒体时代传统出版产品要实现融合发展，需要在技术研发、内容生产、平台运营等多个方面进行深入探索和大力投入，而不是简单的"互联网＋"。针对融合发展进展缓慢的问题，本报告建议如下。其一，国家应在政策层面进行统筹规划，设立相关的奖励、鼓励措施和办法，在人才培养、技术研发等方面给予相应支持。其二，传统文化产品应创新思路，根据融合发展的需要，重塑生产流程。以图书为例，出版机构可以创新纸书形式，将其与新兴技术相结合，使内容呈现方式多样化，提升阅读体验；实现纸书、电子书、有声书、短视频等多形态转化，进行个性化、差异化的内容分发；重视探索电子书、有声书等数字出版物的商业价值转换模式，构建良性可持续发展的行业生态；等等。其三，构建知识服务机制。以学术期刊为例，出版机构可遵循互联网平台思维，搭建以用户为核心的知识服务平台体系，提供全方位的知识服务，包括提供学术论文发布平台、举办学术会议、开展培训研讨等，可根据实际情况与用户需求，实行免费与有偿服务并举。这样既能够将线下用户向线上聚拢，增强凝聚力和活跃度，也可以将现有资源盘活，形成良性循环。总之，只有将传统文化产品内容的价值延伸至数字出版全产业链，才能在更大程度上实现媒体融合，真正改变"呼声高、进展慢"的现状。

参考文献

湖北大学高等人文研究院、中华文化发展湖北省协同创新中心"中国文化发展状况调查（2019）"数据库。

《关于印发〈文化及相关产业分类（2018）〉的通知》，国家统计局网站，2018 年 4 月 23 日，http：//www. stats. gov. cn/tjgz/tzgb/201804/t20180423_ 1595390. html。

国家统计局：《中国统计年鉴 2019》，中国统计出版社，2019。

国家新闻出版署：《2018 年全国新闻出版业基本情况》，《中国新闻出版广电报》2019 年 8 月 29 日。

段艳文：《2019 年中国期刊业观察》，《青年记者》2019 年第 36 期。

陈香：《2019 年中国出版十件大事》，《中华读书报》2019 年 12 月 25 日，第 16 版。

孙海悦：《图书"质量管理 2019"专项工作质检结果公布　35 种编校质量不合格图

书被通报》,《中国新闻出版广电报》2019 年 12 月 17 日,第 1 版。

刘汉文、陆佳佳:《2019 年中国电影产业发展分析报告》,《当代电影》2020 年第 2 期。

戚雪、孙晖、杨阳:《中国电视剧发展现状与总体趋势》,《传媒》2020 年第 4 期。

B.6
中国公共文化服务发展报告（2019）

周鸿雁　李玉寒　郭嘉峰*

摘　要： 2018~2019 年，我国公共文化服务领域出台和落实了一系列相关政策，进一步增加了公共文化服务效能，并取得了明显的成效。主要体现在以下几个方面：公共文化服务体系建设进一步完善，基本公共文化服务进一步均等化，公共文化服务科技含量越来越高，群众对公共文化服务的满意度进一步提升。但同时也存在着居民对公共文化服务实际消费水平偏低，基层以传统文化设施为主、数字文化设施偏少，公共文化服务供给主体单一化等问题。为此，应进一步拓宽公共文化事业经费渠道，加强居民文化消费引导；加强基层公共文化服务基础设施数字化建设；加大中西部地区的经费投入，加强差异化公共文化服务供给；转变政府在公共文化服务中的角色，挖掘社会力量参与公共文化服务的潜力。

关键词： 公共文化服务供给　文化消费　公共文化发展　供给差异化

　　本报告基于国家相关机构公布的官方数据以及湖北大学高等人文研究院、中华文化发展湖北省协同创新中心"中国文化发展状况调查（2019）"

---

　　* 周鸿雁，湖北大学政法与公共管理学院副教授，中华文化发展湖北省协同创新中心副研究员，湖北农村社区研究中心研究员，主要从事公共文化服务研究；李玉寒，湖北大学政法与公共管理学院公共管理专业 2018 级硕士研究生；郭嘉峰，湖北大学政法与公共管理学院公共管理专业 2019 级硕士研究生。

数据库，对2018～2019年公共文化服务发展的总体状况以及各分领域情况进行描述和分析，梳理当前中国公共文化服务发展中存在的主要问题，并试图提出一些建议，以供有关部门和研究者参考。

一 2018～2019年中国公共文化服务供给基本情况

（一）中国文化服务供给总体情况

1. 公共文化政策法规供给情况

公共文化政策法规供给是公共文化服务不可或缺的重要组成部分，2018～2019年，为了进一步完善我国公共文化服务体系、提高公共文化服务供给效能，在前期已建立的制度框架体系下，中央相关部门出台了一系列关于公共文化服务体系建设和公共文化服务活动的具体规定、细则、计划、管理办法、实施方案、管理标准、指导意见以及服务流程和方法等制度规范，各级政府相关部门和机构也相应出台了具体的规范和措施，继续细化落实公共文化服务体系中的政策法规。其重点主要集中在以下五个方面①。

一是关于文化体制改革的政策法规供给，主要体现在文化产业发展的法规政策引导和政府对文化产业促进及监管作用两个方面。主要包括：《中央文化企业公司制改制工作实施方案》《文化体制改革中经营性文化事业单位转制为企业的规定》《进一步支持文化企业发展的规定》《文化市场综合执法管理条例（征求意见稿）》等。特别值得关注的是，2019年6月28日，文化和旅游部发布了关于对《文化产业促进法（草案征求意见稿）》公开征求意见的公告，为促进和保障我国文化产业健康持续发展、满足人民向往美好生活的精神文化需求提供了基本法律保障。

---

① 资料来源：文化和旅游部官方网站，https：//www.mct. gov.cn／；财政部官方网站，http：//www.mof.gov.cn/index.htm；国家文物局官方网站，http：//www.ncha.gov.cn／；等等。

二是关于落实基本公共文化服务的具体法规制度。公共文化服务体系建设是一个不断完善的过程，2018～2019年，我国政府在文化事业经费管理、文化队伍建设、基础设施建设和评估标准、文化服务政务公开、公共文化服务方法与流程等方面提供了明确具体的政策指引。主要包括：《财政部关于修改〈文化事业建设费使用管理办法〉的决定》《2018年全国基层文化队伍培训工作计划》《国家文物局文博人才培训基地评估细则（试行）》《公共文化服务领域基层政务公开标准指引》《关于规范主题公园建设发展的指导意见》《公共美术馆建设标准》《美术馆藏品登记著录规范》《美术馆藏品二维影像采集规范》《信息与文献　公共图书馆影响力评估的方法和流程》《博物馆馆藏资源著作权、商标权和品牌授权操作指引》《关于进一步加强文博事业单位人事管理工作的指导意见》和《关于深化文物博物专业人员职称制度改革的指导意见》等。

三是关于继续推进数字化公共文化服务。主要包括《国家文化和科技融合示范基地认定管理办法（试行）》《文化及相关产业分类（2018）》《公共数字文化工程融合创新发展实施方案》等。

四是关于传统文化、文物和非物质文化遗产保护。主要包括《"中国民间文化艺术之乡"命名和管理办法》《中华人民共和国水下文物保护管理条例修订草案（征求意见稿）》《中国非物质文化遗产传承人群研修研习培训计划实施方案（2018-2020）》《革命旧址保护利用导则（征求意见稿）》《关于实施革命文物保护利用工程（2018-2022年）的意见》《涉案文物鉴定评估管理办法》《国有馆藏文物退出管理暂行办法》《不可移动文物认定导则（试行）》《关于加强文物保护利用改革的若干意见》《国家级文化生态保护区管理办法》《非物质文化遗产传承发展工程实施方案》《长城保护总体规划》《大运河文化保护传承利用规划纲要》《曲艺传承发展计划》《文物建筑开放利用案例指南》《国家级非物质文化遗产代表性传承人认定与管理办法》《长城、大运河、长征国家文化公园建设方案》等。

五是关于公共文化服务助力国家精准扶贫。主要包括《文化和旅游部办公厅关于大力振兴贫困地区传统工艺助力精准扶贫的通知》《文化和旅游部办公厅、国务院扶贫办综合司关于支持设立非遗扶贫就业工坊的通知》《文化和旅游部办公厅、国务院扶贫办综合司关于推进非遗扶贫就业工坊建设的通知》等。

2. 公共文化服务机构及从业人员情况

截至 2018 年底，全国文化单位机构数和从业人员人数均出现下降，其中全国文化单位机构数为 30.63 万个，较 2017 年减少 2.01 万个。从业人员人数为 240.78 万人，较 2017 年减少 7.52 万人（具体情况见图 1）。

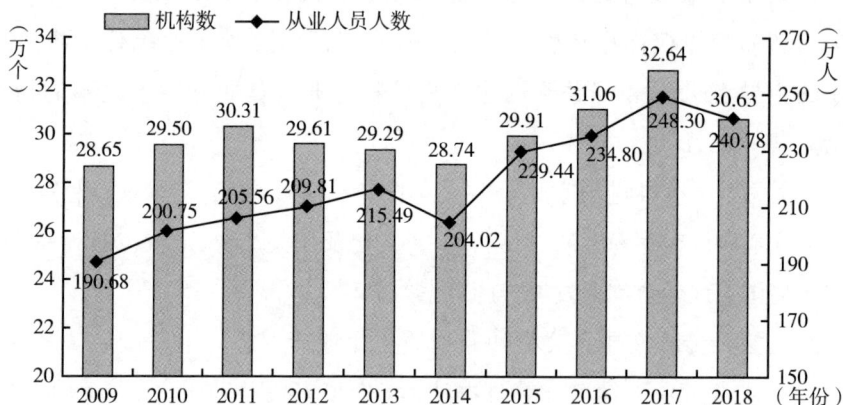

图 1 2009~2018 年全国文化单位机构数及从业人员人数

资料来源：文化和旅游部编《2017 年文化发展统计公报》，中国统计出版社，2018；国家统计局编《中国统计年鉴2019》，中国统计出版社，2019。

2018 年全国主要公共文化服务机构中，艺术业机构数量增长最快，尤其是其中的艺术表演团体数，较 2017 年增长了 1381 个，增长速度为8.77%。之后是文物业机构数，较 2017 年增长了 229 个，增长速度为2.31%。公共图书馆较 2017 年增加了 10 个，增长速度为 0.32%，基本与上年持平。群众文化服务机构数则有所减少，但变化不明显（具体情况见表 1）。

表 1　2017～2018 年全国主要公共文化服务机构数

单位：个，%

指标		2017 年	2018 年	增长速度
公共图书馆		3166	3176	0.32
群众文化服务机构		44521	44464	-0.13
文物业机构		9931	10160	2.31
艺术业机构	艺术表演团体	15742	17123	8.77
	艺术表演场馆	2455	2478	0.94

资料来源：文化和旅游部编《中国文化和旅游统计年鉴 2019》，国家图书馆出版社，2019。

2018 年，全国主要公共文化服务人员的职称结构中高级职称数量均呈正增长状态；中级职称个数除了公共图书馆呈负增长外，其他两个机构都继续呈正增长。从分领域的情况来看，文物业机构的中高级职称增长最快，尤其是高级职称，较 2017 年底增长了 5.01%（具体情况见表 2）。

表 2　2017～2018 年全国主要公共文化服务人员职称结构

单位：个，%

指标		2017 年	2018 年	增长速度
公共图书馆	高级职称	6502	6632	2.00
	中级职称	18729	18622	-0.57
群众文化服务机构	高级职称	6171	6386	3.48
	中级职称	17224	17245	0.12
文物业机构	高级职称	9221	9683	5.01
	中级职称	20136	20685	2.73

资料来源：文化和旅游部编《中国文化文物统计年鉴 2018》，国家图书馆出版社，2018；文化和旅游部编《中国文化和旅游统计年鉴 2019》，国家图书馆出版社，2019。

3. 公共文化服务财政投入情况

2018 年，全国文化事业费和人均文化事业费均保持增长趋势。2018 年，全国文化事业费为 928.33 亿元，比 2017 年增加了 72.53 亿元。全国人均文化事业费 66.53 元，较 2017 年增加了 4.96 元，增长速度为 8.1%，增长速度继续减缓，为 2010 年以来的最低点（具体情况见图 2）。

图2 2010~2018年全国人均文化事业费及增长速度

资料来源：文化和旅游部编《2018年文化和旅游发展统计公报》，中国统计出版社，2019。

2018年全国文化事业费占财政总支出比重为0.42%，与2017年持平，占我国财政总支出比重依然较低（具体情况见图3）。

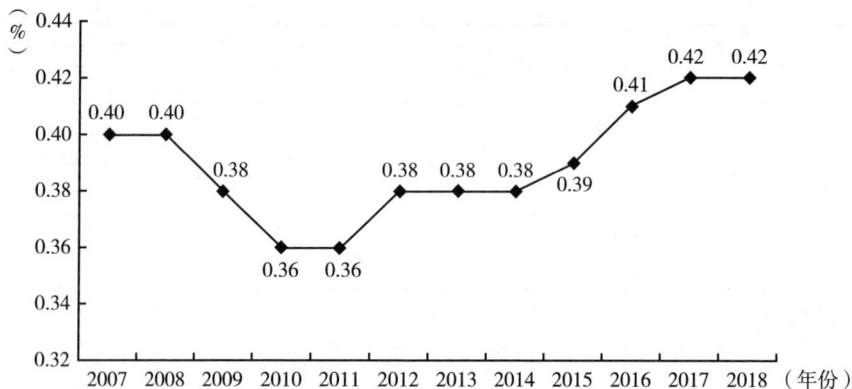

图3 2007~2018年全国文化事业费占财政总支出比重

资料来源：文化和旅游部编《2018年文化和旅游发展统计公报》，中国统计出版社，2019。

从地域分布看，2018年全国文化事业费在城乡分配上依旧将重点放在县及县以下单位，对县及县以下单位的投入达503.37亿元，占全国文化事业费总支出的 54.2%；从区域来看，东部地区仍然是文化事业费的重点投入地区，2018 年，东部地区、西部地区、中部地区占比分别为44.8%、26.2%、25.1%。与 2017 年相比，2018 年西部地区文化事业费所占比重有所下降，而县及县以下所占比重进一步增加（具体情况见表 3）。

表 3　全国文化事业费按城乡和区域分布情况

	区域	2005 年	2010 年	2015 年	2016 年	2017 年	2018 年
总量 （亿元）	全国	133.82	323.06	682.97	770.69	855.80	928.33
	县以上	98.12	206.65	352.84	371.00	398.35	424.96
	县及县以下	35.70	116.41	330.13	399.68	457.45	503.37
	东部地区	64.37	143.35	287.87	333.62	381.71	416.24
	中部地区	30.58	78.65	164.27	184.80	213.30	232.71
	西部地区	27.56	85.78	193.87	218.17	230.70	242.93
所占比重 （%）	全国	100.0	100.0	100.0	100.0	100.0	100.0
	县以上	73.3	64.0	51.7	48.1	46.5	45.8
	县及县以下	26.7	36.0	48.3	51.9	53.5	54.2
	东部地区	48.1	44.4	42.1	43.3	44.6	44.8
	中部地区	22.9	24.3	24.1	24.0	24.9	25.1
	西部地区	20.6	26.6	28.4	28.3	27.0	26.2

资料来源：文化和旅游部编《2018 年文化和旅游发展统计公报》，中国统计出版社，2019。

2018 年，中央对地方文化项目补助资金总额为 50.51 亿元，与 2017 年基本持平（具体情况见图 4）。

随着各项文化政策的完善和落实，国家逐步加大了文化建设扶持力度。从过去九年的数据来看，总体而言中央对地方文化项目补助金额一直是稳中有升的，特别是 2016 年突破了 60 亿元。而 2017 年相对而言下降了不少，2018 年补助资金总额为 50.51 亿元，虽然较 2017 年增加了 0.3 亿元，但是与 2016 年同期相比还是有点差距（具体情况见图 4）。

综合政策供给、文化机构与从业人员数、财政投入三个方面的情况来看，本报告认为 2018~2019 年中国文化服务供给就总体而言较 2017 年更

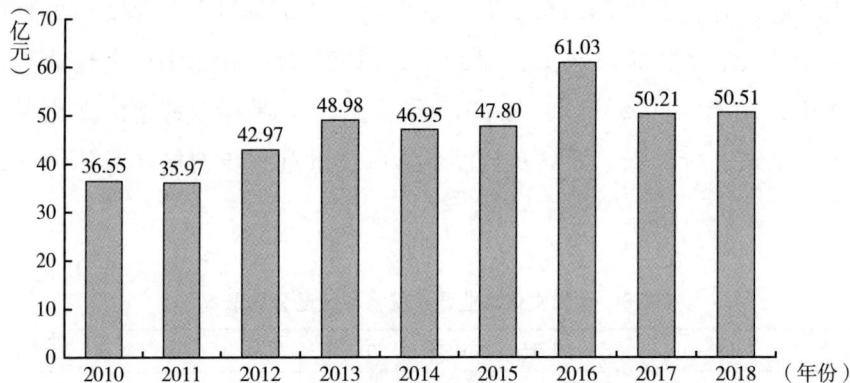

图4　2010～2018年中央对地方文化项目补助资金

资料来源：文化和旅游部编《2018年文化和旅游发展统计公报》，中国统计出版社，2019。

上一层楼。在政策上聚焦领域逐渐深入、操作性强，文化机构与从业人员人数虽均有下降，但全国主要公共文化服务机构数仍呈低速增长的态势，而且其服务人员中高级职称人员的比重逐步提高，人员结构正在进一步优化。财政投入增长较为缓慢，占比与上年持平，投入总额、人均文化事业费、中央对地方文化项目补助资金总数均比2017年有所增加，在地域分配上也更为合理。

（二）中国公共文化服务基本领域的供给情况

1.公共图书馆

总体来看，2018年全国公共图书馆资源供给较2017年更为充足。截至2018年底，公共图书馆的图书总藏量比2017年同期增加了6763万册，增长速度为6.98%；人均图书馆藏量0.74册，增长速度为5.71%。平均每万人公共图书馆建筑面积、阅览室座席数、人均购书费、电子阅览终端数、机构个数、从业人员人数的增长速度分别为4.95%、4.94%、4.12%、1.39%、0.32%、0.06%（具体情况见表4）。

表4 2017～2018年全国公共图书馆资源发展基本数据

指标	2017年	2018年	增长速度（%）
机构个数（个）	3166	3176	0.32
从业人员人数（人）	57567	57602	0.06
图书总藏量（万册）	96953	103716	6.98
电子阅览终端数（万台）	14.43	14.63	1.39
阅览室座席数（万个）	106.42	111.68	4.94
人均图书馆藏量（册）	0.70	0.74	5.71
人均购书费（元）	1.70	1.77	4.12
平均每万人公共图书馆建筑面积（平方米）	109.0	114.4	4.95

资料来源：文化和旅游部编《中国文化文物统计年鉴2018》，国家图书馆出版社，2018；文化和旅游部编《中国文化和旅游统计年鉴2019》，国家图书馆出版社，2019。

2018年，我国公共图书馆资源使用频率增长迅速。总流通人次、书刊外借人次、书刊外借册次、举办活动次数、参加活动人次均有所增长，其中举办活动次数和参加活动人次依然保持着快速增长状态，增速分别为15.1%、20.2%（具体情况见表5）。

表5 2017～2018年公共图书馆资源使用基本数据

指标	2017年	2018年	增长速度（%）	
			2017年	2018年
总流通人次（万人）	74450	82032	12.7	10.2
书刊外借人次（万人）	25503	25814	2.5	1.2
书刊外借册次（万册次）	55091	58010	0.7	5.3
举办活动次数（次）	155590	179043	11.1	15.1
参加活动人次（万人次）	8857	10647	24.1	20.2

资料来源：文化和旅游部编《中国文化文物统计年鉴2018》，国家图书馆出版社，2018；文化和旅游部编《中国文化和旅游统计年鉴2019》，国家图书馆出版社，2019。

2. 群众文化机构

2018年，全国群众文化机构中除机构个数和所拥有的计算机台数表现为负增长之外，其余均为正增长。有两个方面的数据值得注意：一是所拥有的计算机数量减少幅度比较明显，较 2017 年减少了 19.0%；二是开展各类文化活动场次和服务人次大大增加，增速分别为 10.9%、10.4%（具体情况见表6）。

表6 2018 年全国群众文化机构具体情况

指标	总量	增长速度(%)
机构个数(个)	44464	−0.1
从业人员人数(人)	185636	2.6
房屋建筑面积(万平方米)	4283.10	4.3
计算机数量(台)	401534	−19.0
开展各类文化活动场次(万场次)	219.48	10.9
服务人次(万人次)	70570	10.4
每万人拥有群众文化设施面积(平方米)	306.90	3.9

资料来源：文化和旅游部编《中国文化文物统计年鉴 2018》，国家图书馆出版社，2018；文化和旅游部编《中国文化和旅游统计年鉴 2019》，国家图书馆出版社，2019。

从具体文化活动开展形式的增速情况来看，活动次数增长最快的是举办训练班，而服务人次增长速度最快的是组织文艺活动。具体来看，举办展览、组织文艺活动、开展公益性讲座、举办培训班等四项活动的次数的增长速度分别为 3.0%、10.5%、4.1%、13.8%；开展这四项活动的服务人次的增长速度分别为 3.1%、12.0%、10.0%、10.4%。由此可见，群众文化机构开展的活动越来越丰富，人民群众参与热情越来越高。（具体情况见表7）

表7 2018 年全国群众文化机构开展活动情况

指标	总量		增长速度(%)	
	活动次数(万次)	服务人次(万人次)	活动次数	服务人次
举办展览	15.87	11041	3.0	3.1
组织文艺活动	123.13	53950	10.5	12.0
开展公益性讲座	3.58	618	4.1	10.0
举办训练班	76.90	4961	13.8	10.4
合计	219.48	70570	10.9	10.4

资料来源：文化和旅游部编《中国文化文物统计年鉴 2018》，国家图书馆出版社，2018；文化和旅游部编《中国文化和旅游统计年鉴 2019》，国家图书馆出版社，2019。

3. 文物业

2018 年，全国文物业各项服务指标均保持了增长的趋势。其中比较突出的是，2018 年文物业举办陈列展览场次明显增加，较 2017 年增加了7.22%，接待观众的人数也相应增加，较 2017 年增加了 6.60%（具体情况见表8）。

表8 2017～2018 年全国文物业服务情况

指标	2017 年	2018 年	增长速度（%）
机构个数（个）	9931	10160	2.31
从业人员人数（万人）	16.16	16.26	0.62
文物藏品数量（万件/套）	4850.66	4960.44	2.26
接待观众人数（万人）	114773	122352	6.60
举办陈列展览场次（场）	26045	27925	7.22

资料来源：文化和旅游部编《中国文化文物统计年鉴 2018》，国家图书馆出版社，2018；文化和旅游部编《中国文化和旅游统计年鉴 2019》，国家图书馆出版社，2019。

另外，2018 年全国非物质文化遗产工作有了显著进展。机构个数和从业人员人数的增长速度由 2017 年的负增长转为基本持平。各种演出和民俗活动的场次也有了明显的增长，尤其是演出场次比 2017 年增加了 15317 场，增长速度达 30.53%。2018 年，民俗活动共举办 16844 次，相较于 2017 年的增长速度多出 7.38 个百分点（具体情况见表9）。

表9 2017～2018 年全国非物质文化遗产工作发展情况

指标	2017 年	2018 年	增长速度（%）	
			2017 年	2018 年
机构个数（个）	2466	2467	-6.41	0.04
从业人员人数（人）	17235	17308	-6.65	0.42
演出场次（场）	50178	65495	19.05	30.53
民俗活动次数（次）	15133	16844	3.93	11.31

资料来源：文化和旅游部编《2017 年文化发展统计公报》，中国统计出版社，2018；文化和旅游部编《2018 年文化和旅游发展统计公报》，中国统计出版社，2019。

4. 艺术业机构

2018 年艺术业机构服务的总体发展态势十分平稳。截至 2018 年底，全国艺术表演团体数比 2017 年同期增加 1381 个，增长速度为 8.77%；演出场次、从业人员人数、表演场馆数、政府采购公益演出场次的增长速度分别为 6.43%、3.33%、0.94%、0.56%（具体情况见表 10）。

表 10　2017～2018 年全国艺术表演团体发展情况

指标	2017 年	2018 年	增长速度（%）
表演场馆数（个）	2455	2478	0.94
从业人员人数（万人）	40.30	41.64	3.33
演出场次（万场）	293.58	312.46	6.43
艺术表演团体数（个）	15742	17123	8.77
政府采购公益演出场次（万场）	16.07	16.16	0.56

资料来源：文化和旅游部编《中国文化文物统计年鉴 2018》，国家图书馆出版社，2018；文化和旅游部编《中国文化和旅游统计年鉴 2019》，国家图书馆出版社，2019。

截至 2018 年底，全国公共美术馆机构个数、从业人员人数、举办展览次数和总参观人次均较 2017 年有所增加。其中，机构个数为 528 个，较 2017 年同期增加 29 个，增长速度为 5.81%；从业人员人数为 4744 人，增加 168 人，增长速度为 3.67%；举办展览 7021 次，增长速度为 3.91%；总参观人次为 3721 万人，基本与 2017 年持平（具体情况见表 11）。

表 11　2017～2018 年全国公共美术馆发展情况

指标	2017 年	2018 年	增长速度（%）
机构个数（个）	499	528	5.81
从业人员人数（人）	4576	4744	3.67
举办展览次数（次）	6757	7021	3.91
总参观人次（万人）	3724	3721	-0.08

资料来源：文化和旅游部编《中国文化文物统计年鉴 2018》，国家图书馆出版社，2018；文化和旅游部编《中国文化和旅游统计年鉴 2019》，国家图书馆出版社，2019。

综合公共图书馆、群众文化机构、文物业、艺术业机构四个方面的情况来看，本报告认为2018～2019年中国公共文化服务基本领域的供给情况表现如下。各类公共文化服务机构发展状况总体稳中有升，其中各机构个数和从业人员人数缓慢增长，特别是全国文物业机构中非物质文化遗产机构个数和从业人员人数扭转了2017年的负增长。各机构的配套资源设施实现了进一步优化，资源使用频率也有了提升，部分机构举办的活动次数和参与活动人次的增长速度超过了2017年，说明人民群众对公共文化的需求和参与公共文化服务活动的意愿更加强烈。

二　2018～2019年中国公共文化服务消费的基本情况

（一）居民总体文化消费水平

1. 居民可消费的公共文化财政支出

《中国文化及相关产业统计年鉴2019》显示，2018年全国一般公共预算文化体育与传媒支出为3537.86亿元，比2017年增长4.3%。其中文化支出为1285.73亿元，比2017年增长2.5%；文物支出为392.29亿元，比2017年增长10.3%。地方一般公共预算文化体育与传媒支出为3256.73亿元，较上年增长4.3%。近年来我国对文化事业费的投入一直在逐步增加，2018年，我国文化事业费为928.33亿元，比2017年同期增加了8.5%；全国文物事业费378.79亿元，比2017年增长8.3%；我国人均文化事业费66.53元，比2017年增长8.1%。全国文化事业费和人均文化事业费为我国居民提供了可消费的公共文化财政支出。

2. 居民在文化方面的实际支出水平

文化消费是文化发展的目的，居民用于购买文化方面的实际支出水平更是直接体现了居民文化消费水平。根据湖北大学高等人文研究院、中华文化发展湖北省协同创新中心"中国文化发展状况调查（2019）"数据库中有关"每年在文娱、旅游消费方面的实际支出"统计，有2686份样本每年文化和旅游消费实际支出水平在1000元以内，占样本总量的48.30%；有26.90%的样本消费支出为1000~2999元。每年在10000元以上样本数有221个，有效百分比仅为3.97%（具体情况见表12）。

表12　每年在文娱、旅游消费方面的实际支出

单位：人，%

分类	样本数	百分比	有效百分比	累计百分比
1000元以内	2686	48.30	48.30	48.30
1000~2999元	1496	26.90	26.90	75.20
3000~4999元	752	13.52	13.52	88.73
5000~10000元	406	7.30	7.30	96.03
10000元以上	221	3.97	3.97	100.00
合计	5561	100.00	100.00	—

资料来源：湖北大学高等人文研究院、中华文化发展湖北省协同创新中心"中国文化发展状况调查（2019）"数据库。

2015年以来，我国人均可支配收入和人均消费支出均呈逐年增加的态势，2015~2017年，我国居民文化娱乐支出也呈逐年增加之势，而2018年这一情况发生了变化，居民文化娱乐支出比2017年减少了22.2元。值得注意的是，2015年以来，在人均可支配收入和人均消费支出都逐年增长的情况下，居民文化娱乐支出占消费支出比重却一直在下降，从2015年的4.8%下降到4.2%，可见当前我国居民每年在文化方面消费实际支出水平整体偏低（具体情况见表13）。

表13　居民人均可支配收入、人均消费支出与文化娱乐支出

指标	2015年	2016年	2017年	2018年
人均可支配收入（元）	21966.2	23821.0	25973.8	28228.0
人均消费支出（元）	15712.4	17110.7	18322.1	19853.1
文化娱乐支出（元）	760.1	800.0	849.6	827.4
文化娱乐支出占消费支出比重（%）	4.8	4.7	4.6	4.2

资料来源：国家统计局编《中国文化及相关产业统计年鉴2019》，中国统计出版社，2019。

根据上面的数据可以得知，我国居民文化消费水平总体较低这一现象仍然存在。虽然我国文化财政支持、居民人均可支配收入、人均消费支出在逐年增加，但是目前大部分居民在文化娱乐方面的年支出在1000元以内，且国家统计局相关统计数据显示，我国居民每年在文化娱乐方面的消费支出占人均消费支出的比重在逐年下降，需要进一步刺激居民的消费潜力。

（二）居民参与公共文化消费途径与方式

1. 居民参与公共文化消费的主要途径

当前可供居民参与公共文化消费的途径越来越多元化，居民不仅可以参加通过各类公共文化服务基础设施举办的展览、公益讲座、培训班、品牌节庆活动、针对不同群体的专场活动、流动图书车借阅、流动舞台车演出等丰富多彩的文化活动，还可以在公共文化云、国家数字文化网、中国国家数字图书馆等线上数字平台，通过共享直播、资源点播、活动预约、场馆导航、服务点单等功能选择自己需要的公共文化服务。在"中国文化发展状况调查（2019）"数据库中文化消费需求实现的途径问卷样本总量为5561人，选择总人次11653人。数据分析结果显示，在各类文化消费途径中，浏览互联网占样本总量的76.10%，占选择总人次的36.32%；观看影视片占样本总量的59.86%，占选择总人次的28.57%；阅读报纸杂志、参加文化艺术活动占样本比重分别为43.98%、29.60%。（具体情况见表14）调研数据表明，互联网平台已经成为大部分群众参与公共文化消费最主要的途径。

表14　文化消费需求实现的途径

单位：人，%

分类	人数	占样本比重	占选择人次比重
浏览互联网	4232	76.10	36.32
阅读报纸杂志	2446	43.98	20.99

续表

分类	人数	占样本比重	占选择人次比重
参加文化艺术活动	1646	29.60	14.13
观看影视片	3329	59.86	28.57
选择人次总计	11653	—	100.00

资料来源：湖北大学高等人文研究院、中华文化发展湖北省协同创新中心"中国文化发展状况调查（2019）"数据库。

2. 居民公共文化消费偏好

（1）主要消费方式偏好

随着公共文化服务体系建设的不断完善，可供居民选择的文化消费方式也越来越多。在"中国文化发展状况调查（2019）"数据库中，根据调查者提供的 12 项日常文化娱乐方式，被调查者需要选择三项自己最喜欢的文娱方式并进行排序。从每项选择人数占样本比重来看，上网、看电视、看电影这三项选择人数最多，分别占样本比重的 58.23%、49.47%、46.99%；选择人数排在后三位的分别是下棋、跳广场舞、看戏（具体情况见表 15）。

表 15　最喜欢的娱乐方式

单位：人，%

	上网	看电视	看电影	运动健身	看书读报	逛街	打麻将	与邻居聊天	听广播	下棋	跳广场舞	看戏
选择人数	3238	2751	2613	1714	1219	1105	918	711	595	478	386	147
占样本比重	58.23	49.47	46.99	30.84	21.92	19.87	16.51	12.79	10.70	8.60	6.94	2.64

资料来源：湖北大学高等人文研究院、中华文化发展湖北省协同创新中心"中国文化发展状况调查（2019）"数据库。

从最喜欢的娱乐方式排序结果来看，选择看电视作为第一位文化娱乐活动的人数是最多的；选择上网作为第二位文化娱乐活动的人数是最多的；选择运动健身作为第三位文化娱乐活动的人数是最多的。从具体的单个文娱方式来看，把它作为第一、第二、第三选择的人数比重都是不同的。比如选择看电视的总人数有 2810 人，其中有 60.11% 将看电视作为第一选择，21.67% 将看电视作为第二选择，18.22% 将看电视作为第三选择。可见随着生活质量的提高，可供大众选择的文化娱乐活动越来越多样化，但群众最喜欢的还是与自己生活方式更接近的文化娱乐活动（具体情况见表16）。

表16　最喜欢的娱乐方式排序

单位：人，%

排序	看电视		打麻将		看电影		上网		听广播		跳广场舞	
	人数	比重	人数	比重	人数	比重	人数	比重	人数	比重	人数	比重
第一	1689	60.11	372	40.52	914	34.98	1232	38.05	90	15.13	79	20.47
第二	609	21.67	356	38.78	1092	41.79	1270	39.22	221	37.14	131	33.94
第三	512	18.22	190	20.70	607	23.23	736	22.73	284	47.73	176	45.60
合计	2810	100.00	918	100.00	2613	100.00	3238	100.00	595	100.00	386	100.00

排序	下棋		看书读报		看戏		逛街		与邻居聊天		运动健身	
	人数	比重	人数	比重	人数	比重	人数	比重	人数	比重	人数	比重
第一	88	18.41	272	22.31	25	17.01	183	16.56	114	16.03	354	20.65
第二	198	41.42	440	36.10	68	46.26	379	34.30	234	32.91	370	21.59
第三	192	40.17	507	41.59	54	36.73	543	49.14	363	51.05	990	57.76
合计	478	100.00	1219	100.00	147	100.00	1105	100.00	711	100.00	1714	100.00

资料来源：湖北大学高等人文研究院、中华文化发展湖北省协同创新中心"中国文化发展状况调查（2019）"数据库。

（2）主要消费内容偏好

在众多的可供选择的公共文化服务内容中群众对文化消费内容的偏好也是不一样的。在"我期待观看更多反映地方特色的国产优秀电影、电视作品"这一题的选择中，调查结果显示选择"非常不同意"和"不同意"的累计占比 2.37%，而选择"非常同意"和"同意"的累计占比 88.46%。可见大部分群众在对公共文化服务内容上更偏向能反映地方特色的国产优秀文化作品（具体情况见表17）。

表17 "我期待观看更多反映地方特色的国产优秀电影、电视作品"观点的认同统计

单位：人，%

分类	样本数	百分比	有效百分比	累计百分比
非常不同意	28	0.50	0.50	0.50
不同意	104	1.87	1.87	2.37
不清楚	510	9.17	9.17	11.54
同意	2260	40.64	40.64	52.18
非常同意	2659	47.82	47.82	100.00
合计	5561	100.00	100.00	

资料来源：湖北大学高等人文研究院、中华文化发展湖北省协同创新中心"中国文化发展状况调查（2019）"数据库。

在对"与简短的网络实时新闻相比，我更愿意阅读更具深度的长篇新闻报道"这一观点调查统计分析中，选择"非常不同意"和"不同意"的累计占比9.64%，而选择"非常同意"和"同意"的累计占比74.39%。说明在对网上新闻内容的阅读习惯上，只有少部分人愿意选择内容简单的实时新闻，大部分人还是更倾向于具有深度的长篇新闻内容（具体情况见表18）。

表18 "与简短的网络实时新闻相比，我更愿意阅读更具深度的长篇新闻报道"
观点的认同统计

单位：人，%

分类	样本数	百分比	有效百分比	累计百分比
非常不同意	117	2.10	2.10	2.10
不同意	419	7.53	7.53	9.64
不清楚	888	15.97	15.97	25.61
同意	2241	40.30	40.30	65.91
非常同意	1896	34.09	34.09	100.00
合计	5561	100.00	100.00	

资料来源：湖北大学高等人文研究院、中华文化发展湖北省协同创新中心"中国文化发展状况调查（2019）"数据库。

综上所述，随着时代的发展，可供居民参与公共文化消费的途径与文化消费方式越来越多样，居民对文化的需求也越来越迫切。大部分居民选择浏

览互联网的途径参与公共文化消费，倾向于选择与自己生活方式与习惯较为一致的文化消费方式。

（三）居民对各类公共文化服务设施的实际利用情况

公共文化服务设施是居民了解文化、吸收文化、提高文化素养的主要平台，同时也是向公民传播文化的重要媒介。根据公共文化服务四大基本领域的基础数据，本报告主要从通过各类公共文化服务设施举办活动的参加人次、服务人次以及公共文化服务设施利用的绝对效率[①]三个方面来考察居民对各类公共文化服务设施的实际利用情况。

从公共文化服务设施实际使用量来看，截至 2018 年底，全国公共图书馆实际使用房屋建筑面积 1595.98 万平方米（每万人 114.4 平方米），比 2017 年有所增长。与 2017 年同期数据进行比较，2018 年全国人均购书费 1.77 元，增加 0.07 元（具体情况见前文表 4）。全国公共图书馆共发放借书证 7263 万个，年增长 7.8%；总流通人次 82032 万人次，增长 10.2%；书刊外借册次 58010 万册次，增加 2919 万册次，增长 5.3%；外借人次 25814 万人次，增长 1.2%；全年公众共参加活动人次 10647 万人次，增长 20.2%（具体情况见前文表 5、图 5）。

与 2017 年相比，2018 年全国群众文化机构实际使用房屋建筑面积 4283.10 万平方米，增长 4.3%；全国平均每万人群众文化设施建筑面积 306.90 平方米，增加 11.46 平方米；共组织开展各类文化活动 219.48 万场次，增长 10.9%；总服务人次 70570 万人次，增长 10.4%（具体情况见前文表 6）。2018 年全国各类文物机构共举办陈列展览 27925 场，增加 1880 场；共接待观众 122352 万人次，增长 6.60%，其中接待未成年人 29654 万人次，占参观总人数的 24.2%；博物馆 2018 年接待观众人次占文物机构接

---

①　可使用"绝对效率"这一具体指标来体现公共文化设施利用效率，其计算公式为：绝对效率 = 服务人次/公共文化设施面积。这一指标数表示在某一公共文化设施单位面积服务人次的多少，指标越高，表示设施的利用率越高。

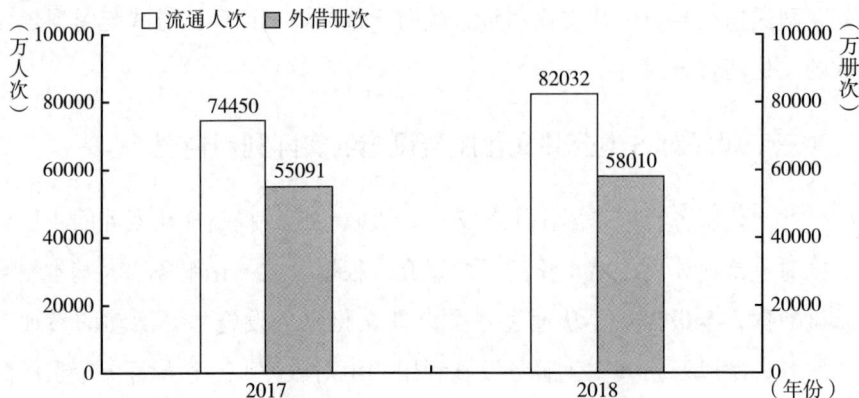

图5　2017～2018年全国公共图书馆服务情况

资料来源：文化和旅游部编《中国文化文物统计年鉴2018》，国家图书馆出版社，2018；文化和旅游部编《中国文化和旅游统计年鉴2019》，国家图书馆出版社，2019。

待观众总数的85.3%，比2017年增长了7.4个百分点①。

从公共文化服务设施利用的绝对效率来看，根据上述数据，2018年全国公共图书馆的利用绝对效率为51.72%，依然是绝对使用效率最高的公共文化设施；群众文化服务机构利用的绝对效率为16.47%。博物馆实际使用房屋建筑面积为2790.95万平方米，接待人次104400.58万人次，其利用绝对效率为37.40%，全国艺术表演场馆实际使用房屋建筑面积6671.58万平方米，接待观众14092.80万人次，其利用绝对效率为2.11%②。按照利用绝对效率来看，2018年公共文化服务设施的利用效率从高到低依次为公共图书馆、博物馆、群众文化服务机构、艺术表演场馆。

各类公共文化服务设施实际利用情况如上所述，2018年各机构举办活动次数和活动参与人次整体较2017年有了明显的提升，特别是群众文化机构的开展活动总次数与服务总人次增长速度均超过了10%，公共文化服务设施利用率最高的是公共图书馆，最低的是艺术表演场馆。总体而言，居民

① 文化和旅游部编《中国文化和旅游统计年鉴2019》，国家图书馆出版社，2019。
② 文化和旅游部编《中国文化和旅游统计年鉴2019》，国家图书馆出版社，2019。

参与公共文化活动兴趣浓厚、参与度较高，各类公共文化服务设施实现了高效利用。

三 2018～2019年中国公共文化服务的主要成就

（一）公共文化服务体系建设进一步完善

2018～2019年，我国公共文化服务体系建设得到了进一步的完善，主要体现在以下三个方面。一是在《中华人民共和国公共文化服务保障法》《文化部"十三五"时期文化发展改革规划》等法律、政策的框架下，相关政策法规的制定更加具体化、细致化，主要集中于对公共文化体系建设的管理办法、实施方案、规定、计划、指导意见等方面的完善，有利于我国公共文化服务的具体落实。二是人员素质结构得到优化，相较于2017年，公共文化服务从业人员中高级职称人数占比整体上有所提高。尤其是全国公共图书馆的从业人员高级职称和中级职称分别占11.5%和32.3%，全国群众文化机构和文物机构中的从业人员中高级职称占比也有所增长。三是体制和机构改革取得成效。目前，在国家公共文化服务体系示范区创建项目、在条件允许的地区因地制宜开展县级文化馆、图书馆总分馆制建设以及公共图书馆、文化馆法人治理结构改革试点等改革工作中已经取得了一定的阶段性成果。

（二）基本公共文化服务进一步均等化

一直以来，我国政府致力于推进公共文化服务的均等化，保障落实广大群众平等享有基本公共文化服务的权利。在2017年国家开始实施的《"十三五"推进基本公共服务均等化规划》的指导下，我国文化部门通过对文化事业费均衡分配、公共文化基础设施对社会免费开放、对较薄弱的地区和特殊群体实施政策倾斜来促进在我国城乡之间、地区之间、异质群体之间实现公共文化服务的均等化。2016 年以来，城乡之间的文化事业费分配一直保持了稍向条件比较薄弱的农村倾斜的趋势，这有利于进一步缩小城乡之间的差距；2018 年仍然延续了这一趋势，文化事业费的城乡分配占比分别为45.8%、54.2%。在具体的公共文化服务方面，对较落后的农村地区、革命老区、边疆地区、贫困地区，通过政策进行倾斜调适，通过持续开展送戏曲进乡村、配送文艺演出等活动以及"春雨工程""阳光工程""圆梦工程"文化志愿服务活动对这些地区输送文化服务。2018 年全国艺术表演团体共演出312.46 万场，其中赴农村演出 178.82 万场，占总演出场次的 57.2%；接待国内观众 13.76 亿人次，其中接待农村观众 7.79 亿人次，占接待国内观众总人次的 56.6%。文化服务设施建设更加有针对性，以便满足不同群体尤其是特殊群体的公共文化服务需求，比如公共图书馆设有专门的少儿文献、盲文图书、盲文阅览座席；群众文化机构开设馆办老年大学，同时还针对老年人、未成年人、残障人士、农民工等不同群体组织专场文艺活动。

（三）公共文化服务科技含量越来越高

面对人民群众日益增长的文化需求，近年来，国家一直在重点加强公共文化数字化建设，促进公共文化服务设施升级，创新公共文化服务模式。通过公共文化与互联网的融合来优化公共文化服务资源，实现公共文化共建共享，从而提供更加精准和高效的服务，使得公众能够更加便捷地参与公共文化消费。2017 年国家公共文化云平台正式开通，统筹了公共文化共享工程、数字图书馆推广工程、公共电子阅览室建设计划三大惠民工程。2018 年，国家公共文化云全年加载更新资源总量 14604 条，全年总访问量 1.61 亿余次，日平均访问量 44.33 万余次。

在"公共文化服务设施和服务建设科技含量越来越高，越来越便利"这一观点的调查中，选择"非常不同意"和"不同意"的累计占比2.54%，而选择"非常同意"和"同意"的累计占比 86.01%（具体情况见表 19）。数据表明，绝大多数的民众对"公共文化服务设施和服务建设科技含量越来越高"表示认可。

表19 对"公共文化服务设施和服务建设科技含量越来越高，越来越便利"
观点的认同统计

单位：人，%

分类	样本数	百分比	有效百分比	累计百分比
非常不同意	37	0.67	0.67	0.67
不同意	104	1.87	1.87	2.54
不清楚	637	11.45	11.45	13.99
同意	2393	43.03	43.03	57.02
非常同意	2390	42.98	42.98	100.00
合计	5561	100.00	100.00	

资料来源：湖北大学高等人文研究院、中华文化发展湖北省协同创新中心"中国文化发展状况调查（2019）"数据库。

（四）公共文化服务供给越来越精准

随着人民群众的文化需求向更高层次发展，公共文化服务的内容只有更加因地制宜和贴近群众需求，公共文化服务供给才能越来越精准，才能惠及更多群众。近年来，文化相关部门提供的公共文化服务从方式到内容都越来越符合大众的需求，供需一致性越来越高。在关于公共文化设施和服务供给与需求的一致性调研分析中，对于"公共文化服务设施和服务明显改善，越来越符合大众的需求"这一问题的调查数据显示，选择"非常不同意"和"不同意"的累计占比2.92%，而选择"非常同意"和"同意"的累计占比85.53%（具体情况见表20）。可见大部分民众对"公共文化服务供给越来越精准"是持肯定态度的。

表20 对"公共文化服务设施和服务明显改善，越来越符合大众的需求"
观点的认同统计

单位：人，%

分类	样本数	百分比	有效百分比	累计百分比
非常不同意	41	0.74	0.74	0.74
不同意	121	2.18	2.18	2.92

续表

分类	样本数	百分比	有效百分比	累计百分比
不清楚	643	11. 56	11. 56	14. 48
同意	2376	42. 73	42. 73	57. 20
非常同意	2380	42. 80	42. 80	100. 00
合计	5561	100. 00	100. 00	

资料来源：湖北大学高等人文研究院、中华文化发展湖北省协同创新中心"中国文化发展状况调查（2019）"数据库。

（五）非物质文化遗产保护效果明显

近年来，全国非物质文化遗产保护和传承呈现出新的气象和格局。2018年以《中华人民共和国非物质文化遗产法》《保护非物质文化遗产公约》等政策为指导，我国文化遗产保护工作致力于落实《关于实施中华优秀传统文化传承发展工程的意见》《中国传统工艺振兴计划》《关于实施革命文物保护利用工程（2018－2022年）的意见》等一系列重要文件，继续推进传统工艺振兴计划及各项振兴措施的落实，指导各地区出台本地区传统工艺振兴计划并加强传统工艺工作站的设立。

财政部公布的信息显示，2018年中央财政通过国家文物保护专项资金和非物质文化遗产保护专项资金等安排60. 5亿元用于支持实施全国重点文物保护单位保护、大遗址保护、世界文化遗产保护、考古发掘和可移动文物保护等项目，以及国家级非物质文化遗产代表性项目，国家级代表性传承人开展抢救性记录，国家级代表性传承人开展传习活动和国家级文化生态保护区建设等。《中华人民共和国文化和旅游部2018年文化和旅游发展统计公报》显示，截至2018年底，我国共有40个项目被列入联合国教科文组织人类非物质文化遗产代表作名录，国家非遗代表性传承人共有3068人，国家级非遗代表性项目1372个；并进一步安排中央预算内投资2. 01亿元支持建设26个国家级非遗保护利用设施，促进非遗的保护、传承与发展。

为了增强非遗的参与性、互动性，促进非遗走进现代生活，文化和旅游部、国家文物局开展了包括全国非遗曲艺周、非遗公开课、非遗影像展、非遗项目进入校园、非遗项目进入课堂、非遗项目进入乡土教材等一系列活动；组织了全国非遗保护工作先进集体和先进个人的评选表彰活动，重点向代表性传承人倾斜，向基层单位和一线工作者倾斜；继续推进中国非遗传承人群研培计划等。在"中国文化发展状况调查（2019）"数据库中，有关地方非遗文化保护成效评价的问题是"近年来国家和公民的非物质文化遗产保护意识增强，地方文物保护成效显著"。对于这一问题的回答，选择"非常不同意"和"不同意"的累计占比 3.15%，而选择"非常同意"和"同意"的累计占比 82.21%（具体情况见表21）。数据表明大部分群众对于非物质文化遗产保护和传承所取得的成效表示认同，由此可见，非物质文化遗产保护和传承不仅得到了深入的贯彻落实，也取得了更加深入人心的成效。

表21　对"近年来国家和公民的非物质文化遗产保护意识增强，地方文物保护成效显著"观点的认同统计

单位：人，%

分类	样本数	百分比	有效百分比	累计百分比
非常不同意	42	0.76	0.76	0.76
不同意	133	2.39	2.39	3.15
不清楚	814	14.64	14.64	17.78
同意	2383	42.85	42.85	60.64
非常同意	2189	39.36	39.36	100.00
合计	5561	100.00	100.00	

资料来源：湖北大学高等人文研究院、中华文化发展湖北省协同创新中心"中国文化发展状况调查（2019）"数据库。

（六）文化助力精准扶贫成效显著

精准扶贫是我国全面建成小康社会的必然要求，经过党和国家近几年的部署和努力，当前精准扶贫攻坚战已进入最后的阶段。文化扶贫作为国家精准扶贫工作中的重要一环，充分发挥了文化在扶贫攻坚工作中的"扶志"

"扶智"作用。近年来,各地以问题为导向、以深度贫困地区为重点,从文化扶贫政策体系、文化惠民扶贫专项方案等文化政策到村文化活动室、流动图书车、流动文化车等文化设施建设等文化供给,结合当地特色文化和旅游资源,推动文化助力精准扶贫攻坚战工作,并取得了显著的成效。在"特色扶贫工作成效显著,地方特色文化资源得到合理的开发"这一问题中,选择"非常不同意"和"不同意"的累计占比3.80%,而选择"非常同意"和"同意"的累计占比80.88%(具体情况见表22)。数据表明绝大多数民众对文化参与精准扶贫工作满意度较高,文化助力精准扶贫工作成果显著。

表22 对"特色扶贫工作成效显著,地方特色文化资源得到合理的开发"观点的认同统计

单位:人,%

分类	样本数	百分比	有效百分比	累计百分比
非常不同意	51	0.92	0.92	0.92
不同意	160	2.88	2.88	3.80
不清楚	852	15.32	15.32	19.12
同意	2363	42.49	42.49	61.61
非常同意	2135	38.39	38.39	100.00
合计	5561	100.00	100.00	

资料来源:湖北大学高等人文研究院、中华文化发展湖北省协同创新中心"中国文化发展状况调查(2019)"数据库。

(七)群众对公共文化服务的满意度提升

随着公共文化服务体系建设进一步深入,各地根据群众的文化需求定制各种各样的群众文化活动,越来越多的老百姓也参与到公共文化服务活动之中。在有关群众文化活动发展评价分析中,对于"社区(镇、村)广场歌舞活动开展得有声有色,深受人们喜爱"这一问题,选择"非常不同意"和"不同意"的累计占比5.18%,而选择"非常同意"和"同意"的累计占比81.02%(具体情况见表23)。数据表明丰富多彩的群众文化活动满足了人民群众的精神文化需求,深受人民群众的喜爱。

表23 对"社区（镇、村）广场歌舞活动开展得有声有色，深受人们喜爱"
观点的认同统计

单位：人，%

分类	样本数	百分比	有效百分比	累计百分比
非常不同意	66	1.19	1.19	1.19
不同意	222	3.99	3.99	5.18
不清楚	768	13.81	13.81	18.99
同意	2307	41.49	41.49	60.47
非常同意	2198	39.53	39.53	100.00
合计	5561	100.00	100.00	

资料来源：湖北大学高等人文研究院、中华文化发展湖北省协同创新中心"中国文化发展状况调查（2019）"数据库。

四 中国公共文化服务存在的主要问题

（一）居民对公共文化服务的实际消费水平偏低

近几年来，随着我国文化相关部门加大对文化消费试点工作的推进力度，各地区深入推进文化惠民工程的实施，居民文化消费的外部环境得到改善。2018年全国文化事业费与全国人均文化事业费较2017年分别增长了8.5%和8.1%，但从国家财政总体支出来看，全国文化事业费占比依然很低，仅为0.42%；而与此相对应，我国居民目前的文化娱乐实际消费水平整体偏低，仍然有很大的提升空间。在我国人均可支配收入和人均消费支出逐年增加的同时，文化娱乐支出却呈现下降的趋势。2018年，我国居民人均文化娱乐支出为827.4元，比2017年减少22.2元；文化娱乐支出占消费支出的比重为4.2%，相较于2017年减少0.4个百分点（见表13）。从城乡比较来看，城镇居民文化娱乐消费水平高于农村居民，其中城镇居民文化娱乐占消费支出比重为4.9%，而农村居民文化娱乐占消费支出比重仅为2.3%。从绝对数来看，城市居民2018年人均文化娱乐支出1270.7元，相较于 2017 年减少 68 元，农村居民人均文化娱乐支出 280 元，增加了 19 元。由此可见，我国当前民众，特别是农村居民的文化消费水平仍然整体偏低。

（二）基层以传统文化设施为主，电子阅报屏等数字设施偏少

公共文化设施是公共文化服务体系中不可缺失的基本资源，在信息技术高速发展的今天，以数字化为核心的文化基础设施理应为人民群众更方便快捷地享受公共文化服务提供必要的物质前提。近几年，随着我国各级政府在公共文化设施建设方面不断加大投入力度，目前我国公共文化设施已经基本在数量上实现了全覆盖，但从质量上看，依然存在诸多问题。其中比较突出的问题是在基层，特别是农村，具有现代数字化技术的基础文化设施偏少。对所在村（社区）现有的基础文化设施建设的调研结果显示，我国基础文化设施仍以文化广场、综合文化服务中心、公园、阅报栏等传统设施为主，其中文化广场选择人数最多，有 2741 人，占样本比重的 49.29%；综合文化服务中心选择人数占样本比重的 48.73%；公园、健身路径、阅报栏的选择人数占样本比重分别为 44.79%、42.62%、36.76%；而电子阅报屏等数字化基础设施选择人数仅占样本比重的 19.89%，占选择人次比重仅为 7.44%（具体情况见表 24）。由此可见，我国基层尤其是农村的基础文化设施以传统文化设施为主，电子阅报屏等数字文化设施偏少。

表 24 所在村（社区）的基础文化设施建设统计

单位：人，%

分类	人数	占样本比重	占选择人次比重
综合文化服务中心	2710	48.73	18.23
农家书屋	872	15.68	5.86
阅报栏	2044	36.76	13.75
电子阅报屏	1106	19.89	7.44
文化广场	2741	49.29	18.44
公园	2491	44.79	16.75

分类	人数	占样本比重	占选择人次比重
健身路径	2370	42.62	15.94
非遗文化建筑	534	9.60	3.59
选择人次总计	14868	——	100.00

资料来源：湖北大学高等人文研究院、中华文化发展湖北省协同创新中心"中国文化发展状况调查（2019）"数据库。

（三）区域之间、异质群体之间的均等化问题仍然存在

实现公共文化服务标准化、均等化是公共文化服务体系建设的目标之一，目前我国公共文化服务在文化事业费投入、基础设施建设等方面的城乡差距、区域差距都在逐渐缩小，普遍的标准化的服务供给已经全面铺开，但区域之间仍然存在比较大的差距，同时针对异质群体的差异化公共文化服务供给仍显不足。如上所述，文化事业费在不同地区之间的分配仍然不均衡，尤其是对亟须发展的中部和西部地区，文化事业费占全国的比重远远不及东部地区（具体情况见前文表3）。2018年我国采取了一系列的政策、组织了专场活动来保障特殊群体的文化权利，相关均等化程度有所提高，但是仍然显得不够。《中国文化和旅游统计年鉴2019》显示，2018年群众文化机构组织文艺活动共1231269次，其中为老年人组织专场38481次，为未成年人组织专场22217次，为残障人士组织专场5454次，为农民工组织专场18050次。为这四大特殊群体组织专场活动次数分别占全国文艺活动次数的3.13%、1.80%、0.44%、1.47%，与2017年相比均有所下降。由此可见，异质群体之间的文化服务均等化问题仍然存在，需要采取进一步的措施来巩固已有的均等化成果。

（四）公共文化服务供给主体仍然比较单一

公共文化服务是国家治理的一个重要的组成部分，需要多元主体的共同参与。我国公共文化服务供给正在从过去的政府一元供给向以政府为主导的

多元供给模式转变，社会力量的参与有所增加，但总体来看，政府在公共文化服务供给中的整合协调作用并不特别突出，其主要角色仍然还是大部分公共文化服务的直接供应者。随着我国文化体制改革的深入，政府在艺术业服务领域引入了社会力量的供给，比如，在艺术表演场馆分别执行事业会计制度和企业会计制度，通过政府采购的公益性演出补贴等方式引导非公有制艺术表演团体参与公共文化服务，但在公共图书馆、群众文化机构、博物馆等基本领域，非政府组织、社会团体以及企业等社会力量参与依然不够充分。由于体制关系的原因，政府为主导的公共财政投入资金、文化事业单位具体运行的模式依然是我国公共文化服务的主要模式。社会力量的能力和影响力还较弱，在现阶段还缺乏规模较大的社会力量能够比较全面承担公共文化资源的供给重任，公共文化服务供给主体比较单一的局面仍未完全改变。

五　完善中国公共文化服务的对策建议

（一）拓宽公共文化事业经费渠道，加强居民文化消费引导

如前所述，我国的公共文化服务供给越来越精准，但在供给和实际消费之间仍然存在不一致性。一方面，我国文化事业费在国家总体财政支出中的比重相对较低，而社会力量参与公共文化服务并不充分，我国的文化供给经费来源不够广泛，从而影响到公共文化服务供给的质与量；另一方面，居民文化消费支出水平并没有随着可支配收入的增长而提高。居民实际文化消费水平主要与供需的一致性、居民文化消费购买力以及居民文化消费意识密切相关。因此，要解决这种不一致的问题需要从三个方面着手。一是进一步加大文化事业费在总体财政支出中的比重，继续推进公共文化机构法人治理结构改革，同时发挥非政府组织、企业和社会团体的力量，开拓经费来源。二是更加精准地识别居民消费需求并提供服务，随着我国国民经济的不断发展，城镇居民文化消费由"粗放型"阶段过渡到"集约型"阶段，目前已进入更加注重消费品质的阶段。因此，当前应根据居民文化消费的新变化来

创新文化产品和服务的内容和形式，积极培育新的文化消费热点，普及大众文化消费，开发中高端文化消费，引领特色文化消费。三是要切实增强居民文化消费购买力，同时积极引导居民公共文化服务消费意识，逐步形成公共文化消费习惯，使文化消费成为居民消费的重要组成部分。

（二）加强基层公共文化服务基础设施的数字化建设

数字化建设一直是我国公共文化服务体系建设的重点，尤其是 2017 年在文化部发布的《文化部"十三五"时期公共数字文化建设规划》指导下，我国公共文化服务基础设施数字化水平总体上有了明显提升。在公共文化服务的四大基本领域中，数字化水平比较高的是公共图书馆和博物馆，它们拥有完备的数字设备网络以及丰富的电子资源，能够提供便捷的数字文化服务。然而在比较分散的基层，如村和社区的公共文化服务设施中数字化设备、网络及电子资源建设非常有限。为了让群众在平时生活的村和社区就能够享受到先进便捷的公共文化服务，数字化建设需要延伸到群众文化消费的最末端。因此，在总体数字化服务框架已经构建的情况下，大力加强基层公共文化基础设施的数字化建设，为人民群众文化消费打通高速公路的最后一公里，应该成为下一阶段我国公共文化服务数字化建设的重点。一方面需要重视并继续加大对基层公共文化设施数字化建设的投入力度，另一方面，针对基层群众文化消费的分散性、随机性、喜闻乐见的偏好等特点，运用最新的数字技术，提供群众易于接受的便捷的基础文化设施，如村和社区的电子图书馆、电子阅览室、公共区域的电子阅览屏等。当然，数字化的基础设施并不一定要新建，也可以对已有的设施进行改造升级，应充分考虑可操作性的原则，根据文化设施区位、建设条件的不同，创建有差别化的建设模式。

（三）加大中西部地区的经费投入，进一步加强差异化公共文化服务供给

中西部地区的发展滞后于东部地区，因此在文化事业费的分配上，可以逐步增加中西部地区的比重，在政策与项目上继续给予更多的倾斜，以缩小

与东西部地区的差距。"中国文化发展状况调查（2019）"的调查结果显示，现阶段我国无差别的标准化的服务得到了基本的普及，而针对不同地区不同人群的差异化服务还比较滞后，尤其是留守儿童、残疾人、老年人、农民工等特殊人群非常容易被忽视。具有不同特点的群体对公共文化服务供给也有不同的要求，为了更加精准地供给公共文化服务，首先需要充分了解和分析不同群体的文化需求特点，然后据此确定适当的服务供给的内容和方式。对于留守儿童、农民工、老年人等在平等享受文化权利方面处于不利情境的特殊群体，根据公平的调适原则，政府在政策上应当给予更多的关注和倾斜，为特殊人群量身定制文化服务，使他们也能够享受到公共文化服务，以保障其平等享有文化权利。比如可以通过制定相应政策进一步加大文化设施的免费开放力度，使之覆盖更多的特殊群体；改进公共文化服务方式，为特殊群体提供人性化文化服务；注重对公共文化服务活动创新，紧扣时代主题，吸引特殊人群积极参与；打造极具地域特色的文化服务内容，使之更贴近特殊群体的生活实际。

（四）转变政府在公共文化服务中的角色，挖掘社会力量参与公共文化服务的潜力

完善的公共文化服务体系是以政府为主导、社会力量多方参与的治理体系。在过去很长一段时间内，我国政府在公共文化服务领域既是政策方针的决策者、资源的分配者，又是服务的直接供给者。随着公共文化服务体系建设的成熟与规范，政府应该更多地扮演主导者和资源协调者的角色。目前我国公共文化供给主体的一元特征依然比较明显，因此需要转变政府在公共文化服务中的角色，强化政府主导者和协调者的角色，淡化服务直接供给者的角色，将直接供给者角色部分地转移到社会力量身上。从 2018 年底开始的公共文化机构法人治理结构改革可以视作剥离政府直接供给服务职能的一种内部努力，但这只是公共文化服务供给侧改革的一个方面。另外政府应该发挥主导者和协调者的作用，调动并协调社会力量参与公共文化服务，挖掘他们参与包括资金筹措以及直接提供文化服务等方面的潜力。非政府公共组织

和一些社会团体以及社会文化服务企业都有可能成为公共文化服务的重要参与者。最近几年，以提供社会文化服务资源为主营业务或专业从事社会、社区文化服务的社会组织或企业在一些中心城市迅速成长，如上海市"华爱社区文化服务中心"，已经形成专业化、规模化、连锁化发展的态势。这类组织有可能成为原有公益性文化事业机构的公共文化服务供给的重要补充，其潜在的规模化发展速度甚至可能超过受到属地化行政体制制约的各地原有公益性文化事业机构，进而成为公共文化服务的主要供给者。彻底打破一元供应的格局还需要进一步围绕实现人民群众基本文化权益和满足人民群众基本文化需求展开，面向全社会遵循和运用社会主义市场经济原则，更加公开公平公正地配置公共文化资源，逐步建立资质认定、项目委托、招标采购、补贴奖励、监督评估等运行机制，建立健全保障全社会公共文化资源供给的相关制度，促进与"较为完善的公共文化服务体系"相适应的现代公共文化资源供给主体群落的形成。同时，通过政策引导、法制保障等手段充分调动社会力量的积极性，形成多元互动的公共文化服务供给格局。

参考文献

文化与旅游部官方网站，https：//www. mct. gov. cn/。

财政部官方网站，http：//www. mof. gov. cn/index. htm。

国家文物局官方网站，http：//www. ncha. gov. cn/。

文化和旅游部编《2017 年文化发展统计公报》，中国统计出版社，2018。

国家统计局编《中国统计年鉴 2019》，中国统计出版社，2019。

文化和旅游部编《中国文化文物统计年鉴 2018》，国家图书馆出版社，2018。

文化和旅游部编《2018 年文化和旅游发展统计公报》，中国统计出版社，2019。

文化和旅游部编《中国文化和旅游统计年鉴 2019》，国家图书馆出版社，2019。

国家统计局编《中国文化及相关产业统计年鉴 2019》，中国统计出版社，2019。

湖北大学高等人文研究院、中华文化发展湖北省协同创新中心"中国文化发展状况调查（2019）"数据库。

B.7
中国文化国内传播与影响力报告（2019）

黄妍　王燎　黄文霞*

摘　要： 2018～2019 年中国文化国内传播取得了一系列较为突出的成绩，主要体现在三个方面：一是文化体制改革延续了政策红利，惠及文化传播行业，各类行业法规呈现出精准化和细致化的特征；二是县级融媒体中心建设取得阶段性成果，目前已经有 11 个省区市实现了县区级融媒体中心全覆盖；三是影视行业的结构性调整成效初显，"内容为王"成为行业发展的金科玉律，网络视频平台逐步转型为新的文化载体。但其中仍存在一些亟须解决的问题：一是新媒体尚不具备较高公信力，相对于满足民众的实际文化需求来说还存在短板；二是县级融媒体中心建设正处于增长爆发期，但也面临一系列后续运营难题；三是原有的影视行业危机加剧，行业复苏将成为新使命和新挑战。为此，本报告提出以下建议：新媒体应当借鉴和引入传统媒体的优秀新闻采编机制；县级融媒体中心应寻求跨级别、跨领域合作，构建多维度的人才培养机制；未来影视行业在获得政策扶持的同时，应当积极寻求新的发展模式。

---

* 黄妍，湖北大学高等人文研究院院长助理、中华文化发展湖北省协同创新中心副研究员、湖北大学哲学学院讲师，主要研究方向为西方哲学及伦理学；王燎，湖北大学哲学学院 2017 级硕士研究生，主要研究方向为西方哲学；黄文霞，湖北大学哲学学院 2018 级硕士研究生，主要研究方向为西方哲学。

关键词： 文化体制改革　县级融媒体中心　新媒体公信力　影视行业
调整

本报告拟考察 2018～2019 年我国文化国内传播的发展及其影响力状况，
总结其主要成就，预测其发展前景，分析其中存在的问题，并提出对策和
建议。

一　国内文化传播总体发展概况

2018～2019 年对于我国文化传播事业而言是一个变革与发展共存、
挑战和机遇同在的时期，我国文化传播事业的总体发展状况可以从文化
体制改革、县级融媒体中心建设和行业法规细化三个方面进行考察和
总结。

（一）改革红利继续助力文化传播企业发展

随着文化体制改革进一步深化，经营性文化事业单位转企和国有文化企
业转制已经成为当前我国文化行业的整体发展趋势。文化体制改革一方面推
动了我国文化体制的结构性调整，另一方面也为我国各类文化企业带来了利
好的政策支持。2018～2019 年我国文化传播企业主要享受了两个方面的改
革红利。

第一，文化事业单位转企改革延续了配套的优惠性政策。2018 年 12 月，
国务院办公厅印发《文化体制改革中经营性文化事业单位转制为企业的规定》
和《进一步支持文化企业发展的规定》（以下简称"两项规定"）继续推进经
营性文化事业单位转企。在优惠性政策方面，2018 年版两项规定在延续前三
版（2003 年版、2008 年版、2014 年版）政策的基础上，增加了一部分新的条
款，同时也对部分旧的条款进行细化。当前我国大多数文化传播单位已经进
行了转企改制。相关历史数据显示，出版发行、影视制作、非时政类报刊

社、重点新闻网站等应转企改制单位在 2012 年底前已经全部完成转企改制的改革任务①。根据 2018 年版两项规定,此次延续的优惠性措施同样适用于转企改制后的文化传播企业。因此,大多数已经完成转企改制的国有文化传播单位同样能够获得相应的政策红利和扶持(具体情况见表 1)。

表 1   2018 年版《文化体制改革中经营性文化事业单位转制为企业的规定》
《进一步支持文化企业发展的规定》优惠性政策要点

《文化体制改革中经营性文化事业单位转制为企业的规定》	《进一步支持文化企业发展的规定》
•经营性文化事业单位转制为企业后,五年内免征企业所得税。2018 年 12 月 31 日之前已完成转制的企业,自 2019 年 1 月 1 日起可继续免征五年企业所得税。 •由财政部门拨付事业经费的经营性文化事业单位转制为企业,对其自用房产五年内免征房产税。2018 年 12 月 31 日之前已完成转制的企业,自 2019 年 1 月 1 日起对其自用房产可继续免征五年房产税。 •对经营性文化事业单位转制中资产评估增值、资产转让或划转涉及的企业所得税、增值税、城市维护建设税、契税等,符合现行规定的享受相应税收优惠政策。 •党报、党刊将其发行、印刷业务及相应的经营性资产剥离组建的文化企业,所取得的党报、党刊发行收入和印刷收入免征增值税。 •经省级人民政府批准,2020 年底前省属重点文化企业可免缴国有资本收益。	•落实和完善有利于文化内容创意生产、非物质文化遗产项目经营的税收优惠政策。 •加大对国家文化出口重点企业和项目扶持力度,加强国家文化出口基地建设。 •加大财政对文化科技创新的支持,将文化科技纳入国家相关科技发展规划和计划,加强国家文化和科技融合示范基地建设,积极鼓励文化与科技深度融合,促进文化企业、文化产业转型升级,发展新型文化业态。 •通过政府购买、消费补贴等途径,引导和支持文化企业提供更多文化产品和服务,鼓励出版适应群众购买能力的图书报刊,鼓励在商业演出和电影放映中安排低价场次或门票,鼓励网络文化运营商开发更多低收费业务。加大对文化消费基础设施建设、改造投资力度,完善政府投入方式,建立健全社会力量、社会资本参与机制,促进多层次多业态文化消费设施发展。 •认真落实支持现代服务业、中小企业特别是小微企业等发展的有关优惠政策,促进中小文化企业发展。

资料来源:《国务院办公厅关于印发文化体制改革中经营性文化事业单位转制为企业和进一步支持文化企业发展两个规定的通知》,中国政府网,2018 年 12 月 18 日,http://www.gov.cn/zhengce/content/2018 - 12/25/content_ 5352010. htm。

---

① 《文化体制改革走向纵深   99.86% 国有文艺院团转企改制》,人民网,2012 年 11 月 5 日,http://culture.people.com.cn/n/2012/1105/c87423 - 19495188.html。

第二，公司制改革政策继续惠及改制文化传播企业。2018 年 2 月，财政部、中共中央宣传部下发了《中央文化企业公司制改制工作实施方案》（以下简称"实施方案"），该实施方案旨在构建有文化特色的现代企业制度，引导国有文化企业坚持国有资本主导地位，坚持把社会效益放在首位，打造能够经受市场经济考验的现代文化企业。该实施方案规定的优惠性政策同样适用于已经改制的文化传播企业；根据实施方案所规定的，改制前已经审核认定享受《国务院办公厅关于印发文化体制改革中经营性文化事业单位转制为企业和进一步支持文化企业发展两个规定的通知》（国办发〔2014〕15 号）优惠政策的，改制后仍符合条件的可以继续享受有关资产评估增值、土地变更登记和国有资产无偿划转等方面的税收优惠政策。

作为我国文化体制改革的先行军，文化传播行业已经基本完成了转企改制的阶段性任务。2018 年发布的两项规定和公司制改革方案继续向文化传播行业释放政策红利，助力文化传播企业进一步抓紧当前社会经济发展的有利时机，积极开拓新的行业运营模式，提高文化产品及服务供给能力，更好地满足人民群众日益增长的精神文化生活需求。

（二）县级融媒体中心建设呈爆发式增长

县级融媒体中心建设是 2018～2019 年我国文化传播工作的重点和亮点。各级政府及相关部门对县级融媒体中心的集中建设主要体现在以下三个方面。

第一，对县级融媒体中心建设的政策指示。2018 年中宣部对全国的县级融媒体中心建设做出具体的部署和安排：2018 年先行启动 600 个县级融媒体中心建设，要求 2020 年底基本实现全国范围的全覆盖。2019 年国家广播电视总局先后发布了《县级融媒体中心建设规范》《县级融媒体中心省级技术平台规范要求》《县级融媒体中心网络安全规范》《县级融媒体中心运行维护规范》《县级融媒体中心监测监管规范》五项政策，构建起县级融媒体中心建设的具体要求和实现路径，推动融媒建设向纵深发展。

第二，对县级融媒体中心建设的财政和科技支持。从 2019 年中央财政预算来看①，2019年文化旅游体育与传媒支出预算总数为309.54亿元，比2018年增加30.16亿元；而中央补助地方公共文化服务体系建设专项资金预算数为147.10亿元，比2018年增加18.11亿元。根据财政部的说明，此次增加的预算主要用于支持县级融媒体中心及深度贫困县应急广播体系建设。2019年11月，科技部印发《科技部关于批准建设媒体融合与传播等4个国家重点实验室的通知》，中国传媒大学、人民日报社、新华通讯社新媒体中心、中央广播电视总台分别成为4个国家重点融媒实验室的依托单位，为全媒体发展提供科技支撑。

第三，各地方政府对县级融媒体中心建设的投入力度。"要运用信息革命成果，推动媒体融合向纵深发展""要推动媒体融合向纵深发展，加快构建融为一体、合而为一的全媒体传播格局"是近年来我国融媒建设的主要方向。从公开报道中我们可以发现各地政府对县级融媒体中心建设的高度重视和积极投入所取得的阶段性成果（见表2）。

表2　区县级融媒体中心全覆盖情况一览（广电系统）

省份	省级技术支持平台	县级融媒体中心建设情况	全省(市、区)覆盖情况
北京	北京云	已建成16家区县级融媒体中心	全覆盖
江西	赣云	已建成100家县级融媒体中心	全覆盖
天津	津云	已建成16家区级融媒体中心	全覆盖
河南	"云上河南"移动新媒体平台	已建成104家县级融媒体中心	全覆盖
上海	Xnews全媒体融合生产平台	已建成16家区级融媒体中心	全覆盖
安徽	海豚云	已建成61家县级融媒体中心	全覆盖
福建	福建省县级融媒体中心省级技术平台	已建成84家县级融媒体中心	全覆盖
深圳	深圳区级融媒体中心技术平台	已建成11家区级融媒体中心	全覆盖
贵州	多彩云	已建成88家区县级融媒体中心	全覆盖
甘肃	新甘肃云	已建成69家县级融媒体中心	全覆盖
新疆	石榴云	已建成85家县级融媒体中心	全覆盖

资料来源：《电视指南》、传媒内参：《2019中国广电融媒调研报告（县级篇）》，2019年8月13日，http://mp.163.com/v2/article/detail/EMG6HTUL05148MKI.html；《2019年县级融媒呈井喷式增长》，人民网，2019年12月19日，http://media.people.com.cn/n1/2019/1219/c14677-31513528.html；各省份的县级融媒体中心相关新闻报道。

---

① 《电视指南》、传媒内参：《2019中国广电融媒调研报告（县级篇）》，2019年8月13日，http://mp.163.com/v2/article/detail/EMG6HTUL05148MKI.html。

从表 2 的数据可以看出，2018～2019 年，我国的县级融媒体中心建设进入爆发式增长期，目前已有 11 个省区市实现了区县级融媒体中心的全方位覆盖。基于目前的建设力度，我们可以预测"到 2020 年底基本实现全国全覆盖"的建设目标可顺利完成。

（三）文化传播的政策法规

从本报告课题组收集资料的情况来看，2018～2019 年，中国文化传播政策法规的主要内容为以下几个方面。第一，文化体制改革新增政策，包括经营性文化事业单位转企和国有文化企业公司制改制等系列改革政策。第二，县级融媒体中心建设政策，包括县级融媒体中心多方面建设工作的规划性和规范性政策。第三，网络及新媒体管理政策，包括政务新媒体、网络生态治理、网络音视频、移动 App 等方面的规范性和约束性政策。第四，青少年儿童保护政策，包括未成年人节目管理，有效遏制未成年人沉迷网络游戏等保护性政策以及我国第一部保护儿童个人信息的部门规章——《儿童个人信息网络保护规定》（见表 3）。

表 3 　2018～2019 年中国文化传播重要政策法规一览

发布时间	发布机构	政策法规名称
规划性文件		
2018 年 2 月	财政部、中共中央宣传部	《中央文化企业公司制改制工作实施方案》
2018 年 12 月	国务院办公厅	《文化体制改革中经营性文化事业单位转制为企业的规定》《进一步支持文化企业发展的规定》
2019 年 2 月	国家发展改革委、中共中央宣传部、教育部等	《加大力度推动社会领域公共服务补短板强弱项提质量　促进形成强大国内市场的行动方案》
2019 年 3 月	工业和信息化部、国家广播电视总局、中央广播电视总台	《超高清视频产业发展行动计划（2019－2022 年）》

续表

发布时间	发布机构	政策法规名称
规划性文件		
2019 年 3 月	文化和旅游部	《关于促进旅游演艺发展的指导意见》
2019 年 4 月	文化和旅游部	《公共数字文化工程融合创新发展实施方案》
2019 年 5 月	文化和旅游部	《文化和旅游规划管理办法》
2019 年 6 月	中共中央宣传部	《新时代公民道德建设实施纲要（征求意见稿）》
2019 年 8 月	国务院办公厅	《关于进一步激发文化和旅游消费潜力的意见》
2019 年 8 月	国家广播电视总局	《关于推动广播电视和网络视听产业高质量发展的意见》
2019 年 8 月	科技部、中共中央宣传部、中央网信办等	《关于促进文化和科技深度融合的指导意见》
行业法规及规范性文件		
2018 年 2 月	国家互联网信息办公室	《微博客信息服务管理规定》
2018 年 4 月	文化和旅游部	《关于加强模仿秀营业性演出管理的通知》
2018 年 4 月	国家统计局	《文化及相关产业分类（2018）》
2018 年 5 月	国家版权局	《国家版权局关于开展国家版权监管平台二期项目第三阶段试运行的通知》
2018 年 5 月	国家广播电视总局	《国家广播电视总局关于学习宣传贯彻〈中华人民共和国英雄烈士保护法〉的意见》
2018 年 6 月	文化和旅游部	《文化市场黑名单管理办法（试行）》
2018 年 10 月	国家税务总局	《关于进一步规范影视行业税收秩序有关工作的通知》
2018 年 11 月	教育部、中共中央宣传部	《关于加强中小学影视教育的指导意见》
2018 年 12 月	国家发展改革委、人民银行、文化和旅游部等	《关于对文化市场领域严重违法失信市场主体及有关人员开展联合惩戒的合作备忘录》
2019 年 1 月	中国网络视听节目服务协会	《网络短视频平台管理规范》
2019 年 1 月	国家广播电视总局	《县级融媒体中心建设规范》《县级融媒体中心省级技术平台规范要求》

发布时间	发布机构	政策法规名称
行业法规及规范性文件		
2018 年 7 月	国家广播电视总局	《广播电视设备器材入网认定管理办法》
2018 年 12 月	国务院办公厅	《关于推进政务新媒体健康有序发展的意见》
2019 年 1 月	中共中央宣传部、文化和旅游部、财政部	《非物质文化遗产传承发展工程实施方案》
2019 年 2 月	财政部、国家税务总局、中共中央宣传部	《关于继续实施文化体制改革中经营性文化事业单位转制为企业若干税收政策的通知》
2019 年 3 月	文化和旅游部、中央文明办	《2019 年文化和旅游志愿服务工作方案》
2019 年 4 月	中共中央宣传部、文化和旅游部、财政部等	《国有文艺院团社会效益评价考核试行办法》
2019 年 4 月	中共中央宣传部、国家广播电视总局	《县级融媒体中心网络安全规范》《县级融媒体中心运行维护规范》《县级融媒体中心监测监管规范》
2019 年 4 月	国务院办公厅	《政府网站与政务新媒体检查指标、监管工作年度考核指标》
2019 年 4 月	国家广播电视总局	《未成年人节目管理规定》
2019 年 8 月	国家电影局	《关于"暂停大陆影片和人员参加 2019 年第 56 届台北金马影展"的通知》
2019 年 8 月	国家互联网信息办公室	《儿童个人信息网络保护规定》
2019 年 10 月	国家新闻出版署	《关于防止未成年人沉迷网络游戏的通知》
2019 年 10 月	国家版权局	《关于依法加强对境外著作权认证机构常驻中国代表机构管理的意见》
2019 年 11 月	工业和信息化部	《关于开展 App 侵害用户权益专项整治工作的通知》
2019 年 11 月	国家互联网信息办公室、文化和旅游部、国家广播电视总局	《网络音视频信息服务管理规定》
2019 年 11 月	国家互联网信息办公室、工业和信息化部、公安部等	《App 违法违规收集使用个人信息行为认定方法》
2019 年 12 月	国家互联网信息办公室	《网络信息内容生态治理规定》

续表

发布时间	发布机构	政策法规名称
	建设性政策	
2019 年 3 月	国家广播电视总局	《关于做好 2019 年优秀国产纪录片推荐播映工作的通知》
2019 年 3 月	国家新闻出版署	《关于加强新华书店网络发行能力建设的通知》
2019 年 6 月	国家新闻出版署	《国家出版产业基地（园区）管理办法》
2019 年 7 月	文化和旅游部	《曲艺传承发展计划》
2019 年 8 月	国家广播电视总局	《关于做好庆祝新中国成立 70 周年纪录片、动画片展播宣传工作的通知》
2019 年 10 月	国家新闻出版署	《图书、期刊、音像制品、电子出版物重大选题备案办法》
2019 年 11 月	文化和旅游部	《游戏游艺设备管理办法》
2019 年 12 月	国家广播电视总局	《无线广播电视遥控监测站工程技术标准》
2019 年 12 月	国家广播电视总局	《广播电视工程建设项目概（预）算编制标准》
2019 年 12 月	国家电影局	《关于公布在自由贸易试验区开展电影"证照分离"改革具体措施的通知》
2019 年 12 月	国家新闻出版署	《关于公布在自由贸易试验区开展新闻出版"证照分离"改革具体措施的通知》
	优惠性政策	
2018 年 6 月	财政部、国家税务总局	《关于延续宣传文化增值税优惠政策的通知》
2018 年 11 月	文化和旅游部、财政部	《关于在文化领域推广政府和社会资本合作模式的指导意见》
2018 年 12 月	国务院办公厅	《进一步支持文化企业发展的规定》
2019 年 2 月	财政部、国家税务总局	《关于继续实施支持文化企业发展增值税政策的通知》
2019 年 9 月	财政部	《电影精品专项资金管理办法》

资料来源：国家广播电视总局官网，http://www.nrta.gov.cn/col/col1588/index.html；国家新闻出版署官网，http://nppa.gov.cn/；国家电影局官网，http://www.chinafilm.gov.cn/。

2018～2019 年我国文化传播相关政策法规呈现出"外松内紧"的特征。一方面，文化体制改革、引入社会资本以及"证照分离"等改革政策提供了丰厚的政策红利和宽松的外部环境。另一方面，各细分行业的业内法规呈现出精细治理的特点，管理制度更加细致严格，治理措施更加具体精准。

二 文化传播各细分行业发展现状及影响力

本部分拟从新闻报业、电视业、电影业和网络视听业这四大板块来具体考察和描述 2018～2019 年国内文化传播各细分行业的发展现状及影响力。

（一）新闻报业的发展现状及影响力

1. 我国新闻报业发展现状

从报纸发行量和报业新闻纸用量来看，2018～2019 年我国新闻报业仍然处在减产减量的态势。2018 年全国性和省级报纸 977 种，平均期印数 13561.95 万份，总印数 230.29 亿份，总印张 625.56 亿印张。与 2017 年相比，品种降低 0.41%，平均期印数降低 4.02%，总印数降低 5.94%，总印张降低 11.53%。其中，综合报纸 848 种，平均期印数 6331.59 万份，总印数 210.37 亿份，总印张 709.30 亿印张，与 2017 年相比，品种降低 0.47%，平均期印数降低 8.84%，总印数降低 8.16%，总印张降低 14.43%；专业报纸 690 种，平均期印数 8878.96 万份，总印数 100.01 亿份，总印张 167.81 亿印张，与 2017 年相比，品种降低 0.43%，平均期印数降低 1.98%，总印数降低 3.26%，总印张降低 10.36%；生活服务报纸 208 种，平均期印数 913.58 万份，总印数 7.95 亿份，总印张 24.24 亿印张，与 2017 年相比，品种降低 2.80%，平均期印数降低 16.29%，总印数降低 18.03%，总印张降低 21.20%；读者对象报纸 103 种，平均期印数 1209.50 万份，总印数 15.53 亿份，总印张 22.00 亿印张，与 2017 年相比，品种持平，平均期印数降低 2.70%，总印数降低 2.94%，总印张降低 5.31%；文摘报纸 22 种，平均期印数 251.22 万份，总印数 3.39 亿份，总印张 4.54 亿印张，与 2017

年相比，品种持平，平均期印数降低 24.25%，总印数降低 22.23%，总印张降低 25.61%。① 从以上数据可知，2018 年我国报纸从总印数、总印张以及种类等几个方面都较 2017 年有所降低。2019 年的报纸总印数、总印张以及种类等情况可以从 2019 年度报业新闻纸用量以及 2019 年报纸停刊情况等方面进行推测。

如图 1 所示，近年来我国新闻报业的发展整体上呈持续下滑的趋势。自 2016 年以来国内新闻纸使用总量从 190.1 万吨，到 2017 年降为 177.7 万吨，再到 2018 年降为 166.1 万吨。据中国报业协会的推算数据，2019 年全年报业新闻纸总用量预计约为 150.7 万吨。持续下滑的趋势可从 2019 年报纸停业的情况得到佐证。据初步统计，2019 年全年停刊报纸 28 家（见表 4）。

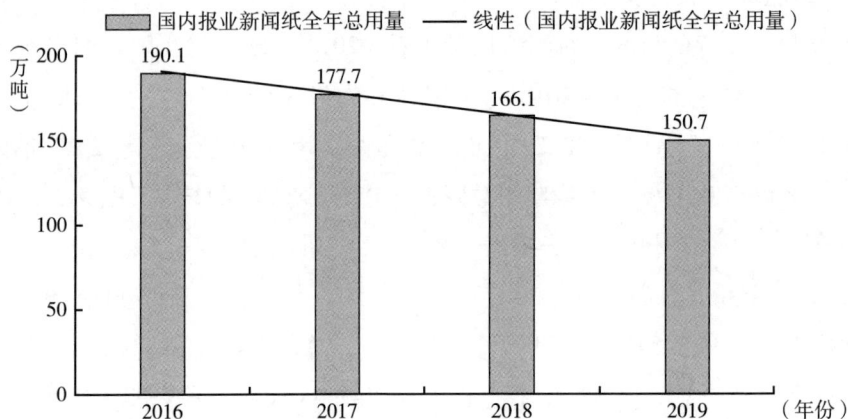

图 1　2016～2019 年国内报业新闻纸全年总用量

数据来源：《2018 中国报业新闻纸供需报告》，中国纸业网，2018 年 12 月 20 日，http：//www. chinapaper. net/news/show – 33458. html；《2020 年或迎拐点！我国新闻纸市场上半年最新数据公布》，搜狐网，2019 年 8 月 9 日，https：//www. sohu. com/a/332713164_684534。

---

① 《2018 年新闻出版产业分析报告》，科印网，2019 年 8 月 28 日，http：//www. keyin. cn/news/sczc/201908/28 – 1116768. shtml。

表4　2019 年中国报纸停刊名单

序号	报纸	发行地	类别	停刊日期
1	《北京晨报》	北京	都市报	2019 年 1 月 1 日
2	《法制晚报》	北京	综合性都市晚报	2019 年 1 月 1 日
3	《赣州晚报》	赣州	都市报	2019 年 1 月 1 日
4	《新商报》	大连	综合类都市生活报	2019 年 1 月 1 日
5	《华商晨报》	沈阳	综合类都市生活报	2019 年 1 月 1 日
6	《亳州新报》	安徽	都市报	2019 年 1 月 1 日
7	《新知讯报》	宁夏	科普报	2019 年 1 月 1 日
8	《春城地铁报》	昆明	都市报	2019 年 1 月 1 日
9	《成都晚报》	成都	都市报	2019 年 3 月 30 日
10	《三晋都市报》	山西	综合性都市类报纸	2019 年 7 月 27 日
11	《发展导报》	山西	时政类报	2019 年 7 月 27 日
12	《武汉晨报》	湖北	综合性日报	2019 年 12 月 31 日
13	《本溪晚报》	辽宁	都市报	2019 年 12 月 31 日
14	《拉萨晚报》	西藏	机关报	2019 年 12 月 31 日
15	《浙中新报》	浙江	都市报	2019 年 12 月 31 日
16	《百色早报》	广西	都市报	2019 年 12 月 31 日
17	《生活日报》	山东	都市报	2019 年 12 月 31 日
18	《上海金融报》	上海	金融类专业财经报	2019 年 12 月 31 日
19	《城市快报》	天津	快报	2019 年 12 月 31 日
20	《七都晚刊》	云南	综合类市民晚报	2019 年 12 月 31 日
21	《北方时报》	黑龙江	专业报	2019 年 12 月 31 日
22	《自贡晚报》	四川	都市报	2019 年 12 月 31 日
23	《天府早报》	四川	都市报	2019 年 12 月 31 日
24	《吉安晚报》	江西	都市报	2019 年 12 月 31 日
25	《天津广播电视报》	天津	广播电视报	2019 年 12 月 31 日
26	《北方晨报》	辽宁	都市报	2019 年 12 月 31 日
27	《雅安晚报》	四川	机关报	2019 年 12 月 31 日
28	《梧州广播电视报》	广西	广播电视报	2019 年 12 月 31 日

数据来源：《2020 年元旦起至少 17 家报纸停刊》，2020 年 1 月 5 日，https：//baijiahao. baidu. com/ s？id = 1654888642227599268. &wfr = spider&for = pc&isFailFlag = 1；《2020 年看不到的报纸（2019 年宣布停刊的报纸全纪录)》，http：//www. 360doc. com/content/19/1231/17/54871593_ 883361826. shtml，访问日期：2020 年 1 月 4 日。

根据以上数据，我们可以做出以下预测：2019 年报业用纸量整体持续下滑的趋势并没有改变，2019 年报纸将继续出现减张、缩版、减量的情况，2019 年的报纸总印数、总印张以及种类也将继续呈递减趋势。

2. 国内新闻报业影响力现状

新闻报纸的影响力主要体现在报纸阅读率、公信力以及内容的认可度三个方面。

（1）报纸阅读率

2018 年，我国国民人均报纸阅读率仍然呈持续下降的总体态势。《2018 年全国国民阅读调查报告》① 提供的数据显示，2018 年，报纸媒体日到达率为 25.4% ，日接触时间为 17 分钟。在各类型的传统纸媒中，我国成年国民人均每天读报时长为 9.58 分钟。报纸的人均阅读量为 26.38 期（份）。

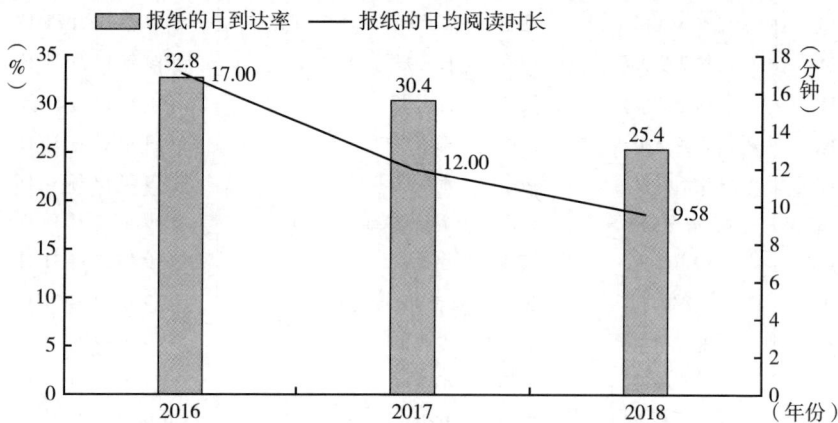

图 2　2016～2018 年报纸日到达率、日均阅读时长

数据来源：《2016 年传统媒体趋势盘点》，搜狐网，http://www. sohu. com/a/135116024_ 708049；陈国权：《2017 中国报业发展报告》，《编辑之友》2018 年第 2 期；《2018 年国民阅读报告发布，深圳阅读指数排名第一》，腾讯网，2019 年 4 月 20 日，https：//new. qq. com/omn/20190420/20190420A020EG. html。

① 《2018 年国民阅读报告发布，深圳阅读指数排名第一》，腾讯网，2019 年 4 月 20 日，https：//new. qq. com/omn/20190420/20190420A020EG. html。

图 2 显示，我国报纸的日到达率由 2016 年的 32.8% 下滑至 2018 年的 25.4%，报纸日到达率呈持续走低的趋势。与此同时，报纸的日均阅读时长也大幅下滑，由 2016 年的 17.00 分钟减少为 2017 年的 12.00 分钟、2018 年的 9.58 分钟。随着互联网的迅猛发展，人们的阅读习惯发生了巨大变化，报纸行业受到巨大的冲击，近几年报纸的日到达率和日均阅读时长均呈持续下滑趋势。因此，从阅读率来看，报纸的影响力逐渐衰落。

（2）报纸公信力

2018～2019 年广大民众仍然对报纸信息的可靠性给予较高程度的信任和认可。即使在新媒体逐渐成为主流的时代，传统媒体依旧在公信力上占据优势。"2019 中国信用小康指数"调查结果显示，报纸、电视、杂志、广播等传统媒体居于媒体公信力榜单前四位，而微信、自媒体、网络、微博、手机报、视频等新媒体的公信力排名依次为第五、第六、第七、第八、第九、第十，远远落后于传统媒体。2014～2018 年报纸一直在最具公信力媒体类型中居于第二位，居于电视之后。而进入 2019 年，报纸跃居最具公信力媒体类型的第一位。从 2016 年到 2019 年《人民日报》连续四年进入报纸公信力排行榜前五强，《参考消息》《环球时报》则连续三年入榜前五强。其中《人民日报》《环球时报》为人民日报社主管，《参考消息》由新华社主管。

结合上述数据可以看出，报纸作为传统媒体，虽然在发行量和阅读率上有所下降，但其信息的可靠性和可信度使之依然具有较强的影响力，尤其是权威性和专业性机构发行的报纸最受公众的认可和信赖。

（3）内容的认可度

湖北大学高等人文研究院、中华文化发展湖北省协同创新中心开展的"中国文化发展状况调查（2019）"问卷结果显示：在 29 个省、自治区、直辖市，77 个市（州），262 个县（市、区）收回的 5561 份有效样本中，针对"与简短的网络实时新闻相比我更愿意阅读更具深度的长篇新闻报道"这一问题，肯定性回答（同意、非常同意）占有效样本比重 74.39%，否定性回答（不同意、非常不同意）占有效样本比重 9.63%（见表 5）。

表5 深度长篇新闻报道的认可度统计

单位：人，%

分类	样本数	占总体样本比重	占有效样本比重	累计有效比重
非常不同意	117	2.10	2.10	2.10
不同意	419	7.53	7.53	9.64
不清楚	888	15.97	15.97	25.61
同意	2241	40.30	40.30	65.91
非常同意	1896	34.09	34.09	100.00
合计	5561	100.00	100.00	

数据来源：湖北大学高等人文研究院、中华文化发展湖北省协同创新中心"中国文化发展状况调查（2019）"数据库。

从表5展示的调查结果来看，当前民众对深度长篇新闻报道的认可度较高，对于内容的真实性、思想性和可读性存在较为迫切的需求。当前文化传播行业的主流趋势是"内容为王"，报纸因具有深度报道这一优势，在"内容的认可度"方面仍然具有较高的影响力。

（二）电视业发展现状及影响力

1. 我国电视业发展现状

2018～2019年我国电视业发展主要呈现出两个特征。

第一，电视业进入投资撤退、市场萎缩、利润锐减的"影视寒冬"。据统计，2019年共有超过3228家名称或主营业务涵盖"影视"的公司注销或吊销，这一数字远高于2018年影视公司的注销总量1946家。① 相关数据显示，2019年上半年，国内15家上市影视制作公司中仅有3家同比净利润未下降，5家公司同比净利润下滑50%，9家公司亏损500万元以上，其中影

---

① 《工人日报："影视寒冬"来了？大家正好冷静一下》，人民网，2019年12月30日，https：//opinion. people. com. cn/GB/n1/2019/1230/c1003－31528164. html。

视巨头华谊兄弟亏损超 3 亿元①。电视业进入"影视寒冬"这一论断还可以通过近年来剧目减量减产的情况进行佐证。

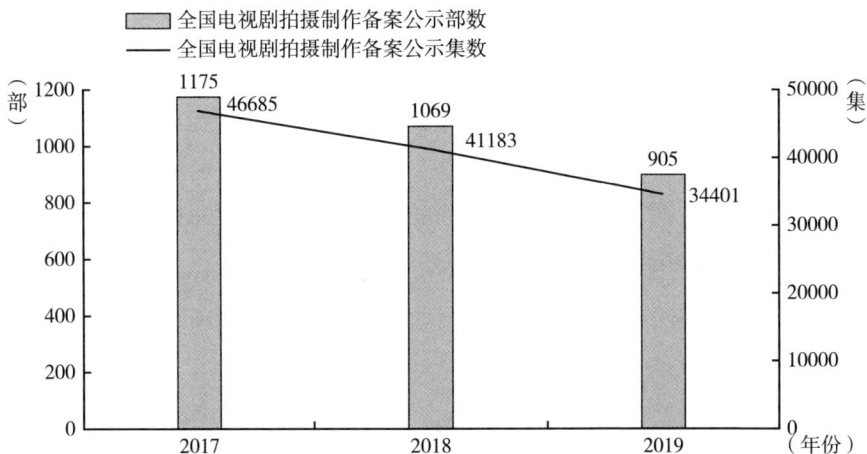

图 3　2017～2019 年全国电视剧备案公示部数、集数

数据来源：2017～2019 年全国国产电视动画片制作备案公示剧目，广播电视总局电视剧电子政务平台，https：//dsj. nrta. gov. cn/tims/site/views/applications. shanty？appName = note。

图 3 显示，2017 年全国通过备案公示的剧目共 1175 部 46685 集，2018 年全国拍摄制作电视剧备案公示总数 1069 部 41183 集，同 2017 年相比分别下降 9.02%、11.79%；2019 年全国电视剧拍摄制作备案公示的剧目共 905 部 34401 集，同 2017 年相比分别下降 15.34%、16.47%。以上数据显示，我国近年来电视剧的总产量正逐年减量减产。

第二，当代题材电视剧产量持续上升。虽然 2018～2019 年电视剧总产量呈持续减少的趋势，但根据 2018～2019 年全国电视剧拍摄制作备案公示的剧目题材来看，当代题材的电视剧产量呈逐年递增的趋势；当代题材的电视剧在全年电视剧产量中的占比也正在逐年提高。

---

① 《重磅发布！〈中国电视剧风向标报告 2019〉》，腾讯网，2019 年 11 月 13 日，https：// new. qq. com/omn/20191113/20191113A0MVCP00。

图 4 和图 5 显示，2017 年全国拍摄制作电视剧备案公示的剧目共 1175 部、46685 集，其中当代题材 697 部、26468 集，分别占比 59.31%、56.69%；2018 年全国拍摄制作电视剧备案公示的剧目共 1069 部、41183 集，其中当代题材 656 部、24535 集，分别占比 61.37%、59.58%；2019 年全国电视剧拍摄制作备案公示的剧目共 905 部、34401 集，其中当代题材 650 部、23866 集，分别占比 71.82%、69.37%。结合电视剧减量减产的事实可以推断，其他三大题材（古代剧、近代剧、现代剧）的产出受到了一定程度的压缩。这一推断可从《中国电视剧风向标报告 2019》相关内容得到佐证，该报告指出 2019 年首次出现了没有古代宫廷剧备案的情况①。从以上数据和行业报道可知，2018~2019 年出产的电视剧中当代题材占比要远高于其他题材。

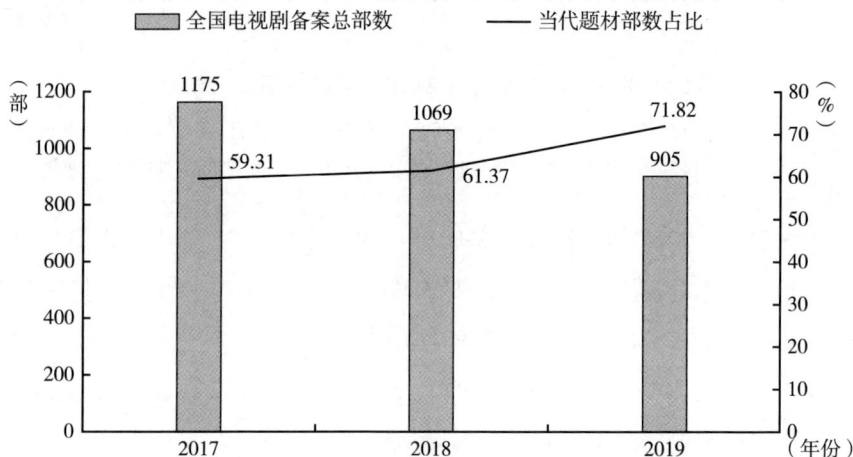

图 4　2017~2019 年全国电视剧备案总部数及当代题材部数占比

资料来源：2017 年 1~12 月全国国产电视动画片制作备案公示剧目；2018 年 1~12 月全国国产电视动画片制作备案公示剧目；2019 年 1~12 月全国国产电视动画片制作备案公示剧目。

---

① 《重磅发布！〈中国电视剧风向标报告 2019〉》，腾讯网，2019 年 11 月 13 日，https://new.qq.com/omn/20191113/20191113A0MVCP00。

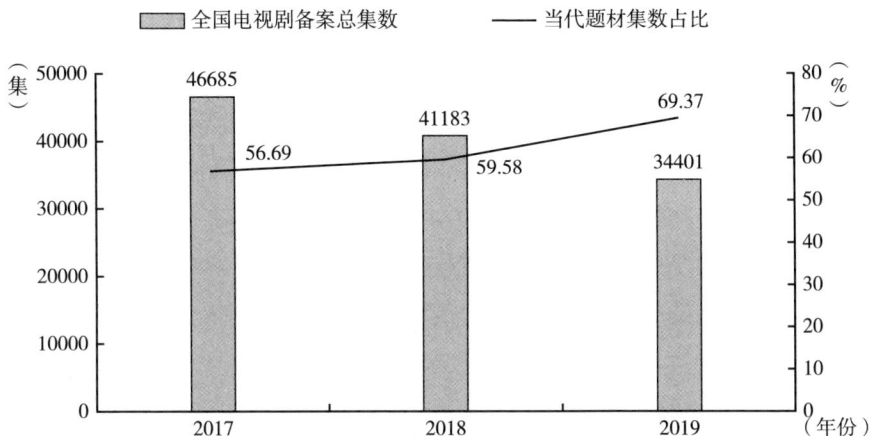

图5 2017～2019年全国电视剧备案总集数及当代题材集数占比

资料来源：2017年1～12月全国国产电视动画片制作备案公示剧目；2018年1～12月全国国产电视动画片制作备案公示剧目；2019年1～12月全国国产电视动画片制作备案公示剧目。

2018～2019年电视业的减量减产和题材比重变化的主要原因在于行业政策的引导和日益严格的审查制度。2019年7月，国家广播电视总局电视剧司在部分省局电视剧内容管理工作专题会议暨推动电视剧高质量发展调研座谈会上要求重点加强对宫斗剧、抗战剧、谍战剧的备案公示审核和内容审查，治理"老剧翻拍"不良创作倾向。同年9月，据媒体报道，国家广播电视总局正在研究限制影视剧集数的政策（征求意见中），拟规定剧集集数的上限为40集①。这些措施都对我国电视业的产量、质量和行业风向做出了积极调整和规约。

2. 国内电视业影响力现状

国内电视业对广大受众的影响力可以从热门收视题材和民众的题材认同上得到体现，下面将从以上两项指标对2018～2019年国内电视业的影响力进行考察。

---

① 《电视剧集数上限拟规定不超40集》，新华网，2019年9月8日，http：//www.xinhuanet.com/politics/2019－09/08/c_1124972997.htm。

第一，当代题材占领收视排行榜，当代都市题材成为收视热门。从收视率来看，反映当代国情和社会现实的电视剧题材具有更高的影响力。

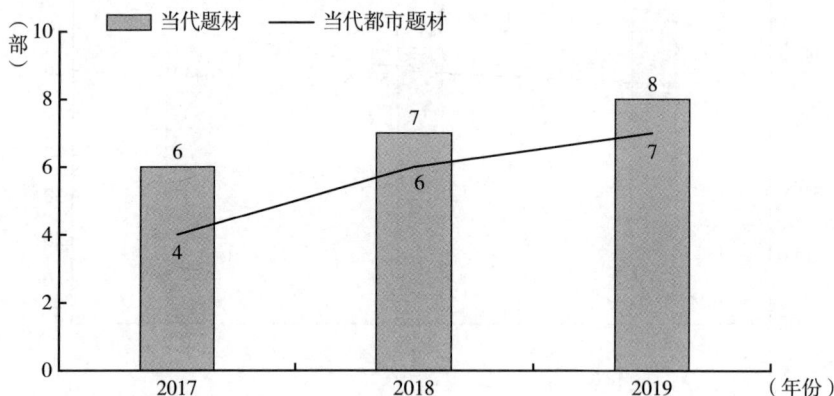

图6　2017~2019年CSM52城电视剧收视率前十电视剧题材分布情况

资料来源：《2017年度电视剧收视率排行榜〈人民的名义〉强势领衔》，收视率排行网，2018年1月4日，http：//www.tvtv.hk/archives/6042.html；《2018年收视率最高的10部电视剧盘点》，搜狐网，2018年10月26日，https：//www.sohu.com/a/271333451_351788；《2019上半年收视率排行榜，〈都挺好〉跌出前五，第一实至名归》，腾讯网，2019年7月8日，https：//xw.qq.com/amphtml/20190708A076D3/20190708A076D300。

图6显示，在2017年收视率前十位的电视剧集中，当代题材的剧目有6部，近代题材2部，古代题材2部，按照国家广播电视总局对当代题材的具体划分，当代都市题材4部，当代军旅题材1部，当代涉案题材1部；在2018年收视率前十位的电视剧集中，当代题材的剧目有7部，近代题材2部，古代题材1部，按照当代具体题材区分，当代都市题材6部，当代涉案题材1部；在2019年上半年收视率前十位的电视剧集中，古代题材1部，现代题材1部，当代题材8部，按照当代具体题材区分，当代都市题材7部。近年来，当代题材逐渐成为高收视电视剧题材，其中当代都市电视剧成为历年高收视题材的主要组成部分（见图6）。

第二，反映现实生活题材的电视剧更能获得民众认可。湖北大学高等人文研究院、中华文化发展湖北省协同创新中心开展的"中国文化发展状况调查（2019）"问卷结果显示：在29个省、自治区、直辖市，77个市

（州），262 个县（市、区）收回的 5561 份有效样本中，针对"现实生活题材的电视剧更能够影响我对生活和社会的看法"这一问题，肯定性回答（同意、非常同意）占有效样本比重 82.88%，否定性回答（不同意、非常不同意）占有效样本比重 4.10%（见表 6）。

表 6　对现实生活题材的电视剧的认可度统计

单位：人，%

分类	样本数	占总体样本比重	占有效样本比重	累计有效比重
非常不同意	58	1.04	1.04	1.04
不同意	170	3.06	3.06	4.10
不清楚	724	13.02	13.02	17.12
同意	2456	44.16	44.16	61.28
非常同意	2153	38.72	38.72	100.00
合计	5561	100.00	100.00	

资料来源：湖北大学高等人文研究院、中华文化发展湖北省协同创新中心"中国文化发展状况调查（2019）"数据库。

这一数据分析结果表明，民众对于现实主义题材具有较高的认同度，具有这种较高认同度的原因在于这类题材更加贴近日常生活，直接反映了民众实际生活情景和真实内心想法。因此，从民众的认可度来看，现实主义题材的电视剧具有较高的影响力。

（三）电影业发展现状及影响力

1. 电影业发展现状

2018～2019 年我国电影业的发展主要表现为两个特点：第一，改革商业院线，发展特色院线；第二，银幕及票房总数的增速放缓。

第一，改革商业院线，发展特色院线。2018～2019 年我国电影院线发展的一个特点就是推行院线制度改革以及院线结构调整。2018 年底国家电影局下发了《关于加快电影院建设　促进电影市场繁荣发展的意见》，提出了一系列电影院线制改革措施：要求院线公司的控股影院数量不少于 50 家或银幕数量不少于 300 块，控股影院上一年度合计票房收入不低于 5 亿元；

鼓励院线公司并购重组以及跨地区、跨所有制整合；对于长期管理不善、经营乏力的院线公司，实行市场退出。从以上政策可以看出，我国电影院线将面临一种整合趋势，各大院线公司将会面临一次重新排序，已有院线公司将会逐渐集中为少数几家院线巨头。

2018～2019年我国电影院线建设的另一特点是通过发展特色院线对商业院线进行有益补充，从不同层面满足人民的文化生活需要。2018年初，我国有5000个签约影厅加盟人民院线，专门用于组织群众观看特定优秀主旋律和重要时间节点的影片；2019年《关于影片进入点播影院、点播院线发行窗口期的公约》的发布解决了点播院线的上映窗口期、院线电影盗版等问题。除了人民院线、点播院线之外，艺术院线、校园院线以及网络院线等特色院线的建设得到了进一步的支持和发展。

第二，银幕及票房总数的增速放缓。[①] 2019年全国银幕总数69787块，我国银幕数量连续四年稳居世界电影银幕数量首位。从年增速来看，2018～2019年我国银幕数量增速正在缓慢下降。根据相关统计数据，2018年全国共拥有银幕60079块，较2017年增加9303块，同比增长18.3%；2019年新增银幕9708块，全国银幕总数达到69787块，同比增长16.15%。对比同期历史数据，2017年全国新增银幕9597块，银幕总数已达到50776块，同比增长23.3%；2018～2019年银幕增长速度正在逐年降低。与银幕增速同步放缓的还有年度总票房的增速，2018～2019年的年度票房总数保持了增长的趋势，但增长速度正在缓慢下降。同时受到新冠肺炎疫情的影响，2019年末至2020年上半年全国影院全线关闭，预计在2020年底实现荧幕总数80000块的建设目标将受到较大的影响，该目标可能延期达成。

---

① 《642亿！请收下这份2019年中国电影调查报告》，搜狐网，2019年12月31日，https：//www. sohu. com/a/363952640_ 157635；1905电影网：《〈2018中国电影年度调查报告〉出炉！中国电影再创新高》，2019年1月2日，https：//baijiahao. baidu. com/s？id=1621517986584629111&wfr=spider&for=pc；《2017年全国电影银幕数据统计：银幕总数超5万块　稳居世界第一》，中商情报网，2018年1月10日，https：//www. askci. com/news/chanye/20180110/104038115718. shtml。

根据相关数据，2018 年中国电影年度总票房 609.76 亿元，同比增长 9.05%（见图 7），城市院线观影人次 17.16 亿，同比增长 5.92%；2019 年全国电影总票房 642.66 亿元，同比增长 5.39%，城市院线观影人次 17.27 亿，同比增长 0.64%。对比历史数据，2017 年全年总票房达到 559.11 亿元，同比增长 13.45%，城市院线观影人次 16.2 亿，同比增长 18.08%。由此看来，近年国内票房增速正处于一个缓慢的回落期。

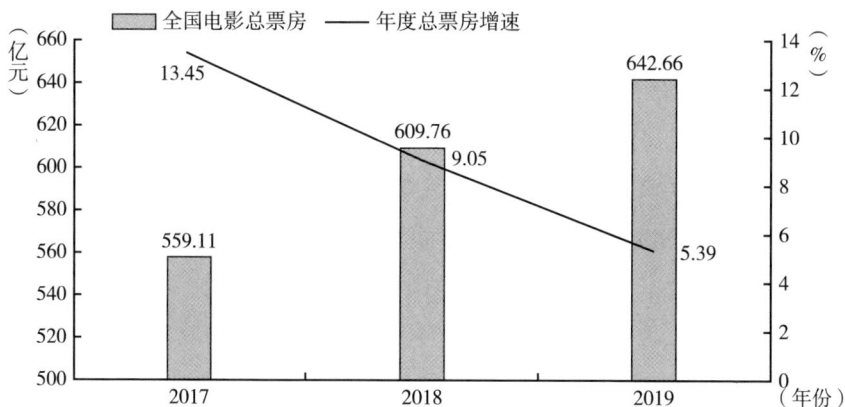

图 7　2017～2019 年全国电影总票房及票房增速

资料来源：《642 亿！请收下这份 2019 年中国电影调查报告》，搜狐网，2019 年 12 月 31 日，https://www.sohu.com/a/363952640_157635；1905 电影网：《〈2018 中国电影年度调查报告〉出炉！中国电影再创新高》，2019 年 1 月 2 日，https://baijiahao.baidu.com/s?id=1621517986584629111&wfr=spider&for=pc；《2017 年全国电影银幕数据统计：银幕总数超 5 万块　稳居世界第一》，中商情报网，2018 年 1 月 10 日，https://www.askci.com/news/chanye/20180110/104038115718.shtml。

另外，从产量方面来看，2019 年电影总产量以及国产故事片产量相比 2018 年也稍有回落。2018 年电影产量总计 1082 部，比 2017 年电影产量增加 82 部，全年共生产电影故事片 902 部，比 2017 年增加 104 部；2019 年全年生产电影 1037 部，比 2018 年减少 45 部，全国共生产电影故事片 850 部，比 2018 年减少 52 部。总而言之，2018～2019 年，我国电影行业进入了一个相对的产能收缩期，这一情况主要受影视行业监管政策收紧以及整个电影产业结构调整的影响。

2. 国内电影业影响力现状

我国电影业的影响力状况可以从票房收入和高票房影片题材这两个指标来考察，由此 2018～2019 年我国电影业的影响力主要表现为以下两个方面。

第一，国产电影票房收入保持增长势头。2018 年度国产电影票房 378.97 亿元，同比增长 25.88%，占票房总额 62.15%；2019 年国产电影总票房 411.75 亿元，同比增长 8.65%，市场占比 64.07%。对比历史数据，2017 年度国产电影票房达到 301.04 亿元，同比增长 12.90%，占票房总额 53.84%。2018 年有 6 部国产电影进入年度票房十强，有 2 部国产电影进入中国电影史最高票房纪录前十名。2019 年有 8 部国产电影进入年度票房十强，有 5 部国产电影进入中国电影史最高票房纪录前十名。对比相关历史数据，2017 年有 5 部国产电影进入年度票房十强，有 1 部电影进入中国电影史最高票房纪录前十名。总而言之，2018～2019 年，我国国产电影年度票房保持了一个持续增长的趋势。①

第二，影片内容质量成为票房保证。随着电影市场的进一步良性发展，优秀的影片内容和质量越来越成为决定票房收入的关键因素。影片的质量与票房的表现之间的关联越来越直接和明显，"内容为王"的行业发展金规则进一步得到印证。

如图 8 所示，通过将 2017～2018 年的年度电影票房排行榜前十位和豆瓣年度电影榜单前十位进行重合，我们发现，2017 年票房前十名的电影中有 5 部国产影片，而这 5 部高票房国产电影中有 1 部进入豆瓣网"年度高分华语电影"前十名，豆瓣评分为 7.79 分；2018 年票房前十名的电影中有 6 部国产影片，而这 6 部高票房国产电影中有 5 部进入豆瓣网

---

① 《642 亿！请收下这份 2019 年中国电影调查报告》，搜狐网，2019 年 12 月 31 日，https：//www.sohu.com/a/363952640_157635；1905 电影网：《〈2018 中国电影年度调查报告〉出炉！中国电影再创新高》，2019 年 1 月 2 日，https：//baijiahao.baidu.com/s？id = 1621517986584629111&wfr = spider&for = pc；《2017 年全国电影银幕数据统计：银幕总数超 5 万块 稳居世界第一》，中商情报网，2018 年 1 月 10 日，https：//www.askci.com/news/chanye/20180110/104038115718.shtml。

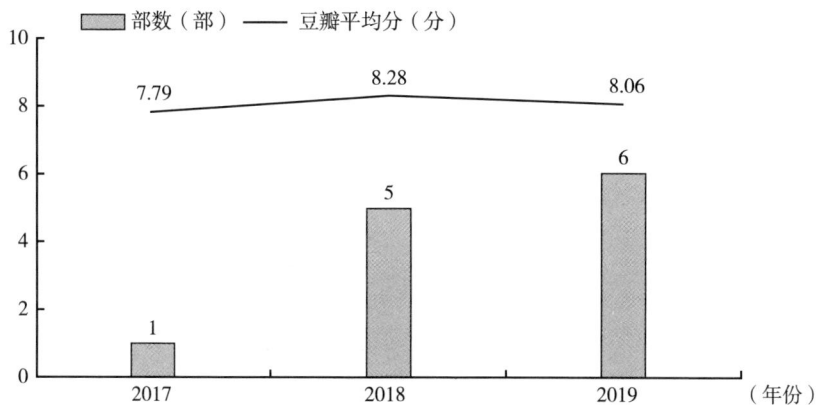

图 8　2017～2019 年豆瓣网高评分高票房电影总计

资料来源：《642 亿！请收下这份 2019 年中国电影调查报告》，搜狐网，2019 年 12 月 31 日，https：//www. sohu. com/a/363952640_ 157635；1905 电影网：《〈2018 中国电影年度调查报告〉出炉！中国电影再创新高》，2019 年 1 月 2 日，https：//baijiahao. baidu. com/s? id = 1621517986584629111&wfr = spider&for = pc；《2017 年全国电影银幕数据统计：银幕总数超 5 万块　稳居世界第一》，中商情报网，2018 年 1 月 10 日，https：//www. askci. com/news/chanye/20180110/104038115718. shtml；豆瓣网 2017 年度电影榜单，2017 年 12 月 25 日，https：//movie. douban. com/annual/2017；豆瓣网 2018 年度电影榜单，2018 年 12 月 25 日，https：//movie. douban. com/annual/2018? source = weixin#16；豆瓣网 2019 年度电影榜单，2019 年 12 月 25 日，https：//movie. douban. com/annual/2019? source = navigation。

"年度高分华语电影"前十名，豆瓣平均分为 8. 28 分；2019 年票房前十名的电影中有 8 部国产影片，而这 8 部高票房国产电影中有 6 部进入豆瓣网"年度高分华语电影"前十名，豆瓣平均分为 8. 06 分。这表示国产电影在内容和质量上进步得越多，就越能吸引更多的观众，越能获得票房上的成功。

影片质量对观众的吸引力也能从湖北大学高等人文研究院、中华文化发展湖北省协同创新中心开展的"中国文化发展状况调查（2019）"问卷结果中显示出来。针对"我期待看到更多的反映地方特色的国产优秀电影电视作品"这一问题，肯定性回答（同意、非常同意）占有效样本比重 88. 46%，否定性回答（不同意、非常不同意）占有效样本比重 2. 37%（见表 7）。

表7 对反映地方特色的国产优秀电影电视作品的认可度统计

单位：人，%

分类	样本数	占总体样本比重	占有效样本比重	累计有效比重
非常不同意	28	0.50	0.50	0.50
不同意	104	1.87	1.87	2.37
不清楚	510	9.17	9.17	11.54
同意	2260	40.64	40.64	52.18
非常同意	2659	47.82	47.82	100.00
合计	5561	100.00	100.00	

资料来源：湖北大学高等人文研究院、中华文化发展湖北省协同创新中心"中国文化发展状况调查（2019）"数据库。

以上数据和信息显示，"内容为王"已经成为当前电影市场的基本规律，这表明我国电影市场通过一系列制度改革和结构调整，以及规范化管理和政策性支持，逐渐形成了良性的发展模式。

（四）网络视听业发展现状及影响力

1. 我国网络视听业发展现状

2018～2019年我国网络视听行业的发展主要有如下三个方面的表现。

第一，网络视听已经成为我国主要文化传播渠道之一。根据国家统计局的统计数据和相关行业数据，截至2019年6月，我国网民规模达8.54亿，互联网普及率达61.20%；我国手机网民规模达8.47亿，我国网民使用手机上网比例达99.1%，手机上网普及率为60.50%。网络视频用户总数为7.59亿，网络视频用户总数已经略超我国人口总数的一半，网络视频普及率为54.21%[1]。数据表明，网络视频已经成为我国民众进行文化传播活动的主要途径之一。

截至2018年6月，我国网络视频用户6.09亿，占网民总体的76%，比2017年12月增长0.3亿，半年增长率5.18%。截至2018年12月底，

---

[1] 第44次《中国互联网络发展状况统计报告》，搜狐网，2019年8月30日，https：//www.sohu.com/a/337670641_ 817933。

我国网络视频用户规模达 7.25 亿，占网民总体的 87.5%，比 2018 年 6 月增长了 1.16 亿，半年增长率为 19.04%。截至 2019 年 6 月，我国网络视频用户规模达 7.59 亿，占网民总体的 88.8%，比 2018 年底增长了 0.34亿，半年增长率为 4.68%。对比相关历史数据：2017 年 12 月我国网络视频用户规模达 5.79 亿，占网民总数的 75.2%，比 2017 年 6 月增长了 0.14亿，半年增长率为 2.47%①。2018～2019 年我国网络视频用户总数保持着稳定的增长态势，其中 2018 年下半年我国网络视频用户经历了一次爆发式增长（见图 9）。

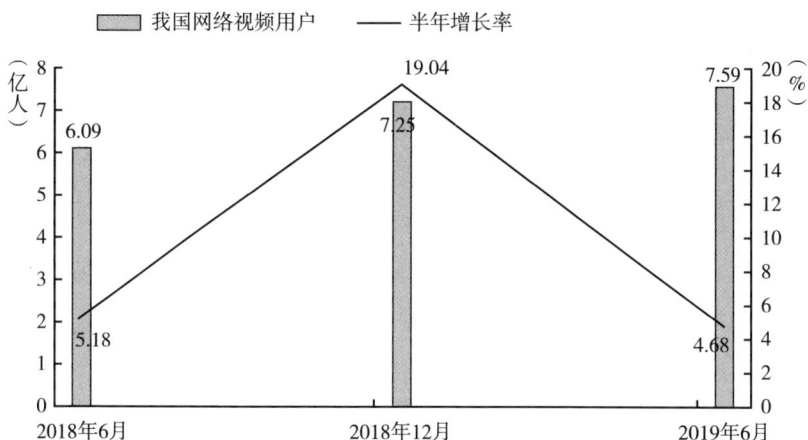

图 9　2018 年 6 月～2019 年 6 月网络视听用户增长情况

资料来源：中国网络视听节目服务协会：《2018 中国网络视听发展研究报告》，2018年 11 月 26 日，http：//www.199it.com/archives/802136.html；中国网络视听节目服务协会：《2019 中国网络视听发展研究报告》，2019 年 6 月 3 日，http：//www.199it.com/archives/882433.html；第 44 次《中国互联网络发展状况统计报告》，搜狐网，2019 年 8月 30 日，https：//www.sohu.com/a/337670641_817933。

　　第二，短视频成为业内发展最快的应用类型。2018～2019 年短视频行业依然保持了迅猛的发展态势，可从两个方面来体现：从短视频用户总数

---

　　① 中国网络视听节目服务协会：《2018 中国网络视听发展研究报告》，2018 年 11 月 26 日，http：//www.199it.com/archives/802136.html。

和使用时长来看，2018~2019 年，短视频行业在用户总量和使用时长方面保持了增长趋势。截至 2018 年 12 月，我国短视频用户总数已达 6.48 亿，占我国人口总数的 46.28%，这表明我国近一半国民都是短视频应用的用户。

图 10 显示，从短视频用户数量来看，截至 2018 年 6 月，我国短视频用户 5.94 亿，较 2017 年 12 月增长 1.8 亿，半年增长率为 43.48%。2018 年 12 月短视频用户规模 6.48 亿，较 2018 年 6 月增长 0.54 亿，半年增长率为 9.09%。[①] 从短视频应用在上网时长中的占比来看，2017 年网民人均每周上

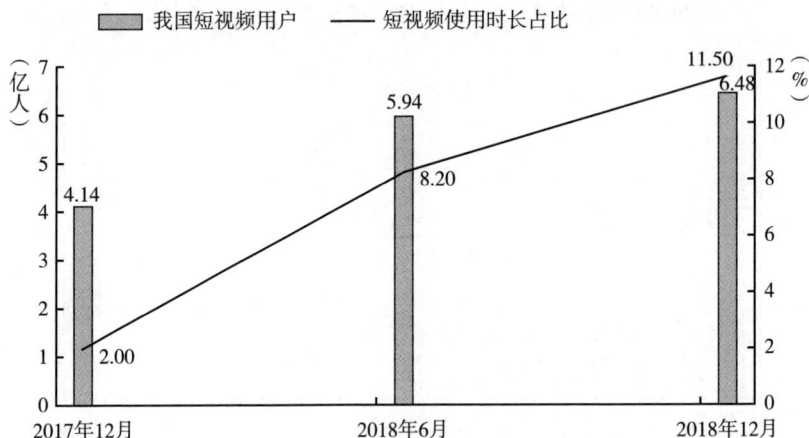

图 10　2017 年 12 月~2018 年 12 月短视频用户及使用时长占比增长情况

资料来源：中国网络视听节目服务协会：《2018 中国网络视听发展研究报告》，2018 年 11 月 26 日，http://www.199it.com/archives/802136.html；中国网络视听节目服务协会：《2019 中国网络视听发展研究报告》，2019 年 6 月 3 日，http://www.199it.com/archives/882433.html；第 43 次《中国互联网络发展状况统计报告》，中国互联网络信息中心（CNNIC）官网，2019 年 2 月 28 日，http://www.cac.gov.cn/2019 - 02/28/c_ 1124175686.htm；第 44 次《中国互联网络发展状况统计报告》，搜狐网，2019 年 8 月 30 日，https://www.sohu.com/a/337670641_ 817933。

[①]　中国网络视听节目服务协会：《2019 中国网络视听发展研究报告》，2019 年 6 月 3 日，http://www.199it.com/archives/882433.html；第 44 次《中国互联网络发展状况统计报告》，搜狐网，2019 年 8 月 30 日，https://www.sohu.com/a/337670641_ 817933。

网时长 27.0 小时，短视频应用的用户使用时长在网民总体中的占比仅为 2.00%①；2018 年 6 月网民人均每周上网时长 27.6 小时，短视频使用时长占比为 8.20%。2018 年 12 月网民人均每周上网时长 27.9 小时，短视频使用时长占比为 11.50%②。

从短视频行业的代表性平台年度业绩来看，国内最大的短视频平台"抖音"的日活量再创新高。抖音官方发布的《2019 年抖音数据报告》显示：截至 2020 年 1 月 5 日，抖音日活跃用户数已经突破 4 亿，继续领跑短视频应用市场。③

图 11 显示，2018 年 6 月，抖音平台日活量超过 1.5 亿，在半年的时间内抖音实现了 0.3 亿日活增长，半年增速为 25.00%；2019 年 1 月，抖音日活量为 2.5 亿，半年日活量增长 1.0 亿，半年增长 66.67%；2019 年 7 月抖音日活量为 3.2 亿，半年日活量增长 0.7 亿，半年增长 28.00%；2020 年 1 月抖音日活量为 4.0 亿，半年日活量增长 0.80 亿，半年增长 25.00%。结合两个方面数据来看，2018～2019 年短视频行业在用户总量、使用时长以及代表性平台等几个方面都保持了总体向上的发展趋势和较快的增长速度。

第三，政府部门加大了对网络视听领域的监管力度。2018～2019 年，国家相关管理部门对网络视听行业发布了一系列政策和措施，这些政策可分为两个类型。一是网络视听行业的总体规划。2019 年 8 月，国家广播电视总局发布了《关于推动广播电视和网络视听产业高质量发展的意见》，制定了到 2025 年"广播电视和网络视听内容创作生产更加繁荣，作品质量更加精良，不断推出更多符合新时代要求，既能在思想上、艺术上取得成功，又能在市场上受到欢迎的精品佳作"的目标任务。二是网络视听行业的业内规范。从 2018 年开始，国家广播电视总局、国家互联网信息办公室、中国

---

① 中国网络视听节目服务协会：《2019 中国网络视听发展研究报告》，2019 年 6 月 3 日，http：//www.199it. com/archives/882433. html。
② 中国网络视听节目服务协会：《2019 中国网络视听发展研究报告》，2019 年 6 月 3 日，http：//www.199it. com/archives/882433. html。
③ 《2019 年抖音数据报告》，2020 年 1 月 7 日，http：//www.199it. com/archives/993771. html。

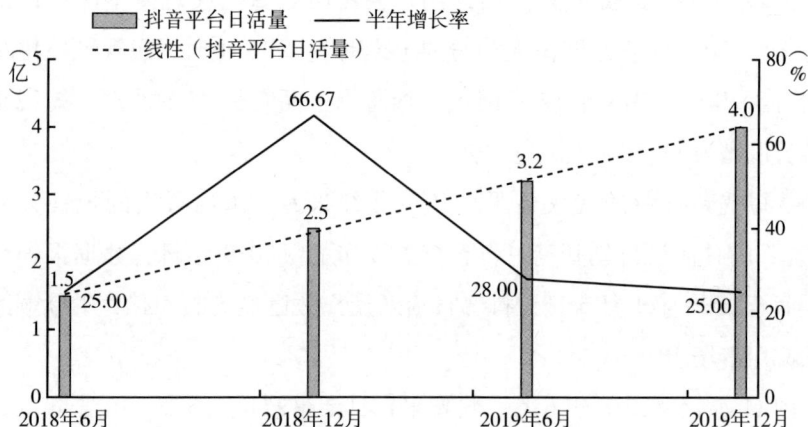

图 11　抖音短视频 2018～2019 年日活量增长趋势

数据来源：《2019 年抖音数据报告》，2020 年 1 月 7 日，http：//www. 199it. com/archives/993771. html。

网络视听节目服务协会等管理部门针对违规的视频网站及短视频平台采取了一系列整改措施，以促进行业规范化发展。2019 年 1 月，中国网络视听节目服务协会出台的《网络短视频平台管理规范》及《网络短视频内容审核标准细则》进一步规范了短视频平台的管理制度和内容审核。同年 2 月，国家广播电视总局发布了《关于网络视听节目信息备案系统升级的通知》对"网络剧、微电影等网络视听节目信息备案系统"进行了升级，要求重点网络影视剧必须先由制作机构进行申报，获批后才能进入拍摄环节。同年 11 月，国家互联网信息办公室、文化和旅游部、国家广播电视总局联合印发《网络音视频信息服务管理规定》，对网络视听行业提出了"依法依规进行音视频信息制作、发布、传播的服务；音视频用户需要真实身份信息认证；建立健全辟谣机制，避免传播虚假信息"等方面的要求。

2. 国内网络视听行业影响力现状

网络视听行业影响力可以从平台的文化传播范围和民众的认可度两个方面得到体现，下面将从这两个方面对 2018～2019 年网络视听行业的影响力进行考察。

第一，网络视频平台的文化传播范围延伸到教育、艺术、传承、文旅等多个方面。以视频网站"哔哩哔哩"（以下简称"B 站"）和短视频平台"抖音"为例，相关数据显示，2018 年有 1827 万人在 B 站学习，B 站全年学习直播共 103 万次，总时长达 146 万小时[1]。2019 年抖音数据报告显示，2019 年抖音上传 1489 万条知识视频，艺术类视频播放量为 5431 亿次；1275个国家级非遗项目出现在抖音短视频中，共计获得 33.3 亿次点赞；文旅扶贫相关视频被分享 3663 万次，贫困县景点通过抖音获得了更多关注。此外，2019 年抖音催生"打卡"旅游经济发展，全年用户打卡共 6.6 亿次，其中西安大唐不夜城以 23 亿次播放量成为年度最受关注的国内旅游景点。[2]

第二，音视频的内容质量是民众对网络视频平台的基本要求。湖北大学高等人文研究院、中华文化发展湖北省协同创新中心开展的"中国文化发展状况调查（2019）"问卷结果显示：针对"如果认同无不良视频内容就会关注，你会选择关注下列哪些网站"这一问题，在 29 个省、自治区、直辖市，77 个市（州），262 个县（市、区）收回的 5561 份有效样本中，按照占样本比重来看，腾讯视频、爱奇艺和抖音所占比重依次为 56.37%、51.09% 和 43.91%，分别为占比最多的网络平台前三位。按照选择人次比重来看，调查对象选择最多的网络平台也依次是腾讯视频、爱奇艺和抖音（见表 8）。

表 8　对音视频平台的认知认可度统计

单位：人，%

分类	人数	占样本比重	占选择人次比重
腾讯视频	3135	56.37	23.32
优酷	2055	36.95	15.29
爱奇艺	2841	51.09	21.14

[1] 《知道吗？这届年轻人爱上 B 站搞学习》，央视网，2019 年 4 月 17 日，http://news.cctv.com/2019/04/17/ARTIkdxgldxCuSmVdTOimrAw190417.shtml。

[2] 《2019 年抖音数据报告》，2020 年 1 月 7 日，http://www.199it.com/archives/993771.html。

续表

分类	人数	占样本比重	占选择人次比重
抖音	2442	43.91	18.17
QQ音乐	1865	33.54	13.88
喜马拉雅	1103	19.83	8.21
选择人次总计	13441	100.00	100.00

资料来源：湖北大学高等人文研究院、中华文化发展湖北省协同创新中心"中国文化发展状况调查（2019）"数据库。

从表8可以看出，音视频内容质量是民众选择网络视听平台的第一道门槛。网络视听平台不仅要具备娱乐功能，还必须具有优质的内容和正确的思想导向。靠哗众取宠的粗劣作品无法获得民众长期的认可。

三 国内文化传播的成就、问题及对策

（一）主要成就

基于前两个部分的考察，2018～2019年我国国内文化传播及影响力的成就主要表现在如下几个方面。

1. 文化传播行业的政策法规更加优化和细化

党和政府对文化企业通过推进文化体制改革延续了一系列优惠性政策。这些优惠性政策同样惠及文化传播企业，为我国文化传播事业的全面发展助力。而县级融媒体中心相关政策、政务新媒体相关政策、新媒体管理政策、青少年儿童保护政策等各类行业法规呈现出精准化和细致化的特征，继续引导行业的正确发展方向，多种业内乱象也得到强有力的制约和治理。

2. 县级融媒体中心建设取得阶段性建设成果

各地方政府积极开展县级融媒体中心建设，目前已经有11个省区市实现了区县级融媒体中心全覆盖。各地融媒体中心通过整合县级媒体资源，使

传媒和服务相结合，满足民众多样化需求。同时县级融媒体中心建设还与政务新媒体建设相融合，通过将新媒体和政务服务工作相结合的方式，利用新媒体传播广、受众多、沟通快等特点，打通服务群众的最后一公里。

3. 影视及网络视听行业的发展更加规范化

影视行业的结构性调整成效初显，内容质量取代流量明星成为影视作品成功的关键因素，社会资本投资也更加注重剧本、编剧的质量。这一趋势虽然短时间内造成了影视剧产量的萎缩以及所谓的"影视寒冬"，但从长期发展来看，行业结构调整更能正确积极地引导行业发展方向。网络视听行业发展规模继续扩大，行业管理政策更加规范和健全，网络视频平台从单一的娱乐休闲平台逐步转为新型的文化载体。

（二）存在的问题

2018～2019 年国内文化传播及影响力虽然取得了不少成就，但也存在一些明显的问题。主要有如下几点。

1. 新媒体尚不具备较高的公信力，对应民众实际文化需求还存在短板

根据本报告相关分析，尽管新媒体已经成为主流媒介，但报纸、电视、杂志、广播等传统媒体在公信力方面遥遥领先于微信、自媒体、网络、微博、手机报、视频等新媒体。当前大多数新媒体平台都简化了传统媒体常见的采编和制作程序，弱化了传统媒体擅长的深度报道，而这使得新媒体还无法全面覆盖和满足民众日益丰富的文化需求。

2. 县级融媒体中心建设正处于增长爆发期，但面临一系列后续运营难题

2019 年，各地政府集中力量建设县级融媒体中心，县级融媒体呈现爆发式增长，但平台管理、人才培养、内容生产、传播效果等后续运营难题也相继出现。县级媒体处在我国各级媒体的最基层，最贴近当地民众实际生活和内在需求。但由于大多数县级媒体普遍存在人才流失严重、平台管理经验欠缺等不足，导致了内容生产能力不高、传播效果不理想等运营问题。

3. 原有的影视行业危机将加剧，行业复苏将成为新使命和新挑战

2019 年底突发的新冠疫情给世界各国和社会各行各业都带来了前所未

有的危机，对文化传播行业的影响也是十分明显的，如电视电影暂停开机、影院关闭、春节档全面下档等。这些突发危机对原本已经进入"寒冬期"的影视行业来说，将会是更大的打击。影视市场将会进一步萎缩，行业损失将进一步加剧，这些无疑会使前景更加艰难。如何引导影视行业及市场实现疫情后的复苏，将是2020年我国文化传播工作面临的新使命和新挑战。

（三）对策

针对上述问题，本报告提出的对策如下。

1. 新媒体应当借鉴和引入传统媒体优秀的新闻采编机制

新媒体应当借鉴传统媒体的优秀机制，提升新媒体报道人员的专业采编能力和舆论引导能力。传统媒体拥有成熟的"把关人"机制[1]，把关人从专业角度对采集和制作后的内容进行甄别、过滤、核实之后再进入发布阶段。这一机制保证了新闻报道的专业性、客观性和真实性，也使得民众更加信任传统媒体。另外，传统媒体尤其是一些重要报纸、期刊等纸媒往往配备专门的特约深度记者，深度记者往往具备很强的新闻解读能力和判断能力，能够引导读者理性认识新闻事件，提升民众的信任感。

2. 县级融媒体中心应积极寻求跨级别、跨领域合作，构建多维度的人才培养机制

县级融媒体中心应当主动打破区域、级别的限制，积极寻求跨领域、跨区域、跨级别的合作，联合中央媒体、省市级媒体以及其他媒体建立多级别、多类型的宣传渠道；应该与文化产业公司开展通力合作，建立多元化的平台运营方式，激发自身的发展活力。另外，县级融媒体中心应当拓展人才制度的建设维度，既要优化融媒人才的引进制度，又要注重对现有人员的业务培养。既要从工资、绩效、职称等方面提高引进人才待遇，做到吸引人才、留住人才，又要定期组织平台人员进行专业培训，提高现有人员的新闻

---

① 尤蕾：《哪些媒体值得信任？公众心目中最具公信力的媒体类型》，搜狐网，2019年8月20日，https://www.sohu.com/a/335042585_426502。

制作能力和平台运作能力。

3. 影视行业在获得政策扶持的同时，应当寻求新的发展模式

2019 年底至 2020 年初的新冠疫情使得传统电影院线遭受严重打击，国家电影局协调财政部、国家发展改革委、国家税务总局等部门研究推出一系列帮扶电影企业纾困发展的扶持和优惠政策。这些政策的出台将有助于我国电影行业在疫情后的复苏，与此同时，电影行业本身也应当谋求新的行业发展模式。据相关报道①，因受 2020 年春节期间疫情影响，商业院线全面关闭的同时，网络院线平台共上线 30 部网络电影，较上年增加 10 部，电影的日均有效播放较 2019 年提升了 32%。《囧妈》《大赢家》等热门电影放弃传统发行而转向网络发行，也为未来电影营销模式带来启示。联合多种发行机构、构建跨媒体院线既是电影市场的未来发展趋势，也是电影行业凭借自身能量走出寒冬期的可行路径。

参考文献

国家统计局、中宣部编《中国文化及相关产业统计年鉴 2019》，中国统计出版社，2019。

文化和旅游部编《中国文化和旅游统计年鉴 2019》，国家图书馆出版社，2019。

湖北大学高等人文研究院、中华文化发展湖北省协同创新中心"中国文化发展状况调查（2019）"数据库。

---

① 李妍：《疫情中网络院线迎井喷 专家：网络电影和院线应为互补》，2020 年 3 月 9 日，https：//baijiahao. baidu. com/s？ id=1660662288261672073&wfr=spider&for=pc。

B.8
中国文化国际传播与影响力报告（2019）

李家莲　叶华珍*

摘　要：　以2018～2019年度国际文化产品的贸易总量和总金额为考察
　　　　对象，本报告分析了以图书、期刊和报纸为媒介的传统纸质
　　　　文化产品以及以音像和电子产品为媒介的电子文化产品在国
　　　　际文化贸易活动中存在的问题和局限性，如传播内容以浅层
　　　　传统文化为主，其深度有待加强；文化传播的方式与学习者
　　　　丰富多样的需求之间存在一定张力等。为了提高中国文化传
　　　　播影响力，本报告认为，应进一步深化中国文化国际传播的
　　　　文化内容，改变传播方式，使文化传播的目的地突破以亚洲
　　　　为主的特征，使之逐步变得多样化。同时，应将中国文化国
　　　　际传播与当代中国现代化建设进程有效结合起来，以现代化
　　　　进程助推中国文化国际传播，以中国文化国际传播深化当代
　　　　中国现代化建设进程。

关键词：　中国文化　国际传播　国际影响力　文化贸易

　　本报告旨在分析2018～2019年中国文化产品国际传播与影响力的现状
与问题，并基于该分析尝试给出相关对策与建议。以中国文化产品国际传播
和中国文化的国际教育活动为考察对象，为了揭示其传播过程中彰显出的中

---

*　李家莲，女，湖北大学高等人文研究院副院长，湖北大学哲学学院暨湖北省农村社区研究中
　心副教授，主要从事伦理学研究、美学研究与中国文化研究；叶华珍，女，湖北大学哲学学
　院2017级硕士研究生。

国文化国际影响力，本报告将从以下五个因素着手分析 2018～2019 年中国文化国际传播和影响力现状：传统纸质文化产品、电子文化产品、版权引进与输出、电视节目进出口业务与国际旅游业以及孔子学院中的中国文化国际传播。基于对现状的考察，本报告将进一步分析中国文化国际传播过程中显露出的诸多问题。本报告认为，在进行国际传播的过程中，中国文化的传播内容主要聚焦在传统文化和表层文化，其传播内容有待深化；对于现行国际传播内容来说，中国文化在进行国际传播的过程中需进一步考虑到学习者或被传播者的内在需求，以期能满足学习者或被传播者丰富多样的文化需求；就文化传播方式来说，不管是孔子学院的教学，还是以电视节目、电视剧、动画片、旅游业等为载体的中国文化国际传播均显示出，中国文化国际传播方式存在单一性等问题。基于对以上问题的分析，本报告认为，为了进一步提高中国文化传播的国际影响力，可以从以下几个方面做出努力：其一，深化对中国传统文化的理解，以期可以从文化产品、文化行为到文化观念层层深入地传播中国传统文化精髓；其二，文化传播内容的选择要考虑国外人民的价值观和喜好，建议采用中国传统文化与现代文化相融合的传播模式；其三，建议对外汉语教学形式进一步多样化，开展兴趣教学及远程课堂。

一　中国文化国际传播与影响力现状

为了更好地了解中国文化在 2018～2019 年的国际传播与影响力现状，本报告选取了线上线下的文化产品为分析对象。就线下文化产品来说，我们选取了图书、期刊、报纸等传统纸质文化产品以及录音、录像、电子出版物等电子文化产品为考察对象，我们以这些文化产品在国际贸易中的交易量和交易金额为研究对象进行考察，旨在通过研究传统纸质文化产品和电子文化产品的进出口活动来考察中国文化国际传播的影响力现状。就线上文化产品来说，本报告以 2018～2019 年电视节目进出口情况为考察对象，分析了中国文化国际传播过程中的影响力现状。此外，本报告还重点分析了版权引进和输出以及孔子学院教学活动中的中国文化国际传播与影响力现状。

（一）以传统纸质文化产品为媒介的中国文化国际传播与影响力现状

对于以图书、期刊和报纸等传统纸质文化产品为载体的中国文化国际传播来说，本报告将把考察重点聚焦于文化产品的贸易往来之上，具体而言，将重点考察传统纸质文化产品在 2018～2019 年的贸易总量。考察显示，就 2018～2019 年的中国文化产品国际贸易总量而言，贸易逆差表现得较为明显。对于以传统纸质文化产品为媒介的文化传播与交流活动来说，传统文化产品的进出口数量与金额表明我国文化产品的国际传播与影响力都有待进一步加强。以图书进出口为例，国家统计局数据显示，我国 2018 年图书出口总量为 1067.17 万册，而图书进口总量为 2995.39 万册；图书出口总金额是 5084.06 万美元，而进口总金额是 21577.06 万美元。数据比较显示，我国进口图书总量高于出口图书总量 1928.22 万册，进口总金额高于出口总金额 16493 万美元，更具体地说，我国图书进口总金额是出口总金额的 4.24 倍。（见图 1）就期刊而言，虽然进口总数量略低于出口总数量，然而，进口总金额却远远高于出口总金额，表现出非常明显的贸易逆差。《中国统计年鉴 2019》中图书、期刊、报纸进出口情况数据统计显示，2018 年我国期刊出口总量为 325.23 万册，而进口总量为 305.84 万册；2018 年我国期刊出口总金额为 595.54 万美元，而进口总金额达到了 13526.85 万美元，其中期刊进口总金额是期刊出口总金额的 22.71 倍。就报纸而言，无论是进出口总量还是进出口总金额，都表现出非常明显的贸易逆差。2018 年我国报纸出口总量为 85.69 份，而进口总量为 786.79 份，其中进口是出口的 9.19 倍；2018 年我国报纸出口总金额为 43.40 万美元，而进口总金额为 1098.28 万美元，其中进口是出口的 25.31 倍，很显然，进出口总金额的差距巨大。由此可见，以图书、期刊、报纸等传统纸质媒体为媒介的中国传统文化产品为考察对象，我国的期刊和报纸在文化国际传播中发挥的国际影响力远低于外国文化对我国文化发挥的国际影响力，这不仅因为报纸和期刊的进出口数量在国际文化交流中展现出巨大贸易逆差，也因为报纸和期刊的进出口总金额在国际文化交流中展现出巨大贸易逆差。

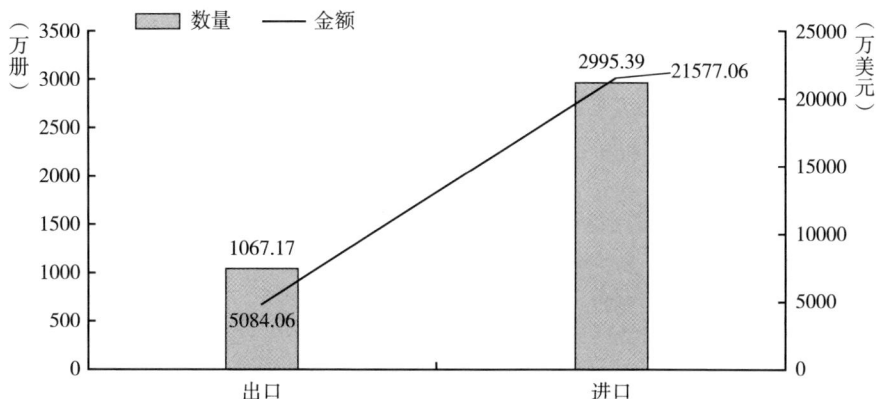

图1 2018 年我国图书进出口数量及金额

资料来源：国家统计局编《中国统计年鉴2019》，中国统计出版社，2019。

通过进一步细分进出口图书的不同类别，以哲学社会科学、文学艺术、文化教育、自然科学技术、少儿读物以及综合性图书进出口数量和金额为考察对象，我们发现，哲学社会科学、文学艺术、文化教育、自然科学技术、少儿读物以及综合性图书均出现了进口总量大于出口总量的现象，各图书门类的进出口总量均表现出了较明显的贸易逆差（见图2）。对于各门类图书

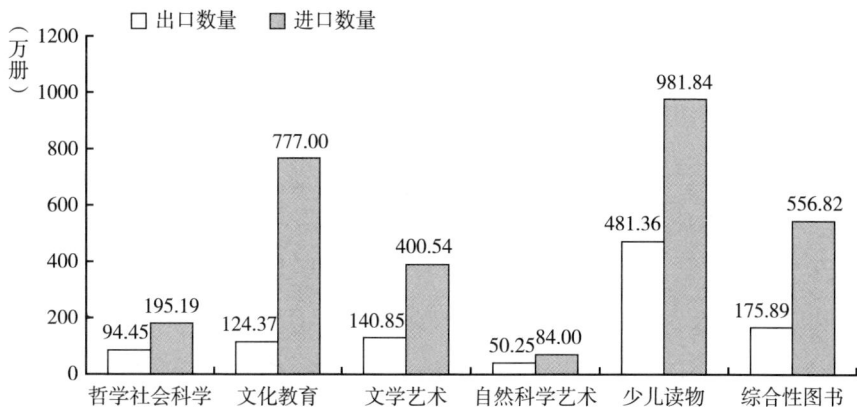

图2 2018 年各门类图书进出口数量

资料来源：国家统计局编《中国统计年鉴2019》，中国统计出版社，2019。

进出口总金额而言，也都出现了各门类图书进口总金额高于出口总金额的现状，均表现出了非常明显的贸易逆差（见图3）。就此而言，以传统纸质文化产品为媒介的中国传统文化在国际文化交流与传播过程中的国际文化传播与影响力有待进一步加强。

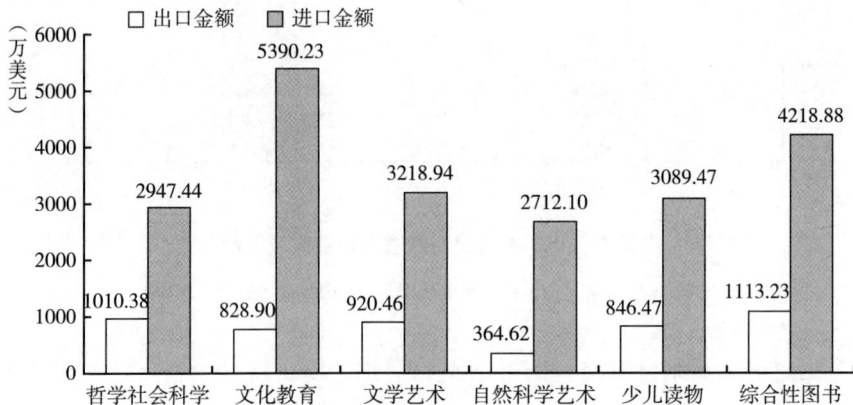

图3　2018年各门类图书进出口金额

资料来源：国家统计局编《中国统计年鉴2019》，中国统计出版社，2019。

（二）以电子文化产品为媒介的中国文化国际传播与影响力现状

国家统计局编的《中国统计年鉴2019》数据统计显示，2018年我国录音、录像、数字出版物出口总量为12354盒（张），而进口总量为88444盒（张），进口总量比出口总量多76090盒（张），分析显示，进口总量是出口总量的7.16倍；2018年我国出口总金额为212.2万美元，进口总金额为38019.93万美元，进口总金额是出口总金额的179.17倍。以录音、录像和数字出版物为媒介的电子文化产品，与以图书、期刊和报纸等为媒介的传统纸质文化产品一样，表现出了较明显的贸易逆差，其中录音产品的贸易逆差表现得最为明显（见图4）。此外，通过对比以录音录像为媒介的传统电子文化产品和以数字出版物为媒介的当代新型电子出版物的进出口总金额，我们发现，数字出版物在国际文化贸易活动中表现出的贸易逆差远胜于以录音录像为媒介的传统电子文化产品（见图5、图6）。以进出口总金额为例，其进口总金额为 37922.2 万美元，而出口总金额却只有 176.05 万美元，进口总金额为出口总金额的 215.41 倍。以上数据分析显示，以国际文化贸易活动中的文化产品进出口总量和总金额为考察对象，对于以音像、电子出版物等电子文化产品为媒介的文化传播活动来说，我国电子文化产品在国际贸易活动中存在着一定的问题和局限性，尤其是以进出口总量或总金额为表现形式的贸易逆差远胜于以图书、期刊和报纸为代表的传统纸质媒体。

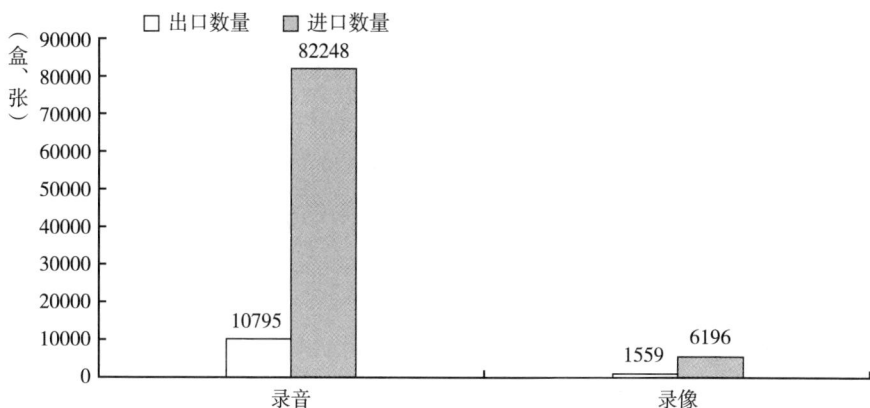

图4 2018 年录音与录像类文化产品进出口数量

资料来源：国家统计局编《中国统计年鉴 2019》，中国统计出版社，2019。

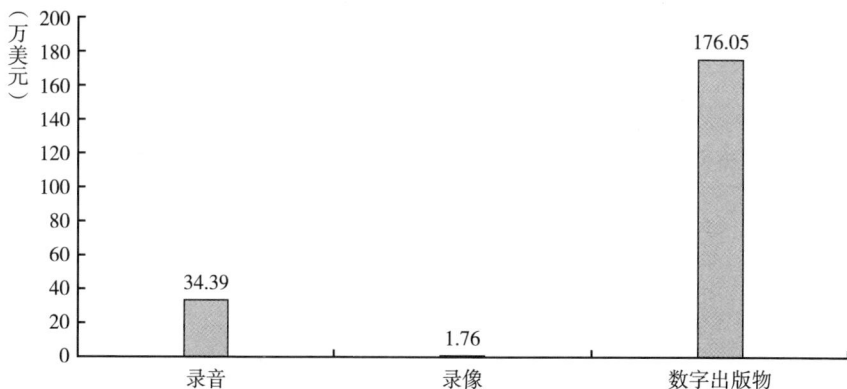

图5 2018 年录音、录像以及数字出版物类文化产品出口金额

资料来源：国家统计局编《中国统计年鉴 2019》，中国统计出版社，2019。

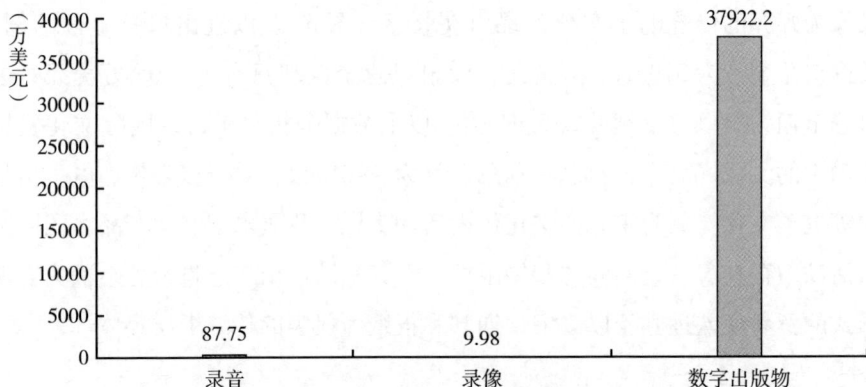

图6 2018年录音、录像以及数字出版物类文化产品进口金额

资料来源：国家统计局编《中国统计年鉴2019》，中国统计出版社，2019。

（三）以版权引进与输出为媒介的中国文化国际传播与影响力现状

前文分析显示，不管是对于以图书、期刊和报纸为媒介的传统纸质文化产品来说，还是对于以音像和电子产品为媒介的电子文化产品来说，中国文化产品的国际传播力和影响力在国际贸易活动中均存在一定的问题和局限性，其贸易逆差尤为突出，尤其是就数字出版物而言，其进口总金额是出口总金额的215.41倍。接下来，以版权引进和输出为考察对象，我们将考察中国文化产品在版权引进和输出领域的国际传播力和文化影响力现状，评析其效益，进而分析应该如何更好地将"引进来"和"走出去"相结合，提高中国文化国际传播力和影响力以及国家文化对外交流软实力。国家统计局编的《中国统计年鉴2019》数据统计显示，在版权引进和输出方面，2018年引进版权数为16829项，而输出版权数为12778项，版权引进总量大于出口数量，与前文分析过的以图书、期刊和报纸为媒介的传统纸质文化产品和以音像和电子产品为媒介的电子文化产品一样，我国文化产品在版权进出口领域也表现出了较为明显的贸易逆差，就此而言，本报告认为，较之外国文化产品，我国文化产品在版权引进和输出领域表现出的国际传播力与影响力尚待加强。

　　既然我国文化产品在版权引进和输出领域存在巨大贸易逆差，那么，就版权引进来说，究竟何种外来文化占据最大引进份额？数据统计显示，我国2018 年从美国引进版权 5047 项，从英国引进版权 3496 项，从德国引进版权 881 项，从法国引进版权 1024 项，从俄罗斯引进版权 83 项，从加拿大引进版权 127 项，从新加坡引进版权 228 项，从日本引进版权 2075 项，从韩国引进版权 124 项，从香港地区引进版权 266 项，从澳门地区引进版权 1项，从台湾地区引进版权 824 项，从其他地方引进版权 2653 项。以上数据表明，我国从英语国家引进版权总数最多，以英语语言文化为载体的文化产品占据了我国版权输入的最主要份额（见图 7）。进一步分析显示，在文化产品国际交流舞台上，以版权输出和引进为考察对象，我国文化产品的国际传播力与竞争力远不及英语语言文化产品。

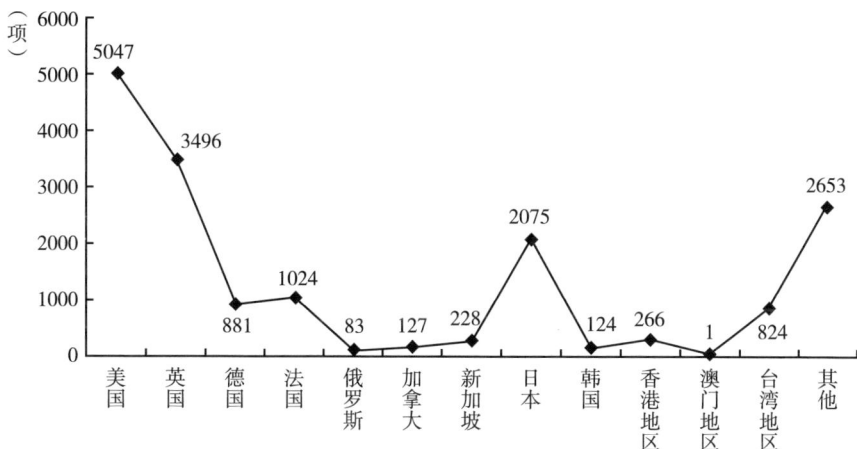

图 7　2018 年版权引进的国家和地区情况

资料来源：国家统计局编《中国统计年鉴 2019》，中国统计出版社，2019。

　　对于版权输出来说，我们的版权究竟输出到哪些目的国？数据统计显示，2018 年我国向美国输出版权 1228 项，向英国输出版权 533 项，向德国输出版权 507 项，向法国输出版权 286 项，向俄罗斯输出版权 477 项，向加拿大输出版权 226 项，向新加坡输出版权 430 项，向日本输出版权

424 项，向韩国输出版权 587 项，向香港地区输出版权 805 项，向澳门地区输出版权 67 项，向台湾地区输出版权 1552 项，向其他地方输出版权 5656 项（见图 8）。分析显示，尽管英语语言文化产品在我国版权输入领域独占鳌头，但是，我国文化产品在版权输出过程中并未得到同等待遇。这充分说明，较之英语语言文化产品，我国文化产品在版权输出数量上小于输入数量，存在一定的贸易逆差。这向我们警示，较之英语语言文化产品，我国文化产品的国际传播力和影响力较为弱势，历史留给我们的任务复杂且艰巨。

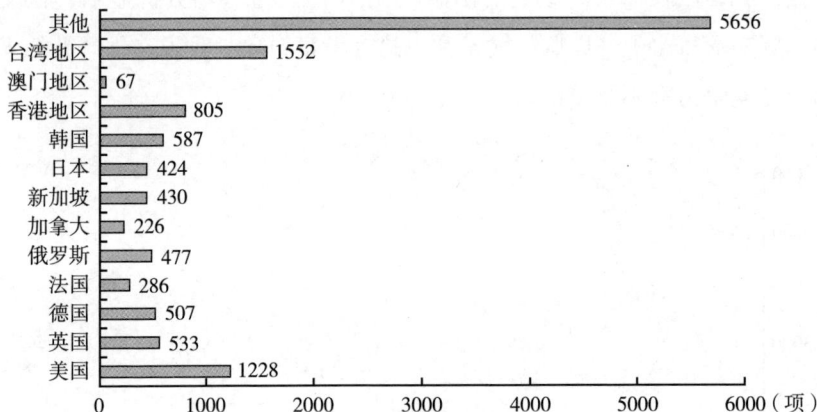

图 8　2018 年版权输出之国家和地区情况

资料来源：国家统计局编《中国统计年鉴 2019》，中国统计出版社，2019。

（四）以电视节目进出口业务与旅游业为媒介的中国文化国际传播力与影响力现状

如果说我国文化产品在传统纸质文化产品、新型电子文化产品的文化贸易以及版权交易活动中表现出了较大贸易逆差，那么，电视节目进出口业务和旅游业中的中国文化产品又是什么境况呢？

就电视节目进口而言，2018 年我国电视节目进口总金额为 360621 万元，其中从欧洲进口电视节目 51882 万元，从美洲进口电视节目 104726 万元，从大洋洲进口电视节目 1379 万元，从亚洲进口电视节目 202627 万元，从非洲进口电视节目 7 万元（见图 9）。

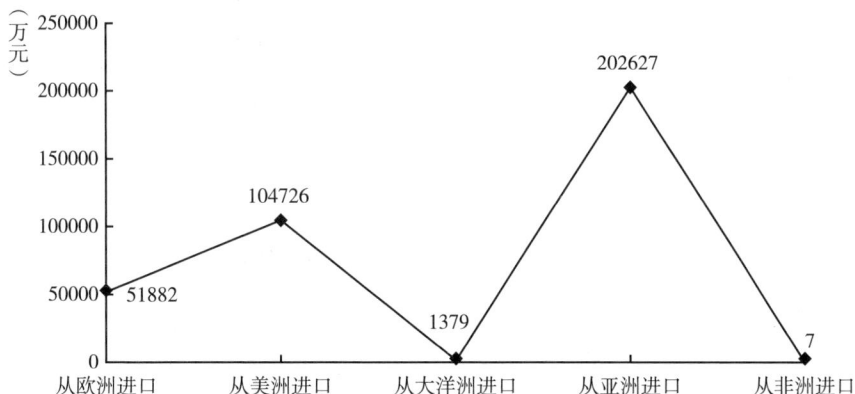

图 9　2018 年我国电视节目进口状况

资料来源：国家统计局编《中国统计年鉴 2019》，中国统计出版社，2019。

就电视剧进口而言，2018 年我国进口电视剧总金额为 80657 万元，其中从欧洲进口电视剧达 5729 万元，从美洲进口电视剧达 36435 万元，从亚洲进口电视剧达 38293 万元，从大洋洲进口电视剧达 200 万元（见图 10）。

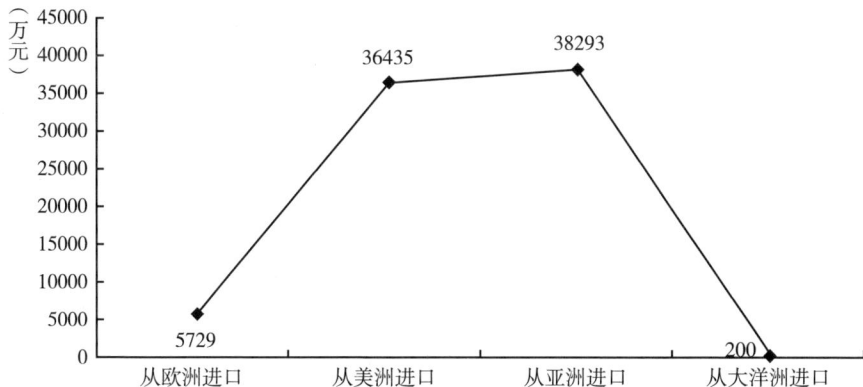

图 10　2018 年我国电视剧进口状况

资料来源：国家统计局编《中国统计年鉴 2019》，中国统计出版社，2019。

就动画片进口而言，2018 年我国进口动画片总金额为 250634 万元，其中从欧洲进口动画片总金额达 35112 万元，从美洲进口动画片总金额达 59045 万元，从亚洲进口动画片总金额达 156428 万元，从大洋洲进口动画片总金额达 42 万元，从非洲进口动画片总金额达 7 万元（见图 11）。

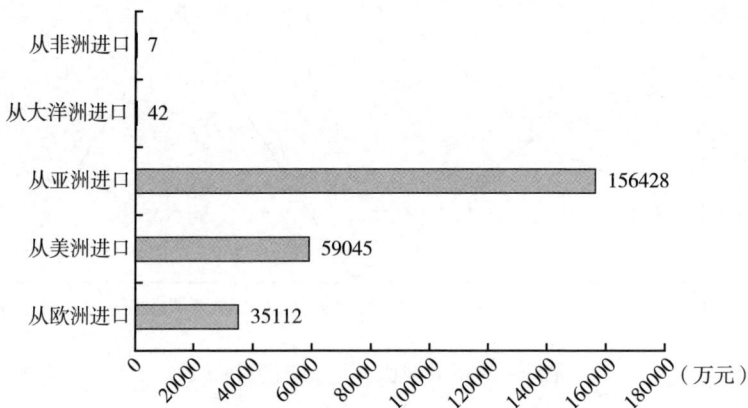

图 11　2018 年我国动画片进口状况

资料来源：国家统计局编《中国统计年鉴 2019》，中国统计出版社，2019。

上文所列数据显示，对于我国电视节目、电视剧和动画片的进口来说，以亚洲为对象的进口文化产品金额远超以美洲等其他各地为对象的进口文化产品的金额。同理，我国电视节目、电视剧和动画片出口也体现了以亚洲观众为主的特点。入境游客人数及地域分布也展现出了同样的特征，即以亚洲人以及亚洲地区为重。数据显示，2018 年我国入境游客总数为 3054.29 万人次，其中亚洲入境游客总数为 1912.07 万人次，欧洲入境游客总数为 604.43 万人次，北美洲入境游客总数为 333.48 万人次，拉丁美洲入境游客总数为 45.37 万人次，非洲入境游客总数为 67.41 万人次，大洋洲及太平洋岛屿入境游客总数为 91.31 万人次，其他入境游客总数为 0.22 万人次。以上数据表明，亚洲游客入境总数占 2018 年我国入境游客总数的 62.6%。这充分表明，我国旅游入境总人数最多的是亚洲地区（见图 12）。数据统计显示，2019 年，我国入境旅客人数达到了 1.45 亿人次，比 2018 年增长 2.9%，来华外国人同比增长 4.4%，国际旅游收入比 2018 年增长 3.3%，在所有入境外国游客中，亚洲游客占 75.9%，其中缅甸、越南、韩国为中国主要国际客源市场前三名①。携程网发布的旅游报告显示，2019 年，中国成了全球旅客输入总数最多的国家，在十大入境热门客源地中，日本位居第一，入境游的热门城市以上海、北京、广州为前三。由中国旅游研究院和谷歌联合发布的《2019 中国入境游游客行为与态度分析报告》显示，在全球出境游的旅客中，将近 60% 的游客会考虑把亚洲作为旅行目的地，其中有5% 的游客考虑把中国作为旅行目的地。这些数据表明，中国文化国际传播力与影响力的主要据点是亚洲。

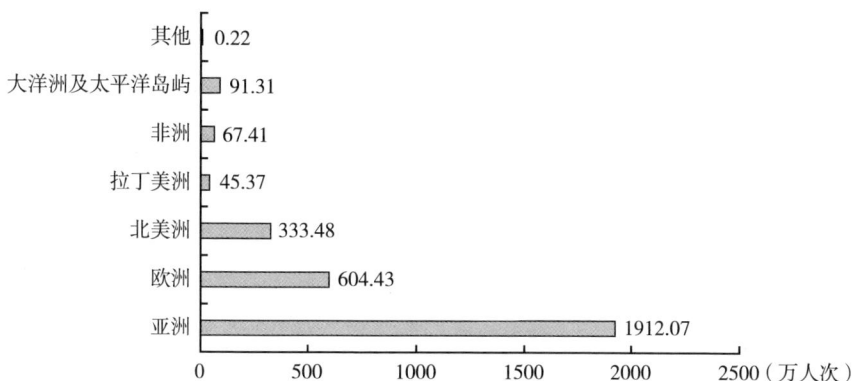

图 12　2018 年我国入境游客状况

资料来源：国家统计局编《中国统计年鉴 2019》，中国统计出版社，2019。

（五）以孔子学院为媒介的中国文化国际传播力与影响力现状

孔子学院在中国文化国际传播过程中起着举足轻重的作用。与之前的文化产品贸易相比，由孔子学院所主推的文化传播活动在中国文化国际传播过程中表现得更为鲜活、更为生动、更有凝聚力。数据显示，截至 2019 年 12月，我国共在全球 162 个国家和地区建立了 550 所孔子学院和 1172 个孔子

---

① 《2019 年中国入出境旅游总人数 3 亿人次　同比增长 3.1%》，新浪网，2020 年 3 月 10 日，https：//news. sina. com. cn/o/2020 - 03 - 10/doc - iimxxstf7954514. shtml。

课堂。2019 年共新设 27 所孔子学院、66 个孔子课堂，其中海地、中非、乍得、朝鲜、多米尼克、东帝汶、马尔代夫、沙特 8 个国家首次设立孔子学院，相较 2018 年，所有数据均呈小幅上升趋势。从 2004 年第一家孔子学院创办，到今天 162 个国家（地区）建立 550 所孔子学院和 1172 个中小学孔子课堂，从连续成功举办 13 届全球孔子学院大会，到今天的国际中文教育大会，国际中文教育正进入全新发展阶段，呼唤转型升级。总的来看，我国已经在全球各地建立了孔子学院和孔子课堂，并且呈现一种均衡分布的态势，相较 2018 年，孔子学院和孔子课堂的规模在不断增加，办学条件也更加丰富，办学的师资力量也在进一步提升，人们对于孔子学院和孔子课堂参与的积极性也在不断提高，随着中国与世界各国密切的交往，人们对于汉语知识的需求也在不断增加，因此，孔子学院在中国文化国际传播过程中成为一股不容小觑的力量，为提升中国文化在国外的影响力做出了巨大贡献。汉语学习正成为各国民众的需求，全球 69 个国家将汉语教学纳入国民教育体系，韩国、泰国、越南、俄罗斯、爱尔兰、以色列等国家将其纳入高考。2019 年 12 月 10 日，白俄罗斯、智利、马尔代夫等 8 个国家又签约新设孔子学院、孔子课堂、汉语中心。如何推动国际中文教学的多边合作？世界汉语教学学会理事、美国威斯康星大学中文部主任张洪明代表认为要加强区域性学术交流和合作，促进企业与全球孔子学院高校进行融媒资源研发，应建立以孔子学院为中心的中文语言和文化系统，满足全年龄段汉语学习需求。

二 影响中国文化国际传播力与影响力的问题

基于对中国文化国际传播力与影响力现状的研究，本报告认为，就中国文化国际传播的内容、方式和目的地来说，我国文化国际传播活动主要存在以下三个方面的问题。

（一）现阶段国际传播的中国文化缺乏理论深度

考察显示，中国文化在进行传播的过程中，主要集中在以文化符号和文化活动为载体的浅显文化层面，缺乏其应有的深度。因此，当中华文化在国际文化交流活动中被提及时，极易使人联想到的是中国服饰（汉服、旗袍、中山装等）文化、节日习俗、剪纸、中国结、舞龙舞狮、武术（太极、咏春等）、京剧脸谱、十二生肖、红色、茶文化、瓷器、旅游景点（长城等）等。把这些传统的、浅层次的文化传播内容作为文化传播的载体本无可厚非，但我们万万不可以偏概全，将它们作为中华文化的全部内容。因此，就中国文化国际传播的内容而言，当下用以国际传播的中国文化在内容上显得比较狭隘，且多注重对文化产品和文化行为的传播，缺少对文化内涵、价值观的深挖掘，很少阐释文化意象背后的象征含义。前文的分析也证明了该判断，对于以图书、期刊、报纸为载体的中国传统文化产品来说，以介绍服饰（汉服、旗袍、中山装等）文化、节日习俗、剪纸、中国结、舞龙舞狮、武术（太极、咏春等）、京剧脸谱、十二生肖、红色、茶文化、瓷器、旅游景点（长城等）等的图书、期刊和报纸内容往往显得更容易为异域文化主体所接受，而相对较难理解的文化价值观类图书内容则显得十分难以被接受。此外，在中国文化进行国际传播的过程中，其传播内容还显现了以人文社会科学为主的特征，其传播内容略显单一。对文化产品出口总金额的考察显示，以图书出口为例，出口总金额最低的是自然科学艺术类图书，而出口总金额最高的是综合性图书，进口总金额中最低的是自然科学艺术类图书，最高的是文化教育类图书（见前文图3）。这些数据充分表明，中国文化在国际传播过程中主要以哲学社会科学和综合性图书出口为主，而对自然科学以及更深层次的文化研究成果的输出较少。同理，从进口图书类可以看出，国内市场对于国外文化教育类图书需求较多，而对自然科学技术和哲学社会科学类图书需求较少。进口类图书对比出口类图书而言，进口数量是出口数量的2.81倍，进口金额是出口金额的4.24倍。

（二）现有传播方式无法完全满足学习者多样文化需求

在传播学领域有"使用与满足"理论，它强调大众的"社会和心理需求"以及由此产生的期待和对大众需求的满足。这一理论也可应用到中华文化的传播中，中华文化的传播同样要考虑到受众的需求问题，因为它既是文化传播的对象，也是文化传播中不可被忽视的因素。因为不同的地区、性别、年龄、学习目的、文化知识基础等因素，外国人对中国文化的需求度有很大差异。由此而言，如何增进文化产品输出过程中的丰富性问题，这是摆在我国当前国际文化传播面前的现实问题。而对前文现状的分析可以看出，我国文化传播主要通过电视剧、动画片进行传播，而在版权输入和输出方面，以英语语言为主体语言的文化产品传播显得较强势，这可能会导致文化传播内容呈单一化特征。进一步说，就文化传播方式而言，国际文化在向中国输入的过程中也呈现了较明显的单一化特征，未能充分考虑到中国文化受众的文化心理需求，无法满足学习者丰富多样的文化心理要求。数据显示，中国文化传播与出口的内容、种类比较单一。以电视剧和动画片的进出口为例，数据显示，我国每年从亚洲进口的电视剧和动画片占进口总量比重较大，这充分说明，我国文化进口的节目内容和节目形式均比较单一。近年来，在我国文化"走出去"战略的推动下，我国文化国际传播得到飞速发展。然而，在版权输出领域，我国的文化产品进口体现了以英语语言国家为主的特点，其中从美国进口的文化产品占总量比重较大，一方面因为我国把英语列为官方外语，另一方面因为英语在当今国际舞台上占据主导地位。然而，不可否认的是，如果我国长期以英语文化产品为主进行版权输入，可能会减少或削弱其他语言文化对我国文化的影响力，从长远看，这不利于我国文化健康发展，也不利于全方位满足文化受众的文化需求。

（三）文化交流与传播目的地呈现单一化地域特征

前文图9、图10、图11表明，无论是就电视节目进口而言，还是就电视剧和动画片的进口而言，都体现了以亚洲国家为主的特征。同理，前文的考察显示，我国在版权引进输出方面，也体现了以亚洲为主、其他国家和地区为辅的现象。从旅游业中的旅客来源地来看，源于亚洲国家的游客占游客总数一半以上，源于英语国家的游客仅仅占游客总数的极小份额。由此可见，中国文化在国际文化交流与传播过程中体现了明显的亚洲化特征。不管是我国文化产品"走出去"，还是异域文化产品"走进来"，前文的数据分析显示，二者都体现了明显的以亚洲为主的特点。

三　提升中国文化国际传播力与影响力的应对之策

基于对前文所考察的中国文化国际传播力与影响力现状与问题的分析，本报告认为，为了有效提高中国文化国际传播力与影响力，可以从以下几个方面做出努力。首先，针对中国文化进行国际文化传播的内容、方式和目的地进行全面评估，进一步深化中国文化国际传播的文化内容，改变传播方式，使文化传播的目的地突破以亚洲为主的局限，使之逐步变得多样化。其次，抓住我国构建人类命运共同体的重大历史机遇，推动中国文化国际传播。最后，将中国文化国际传播与当代中国现代化建设进程有效结合起来，以现代化进程助推当代中国文化国际传播，以中国文化国际传播深化当代中国现代化建设进程。

（一）中国文化进行国际文化传播的内容、方式和目的地逐渐多样化

前文的分析显示，中国文化在国际文化交流与传播的舞台上呈现的文化内容略显浅显、缺乏深度，与此同时，前文的分析还显示，中国文化在国际传播与交流过程中表现了以亚洲为主要文化目的地的单一化特征。简言之，中国文化在现行国际交流与传播过程中显现了文化内容浅层化以及文化交流目的地单一化的典型特征。这充分说明中国文化在国际交流与传播过程中，还面临着进一步增强其国际影响力的沉重任务。然而，在当今多变的国际局势下，要实现这个任务并非易事。为了进一步提升中国文化国际传播的深度与广度以及扩大国际影响力的范围，不仅需要抓住我国构建人类命运共同体以及推进"一带一路"倡议的重大历史机遇，而且需要把中国文化国际传播与当代中国现代化建设进程有机结合起来，不能为文化传播的国际化而国

际化，而是要以中国文化内部的现代化变革为引擎，既助推中国文化一步步走向国际化，又从中国文化内部实现价值变革，以现代价值引领中国传统文化实现创造性转化和创新性发展。

（二）借助重大历史机遇推动中国文化国际传播

近年来，随着新兴市场国家的崛起，传统国际秩序面临一系列新挑战，为了构建更公正、更合理的国际秩序，习近平主席提出了构建人类命运共同体的理念。该理念既包含"天下为公""协和万邦""万物并育而不相害，道并行而不相悖""天下大同"等传统文化意蕴，又包含了全人类共同价值的追求，赢得了很多国家的赞同与认可。2019 年，习近平主席在亚洲文明对话大会开幕式上指出，要构建亚洲或人类命运共同体，需加强文化交流、夯实人文基础。就此而言，中国文化在国际传播与交流舞台上需承担十分重要的责任。2013 年 9 月和 10 月，习近平主席先后提出了"一带一路"的倡议，"一带"即"新丝绸之路经济带"，"一路"指的是"21 世纪海上丝绸之路"，"一带一路"旨在沿着古代丝绸之路的历史符号积极发展与沿线国家的经济合作关系，共同打造命运共同体。"一带一路"是商贸之路，也是文化交往之路，以商贸往来助推文化交流，增进中国与沿线国家文化交流，促进文化共同体共同走向繁荣。不过，商贸往来和文化交流并不能截然分开，因此，为了更好地助推"一带一路"倡议，文化交流需承担更重要的历史责任。就此而言，对于中国文化国际交流与传播来说，需抓住构建人类命运共同体和推进"一带一路"倡议的历史机遇，使自身在国际文化交流与传播中发挥积极作用。

（三）将中国文化国际传播与当代中国现代化建设紧密结合

在中国文化国际交流与传播过程中，我们需进一步明确中国文化国际传播的目的。我们使中国文化登上国际文化交流与传播的历史舞台，其目的不是为了交流与传播本身，而是为了服务于中华民族伟大复兴这一伟大历史使命。对于中国文化国际交流与传播来说，其目的有二：对外，是为了增进异域文化主体对中国文化的了解；对内，是为了借国际文化交流之机为中国现代化进程提供文化动力。以 GDP 为衡量标准，随着中国综合经济状况跃居世界第二，中国已经成长为一个令世界很多国家瞩目的新兴经济大国。与此同时，世界很多不同文化传统的民众也开始对中国文化抱有种种复杂的感情，这其中有好奇，甚至也有恐惧。面对经济增长与文化传播之间的不平衡，中国文化在国际传播与交流过程中尤其需要明晰其国际交流的特殊历史使命。与其被动地被异域文化误解，不如主动走出去，利用传统与现代媒介对中国文化进行有效宣传。此外，中国文化在进行国际文化交流与传播的过程中，还需注意汲取异域文化的有益成分，力争为我所用，尤其是为我国当代现代化进程提供思想支持和智力支撑。比如 18 世纪的欧洲处于一个启蒙的时代，这个时代的欧洲人曾十分愿意进行各种类型的文化交流。不仅有父母把送孩子去海外游学作为最好的教育方式，而且学校或教会还会有组织地举办各种不同类型的文化交流与对话活动，所有这一切都是为了服务于当时的欧洲所面临的启蒙历史任务。本报告认为，这对于当代中国文化以积极的姿态参与国际文化交流与传播也具有重要的启发与借鉴意义。中国文化走出去，或中国文化参与国际文化交流与传播，不仅仅为了自我宣传，更是为了自我成长。在交流中成长，在成长中交流，应被视为中国文化参与国际文化交流与传播的历史使命与任务。就此而言，中国文化参与国际交流与传播，从根本上说是为了服务于当代中国现代化建设的伟大历史进程。

参考文献

国家统计局编《中国统计年鉴 2017》，中国统计出版社，2017。
国家统计局编《中国统计年鉴 2018》，中国统计出版社，2018。
国家统计局编《中国统计年鉴 2019》，中国统计出版社，2019。
孔子学院总部暨国家汉办网站，http：//www. hanban. org/。
教育部政府门户网站，http：//www. moe. gov. cn/。
文化和旅游部网站，https：//www. mct. gov. cn/。

专题报告

Special Report

B.9
公共文化机构资本积累对社会经济
发展贡献的特征与趋势

——基于中国1949~2018年时间序列数据建模分析

张智敏[*]

摘　要： 本报告利用新中国成立以来公共文化机构发展70年的时间序列数据，在描述分析的基础上，采用了10个时间序列弹性变量，构建了长期协整模型和动态修正模型。长期协整模型显示，文化事业费投入、公共文化机构资本积累以及公共文化消费增长与经济产出增长存在明显的内生依存关系，且公共文化资本积累对经济产出有明显的产出增长效应。动态修正

* 张智敏，湖北大学教育学院教授、硕士生导师，湖北大学高等人文研究院研究员，中华文化发展湖北省协同创新中心研究员，主要从事教育与经济、公共文化发展管理、人口老龄化与教育研究。

模型显示，公共文化机构资本积累和公共文化消费积累性增长对经济增长的贡献往往被低估，存在修正空间。本报告认为，从政策层面看，公共文化机构发展中的投资保障和重视程度与经济产出有密切的关系；而公共文化事业费长期投资不足以及投入增长滞后是由"两个不足"造成的，即中央财政投资不足和地方投资重视不足。因此，本报告提出如下建议。一是要完善投入机制，加大中央财政对公共文化事业的投入，以激励地方财政投资的积极性。二是公共文化机构的发展应该秉承公益性、优秀文化传承性的价值定位，不能过度转型。三是公共文化机构的发展需要在政策方面加大扶持力度。

关键词： 公共文化机构　资本积累　产出贡献　协整模型

一　文献分析与研究假设

本报告中公共文化资本积累是指由国家财政投资所形成的公共文化机构的规模、机构数，以及在此基础上提供社会服务的存量资产。主要包括公共图书馆、博物馆、文化馆、文化站、事业单位艺术表演团体、艺术表演场馆的建设和发展。通过学术史回溯，发现这种将意识形态、思想观念、价值取向的文化作为一种资本去理解，研究其在社会经济发展中的作用的研究方法，最早可以追溯到西方近代时期古典经济学家亚当·斯密在《国富论》中所提及的文化对经济增长作用的相关论述。[①] 但是将社会文化的组织机构、制度、行为方式等视为特定的文化资本而作为一种独立的资本理论则是在 20 世纪 80 年代。

[①]　Adam Smith, *The Wealth of Nations*, New York: Modern Library Edition, 1776.

从国际研究视野看，首先提出文化资本概念的学者是法国社会学家布尔迪厄。1986 年布尔迪厄在《资本的形式》中将资本划分为经济资本、文化资本和社会资本三种类型。[①] 尔后，对于文化资本的研究，受到了社会学、教育学、经济学等研究领域的广泛关注。在经济学界，对于文化资本的研究，是在著名学者舒尔茨和贝克尔所创建的人力资本理论基础之上而备受关注的。舒尔茨、贝克尔在分析和解释物质资料生产者不能解释的"索洛剩余"时，强调要将不同于物质资本的人力资本、文化资本作为一种解释变量纳入经济增长的分析框架。[②] 思罗斯比认为文化资本是以财富形式具体表现出来的文化价值积累，文化资本中的"文化"强调的是价值观念、思维方式、生活习惯等文化特性；文化资本中的"资本"强调的是文化资本在经济意义上的一种财富及价值增值作用。[③] 尔后，著名的制度经济学家科恩和威廉姆森在研究中认为，文化资本存量常常以公共品的形式存在于公共领域，它也是一种社会资本。[④] 科斯认为，作为制度的文化，是一种无形的生产性资本，在社会经济发展中就是一种文化资本，它是决定社会经济发展的主要力量。[⑤] 同时，关于文化资本对社会经济发展贡献的国外研究十分重视实证和建模研究。如吉多·塔贝里尼利用欧洲部分不同文化背景地区的数据实证分析了文化资本对经济发展的影响。[⑥] 帕斯·格罗杰等构建了文化资本积累的古诺－纳什均衡模型，提出刺激消费者对文化商品的需求，可以促进文化资本的积累和经济的可持续增长。[⑦] 布奇·阿尔贝托等人利用内生经济

① Pierre Bourdieu, *The Forms of Capital*, *Handbook of Theory and Research for Sociology of Education*, New York: Greenwood, 1986.

② Theodore Schultz & Gary Becker, *Investment in Human Beings*, Chicago: University of Chicago Press, 1962.

③ David Throsby, "Cultural Capital", *Journal of Cultural Economics*, Vol. 23, 1999, pp. 3 – 12.

④ Christopher J. Coyne & Claudia R. Williamson, "Trade Openness and Cultural Creative Destruction", *Journal of Entrepreneurship and Public Policy*, Vol. 1, 2012, pp. 22 – 49.

⑤ Ronald Coase, "The Nature of the Firm", *Economica*, Vol. 4, 1937, pp. 386 – 405.

⑥ Guido Fabellini, "Culture and Institutions: Economic Development in the Regions of Europe", *Journal of the European Economic Association*, Vol. 8, 2010, pp. 677 – 716.

⑦ Pithing Ruediger & Cheng Sao-Wen, "Cultural Goods Consumption and Cultural Capital", *Working Paper*, 2000.

增长模型，分析了人力资本、文化资本、全要素生产率对技术创新和经济发展的影响路径。[①] 从实证分析和模型的构建来看，大多数学者将研究的重心放在文化资本中的"文化"上，强调的是价值观念、思维方式、生活习惯等文化特性对经济社会发展的贡献作用。而对于文化资本中的"资本"，即文化资本公共品的积累，在经济意义上的增值实证不多，其模型构建的指标也存在局限性。

从国内的研究来看，在 20 世纪 80 年代，受改革开放大局的影响，中国学术界引入了人力资本的研究，布尔迪厄的理论也逐步得到解读，学术界对于人力资本、文化资本、社会资本的研究兴起，相关译著频出。在 20 世纪 90 年代中期，研究范围涉及文化与资本、教育与资本、民族文化与家庭资本，涉及的学科有社会学、人类学、教育学、管理学、经济学等。通过梳理文献发现，在相关学科的研究中，理论性、思辨性的研究较多，而实证研究、计量测算的研究较少。在既有的实证研究中，进行量化分析、计量学建模的学者则更少。但是这些学者利用新的经济增长理论分析中国特有的文化资本积累方式对经济增长的贡献也取得了开创性成果。如国内学者高波、张志鹏从文化资本积累的视角梳理了传统经济增长理论到新增长理论的演变，并认为中国的文化资本是决定长期经济增长与衰退的关键性因素和最终解释变量。[②] 金相郁、武鹏参考联合国教科文组织和新西兰的文化指标设计，设计了中国文化资本存量水平估计指标，计算了2005 年中国文化资本存量水平。运用柯布－道格拉斯生产函数模型分析表明，文化资本对区域经济发展具有正面影响。[③]王云等人构造扩展了 MRW 模型，测算了我国 31 个省区市 2004～2009 年的物质资本、人力资本和文化

---

① Bucci Alberto & Segre Giovanna, "Human and Cultural Capital Complementarities and Externalities in Economic Growth", *Departmental*, *Working Papers*, 2009.

② 高波、张志鹏：《文化资本：经济增长源泉的一种解释》，《南京大学学报（哲学・人文科学・社会科学)》2004 年第 5 期，第 102～112 页。

③ 金相郁、武鹏：《文化资本与区域经济发展的关系研究》，《统计研究》2009 年第 2 期，第 28～34 页。

资本存量，认为人力资本和文化资本将成为我国经济增长的主要推动力①。李娟伟、任保平等利用中国1997～2012年省级面板数据，在建模的基础上得出文化资本可以通过人力资本、组织效率以及市场效率等途径促进中国经济增长效率的结论。②

通过上述文献分析可以发现，国内外学者在做计量建模分析时，其基点建立在文化产业与经济发展关系上，没有关注和分离公共文化部门投入以及机构发展对社会经济产生的影响。近两年来，为了探讨我国公共财政对文化事业的投入与产出关系，金雪涛、李玲飞、杨敏利用31个省区市有关数据构成面板数据，应用OLS模型进行了估计，其结论为我国公共财政投入对文化产业产出的贡献远大于人力资本及物质资本的投入。③该项研究证明的是公共文化财政投资对文化产业发展的影响，并没有分析公共财政投入、公共文化建设的发展对社会经济发展的影响。马玉霜、张爱萍选取2008～2017年新疆公共文化财政支出、公共图书馆、艺术表演团体、广播电视用户等数据建立DEA-Tobit模型，期望分析公共投入的相对效益或者边际效益，其结论为，新疆公共文化财政支出没有达到DEA有效，④即投资边际效益无效或者减效，这个结论在实践层面不能得到支持。在宏观层面，基于文化发展的直接指标进入模型分析和预测性研究并不多见。在一些相关研究中，对于文化资本积累贡献的计量，往往利用替代指标、间接指标分析其产出效益的方式更是值得商榷。换言之，由间接指标建模得出的结果，也只能是一种推断性的结果，而不是真正意义上的计量结果，其研究结论存在"伪回归"问题。

从文化发展研究中另一类实证研究来看，采用调研的方法获取微观数据

---

① 王云、龙志和等:《文化资本对我国经济增长的影响——基于扩展MRW模型》，《软科学》2013年第4期，第2～16页。

② 李娟伟、任保平、刚翠翠:《文化资本异质性能够提高中国经济增长效率吗？——来自30个省区面板数据的理论与实证研究》，《中南财经政法大学学报》2016年第3期，第24～34页。

③ 金雪涛、李玲飞、杨敏:《我国文化财政投入与产出关系——基于面板数据模型的实证研究》，《财政研究》2015年第6期，第24～29页。

④ 马玉霜、张爱萍:《文化扶贫视野下新疆公共文化服务财政绩效研究——基于DEA-tobit模型》，《产业与科技论坛》2019年第22期，第86～89页。

做量化分析较为普遍。比如，湖北大学高等人文研究院、中华文化发展湖北省协同创新中心连续五年组织调研团队进行调研，分析人们对当今文化建设、文化发展的满意度、获得感，调查分析人们的价值观取向、价值认同等问题，并取得了良好的效果，连续六年出版了一系列成果①。但是当前国内学界对于新中国成立以来的公共文化发展在宏观层面的趋势与特征仍然缺乏深入的研究。同时，从效益的视角看，公共文化发展对社会经济产生的贡献在实证、计量、趋势预测方面没有得到有效的分析和解释。公共文化财政性投资绩效、公共文化机构在长期发展过程中对社会经济发展产生了哪些影响？具有何种特征？这些影响和特征发生的机理是什么？受到哪些政策性因素的制约？这些都需要对历史数据进行梳理，用科学方法去考量。本报告为了研究上述几个基本问题，提出如下假设。

（1）公共文化机构的发展对社会经济发展的贡献虽然没有在国民收入中计量其产值，但是从资本累积的视角看，公共文化机构在长期发展的过程中为了满足大众文化消费需求，所提供的服务以及所做的贡献是可以计量的，且可以推动经济增长，公共文化机构在长期发展的过程中可以直接促使社会经济得到更好更高质量的发展。

（2）由于公共文化机构的发展不以营利为目的，短期内对社会经济增长的贡献有一定的滞后性，但在长期发展的过程中，其贡献具有稳定性。

（3）从长期看，公共文化机构的规模发展更有利于公共文化机构服务质量的提高，由于公共文化投资属于公共财政的第二次分配，当期或者短期投资以及发展不具有规模效应的公共文化机构可能不利于短期经济增长。

（4）改革开放以后，由于公共文化发展政策向文化产业和文化市场方面引

---

① 江畅等主编《文化建设蓝皮书：中国文化发展报告（2013）》，社会科学文献出版社，2014。江畅等主编《文化建设蓝皮书：中国文化发展报告（2014~2015）》，社会科学文献出版社，2015。江畅等主编《文化建设蓝皮书：中国文化发展报告（2016）》，社会科学文献出版社，2016。江畅等主编《文化建设蓝皮书：中国文化发展报告（2017）》，社会科学文献出版社，2017。江畅等主编《文化建设蓝皮书：中国文化发展报告（2018）》，社会科学文献出版社，2018。江畅等主编《文化建设蓝皮书：中国文化发展报告（2019）》，社会科学文献出版社，2019。

导，对公共文化机构的贡献率产生了影响，且政策影响可能导致公共文化资本积累增量对经济产出增量产生贡献矢量（方向）改变以及贡献程度的改变。

基于以上假设，本文研究的思路与方法如下：在描述公共文化事业投资、公共文化机构发展的基础上，构建长期模型，探索公共文化资本与经济增长之间的长期内生依存关系；构建短期误差修正模型，分析公共文化资本对经济增长贡献的短期动态关系；以改革开放以后真正能影响公共文化资本积累走向"保基本""示公平"为准则点，进行时间分割，比较积累效应与贡献，以期寻求公共文化投资与社会经济发展的特殊性关系。

二 模型构建、变量选取与研究方法

（一）模型构建

利用规模报酬不变的柯布－道格拉斯生产函数为工具，设定如下内生模型：

$$Y = AK^{\alpha}L^{\beta}W^{1-\alpha-\beta} \qquad (1.1)$$

其中，Y 是经济产出，K 是物质资本，L 是总人口数，W 是公共文化资本，A 是常数项，表示初始技术水平。α，β 为弹性系数，且 $0<\alpha<1$，$0<\beta<1$，且 $0<\alpha+\beta<1$。

在模型（1.1）中，L 在原生产函数模型中表示劳动力人口数，其意义为劳动力增长可以促进经济增长。本研究基于公共文化消费是全体国民不设门槛的基本文化消费这一原则，将总人口数纳入模型中，计算由人口因素引起的公共文化消费变动从而对产出贡献的影响。此为其一。其二，公共文化资本（W），主要包括文化事业费投资（SYF），文化事业费占财政支出比重（$SYFB$），公共文化机构（$GGJG$），不包括以营利为目的的文化产业机构，在此界定的基础上，对（1.1）内生模型做改进，建立以下对数模型，形式如下：

$$LnY_{(t)} = C + \alpha\ln K_{(t)} + \beta\ln L_{(t)} + \gamma_1\ln SYF_{(t)} + \gamma_2\ln SYFB + \delta\ln GGJG + \varepsilon_{(t)} \qquad (1.2)$$

其中 Y 是 GDP，K 是固定资产存量，L 是总人口数，SYF 是文化事业费投资总额，$SYFB$ 是文化事业费占财政支出比重，$GGJG$ 是公共文化机构总数，C 是常数，t 是年份，ε 是残差。

在模型（1.2）中，如果方程右方的各变量指数之和为 1，模型（1.2）可以看成是柯布 - 道格拉斯生产函数的扩展模型，也可以视为 MRW（1986）① 的扩展模型，即把社会经济增长看成四类不同特质资本要素增长的函数。具体分解为，由固定资产投资积累形成的物质资本（K）的增长，由总人口数量增加形成的公共文化消费资本（L）的增长，由文化事业费投资和文化事业费占财政支出比重共同形成的投资资本（SYF、$SYFB$）的增长，由公共文化机构规模扩增形成的公共文化机构资本（$GGJG$）的增长等。

为了分析不同类别的公共文化机构资本存量差异对经济增长影响的差异，对模型（1.2）中的公共文化机构资本（$GGJG$）按不同类别进行进一步细分，具体为：

公共文化机构数（$GGJG$）= Σ［艺术表演团体（$BYTT$），艺术表演场馆（$BYCG$），公共图书馆（TSG），博物馆（BWG），群众文化机构（$QZJG$）］

细分以后，取对数建模，则模型（1.2）的扩展形式为（1.3），具体表述为：

$$LnY_{(t)} = C + \alpha_1 \ln K_{(t)} + \alpha_2 \ln L_{(t)} + \alpha_3 \ln SYF_{(t)} + \alpha_4 \ln SYFB_{(t)} + \alpha_5 \ln BYTT_{(t)} +$$
$$a_6 \ln BYCG_{(t)} + a_7 \ln TSG_{(t)} + a_8 \ln BWG_{(t)} + a_9 \ln QZJG_{(t)} + \varepsilon_{(t)} \qquad (1.3)$$

模型（1.3）中，α_1，α_2，α_3，α_4 分别替代模型（1.2）中 α，β，γ_1，γ_2；α_5，α_6，α_7，α_8，α_9 是模型（1.2）中 $\delta_{\varepsilon i}$ 的分解形式。

本文构建模型（1.3）的主要目的是，通过计算 1949～2018 年的 70 年中，不同类别或者性质的资本增长（或者存量资本增长）在长期社会经济

---

① 这里指由经济学家格里高利·曼昆、大卫·罗默及大卫·威尔（Gregory Mankiw，David Romer，David Weil）为增长回归在 1986 年提供的一种简单的模型分析框架，一般称为 MRW 模型。

增长过程中的贡献以及差异，探索公共文化资本对社会经济增长的贡献以及特征。

（二）变量选取与定义

用 GDP 作为经济产出或社会经济发展指标，以 1978 年 GDP 为不变价，令 1978 年的价格指数为 100，按照当年 CPI 的价格指数对各年度名义 GDP 进行平减，计算出真实的 GDP，则有公式：

$$GDP_{真} = GDP_{1978} \times CPI_{当年}/100$$

将统计资料中的固定资产存量增长指标直接作为物质资本存量（K）。该存量的计算是根据邹至庄的计算（Chow，1993），设初始年份（1949年）全国固定资产存量为 200 亿元（1978 年价格），用永续盘存法计算，使用固定资产投资价格指数作为平减指数，1949～1977 年间的折旧率按5% 计算，并假设 1978～2018 年资本折旧率平滑加速，最终达到 8%。在此基础上，计算出各年份经过平减和折旧计算的物质资本投资数额。

本研究根据《新中国五十五年统计资料汇编（1949－2004）》计算得到1949～2004 年的数据；根据 2005～2019 年的《中国统计年鉴》《中国文化文物统计年鉴》计算得到 2005～2018 年的数据。为了使数据整齐可比，对1949～2018 年相关年度相关指标的缺失值，按指标数据的实际情况，有的删除相关年份，有的根据当期的经济背景和特定的社会环境，采取附近几年的平均值进行内插法填补，或者采取曲线外推法计算（相关数据见附表 1至附表 7）。

（三）研究方法与模型估计

本文采用实证研究的方法构建测量模型。具体步骤是，先是做描述性分析。为了避免伪回归，利用 ADF 单位根检验法，检验各变量的平稳性及其单整阶数。

采用 Johnsen（1991，1995）和 Johnsen and Juseliues（1990）的多变量协整检验方法对 10 个时间序列进行协整检验。模型具体推导与估计如下。

在对扩展模型（1.3）进行估计时，需要得到各变量之间的长期协整关系，故选取向量自回归（VAR）模型来计量，本文 VAR 模型的数学表达式为。

$$y_t = \Phi_0 + \Sigma\Phi_p y_{t-p} + \varepsilon_t \qquad t = 1,2,3,\cdots,T \tag{1.4}$$

在模型（1.4）中，$y_t = (\alpha_1\ln K_{(t)}, \alpha_2\ln L_{(t)}, \alpha_3\ln SYF_{(t)}, \alpha_4\ln SYFB_{(t)}, \alpha_5\ln BYTT_{(t)}, a_6\ln BYCG_{(t)}, a_7\ln TSG_{(t)}, a_8\ln BWG_{(t)}, a_9\ln QZJG_{(t)})^{-1}$ 为 10×1 的列向量，Φ_0 为 10×1 的截距项矩阵，Φ_p 为 10×10 待估系数矩阵，ε_t 是随机扰动项，T 是样本个数，p 是滞后阶数，滞后阶数通常由 AIC 和 SC 两个准则来确定，值越小越好。VAR 模型由 10 个方程组成，且分别以 10 个变量为被解释变量，每一个方程都是一个协整关系，整个 VAR 模型反映了 10 个变量之间的内生协整关系。

长期协整关系反映的是经济产出与各变量之间稳定的关系，但是从短期看，经济产出往往呈现波动，我们可以在 VAR 模型的基础上建立相应的向量误差修正模型（VEC）来反映这种短期或者观测期的波动关系，根据高铁梅在《计量经济分析方法与建模》一书中的推导我们可以得到 VEC 模型的数学表达式：

$$\Delta y_t = \alpha ecm_{t-1} + \Sigma\Gamma_p\Delta y_{t-p} + \mu_t \qquad t = 1,2,3,\cdots,T \tag{1.5}$$

在模型（1.5）中，ecm_{t-1} 是误差修正项，系数矩阵 α 反映了变量之间偏离长期均衡状态时，将其调整到均衡状态时的调整速度。

同样，在分析长期测量模型及各变量的滞后期时，我们可以得到长期测量模型及其误差修正模型（ECM），长期测量模型（1.6）和误差修正模型（1.7）的数学表达式分别如下：

$$\ln Y_{(t)} = C + \Sigma a_i x_{i(t)}(-p_i) + \varepsilon_{(t)} \qquad t = 1,2,3,\cdots,T \tag{1.6}$$

在模型（1.6）中，$x_{i(t)} = \alpha_1\ln K_{(t)}, \alpha_2\ln L_{(t)}, \alpha_3\ln SYF_{(t)}, \alpha_4\ln SYFB_{(t)}, \alpha_5\ln BYTT_{(t)}, a_6\ln BYCG_{(t)}, a_7\ln TSG_{(t)}, a_8\ln BWG_{(t)}, a_9\ln QZJG_{(t)}$，$a_i$ 和 p_i 分别是各变量的系数和滞后期，ε_t 是随机扰动项。

$$\Delta\ln Y_{(t)} = \alpha ecm_{t-1} + \Sigma\beta_i\Delta x_{i(t)}(-p_i) + \mu_t \qquad t = 1,2,3,\cdots,T \tag{1.7}$$

模型（1.7）中，$\Delta x_{i(t)} = \Delta\ln K_{(t)}$，$\Delta\ln L_{(t)}$，$\Delta\ln SYF_{(t)}$，$\Delta\ln SYFB_{(t)}$，$\Delta\ln BYTT_{(t)}$，$\Delta\ln BYCG_{(t)}$，$\Delta\ln TSG_{(t)}$，$\Delta\ln BWG_{(t)}$，$\Delta\ln QZJG_{(t)}$ 是各变量的一阶差分，ecm_{t-1} 是误差修正项，反映了经济产出关于各要素在 t 时点的短期偏离，系数 α 反映了变量之间偏离长期均衡状态时，将其调整到均衡状态时的调整速度。

三 实证分析

（一）公共文化资本积累变动特征描述

1. 文化事业费投入总额变动特征

文化事业费是指各级文化行政主管部门和各文化事业单位实际收到的财政拨款，不含基本建设财政拨款，不包括政府作为企业所有者投入的资本，也不包括文物经费。它是公共文化机构发展和提供公共文化服务的财力保障，体现了国家对公共文化事业发展的支持力度，是反映公共文化资本积累的核心指标。梳理新中国成立 70 年来文化事业费投入的变化，可以清晰地看到公共文化投入资本发展的历史轨迹以及特点。

（1）投入总额变动与倍增特征

图 1 是根据新中国成立后 70 年内文化事业费投入的数据绘制的时间序列直方图（具体数据见附表 1）。从图 1 可以发现，新中国成立以后的 1949～1969 年，投资总额长期处在很低的水平，多数年份投入不足 2 亿元。1970～1977 年，投资总额突破 2 亿元，增加到 3 亿元，投资总额虽然有所增长，但是仍然处在较低水平。从改革开放的起始年份 1978 年开始，投资总额逐步加大，在 1978～1998 年，年投资总额从 4.44 亿元增加到 50.78 亿元，1998 年与 1978 年比，增长了 10.44 倍。在改革开放的第二个 20 年里，投资总额从规模到速度都有了高速的增长和提高。1999 年投资总额为 55.61 亿元，2018 年为 928.33 亿元，2018 年与 1999 年相比，投资总额增长了 15.69 倍。

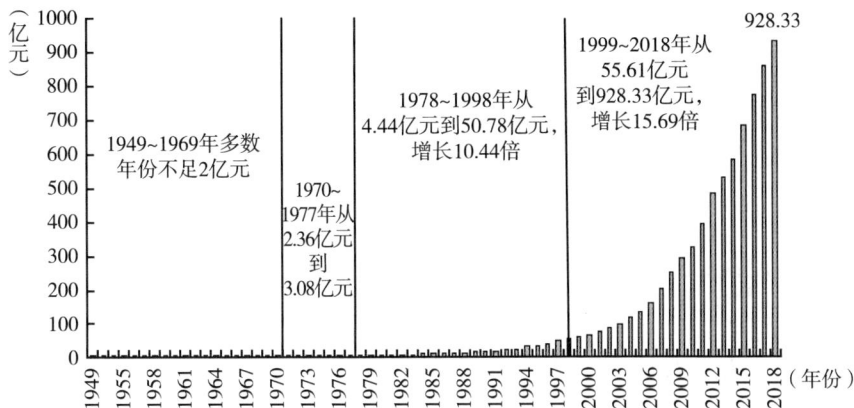

图1　1949～2018年文化事业费投入统计

表1　1949～2018年文化事业费投资倍增时间、年均增长率比较

时期	倍增时长（年数）	年均增长率（%）	倍增次序	基年投资额（亿元）	观测年投资额（亿元）
1949～1957	8	10.33	第1次	0.46	1.01
1958～1966	9	7.89	第2次	1.01	2.00
1967～1978	12	6.87	第3次	2.00	4.44
1979～1984	6	10.08	第4次	4.44	7.90
1985～1991	7	11.83	第5次	7.90	17.28
1992～1995	4	17.90	第6次	17.28	33.39
1996～2000	5	13.60	第7次	33.39	63.16
2001～2005	5	16.20	第8次	63.16	133.82
2006～2009	4	21.57	第9次	133.82	292.31
2010～2013	4	18.86	第10次	292.31	583.49
2014～2018	5	9.73	第11次	583.49	928.33

注：从某年到某年平均增长速度的年份，均不包括基期年在内。如新中国成立42年的平均增长速度是1949年为基期计算的在表述时应写为1950～1991年。由于《新中国五十五年统计资料汇编（1949～2004）》中没有1950年的数据，同时在计算增长速度时必须用1949年的数据，所以表1中"时期（年份）"栏中，实际应写为1950～1957年。在这里为了统一计算口径，当期"基本投资额"为上期"观测年投资额"，而不是"当年投资额"。

如表1所示，如果按投入总额倍增变动的时间长度进行比较，可以发现，第一次倍增花了8年时间，即1957年在1949年0.46亿元的基础上投资突破1亿元，实现了第一个投资倍数增长，年均增长率为10.33%，年增长率并不低；第二次是1966年在1957年1.01亿元的基础上达到2亿元，倍增时间花了9年，年均增长率仅为7.89%，与第一个倍增比，年均增长速度明显放缓；第三次投资倍增从突破2亿元到4.44亿元，历经12年（1967～1978年），年均增长率仅为6.87%，与第二个倍增时间比，年均增长率更低；第四次倍增是从4.44亿元到接近8亿元，历经6年（1979～1984年），年均增长率为10.08%，年均增长率明显提高；第五次投资倍增从7.90亿元到17.28亿元，历经7年（1985～1991年），年均增长率为11.83%，年均增长速度较前期有所上升；第六次倍增从17.28亿元到33.39亿元，历经4年（1992～1995年），年均增长率为17.90%，年均增长率明显提高。此后倍增时间基本稳定在4～5年，2006～2009年，年均增长率最高，达到了21.57%。数据说明，其一，文化事业费年投入倍增最短经过了4年时间，最长有12年时间；其二，在新中国成立后的70年里，改革开放前的30年，投资总额不仅处于低水平，而且增长速度缓慢，改革开放后的第一个10年，投资总额和增长速度虽有起色，但是增长缓慢，投资规模难以提高。

从政策效应看，从20世纪90年代初开始，公共文化机构向产业化转型发展的政策性文件频频颁布，文化机构、文化产品及服务加快步伐进入文化市场，文化发展的市场化程度逐步提高。那么为什么公共文化机构在转型发展的情形下，文化事业费投资却大幅度提升，而前期投资增长反而长期处在低水平呢？这可能与国家财政实际支出能力相关，在实际支付能力有限的情况下，政策效应有限。新中国成立以后的前20多年，国家经济发展处在艰难期，受财政支出能力的影响，公共文化投入显得十分匮乏；在度过艰难期以后，文化事业投入才有起色。改革开放以后，随着经济形势一路向好，特别是20世纪90年代中期以后的20多年里，文化事业费年投入总量增长明显。

（2）投资倍增与国民经济"五年计划"执行的关联性

为了分析国民经济发展"五年计划"战略对文化事业费投入产生的影响，我们将投资倍增的时间与"五年计划"实施的时期进行比较，期望找到文化事业费投资与国民经济发展之间是否同步的规律。表2是1949～2018年文化事业费投资倍增时间与国民经济实施"五年计划"时期比较。

表2 1949～2018年文化事业费投资倍增时间与国民经济实施"五年计划"时期比较

时期	年数（年）	年均增长率（%）	倍增次序	倍增时间与国民经济"五年计划"实施比较
1949～1957	8	10.33	第1次	与"一五计划"（1953～1957）实施基本同步
1958～1966	9	7.89	第2次	处在"二五计划"（1958～1962）时期和三年调整期，倍增明显滞后
1967～1978	12	6.87	第3次	跨越"三五计划"（1966～1970）、"四五计划"（1971～1975）、"五五计划"（1976～1980）三个时期，倍增明显滞后
1979～1984	6	10.08	第4次	处在"五五计划"和"六五计划"（1981～1985）时期，倍增滞后
1985～1991	7	11.83	第5次	处在"七五计划"（1986～1990）时期倍增滞后
1992～1995	4	17.90	第6次	与"八五计划"（1991～1995）实施同步，倍增加速
1996～2000	5	13.60	第7次	与"九五计划"（1996～2000）实施同步
2001～2005	5	16.20	第8次	与"十五计划"（2001～2005）实施同步
2006～2009	4	21.57	第9次	与"十一五计划"（2006～2010）实施同步，倍增加速
2010～2013	4	18.86	第10次	与"十二五计划"（2011～2015）实施同步，倍增加速
2014～2018	5	9.73	第11次	与"十三五计划"（2016～2020）实施同步

从表2可以发现，新中国成立初期的第一次投资倍增与"一五计划"实施表现出基本同步，其主要原因是"一五计划"1953年启动，晚于1949年。从经济发展和翻番所花费的年数来看，第一次投资倍增属于投资增长滞后，这种滞后性一直延续到20世纪90年代初。直到国家实施的"八五计划"以后，投资倍增才与国民经济发展"五年计划"同步，在"十一五计划""十二五计划"期间甚至出现了提速的现象。数据说明，从新中国成立70年的发展来看，文化事业费投入与国民经济发展状况以及国民经济增长

速度有密切的关系，即文化事业费的投入以及公共文化资本的积累受到国民经济发展的制约。

2. 文化事业费占国家财政支出比重

文化事业费总支出占国家财政比重，体现的是国家在财力投入上对文化事业发展的重视程度。图 2 是 1949～2018 年文化事业费占国家财政支出比重（具体数据见附表 2），将新中国成立至改革开放以前的 30 年、改革开放以后的 40 年进行分段分析，可以发现，1979 年以前，其比重长期在 0.35%～0.40%，可称为"徘徊期"。1979 年开始上升，其比重上升到 0.46%，尔后有了长达 14 年的上升过程，在 1992 年出现了高峰，其峰值为 0.52%，然后又出现下降，到 2000 年下降到改革开放前的水平，这个时期可以称为"增长期"。2000～2018 年的投入呈现为"高、低、高、低"不稳定、波动性变化特征，这个时期可称为"波动期"。在"徘徊期"和"波动期"都有小周期"波动"的现象。

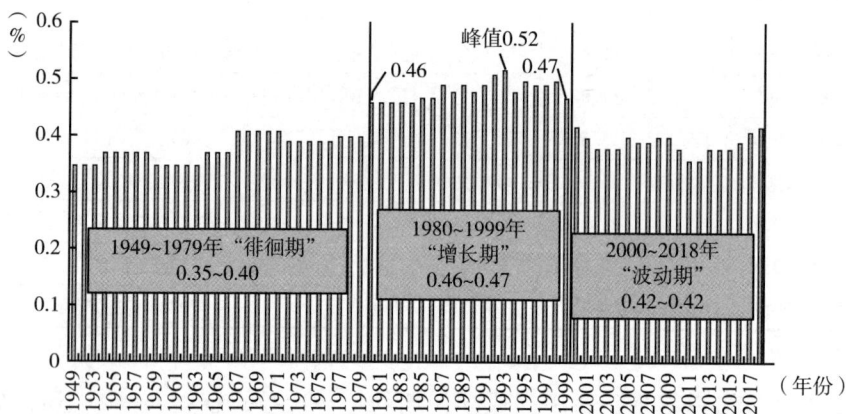

图 2　1949～2018 年文化事业费占国家财政支出比重

从新中国成立 70 年间的整个社会经济发展历程来看，在新中国成立初期，国民经济发展百废待兴，可以说文化事业处在"无钱投入"的状况，同时，在文化体制改革方面借鉴苏联模式，进行改革改造，"穷"是改革开放以前的文化、教育、卫生部门的典型特征。改革开放以后，由于文化文艺、影视传媒恢复性发展以及需求性增长，国家提高了对文化事业发展的重视程度，加大了经费投入。

但是在 2000~2018 年出现了"波动期"，其原因应该是多方面的。第一，由于互联网的便利，人们可以从互联网上获取所需的文化产品。第二，文化产品在继承和创新中给了人们更多选择的机会，文化消费出现了分流现象。第三，在融媒体构建下，人们文化消费的途径发生了根本性的改变。这种改变对公共文化机构的发展提出了严峻的挑战。同时，随着文化消费理念的变化、文化发展的创新，公共文化机构体制机制也发生了变化，以绩效为导向的文化事业费投资模式也使得这一阶段的文化事业费投入出现了起起伏伏。如今，公共文化体制机制运行还在不断的改革完善中，其间的投入还会有起伏和波动。比如，国家制定的"十二五""十三五"文化发展纲要以及相关公共文化发展达标性考核，就直接影响了文化事业经费的投入。

3. 公共文化机构的发展

公共文化机构发展是否充足，体现的是公共文化部门提供满足人们"基本文化"需求的能力问题，也体现了公共文化机构能否为社会实现基本文化消费均等以及使人们基本文化权益得到保障的问题。下面通过数据描述公共文化机构中的艺术表演团体、艺术表演场馆、公共图书馆、博物馆、群众艺术馆、文化馆（站）在新中国成立 70 年间发展变化的历程，分析公共文化机构发展的趋势与特征。

（1）艺术表演团体的发展

图 3 是 1949~2018 年全国实行事业单位会计准则、具有公益性和公共性特征的艺术表演团体机构的发展情况（具体数据见附表 3）。图中数据显示，在新中国成立之初的 1949 年，全国约有 1000 个艺术表演团体，经过 70 年的发展，在 2018 年，达到了约 1.71 万个，增长了约 1.61 万个，年均增长率为 4.27%。

分时段看，改革开放之初的 1978 年，艺术表演团体比 1949 年增加了 0.215 万个，增长了 2.15 倍，年均增长率为 4.04%。2018 年相对于改革开

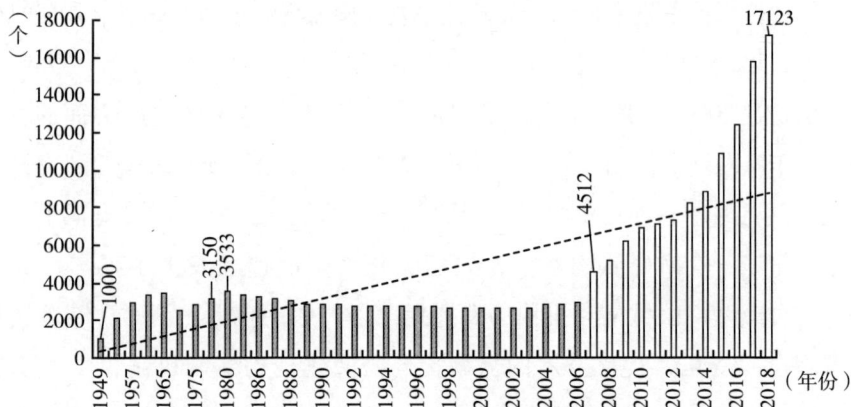

图3　1949~2018年艺术表演团体发展情况

放之初的1978年，艺术表演团体机构增加了约1.40万个，增加了约4.44倍，年均增长率为4.44%。数据显示，在改革开放以后的40年中，艺术表演团体的发展增量和发展速度高于和快于改革开放前的30年。

但是在改革开放以后的40年中，艺术表演团体的发展也有波动，在1980年达到3533个以后，其增长出现下滑，到2002年形成"低谷"跌至1970年的水平，直到2007年其机构发展才有了显著性突破，其机构数在2007年增加到4512个，其后的11年（2008~2018年）中增长速度迅速提升，年均增长率达到12.89%。

（2）艺术表演场馆的发展

图4是1949~2018年艺术表演场馆发展变动情况（具体数据见附表4）。图4显示，在新中国成立70年间，艺术表演场馆发展非常缓慢，1949~2018年，年均增长率仅为1.48%。从增长的趋势线看，其斜率非常小。将艺术表演场馆的发展变化分为两个时间段进行分析，可以发现，在1949~1978年30年间，年均增长速度为0.71%；1978~2018年的40年间，其年均增长速度为2.09%。数据说明，前30年发展缓慢是拉低增长水平的主要原因。从新中国成立70年艺术表演场馆发展的过程看，缓慢发展是主要特征。

进一步分析可以发现，1965年艺术表演场馆达到了2943个，是新中国成立以后艺术表演场馆最多的一年，但是到了1978年其机构数下降到1095个，

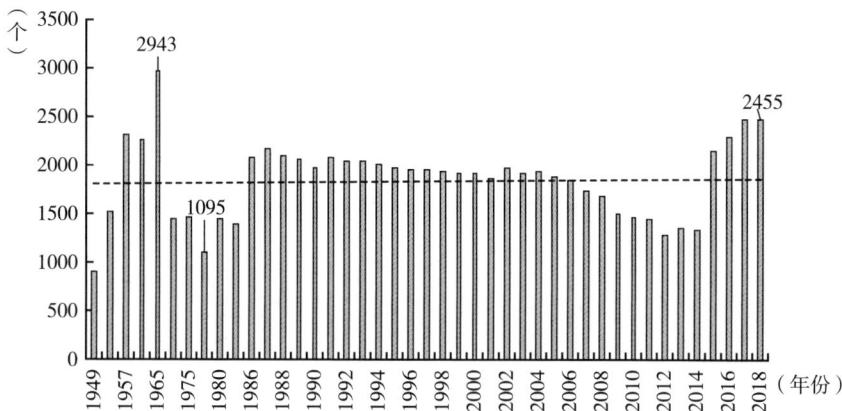

图4　1949～2018年艺术表演场馆发展情况

与1965年比，1978年下降了62.79%，其后在相当长的一段时间内其增长处在较低的水平，有些年份又出现了减少。数据表明，在新中国成立70年间，艺术表演场馆的发展变动不仅具有缓慢的特征，而且具有波动的特征。

（3）公共图书馆的发展

图5是1949～2018年公共图书馆机构数的变动情况（具体数据见附表5）。图5显示，1949年全国仅有公共图书馆55个，到2018年增加到3176个，增长了56.75倍，年均增长率为6.15%。

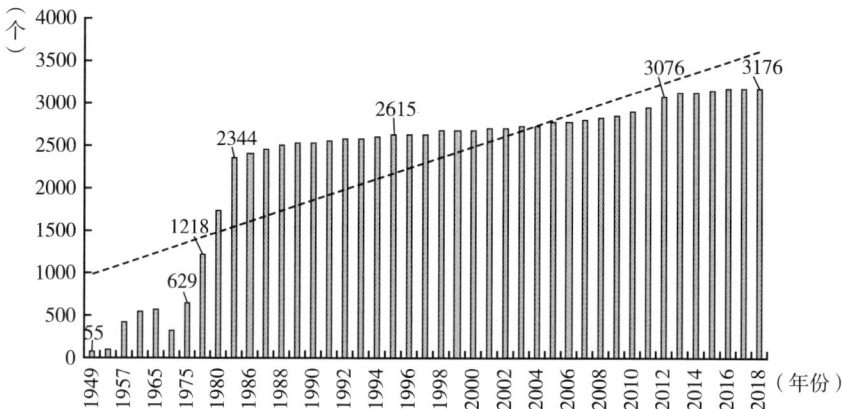

图5　1949～2018年公共图书馆发展情况

分阶段看，1949～1978 年，公共图书馆增加了 1163 个，增长了 21.15 倍，年均增长率为 11.27%。改革开放以后的 1978～2018 年，公共图书馆由 1218 个增加到 3176 个，年均增长率为 2.49%。进一步分析还可以发现，改革开放以后的 1978～1985 年，图书馆机构数由 1218 个增加到 2344 个，增加了 1126 个，年均增长率为 9.80%；1986 年后，图书馆机构数出现慢速的稳步增长，年均增长率为 0.95%。

分阶段分析可以说明，新中国成立以后公共图书馆极其缺乏，在改革开放以前，国家对公共图书馆建馆投入十分重视，公共图书馆迅速增长。改革开放以后的初期，公共图书馆机构数呈现惯性增长，1986 年以后，处于慢速稳步增长状态。从公共图书馆发展过程中的现代科学技术运用看，从 20 世纪 80 年代中后期开始，公共图书馆加大了科学技术的投入，在场馆的扩建改建中，电子图书、电子阅览终端迅速增长，针对不同群体的文化需求提供精准的服务，图书管理人员的专业水平和服务水平也明显提升，供给质量显著提高。

（4）博物馆的发展

图 6 是 1949～2018 年博物馆发展变动的情况（具体数据见附表 6）。图 6 显示，1949 年全国仅有 21 个博物馆，到 1978 年增加到 349 个，增加了 328 个，年均增长速度为 10.18%。可以看出，在这个时期虽然博物馆增加的数量不多，但是增长速度并不低。在 1978 年改革开放以后的 40 年间，博物馆

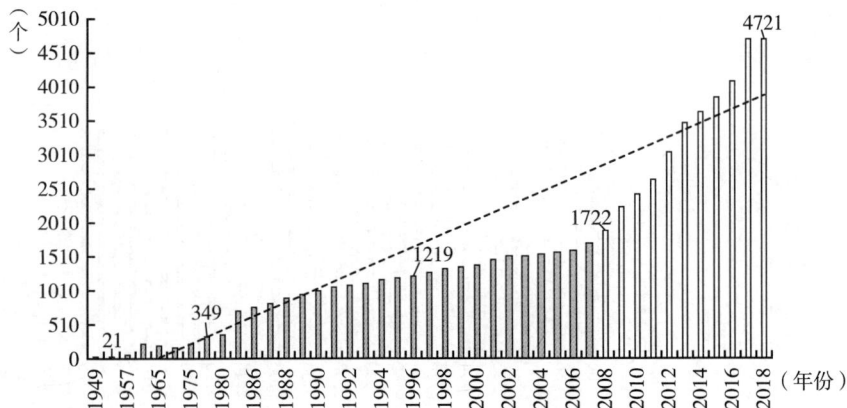

图 6　1949～2018 年博物馆发展情况

数上升到 2018 年的 4721 个，增加了 4372 个，年均增长速度为 6.91%。改革开放以后，博物馆数量明显增加，但是其增长速度并没有加快。进一步分析可以发现，在 1985~2006 年，其增长趋势呈现"缓慢稳步"的状态。2007 年以后，其增长速度明显加快，其增长的斜率呈现"陡峭"的状态。数据说明，博物馆机构快速增长的时间是在 2007~2018 年这 12 年。

（5）群众文化团体的发展

群众文化团体是指包括群众艺术馆、文化馆、文化站等实施事业单位会计制度的机构。由于 1949~1956 年的历史统计数据欠准确性，本部分从 1957 年开始进行描述性分析。图 7 是 1949~2018 年群众文化机构变动情况（具体数据见附表 7）。

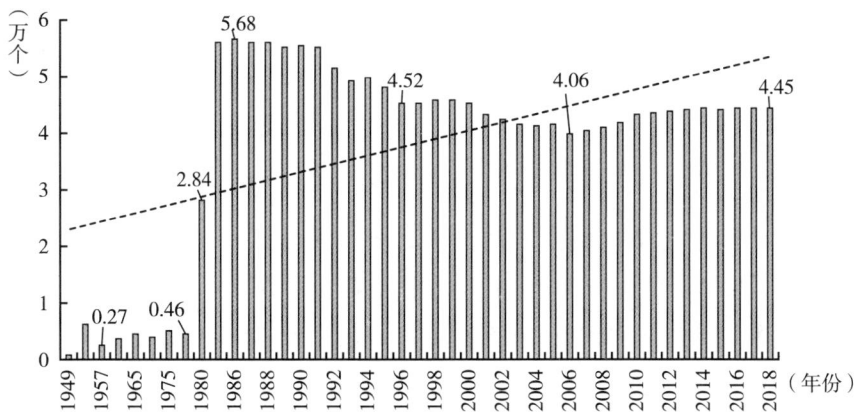

图 7　1949~2018 年群众文化机构发展情况

图 7 显示，1957 年群众文化团体只有 0.27 万个，到 2018 年增加到 4.45 万个，增长了 4.18 万个，年均增长率为 4.78%。按照新中国成立到改革开放前、改革开放后两个时间段进行分析，可以发现，1978 年群众文化团体有 0.46 万个，与 1957 年比，增长了 70.37%，年均增长率为 2.57%。2018 年与 1978 年比，2018 年在 1978 年的基础上增长了 8.67 倍，年均增长率为 5.99%。改革开放以后，群众文化团体数量增长明显快于改革开放前。

改革开放以后的群众文化团体的变化还可以分时段进行分析。图7显示，1980年，群众文化机构数达到了2.84万个，相对于1978年，出现了大幅度增加，到1986年达到了"峰顶"，为5.68万个，然后出现下降，到2006年达到了"低谷"以后又缓慢上升。数据说明，群众文化团体数在70年间，总体呈现波动增长的趋势，特别是改革开放初期增长速度加快，而在其后的增长过程中，呈现先下降再上升波动发展的U形增长现象。

（二）相关检验

1. 变量的统计特征异方差检验

从文化事业费投资总额（SYF）、文化事业费占国家财政支出的比重（$SYFB$）、艺术表演团体（$BYTT$）、艺术馆表演场馆（$BYCG$）、公共图书馆（TSG）、博物馆（BWG）、群众文化机构（$QZJG$）发展变动的时间序列描述中可以发现，这些时间序列数据随着时间的推移往往存在着明显的趋势性（递增或递减），即在统计上所称的异方差问题，又有因计量单位的差异而带来的量纲问题。从本研究的数据看，要进入分析模型的国内生产总值GDP、总人口、固定资产等时间序列数据都存在趋势性异方差等问题，不能直接纳入方程进行计算。为了缓解时间序列的异方差性，对本研究所设计的所有变量取自然对数。取自然对数以后的均值、标准差、最大值、最小值见表3。

表3 各变量统计特征描述*

变量名	均值	标准差	最大值	最小值	变量名	均值	标准差	最大值	最小值
lnGDP	9.5766	1.4748	11.8150	6.3664	ln$BYTT$	8.2085	0.5431	9.7481	6.9077
ln$K$	10.3480	1.8489	13.3623	5.2877	ln$BYCG$	7.4667	0.2240	7.9871	6.7923
lnZRK	11.6142	0.2326	11.8460	10.8998	lnTSG	7.4820	0.88662	8.0633	4.0073
lnSYF	3.3765	2.0659	6.8333	-0.7765	lnBWG	6.7548	1.1818	8.4597	3.0445
ln$SYFB$	-0.8616	0.1182	-0.6539	-1.0498	ln$QZJG$	9.966	1.2134	10.9481	6.7979

＊10个变量更详细的统计特征描述数据见附表8。

从集中趋势看，表 3 显示，取对数以后的 10 个变量的均值差异很大，量纲仍然存在。从离散趋势看，各变量的极大值与极小值的差异也很大，说明单个变量随着时间的推移仍然有明显的波动性和非平稳性。例如，$\ln GDP$ 在各年度波动明显，极大值和极小值的变差为 5.45，极小值只有极大值的 53.88%，与均值的变差分别为 2.24、-3.21，分别高于均值和低于均值 23.38%、-33.51%；$\ln K$ 的极大值和极小值的变差为 8.07，极小值只有极大值的 39.57%，与均值的变差分别为 3.01、-5.06，分别高于均值和低于均值 29.08%、-48.89%。从图 8 还可以看出，$\ln GDP$、$\ln K$、$\ln ZRK$、$\ln SYF$、$\ln TSG$、$\ln BWG$ 都有同样的趋势性，而 $\ln SYFB$、$\ln BYTT$、$\ln BYCG$、$\ln QZJG$ 都有陡峭和凹陷波动问题。

2. 单位根检验与平稳性处理

从变量的统计特征描述性分析中可以看出，本研究所涉及的 10 个变量都是非平稳的时间序列数据。对不平稳的时间序列数据直接回归可能产生"伪回归"。为了避免"伪回归"而导致模型不能准确反映变量之间真实关系的问题，利用 Dickey 和 Fuller（1981）提出的 ADF 检验方法对各变量进行单位根检验，以确定变量的平稳性。平稳性检验的最优滞后阶按 AIC 值最小准则选取。通过检验发现，10 个变量均为 T 统计量在 1% 显著性水平下的非平稳变量。我们对非平稳变量采用差分法处理，$D（\ln GDP）$、$D（\ln K）$、$D（\ln ZRK）$、$D（\ln SYF）$、$D（\ln SYFB）$、$D（\ln BYTT）$、$D（\ln BYCG）$、$D（\ln TSG）$、$D（\ln BWG）$、$D（\ln QZJG）$ 分别表示相关变量的 2 阶差分值（结果见表 4）。从表 4 可以看出，经过 2 阶差分处理的所有数据序列在 1% 的水平下都是平稳的，所以它们都是 2 阶单整，即均服从于 $I（2）$。需要提及的是，$\ln ZRK$ 的 ADF 统计量，在 T 统计量为 5% 显著性水平下显示平稳，但是与其他变量不同差分阶数，所以选择 T 统计量在 1% 显著性水平下的平稳性，做到与其他变量同阶单整。

同时，将经过 2 阶差分以后的时间序列数据绘制成图 9。图 9 显示，经过 2 阶差分后，各变量达到了平稳。图 9 与图 8 比，可以发现，经过差分以后的时间序列数据中的趋势得到彻底的消除，基本达到了消除异方差和非平稳性的目的。

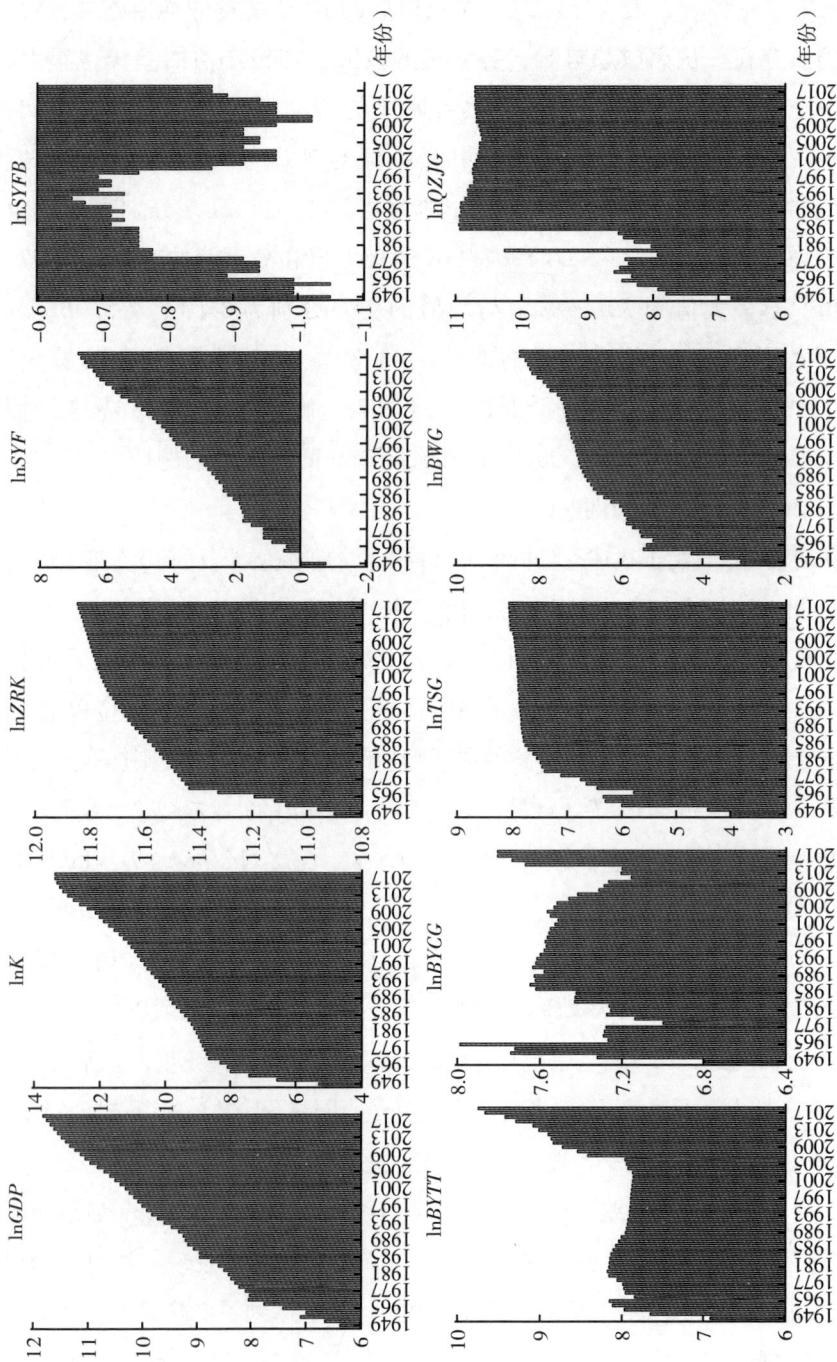

图 8　10 个变量时间序列趋势图

表4　各个变量单位根检验

变量	检验模型（C，T，K）	ADF 统计量	1%临界值	5%临界值	结论
$\ln GDP$	（0，0，0）	6.9674	−2.6130	−1.9476	非平稳
$\ln K$	（0，0，0）	3.5948	−2.6140	−1.9478	非平稳
$\ln ZRK$	（0，0，0）	−0.2603	−2.6256	−1.9496	平稳**
$\ln SYF$	（0，0，0）	4.7083	−2.6130	−1.9477	非平稳
$\ln SYFB$	（0，0，0）	−0.8270	−2.6130	−1.9477	非平稳
$\ln BYTT$	（0，0，0）	1.4774	−2.6151	−1.9480	非平稳
$\ln BYCG$	（0，0，0）	0.7222	−2.6130	−1.9477	非平稳
$\ln TSG$	（0，0，0）	0.9088	−2.6130	−1.9487	非平稳
$\ln BWG$	（0，0，0）	1.4174	−2.6130	−1.9478	非平稳
$\ln QZJG$	（0，0，0）	0.8919	−2.6199	−1.9478	非平稳
$D(\ln GDP)$	（C，0，2）	−6.5032	−3.5745	−2.9239	平稳***
$D(\ln K)$	（0，0，2）	−9.1073	−3.5745	−2.9238	平稳***
$D(\ln ZRK)$	（C，0，2）	−3.8545	−2.6273	−1.9499	平稳***
$D(\ln SYF)$	（C，0，2）	−11.2746	−3.5745	−2.9238	平稳***
$D(\ln SYFB)$	（C，0，2）	−6.1056	−3.5745	−2.9238	平稳***
$D(\ln BYTT)$	（C，0，2）	−4.5613	−3.5777	−2.9252	平稳***
$D(\ln BYCG)$	（C，0，2）	−7.4984	−3.577	−2.9252	平稳***
$D(\ln TSG)$	（C，0，2）	−5.4853	−3.5745	−2.9238	平稳***
$D(\ln BWG)$	（C，0，2）	−4.5936	−3.5745	−2.9238	平稳***
$D(\ln QZJG)$	（C，0，2）	−10.4996	3.5745	−2.9238	平稳***

注：C 代表常数，T 代表趋势项，K 代表差分阶数。*** 代表 T 统计量在 1% 显著性水平，** 代表 T 统计量在 5% 显著性水平。

（三）协整检验与长期均衡关系

1. 协整检验与长期均衡模型

由于经过处理以后的变量均是 2 阶单整序列，则变量间可能存在某种平

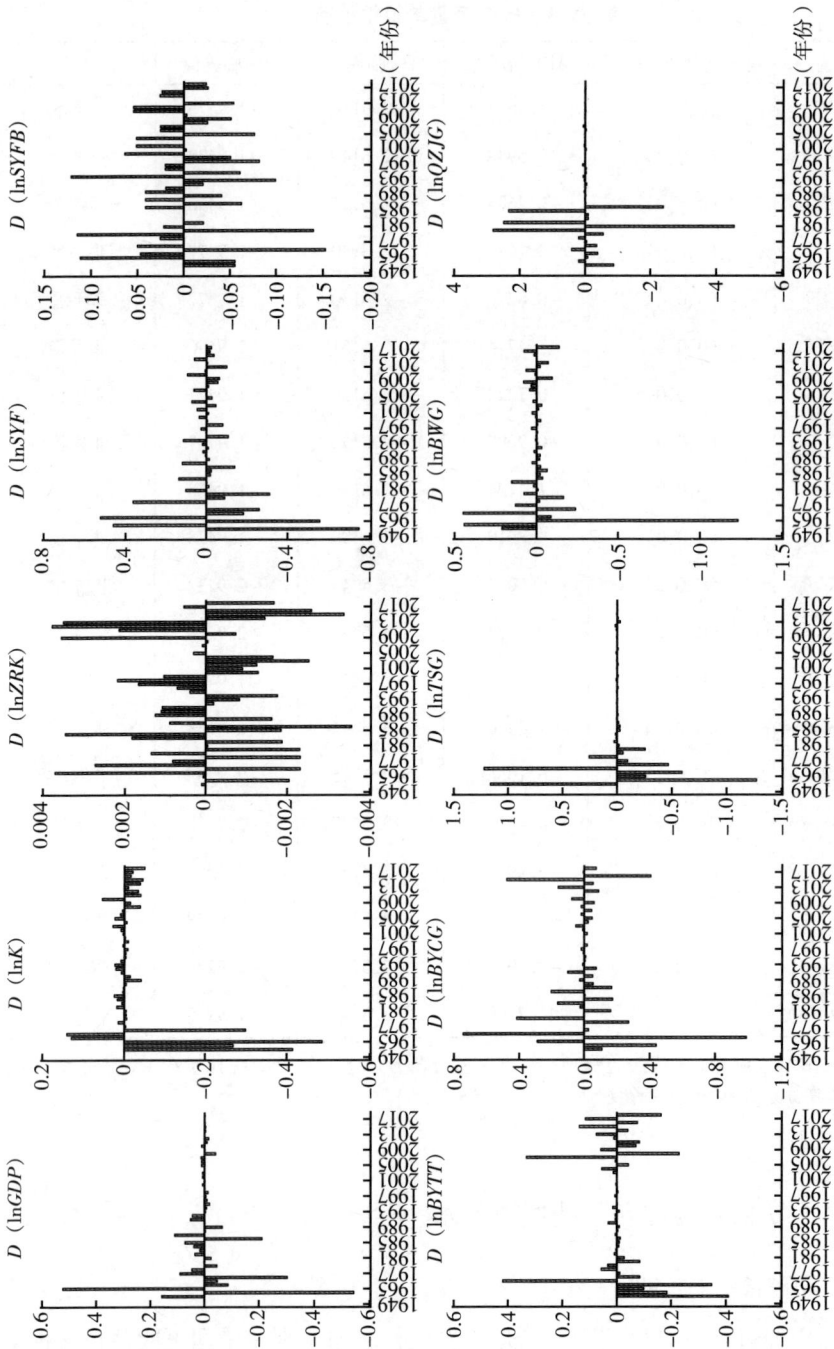

图 9　2 阶差分后各变量的平稳图

278

稳的线性组合，即变量间可能存在长期稳定的协整关系。利用 Johansen 检验判断变量间可能存在的协整关系，同时确定相关变量之间的符号关系。Johansen 检验是基于向量自回归（AVR）模型的检验方法，在检验之前，必须首先确定 AVR 模型的结构，由单位根检验可知，D（$\ln GDP$）、D（$\ln K$）、D（$\ln ZRK$）、D（$\ln SYF$）、D（$\ln SYFB$）、D（$\ln BYTT$）、D（$\ln BYCG$）、D（$\ln TSG$）、D（$\ln BWG$）、D（$\ln QZJG$）只含常数项不含趋势项，我们选择 VAR 模型和协整方程只含常数项。为了在保持合理自由度的同时消除误差项的自相关，根据 AIC、SC、LR、Q 统计量等联合确定协整检验滞后阶数取 2，其残差序列具有平稳性。在此基础上进行 Johansen 检验，检验结果如表 5 所示。

表 5　经济产出与公共文化资本贡献的协整关系检验结果（样本区间：1949～2018 年）

原假设：协整方程个数	特征值	迹统计检验		最大特征值统计检验	
		t 统计量	临界值（0.05）	t 统计量	临界值（0.05）
0 个协整关系 *	0.993659	830.9181 **	239.2354	237.8558 **	64.50472
最多 1 个协整关系 *	0.968826	593.0623 **	197.3709	163.0042 **	58.43354
最多 2 个协整关系 *	0.930593	430.0581 **	159.5297	125.3854 **	52.36261
最多 3 个协整关系 *	0.858275	304.6727 **	125.6154	91.83160 **	46.23142
最多 4 个协整关系 *	0.783107	212.8411 **	95.75366	71.83249 **	40.07757
最多 5 个协整关系 *	0.712173	141.0086 **	69.81889	58.53368 **	33.87687
最多 6 个协整关系 *	0.561538	82.47495 **	47.85613	38.75064 **	27.58434
最多 7 个协整关系 *	0.341576	43.72431 **	29.79707	19.64157	21.13162
最多 8 个协整关系 *	0.312269	24.08275 **	15.49471	17.59482 **	14.26460
最多 9 个协整关系 *	0.128937	6.487929 **	3.841466	6.487929 **	3.841466

注：* 表示在临界值小于 0.05 的水平下，该假设同时被迹统计检验和最大特征值检验所拒绝，** 表示 t 统计量的临界值小于 0.01。

表 5 的协整结果表明，在 1949～2018 年的样本区间内，取对数 2 阶差分以后的 GDP、K、ZRK、SYF、$SYFB$、$BYTT$、$BYCG$、TSG、BWG、$QZJG$ 这

10 个变量之间，在 5% 的显著性水平下，特征根迹统计检验方法表示存在 10 个协整关系，特征根最大特征值统计检验方法表示存在 7 个协整关系。检验表明 10 个变量之间存在着长期均衡关系。

令 D（$\ln GDP$）为 1，则归一化后的协整系数如下：

$$D(\ln GDP) = 1 = -0.246515 - 2.329579 - 0.462788 - 0.066865 -$$
$$0.011360 - 0.038457 - 0.197388 + 0.463872 - 0.110497$$

则 10 个变量之间的长期均衡实际协整关系如方程（1.8）所示。

$$D(\ln GDP) = 21.39027 + 0.246515D(\ln K) + 2.329579D(\ln ZRK) + 0.462788D(\ln SYF) +$$
$$0.066865D(\ln SYFB)$$

$$(0.02005) \qquad (0.13607) \qquad (0.01382) \qquad (0.01548)$$
$$[12.2946] \qquad [17.1200] \qquad [33.4793] \qquad [4.31812]$$

$$+ 0.011360D(\ln BYTT) + 0.038457D(\ln BYCG) + 0.197388D(\ln TSG)$$
$$- 0.463872D(\ln BWG) + 0.110497D(\ln QZJG)$$

$$(0.00816) \quad (0.00755) \quad (0.00845) \quad (0.02771) \quad (0.00378)$$
$$[1.39230] \quad [5.09346] \quad [23.3474] \quad [-16.7421] \quad [29.2379]$$

$$Loglikelihood = 1087.703 \quad AIC = -36.498 \quad SC = -27.444$$

其中（ ）圆括号内为标准差，[ ]方括号内为 T 统计量。

(1.8)

2. 长期均衡关系分析

方程（1.8）显示，社会固定资产投资（K）、总人口数（ZRK）对 GDP 增长有正向作用，在公共文化资本积累中，除博物馆以外，其他公共文化资本存量增长对 GDP 增长均有明显的正向影响。方程（1.8）至少可以解释以下三个方面的问题。

一是从长期看，公共文化资本存量对经济增长有明显的促进作用。模型（1.8）显示，由文化事业费投入、文化事业费占财政比重、艺术表演团体、艺术表演场馆、公共图书馆，以及体现群众文化机构发展的艺术馆、文化馆、文化站等资本存量的增加，从总体上促进了 GDP 增长，从而促进了社会经济发展。

从贡献系数看，排在第一位的是文化事业费投入，其贡献系数为 0.4628，其解释含义是，每增加 1 个单位的文化事业费投入，对投资增量而言，可以带来 46.28% 的产出效应，也就是说，文化事业费投入资本对经济产出贡献最大。值得提及的是，在描述性分析中我们发现，在过去 70 年的中国经济运行过程中，多数年份文化事业费投入性增长滞后于国民经济发展计划的实施，但是从长期均衡关系模型看，在滞后的投资机制下，文化事业费投入对经济发展的贡献还是显而易见的。排在第二位的是公共图书馆的发展，其贡献系数为 0.1974，即每增加 1 个单位的公共图书馆建设和投入，对投资增量而言，可以带来 19.74% 的产出效应。排在第三位的是体现群众文化机构发展的艺术馆、文化馆、文化站的发展与增加，其贡献系数为 0.1105，即每增加 1 个单位的群众文化机构发展，对投资增量而言，可以带来 11.05% 的产出效应。排在第四位的是文化事业费占财政比重的增长，其系数为 0.0686，即每增加 1 个单位的文化事业费占财政比重，对投资增量而言，可以带来 6.86% 的产出效应，换言之，体现财政重视程度的投入指标，对经济产出的贡献也十分明显。排在第五位和第六位的是艺术表演场馆和艺术表演团体的发展，其贡献系数分别是 0.0385 和 0.0114，即每增加 1 个单位的艺术表演场馆和艺术表演团体的发展，对投资增量而言，可以分别带来 3.85% 和 1.14% 的产出效应。同时模型显示，博物馆的建设和发展在模型中的贡献系数为负数，即与其他公共文化资本的贡献相比，其贡献系数为 -0.4639，对经济增长的拖拽作用非常明显。模型显示的这个结果可能提示我们，仅仅从博物馆机构数的变动探索其对经济发展的贡献，在计量逻辑上不能得到充分的解释，在后续的研究中，从博物馆参观人数以及馆藏数等指标的增量去衡量和探索可能更好。但是从现实看，在新中国成立 70 年的发展中，如何定位博物馆以及博物馆如何为大众文化消费提供更好的服务，这一方面的研究也是近十几年才受到关注。长期以来，由于种种原因，博物馆没有充分发挥其应有的公共文化服务的作用也是被公认的事实。

二是从长期看，作为公共文化消费的总人口的增长，对经济增长产生很重要的作用。模型显示，总人口增长的贡献系数倍数于公共文化资本积累的贡献之和，也倍数于固定资产投资积累，说明公共文化消费对经济增长贡献的效应非常明显。

三是在长期模型中，固定资产投入对经济增长贡献的系数（0.2465）小于公共文化资本贡献系数之和（0.8874），说明与固定资产投资资本相比，公共文化投资资本对经济增长的贡献更大，证明了文化资本软实力的积累与贡献大于物质资本的积累与贡献。同时也说明，作为以物质资本投资为表征的固定资产投资对经济增长的拉动作用并不一定会起到决定性的作用。这个结论与过去几十年研究中国经济发展的传统产出函数有十分明显的区别。它表明，我国经济发展的方式已经进入了以人力资本、文化资本为主要发展动力的现代经济发展模式，重视未来的文化资本的积累，特别是公共文化资本的积累对社会经济发展有十分重要的作用。

（四）误差修正模型与动态关系分析

1. 误差修正模型

方程（1.8）反映的是10个变量之间长期均衡关系，但是不能体现滞后期以及短期扰动对各个变量的影响，而误差修正模型不仅能够反映变量之间的长期均衡关系，还能够反映变量间短期偏离或者波动关系。在确定了 GDP、K、ZRK、SYF、$SYFB$、$BYTT$、$BYCG$、TSG、BWG、$QZJG$ 这10个变量之间的长期均衡关系以后，进一步利用误差修正模型（ECM）反映变量间的短期动态关系。在建立协整模型（1.8）的过程中，随机建立了长期模型中的10个变量的误差（残差）序列，并对10个变量的误差（残差）序列 $D\ln Gdp\_2$、$D\ln K\_2$、$D\ln ZRK\_2$、$D\ln SYF\_2$、$D\ln SYFB\_2$、$D\ln BYTT\_2$、$D\ln BYCG\_2$、$D\ln TSG\_2$、$D\ln BWG\_2$、$D\ln QZJG\_2$ 进行单位根检验，发现其误差序列都是0阶单整，即误差序列是平稳的，从而证明误差序列变量间长期均衡的关系成立，即协整存在（见图10）。

根据 AIC、SC、LR、Q 统计量等联合确定以误差序列构建的误差修正模型（ECM），最优滞后阶为1，并令 $D(\ln GDP)_{残(-1)} = D(\ln GDP)$，建立反映短期动态关系的误差修正模型如方程（1.9）所示。

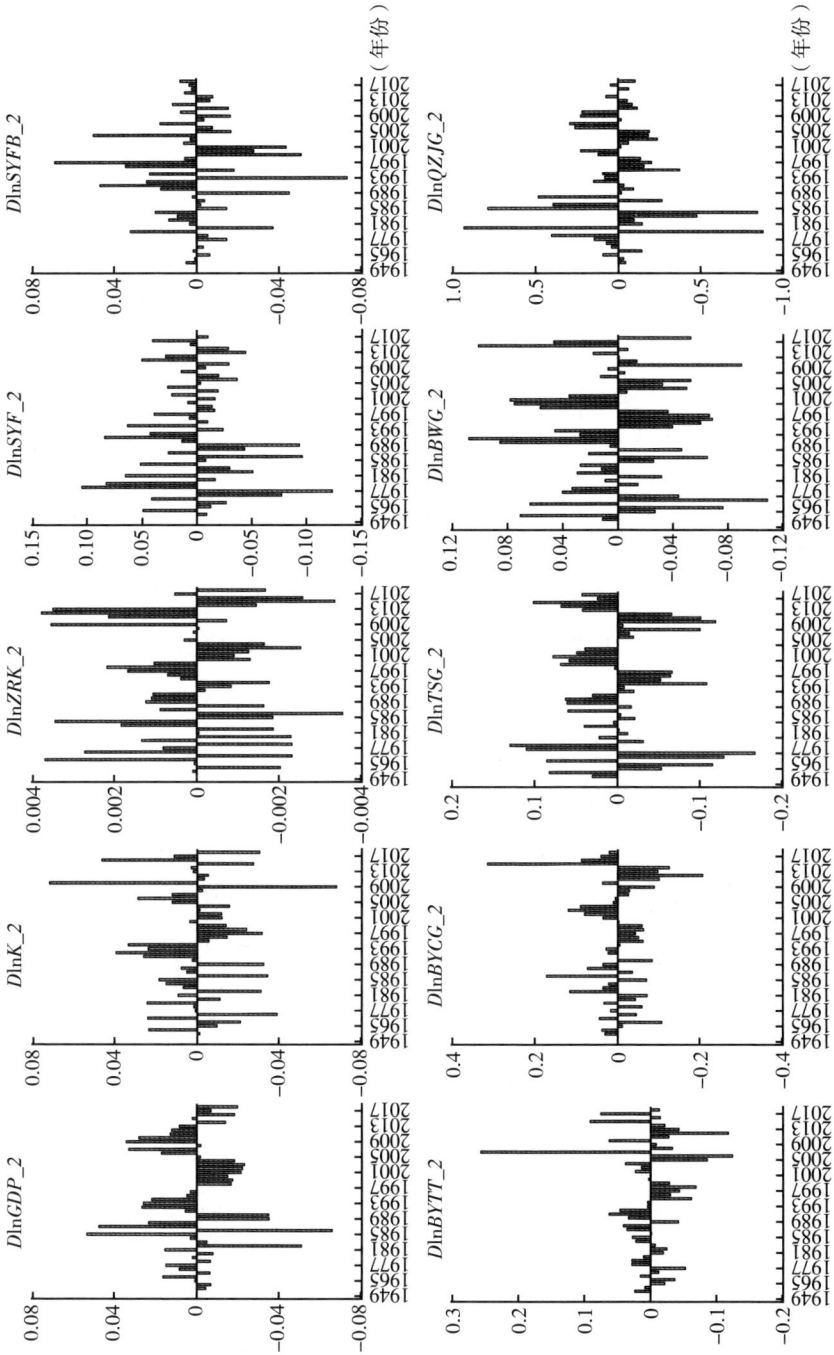

图10 0阶差分后各变量残差序列平稳图

$$D(\ln GDP) = -0.2368ecm \times [\ -0.19076D\ln K_{(-1)} - 22.94513D\ln ZRK_{(-1)}$$
$$-0.78787D\ln SYF_{(-1)} + 0.62693D\ln SYFB_{(-1)} - 0.25235D\ln BYTT_{(-1)}$$
$$-0.70106D\ln BYCG_{(-1)} + 0.40640D\ln TSG_{(-1)} + 0.30287D\ln BWG_{(-1)}$$
$$-0.06120D\ln QZJG_{(-1)}] + 0.000564$$

$$t = [\ -1.668][\ -9.570][\ -10.211][5.729][\ -5.230][\ -14.291]$$
$$[6.048][4.140][\ -5.206]$$

$$Loglikelihood = 883.3594 \quad AIC = -36.3132 \quad\quad SC = -35.1322$$

$$(1.9)$$

2. 动态关系分析

与长期协整模型比，误差修正模型方程（1.9）也可以称为1949～2018年动态修正模型，其模型有如下四个特征。

其一，误差修正模型方程（1.9）中，误差调整项 ecm 向量为负，根据数据模型表达的意义，反映出方程右边变量 $\Sigma x_{i(t-1)}$ 对方程左边 $y_{(t)}$ 的解释不足，需要增量调整。即在短时期内，$\Sigma x_{i(t)}$ 的滞后一期对 GDP 增长的影响要调高23.68%，调整的力度较大，需要进一步研究政策层面的不稳定性或者社会外部因素给既定资本贡献带来的偏移。

其二，在误差修正模型中，不考虑调整系数，可以发现，作为文化消费的总人口对产出贡献出现了放大效应。考虑调整系数时，文化消费的贡献系数向长期协整方程回归，但是，固定资产对产出的贡献仍然在减少，其贡献率有滞后现象。结果表明，误差修正系数偏大，导致短期动态协整关系被修正后变化大，与长期协整模型比，其系数具有动态变动性和不稳定性特征。

其三，不同的公共文化资本的投入与积累不仅出现了贡献系数的变化，而且出现了向量（方向）的变化。具体看，一是文化事业费在短期模型中的贡献系数加大，对经济产出的效应增强。二是文化事业费占财政支出的比重的系数向量发生变化，说明短期加大文化事业费占财政支出的比重对经济产出有"拖拽"。三是文艺表演团体、艺术表演场馆对经济产出的贡献加大。四是图书馆在短期模型中出现了向量（方向）的变化，即表现出对经济贡献的"拖拽"，这种拖拽产生的原因是什么，需要进一步研究。五是体现群众文化机构发展的艺术馆、文化馆、文化站对经济产出的贡献加大。

其四，博物馆仍然没有体现出对经济产出的贡献，即博物馆在长期和短期模型中都体现了"拖拽"，从体现文化发展载体的博物馆建设和发展的历程以及人们对其社会功能的认知看，在博物馆机构的发展中，被认为是经济发展的"减项"有深厚的历史原因。在社会经济不发达时，收藏、考古、文物保护等，确实不能在短期内对经济增长起到贡献作用，但是如果将博物馆看成一部能说话的历史见证收藏机构，人们对博物馆机构的发展在经济意义上可能是另一番理解。

（五）分时期公共文化资本与经济发展关系的比较

通过前面描述性分析发现，新中国成立以后的 70 年间，公共文化机构的发展与文化发展的政策导向、国家财政投资的实际能力、国民经济"五年计划"实施的进度有十分密切的关系，同时存在明显的滞后性问题。所以，根据公共文化机构发展的政策特征以及国家对公共文化事业投资特征我们发现不能像其他研究那样，以改革开放的起始年份 1978 年为分割点来研究不同时期公共文化资本积累的产出效应。经过对新中国成立 70 周年公共文化发展政策的梳理以及相关数据的支持程度，利用构建协整方程形成的残差序列，以 1995 年作为分割点，分为 1949 ~ 1995 年、1996 ~ 2018 年两个时段进行对比分析。按照这样的时段分割形成的两组残差序列，特征根迹统计检验和最大特征值统计检验的结果显示，10 个变量的单位根检验，在 5% 的显著性水平下仍然是 0 阶单整，即均服从于 I（0），均衡关系依然存在。表 6 是分时期公共文化资本存量增长与 GDP 增长动态估计（ECM）模型。

表 6　分时期公共文化资本存量增长与 GDP 增长动态估计（ECM）模型

	$D(\ln GDP)$（1949 ~ 1995）前期		$D(\ln GDP)$（1996 ~ 2018）后期	
	系数	t 统计量	系数	t 统计量
$D\ln K_{(-1)}$	－ 1. 244624	－ 32. 1339 ***	－ 0. 348424	－ 21. 3047 ***
$D\ln ZRK_{(-1)}$	－ 7. 634158	－ 16. 6507 ***	3. 638229	7. 6429 ***
$D\ln SYF_{(-1)}$	－ 0. 239642	－ 16. 2501 ***	0. 289693	18. 2466 ***
$D\ln SYFB_{(-1)}$	0. 139120	8. 37442 ***	－ 0. 465978	－ 26. 6814 ***

续表

	$D(\ln GDP)$（1949～1995）前期		$D(\ln GDP)$（1996～2018）后期	
	系数	t 统计量	系数	t 统计量
$D\ln BYTT_{(-1)}$	-0.104857	-4.34740 ***	0.092081	14.3190 ***
$D\ln BYCG_{(-1)}$	-0.201591	-16.6103 ***	-0.114974	-17.2896 ***
$D\ln TSG_{(-1)}$	0.120026	10.4595 ***	0.494392	32.2688 ***
$D\ln BWG_{(-1)}$	0.416493	21.8497 ***	-0.173342	-14.635^7 ***
$D\ln QZJG_{(-1)}$	-0.034453	-13.8024 ***	-0.097027	-34.7615 ***
C	-0.000613	—	-0.001051	—
ecm	-2.635361	-1.65845 *	-0.006852	-0.02812
Loglikelihood	573.977		543.431	
AIC	-43.518		-42.7859	
SC	-42.056		-41.3033	

注：* 和 *** 分别表示在 10% 和 1% 的水平上显著。

表 6 显示，分时期看，1995 年以前，固定资产存量、人口文化消费总量、文化事业费投入、艺术表演团体、艺术表演场馆、群众文化机构等存量资本的增长与产出增长表现为正向关系，而文化事业费占财政比重、公共图书馆、博物馆的增长与产出增长表现为负向关系。1995 年以后，固定资产存量、文化事业费占财政比重、艺术表演场馆、博物馆、群众文化机构与产出增长表现为正向关系，而人口文化消费总量、文化事业费投入、艺术表演团体、公共图书馆与产出增长为负向关系。这种变化说明了什么呢？进一步探讨，可以做如下解释。

1. 对1949～1995年模型的解释与比较

其一，在 1949～1995 年模型中，从几个向量为负向的变量看，文化事业费占财政比重表现的是政府对公共文化事业的重视程度，从描述性分析中可以看到，在新中国成立之后到 20 世纪 90 年代初，国家财政对公共文化机构的事业费投入一直处于"滞后"模式。同时，财政在分配方面，无论重视程度如何，文化事业费占财政支出的比重一直非常低，所以在 1949～1995 年，公共事业费占财政支出比重的弹性无力，其比重的增长微乎其微，对经济产出不能产生明显的影响，与经济产出出现负向关系在预料之中。公共图书馆的增长对经济产出也不能表现出有效的推力，可能是公共图书馆机构在前期的发展中积累效应不够，不能起到推动产出增长的作用。同时，博物馆机构的发展对经济增长不能表现为正向推动，其原因与长期协整关系模型以及短期动态关系模型的解释意义一致。

其二，与1949～2018年动态修正模型（1.9）比较，1949～1995年动态修正模型的误差调整项 ecm 向量同样为负，但是调整的力度显著增大，ecm = -2.6353，T 统计检验具有显著性。说明与1949～2018年动态修正模型（1.9）比较，1949～1995年文化资本的积累贡献效应严重不足，需要大幅度调整。具体来看，在1949～1995年，未经调整的文化事业费投入的实际贡献系数为0.2396，经过误差项调整以后的贡献系数为0.6315。换言之，在投资资本困难时期，加大文化事业费投入对经济增长有明显的促进效果，但是由于社会经济以及制度层面的制约，投资不足，投资增长严重滞后，压抑了文化资本投入对经济增长的贡献。艺术表演团体的实际贡献系数为0.1049，调整后的系数为0.2763。在1949～1995年，艺术表演团体发展严重不足。艺术表演场馆实际贡献系数为0.2016，调整后的系数为0.5313，数据说明，艺术表演场馆建设发展虽然明显推动了经济增长，但是在这个时期没有达到应有的贡献水平。群众文化机构实际贡献系数为0.03445，经过调整的贡献系数为0.6315。群众文化机构的发展对经济推动的潜在动力也被抑制了。

其三，在1949～1995年的动态模型中，固定资产产出效应和人口文化消费效应有明显的变化。固定资产产出实际贡献系数为1.2446，调整以后的系数为3.2800。人口文化消费系数实际贡献系数为7.6341，调整后为20.1187，人口文化消费对经济产出的影响十分明显地被压抑。

综上所述，可以看出，在1949～1995年模型中文化事业费投入、艺术表演团体、艺术表演场馆、群众文化机构的发展而带来的公共文化资本存量增长，对社会经济产出性增长具有显著效应。但是模型中调整系数过大，实际贡献偏离1949～2018年长期协整模型以及动态修正模型的平均贡献率较高。特别是公共文化资本积累不够，其应有的经济贡献被压抑、被低估。

2. 对1996～2018年模型的解释与比较

第一，在 1996～2018 年误差修正模型中，人口文化消费总量、文化事业费投入、艺术表演团体、公共图书馆与产出增长为负向关系，而且 T 统计检验具有显著性。具体而言，一是作为公共文化消费的主体，与公共文化机构衰减、公共文化机构产业化改革有密切的关系。二是文化事业费投入对经济增长的贡献不再显著，可以解释的原因是，在 20 世纪 90 年代中期以后整个国民经济体量迅速增长，文化投入增量虽然在此期间与实施国民经济发展"五年计划"同步，投资倍增有时还会加快，但是与经济增长的弹性比并不具有显著性。三是艺术表演团体在此期间也表现为不具有贡献性，可能是因为多数公共艺术表演团体已经在产业化政策的指导下转为商业化产业化性质的企业，极少的不具规模效应的公益艺术表演团体为社会提供有效的公共文化服务就显得捉襟见肘了。四是公共图书馆的发展也不具有贡献性，从过去近二十年看，图书馆的发展方式发生了非常大的变化，由于电子化图书的大量生产，远程索取电子期刊、图书的普及，图书馆机构数量萎缩甚至可以说发展停滞。不可否认，在最近十几年，公共图书馆的服务功能在扩大，运用科技化的手段提升服务水平一直是公共图书馆努力的方向。基于此，对于图书馆在 1996～2018 年的贡献，还需要用其他指标进行衡量测算。

第二，在 1996～2018 年误差修正模型中，几乎没有偏离长期协整模型的发展趋势。模型中，其误差修正系数 $ecm = -0.0068$，T 统计检验不具有显著性。说明 1996～2018 年资本积累对经济增长的实际贡献与长期协整模型以及 1949～2018 年误差修正模型相比，没有明显的偏离，即方程右边的解释变量能够有效地解释方程左边的被解释变量。

第三，从能够对经济增长产生贡献的变量看，产生贡献的变量与前期相比有很大的不同。具体来看，一是文化事业费占财政比重的增长对经济增长有显著贡献，与 1949～2018 年误差修正模型以及 1949～1995 年的模型比，其矢量（方向）发生了变化，其系数为 0.4660，即增加 1 个单位的文化事业费占财政比重，对投资增量而言，可以带来 43.60% 的产出效应。数据说明，在长期协整模型中，文化事业费占财政比重的贡献是在 1996～2018 年发生的，同时文化事业费占财政比重增长对经济增长产生的贡献，替代了文化事业费投入总额的贡献，即公共财政对公共文化机构投入重视程度的高低，对经济增长有了实际意义。换言之，在财政预算中，公共文化事业投入对社会经济增长是否能够产生效益，再也不能用投资总额去衡量，而是用财政预算分配中对公共文化事业投资比重的大小来衡量。二是艺术表演场馆实际贡献系数为 0.1150，但是与前期比，其实际贡献率在下降。三是博物馆的发展对经济产出的影响首次出现了正向贡献，实际贡献系数为 0.1733，这与这个时期对博物馆公共文化服务功能的开发、社会倡导传统文化保护、人们对文物价值认知的提高等有密切关系，也与国家加大对文物保护的力度和相关政策的出台有极为紧密的联系。四是群众文化机构实际贡献系数为 0.0970，与 1996 年前的 0.0345 比，贡献系数提高了 1.82 倍。从实践层面看，在近二十年来，人们也体验到具有公共性公益性的艺术馆、文化馆、文化站等基层文化机构迅速发展。

综上分析可以发现，在 1996～2018 年，公共文化资本积累与贡献效应的主要特征是，公共文化投资性资本增加会促进其产出性效应的提高，最为典型的是文化事业费占财政比重，博物馆的发展建设，公共性公益性的艺术馆、文化馆、文化站等基层群众文化机构的发展对社会经济产出性增长具有显著效应。

四　结论与政策意义

（一）基本结论

1. 公共文化发展财力保障投资与产出效应

在新中国成立后的 70 年里，文化事业费投入与国民经济发展状况、国民经济增长速度有密切关系。改革开放前 30 年，投入总额长期处于低水平；改革开放后的第一个 10 年，增长仍然缓慢，投资规模难以提高。随着国民经济形势转好，特别是 20 世纪 90 年代中期以后的 20 多年，年投入总量增长明显。长期协整关系模型显示，在滞后的投资机制下，文化事业费投入对经济发展的贡献显而易见，在公共文化资本积累中，文化事业费投入积累对经济产出贡献最大，且在修正模型中体现得更为明显。但是分时期看，在1949～1995年，由于投资不足、投资增长严重滞后，压抑了文化资本投入对经济增长的贡献。在20世纪90年代中期以后，投入倍增时间缩短，但是与整个国民经济体量迅速增长相比，其投入总额增长对经济产出性增长的推动并不显著。这说明目前国家对文化事业费投入积累还应该加大，还应促使文化事业费投入积累达到促进产出性增长的目的。

2. 公共财政对公共文化投入重视程度与产出效应

在新中国成立以后的70年里，文化事业费支出占国家财政比重经历了"徘徊期""增长期""波动期"三个阶段。长期协整模型显示，这个体现国家财政重视程度的投入指标对经济产出增长的影响十分明显。在误差修正模型中，其系数向量（方向）发生变化，即短期加大文化事业费占财政支出的比重，对经济产出增长有"拖拽"作用。分时期看，这种"拖拽"主要由1949～1995年文化事业费支出占国家财政的比重小、弹性无力造成。1996～2018年文化事业费占财政比重的增长对经济增长有显著贡献，即文化事业费占财政比重的贡献是在1996～2018年发生的。同时，文化事业费占财政比重的增长对经济增长产生的贡献，替代了文化事业费投入总额的贡献。

3. 公共文化消费主体的增长与产出效应

长期协整模型显示，加大公共文化消费的增长对经济增长产生了很重要的作用。在误差修正模型中不考虑调整系数可以发现，作为文化消费的总人口对产出贡献出现了放大效应。考虑调整系数时，公共文化消费对经济的贡献系数向长期协整方程回归。分时期比较，在1949～1995年的修正模型中，公共文化消费效应受社会因素的影响，对经济产出实际贡献不足。1996～2018年公共文化消费贡献不显著，从当期公共文化发展的背景看，与公共文化机构衰减、公共文化机构产业化改革有密切的关系。

4. 公共文化机构的发展与产出效应

第一，艺术表演团体、艺术表演场馆的发展与产出。分析结果显示，艺术表演团体在改革开放后的 40 年中，其发展增量和发展速度高于和快于改革开放前的 30 年。艺术表演场馆在新中国成立 70 年间的发展变动中，不仅具有缓慢发展的特征，而且具有波动性特征。发展缓慢是拉低前 30 年发展水平的主要原因，波动式发展是后 40 年发展的主要特征。长期协整关系显示，艺术表演场馆和艺术表演团体的发展对经济产出都有显著的贡献效应，在修正模型中，这种贡献效应加大。但是分时期看，艺术表演团体前期发展不足，其贡献潜力被抑制，后期多数在产业化政策的指导下，公共艺术表演团体已经转为了商业化产业化性质的企业，极少的不具规模效应的公益艺术表演团体为社会提供的公共文化服务对经济产出不具有显著性影响。

第二，公共图书馆的发展与产出。新中国成立以后，公共图书馆机构极其缺乏，在改革开放以前，国家对图书馆建馆投入十分重视，公共图书馆机构迅速增长。改革开放以后的 7 年里，图书馆机构数也呈现惯性增长；在 1986 年以后，处于慢速稳步的增长状态。从图书馆资本积累对经济的贡献看，长期协整模型显示，公共图书馆的发展对经济产出有显著贡献。但是，从短期看，表现出对经济贡献不显著或者有"拖拽"问题。其主要原因有二：一是 1949～1995 年公共图书馆的发展积累效应不够，不能起到推动产出增长的作用；二是 1996～2018 年，图书馆发展方式发生了变化，如电子图书的大量生产，远程索取电子期刊、图书的普及，同时图书馆机构数量的发展出现了萎缩甚至停滞现象。为此需要进一步利用其他指标探索公共图书馆的发展与经济产出之间的相互关系。

第三，群众文化机构的发展与产出。群众文化团体在新中国成立 70 年间的发展总体呈现波动增长的趋势，特别是改革开放初期其增长速度加快，尔后呈现下降、再上升波动发展的 U 型增长现象。从长期协整关系看，体现群众文化机构发展的艺术馆、文化馆、文化站的发展，可以带来显著的经济产出效应。修正模型显示，1995 年前群众文化机构的发展对经济推动的潜在动力被抑制，1996 年后贡献系数显著提高。从实践层面看，在近 20 年来，人们体验到具有公共性、公益性的艺术馆、文化馆、文化站等基层文化机构迅速发展。

第四，博物馆的发展与产出。1949 年新中国成立之初，全国博物馆机构极少，经过 30 年的发展，其体量仍然不大。1978～2007 年，博物馆数量明显增加，但是其增长的速度呈现"缓慢稳步"的状态。2007 年以后，其增长的斜率呈现"陡峭"的状态。分析结果表明，博物馆机构快速增长的时间是在 2007～2018 年这 12 年。从长期协整关系看，博物馆的建设和发展在模型中的产出贡献系数为负数，修正模型中也体现了"拖拽"。但是分时期看，在 1996～2018 年这段时间，博物馆的发展对经济产出性增长有了正向效应。这与在这个时期博物馆的数量增加，同时开发博物馆公共文化服务功能，社会倡导传统文化保护，人们对文物价值认知的提高等方面有密切关系，也与国家加大对文物保护的力度和相关政策的出台有极为紧密的联系。

（二）政策意义

公共文化服务机构承载着传承中国优秀传统文化、保障公民基本文化生活权利的责任，其任务是按照公益性、均等性、便利性的要求，向民众提供优质的公共文化产品。要实现公共文化产品和服务的本质属性，构建"现代公共文化服务体系"就显得非常重要。同时，公共文化机构发展，并发挥其应有的社会功能，可以极大地促进社会进步，使得社会经济发展有一个安全的、低成本的生态环境，对经济发展具有极高的重要性。

从国家政策层面看，从 1997 年开始，党的十五大就围绕建设富强民主文明的社会主义现代化国家的目标，明确提出物质文明、政治文明和精神文明"三种文明"建设一起抓。2002 年党的十六大提出经济建设、政治建设、文化建设"三位一体"发展思想。2007 年党的十七大提出经济建设、政治建设、文化建设、社会建设"四位一体"的发展布局。2012 年党的十八大进一步拓展到经济建设、政治建设、文化建设、社会建设、生态文明建设

"五位一体"的总体布局。同时，从 2006 年开始，国家颁布了"十一五""十二五""十三五"三个时期的一系列文化改革发展规划。2016 年国家颁布了《中华人民共和国公共文化服务保障法》以及《国家基本公共文化服务指导标准（2015－2020 年)》。在国家政策层面，从 20 世纪 90 年代中期开始，党和国家就非常重视公共文化建设与发展，特别强调公共文化建设在国家舆论、思想建设方面的引领，以及对基层民众公共文化服务的保障。可以说，从 20 世纪 90 年代中期开始，公共文化机构建设和服务被提到了社会经济发展的重要战略地位。从梳理新中国成立以来公共文化发展的历史数据以及现实的情况看，我们确实看到了 70 年来所取得的成绩，但是对于当今社会经济发展的要求以及拟定的公共文化发展规划要求而言，还有很大的差距，形势仍然不容乐观。有鉴于此，本研究所得出的结论具有如下几点政策意义。

1. 公共文化发展投资保障、重视程度与产出关系的政策意义

本研究所得出的公共文化发展投资保障、重视程度与产出关系的结论，反映的是文化事业费长期投资不足以及投入增长滞后的财政投入体制机制问题，概括起来就是"两个不足"的问题。一是中央财政长期投资不足，主要表现为我国实行"中央财政和地方财政"的财政体制，中央财政主要承担中央本级文化事业投入和中央补助地方专项资金转移性支付，导致中央财政占整个文化事业费投入比例不大；二是地方政府投入动力不足，主要表现在地方财政一般都是把"保工资、保运转、保民生"作为财政支出的核心工作，公共文化建设在操作层面上往往是以保公共文化机构从业人员的工资为主，特别在财政收入偏低或者财政收入困难的市（县）一级单位表现得特别突出。从 1997 年开始，中央颁布的诸多政策文件中都明确表示，要完善投入机制，加大中央财政对公共文化事业的投入。同时，有研究认为，要规定中央财政对地方公共文化建设投入比重的具体百分比，借以提升中央财政对地方公共文化建设的重视程度。现实的情况是，长期以来，地方政府承担了在文化事业费投入中约 95% 的支出责任。以绩效为导向的地方政府，在面对大量需要财政支出与支持的项目时，偏重于抓主要矛盾，从而导致了

文化事业费投入的长期增长滞后。本研究认为，要解决这个问题，必须在文化事业费投入的顶层制度设计中进行变革，要加大中央财政对地方公共文化事业费投入额度，要提高中央财政对地方公共文化建设转移性支付的比例，优化中央和地方财政在公共文化事业费投入的结构，以此调动地方财政投入的积极性。从国际视野看，英国中央财政对地方公共文化的投入为59.18%，俄罗斯为39.57%，南非为34.56%，瑞典为31.61%，澳大利亚为24.41%，法国为21.85%。① 如果我国中央财政对文化事业费的投入水平对等教育事业费在财政支出中所占比重，那么可以肯定的是，公共文化机构发展所产生的经济效应会显著提高。

2. 公共文化机构发展与产出效应定位的政策含义

公共文化机构发展与产出效应的定位是指公共文化机构发展价值的定位问题，主要涉及文艺表演团体、艺术表演场馆、公共图书馆、博物馆、群众文化机构发展的定位问题。包括以下几个方面。一是文艺表演团体、艺术表演场馆的建设与发展。《国家"十三五"时期文化发展改革规划纲要》提出，要重视国家舞台艺术精品创作工程，扶持一批重点剧目创作，推出一批优秀舞台艺术作品，支持一批优秀保留剧目复牌和演出，形成文化艺术大码头。如果没有公益性的艺术表演团体，没有弘扬传统艺术表演的公益性场所，按照商业化、市场化模式运行，可能无法达到这些目标。因此，应该由财政支持具有公益性质的文艺表演团体、艺术表演场馆的发展，这些公益团体、场馆承担的主要责任是传承与弘扬优秀传统文化和传统艺术，但不以营利为目的；有了财政的支持才可能使这些机构克难奋进，集中精力挖掘传统文化中的瑰宝，出精品。传统文化的传承过于市场化，既不利于传承也不利于创新。优秀传统文化传承断代，文化自信无从谈起，所以公共表演团体过度转型，其实是急功近利抢市场的错误做法，矫枉必须过正。二是在政策层面，要重点提升公共图书馆发展的科技化水平，在大数据背景下，不仅要满

---

① 刘婷、赵娟、王亚南：《全国省域公共文化投入增长综合评价排行》，载王亚南主编《中国公共文化投入增长测评报告（2017）》，社会科学文献出版社，2017。

足人们基本的读书、学习、索取资料需要，还要使公共图书馆最大限度地发挥情报收集分析、服务社会经济的功能。博物馆近些年有了很好的发展势头，但是还需要朝着服务大众的方向扩展工作思路，做好文物保护和收藏工程。三是群众文化机构的定位与发展。本文研究的结论说明，基层服务群众的艺术馆、文化馆、文化站这一类的群众文化机构的发展对经济产出有显著贡献。但是在新中国成立70年的发展过程中呈现U型波动。群众文化机构对社会贡献的作用有被抑制的历史，在进入21世纪后近20年的发展中，出现了很好的发展态势。但是，从基层文化机构建设发展看，还是不尽如人意。2019年，湖北大学高等人文研究院、中华文化发展湖北省协同创新中心进行了全国性的基层文化建设摸底调查，在5561个样本中，从被调查者对所在村或社区的基础文化设施建设的描述看：只有49.29%的人告知本村或本社区有文化广场，48.73%的人告知有综合文化服务中心，42.62%的人告知有健身路径，36.76%的人告知有阅报栏，19.89%的人告知有电子阅报屏，15.68%的人告知有农家书屋，9.60%的人告知有非遗文化建筑。同时，被调查者对所在乡镇或街道所提供的文化服务也进行了描述：55.30%的人告知有卫星转播电视节目，44.56%的人告知有免费开放的图书馆，44.38%的人告知有政务公开，24.47%的人告知有送戏下乡活动，17.59%的人告知有免费开放的艺术馆。[①] 数据说明，按照《国家基本公共文化服务指导标准（2015－2020年）》要求，基层群众性文化机构的基本建设还没有达标，仍然是公共文化建设的短板。所以对于群众文化机构如何适应社会经济的变化，使其在正确的轨道上发展，还需要做更多的专题调研。同时，基层群众性文化机构的基本建设要和扶贫工作、社区功能提升建设等"社会建设"一起抓，一起列为考核标准，使基层像抓GDP发展一样去抓基层群众文化组织建设，特别是具有地方特色的基层文化艺术机构要大力发挥其公共文化服务的作用，为基层营造良好的文化氛围，为地方经济服务。

---

① 湖北大学高等人文研究院、中华文化发展湖北省协同创新中心"中国文化发展状况调查（2019）"数据库。

3. 公共文化消费的经济效应的政策意义

公共文化机构发展以及公共文化服务对公众的影响，实际上是公共文化消费对社会经济发展的影响。文化自信的建立是一个长期的过程，社会主义核心价值观落实落细落小，都要通过公共文化服务体系来完成。强调公共文化对社会经济的影响，就不能短视，国家已经制定了文化发展改革规划，但是从基层来看，仍然是政策和实践两张皮。要解决这个问题，就要像抓"硬脱贫"一样，一项一项地抓紧，扎扎实实地落实，那么"五位一体"中的文化建设就会实现真正"软实力"的贡献效应。特别是基层公共文化发展的社会政策导向，要从基层民众生存发展的长期利益出发，制定具体政策时，应考虑如何促使民众能够更充分地享用公共文化资源、更多地享用公共文化服务机会，如何促使民众获得更多的公共文化资源、提升文化素质，如何促使民众在最短的时间里成长为长期经济发展的有效资源等实际性问题。各级政府是公共文化机构的背书者，也是公共文化产品供给的直接投资者，同时公共文化机构的发展及公共文化产品的生产也要借用社会公益组织的力量，促使其参与投资、生产、传播等环节。因此，政府联合社会力量共同推进我国公共文化机构的发展和建设，将会成为理论界以及实践工作者今后需要持续研究和关注的国家治理层面的重要课题。

参考文献

G. C. Chow, "Capital Formation and Economic Growth in China", *Quarterly Journal of Economics*, vol. 114, 1993, pp. 809 – 842.

S. Johansen, "Estimation and Hypothesis Testing of Cointegration Vectors in Gaussian Vector Autoregressive Models", *Econometrica*, 59, 1991, pp1551 – 1580.

S. Johansen, "Likelihood – Based Inference in Cointegrated Vector Autoregressive Models", *Oup Catalogue*, 1995.

S. Johansen and K. Juselius, "Maximum likelihood estimation and inference on cointegration—with applications to the demand for money", *Oxford Bulletin of Economics & Statistics* 52, 1990, pp. 162 – 210.

附录：

附表 1 新中国成立 70 周年来的文化事业费的投入情况（1949～2018）

单位：亿元

年份	文化事业费	年份	文化事业费	年份	文化事业费	年份	文化事业费
1949	0.46	1968	2.00	1985	9.32	2002	83.66
1951	0.99	1969	2.00	1986	10.74	2003	94.03
1953	0.99	1970	2.36	1987	10.77	2004	113.63
1954	0.99	1971	3.07	1988	12.18	2005	133.82
1955	0.99	1972	3.07	1989	13.57	2006	158.03
1956	0.99	1973	3.07	1990	15.19	2007	198.96
1957	1.01	1974	3.07	1991	17.28	2008	248.04
1958	1.59	1975	3.07	1992	19.46	2009	292.31
1959	1.59	1976	3.07	1993	22.37	2010	323.06
1960	1.59	1977	3.08	1994	28.83	2011	392.62
1961	1.59	1978	4.44	1995	33.39	2012	480.1
1962	1.63	1979	5.84	1996	38.77	2013	530.49
1963	1.49	1980	5.61	1997	46.19	2014	583.44
1964	1.49	1981	5.97	1998	50.78	2015	682.97
1965	1.51	1982	6.27	1999	55.61	2016	770.69
1966	2.00	1983	6.57	2000	63.16	2017	855.80
1967	2.00	1984	7.90	2001	70.99	2018	928.33

注：作者根据《新中国五十五年统计资料汇编（1949－2004）》计算得到 1949～2004 年的数据；根据 2005～2019 年的《中国统计年鉴》和《中国文化文物统计年鉴》计算得到 2005～2018 年的数据。下同。

附表 2 新中国成立 70 周年来的文化事业费占财政支出比重（1949～2018）

单位：%

年份	占国家财政比重	年份	占国家财政比重	年份	占国家财政比重	年份	占国家财政比重
1949	0.35	1968	0.41	1985	0.47	2002	0.38
1951	0.35	1969	0.41	1986	0.47	2003	0.38
1953	0.35	1970	0.41	1987	0.49	2004	0.38
1954	0.37	1971	0.41	1988	0.48	2005	0.40
1955	0.37	1972	0.39	1989	0.49	2006	0.39
1956	0.37	1973	0.39	1990	0.48	2007	0.39

续表

年份	占国家财政比重	年份	占国家财政比重	年份	占国家财政比重	年份	占国家财政比重
1957	0.37	1974	0.39	1991	0.49	2008	0.40
1958	0.37	1975	0.39	1992	0.51	2009	0.40
1959	0.35	1976	0.39	1993	0.52	2010	0.38
1960	0.35	1977	0.40	1994	0.48	2011	0.36
1961	0.35	1978	0.40	1995	0.50	2012	0.36
1962	0.35	1979	0.40	1996	0.49	2013	0.38
1963	0.35	1980	0.46	1997	0.49	2014	0.38
1964	0.37	1981	0.46	1998	0.50	2015	0.38
1965	0.37	1982	0.46	1999	0.47	2016	0.39
1966	0.37	1983	0.46	2000	0.42	2017	0.41
1967	0.41	1984	0.46	2001	0.40	2018	0.42

附表3　新中国成立70周年来艺术表演团体的发展情况（1949～2018）

单位：个

年份	艺术表演团体数量	年份	艺术表演团体数量	年份	艺术表演团体数量	年份	艺术表演团体数量
1949	1000	1987	3094	1998	2652	2009	6139
1952	2084	1988	2985	1999	2632	2010	6864
1957	2884	1989	2850	2000	2619	2011	7055
1962	3320	1990	2805	2001	2605	2012	7321
1965	3458	1991	2772	2002	2587	2013	8180
1970	2541	1992	2753	2003	2601	2014	8769
1975	2836	1993	2707	2004	2759	2015	10787
1978	3150	1994	2698	2005	2805	2016	12301
1980	3533	1995	2682	2006	2866	2017	15742
1985	3317	1996	2664	2007	4512	2018	17123
1986	3195	1997	2663	2008	5114		

附表4　新中国成立70周年来艺术表演场馆的发展情况（1949～2018）

单位：个

年份	艺术表演场馆数量	年份	艺术表演场馆数量	年份	艺术表演场馆数量	年份	艺术表演场馆数量
1949	891	1987	2148	1998	1929	2009	1499
1952	1510	1988	2081	1999	1911	2010	1461
1957	2296	1989	2050	2000	1900	2011	1429
1962	2249	1990	1955	2001	1854	2012	1279

续表

年份	艺术表演场馆数量	年份	艺术表演场馆数量	年份	艺术表演场馆数量	年份	艺术表演场馆数量
1965	2943	1991	2068	2002	1959	2013	1344
1970	1432	1992	2037	2003	1900	2014	1338
1975	1464	1993	2024	2004	1928	2015	2143
1978	1095	1994	1998	2005	1866	2016	2285
1980	1444	1995	1958	2006	1839	2017	2455
1985	1377	1996	1934	2007	1732	2018	2455
1986	2058	1997	1947	2008	1662		

附表5　新中国成立70周年来公共图书馆的发展情况（1949～2018）

单位：个

年份	公共图书馆数量	年份	公共图书馆数量	年份	公共图书馆数量	年份	公共图书馆数量
1949	55	1987	2440	1998	2662	2009	2850
1952	83	1988	2485	1999	2669	2010	2884
1957	400	1989	2512	2000	2675	2011	2952
1962	541	1990	2527	2001	2696	2012	3076
1965	562	1991	2535	2002	2697	2013	3112
1970	323	1992	2558	2003	2709	2014	3117
1975	629	1993	2572	2004	2720	2015	3139
1978	1218	1994	2589	2005	2762	2016	3153
1980	1732	1995	2615	2006	2778	2017	3166
1985	2344	1996	2620	2007	2799	2018	3176
1986	2406	1997	2628	2008	2820		

附表6　新中国成立70周年来博物馆的发展情况（1949～2018）

单位：个

年份	博物馆数量	年份	博物馆数量	年份	博物馆数量	年份	博物馆数量
1949	21	1987	827	1998	1339	2009	2252
1952	35	1988	903	1999	1363	2010	2435
1957	72	1989	967	2000	1392	2011	2650
1962	230	1990	1013	2001	1461	2012	3069
1965	214	1991	1075	2002	1511	2013	3473

续表

年份	博物馆数量	年份	博物馆数量	年份	博物馆数量	年份	博物馆数量
1970	182	1992	1106	2003	1515	2014	3658
1975	242	1993	1130	2004	1548	2015	3852
1978	349	1994	1161	2005	1581	2016	4109
1980	365	1995	1194	2006	1617	2017	4721
1985	711	1996	1219	2007	1722	2018	4721
1986	777	1997	1282	2008	1893		

附表7 新中国成立70周年来群众文化机构的发展情况*（1949～2018）

单位：个

年份	群众文化机构数量	年份	群众文化机构数量	年份	群众文化机构数量	年份	群众文化机构数量
1949	896	1987	56188	1998	45834	2009	41959
1952	6537	1988	56256	1999	45837	2010	43382
1957	2748	1989	55231	2000	45321	2011	43675
1962	3767	1990	55756	2001	43379	2012	43876
1965	4785	1991	55224	2002	42516	2013	44260
1970	4126	1992	51647	2003	41816	2014	44423
1975	5387	1993	49468	2004	41402	2015	44291
1978	4569	1994	49880	2005	41588	2016	44497
1980	28403	1995	48297	2006	40088	2017	44521
1985	56158	1996	45243	2007	40601	2018	44464
1986	56849	1997	45449	2008	41156		

*包括群众艺术馆、文化馆、文化站等实施事业单位会计制度的基层文化机构。

附表8 10个变量描述性统计特征

	lnGDP	lnK	lnZRK	lnSYF	lnSYFB
均值	9.576697	10.34807	11.61420	3.376550	-0.861620
中位值	9.659697	10.24982	11.68840	3.234569	-0.903944
极大值	11.81505	13.36238	11.84609	6.833387	-0.653926
极小值	6.366470	5.287762	10.89983	-0.776529	-1.049822
标准差	1.474873	1.848953	0.232613	2.065986	0.118277
偏度	-0.273502	-0.240419	-1.483675	0.027387	0.192314

	ln*GDP*	ln*K*	ln*ZRK*	ln*SYF*	ln*SYFB*
峭度	2.150923	2.830036	4.680787	1.981218	1.568984
正态分布检验	2.125303	0.541860	24.22961	2.168576	4.574470
概率	0.345538	0.762670	0.000005	0.338142	0.101547
总和	478.8349	517.4036	580.7099	168.8275	−43.08101
平方差总和	106.5872	167.5127	2.651337	209.1466	0.685481

	ln*BYTT*	ln*BYCG*	ln*TSG*	ln*BWG*	ln*QZJG*
均值	8.208556	7.466769	7.482025	6.754813	9.966213
中位值	7.993930	7.528327	7.855733	7.043505	10.67777
极大值	9.748178	7.987185	8.063378	8.459776	10.94815
极小值	6.907755	6.792344	4.007333	3.044522	6.797940
标准差	0.543173	0.224017	0.886207	1.181839	1.213401
偏度	1.146828	−0.484467	−2.405686	−1.061215	−1.001534
峭度	4.399534	3.493125	8.588909	4.241249	2.355996
正态分布检验	15.04072	2.462514	113.3025	12.59460	9.222972
概率	0.000542	0.291925	0.000000	0.001841	0.009937
总和	410.4278	373.3385	374.1012	337.7407	498.3106
平方差总和	14.45679	2.459008	38.48279	68.44047	72.14473

中国文化发展状况调查数据

Data of Survey on Development of Chinese Culture

B.10

"中国文化发展状况调查（2019）" 问卷及基本信息分析

湖北大学高等人文研究院　中华文化发展湖北省协同创新中心

　　为了解 2018～2019 年中国文化发展状况，湖北大学高等人文研究院社会调查中心（以下简称"调查中心"）在 2019 年 8～12 月进行了"中国文化发展状况调查（2019）"问卷调查，取得了预期的调研成果，为《文化建设蓝皮书：中国文化发展报告（2020）》的研创提供了事实依据与数据支持。

　　中国文化发展状况调查组由湖北大学高等人文研究院院长、中华文化发展湖北省协同创新中心主任江畅教授主持，由阮航、余燕、黄妍、蔡利平、谭悠然负责组织实施。本次调查问卷是在总结了 2018 年调研工作的基础上，征集《文化建设蓝皮书：中国文化发展报告（2020）》研创人员的意见和建议，根据研创目标，经过筛选、整理而最终形成。问卷共分为两个大类十个部分，调查样本不涉及港澳台地区。

第一大类是基本信息，分为三个部分：第一部分主要了解被调查者的性别、年龄、学历、职业和收入状况；第二部分主要了解被调查者的文化消费需求实现途径，以及利用手机获取文化资讯时间、人们对文化 IP 关注的特征、文化消费支出、使用公共文化服务设施及闲暇时间里的娱乐活动偏好；第三部分主要了解公共文化基础建设发展与达标情况。

第二大类是文化发展与培育践行核心价值观的感知与评价、"一带一路"建设与文化对外交流、公共文化及基层文化建设、文化产业与融媒体发展、企业或社团文化发展、传统文化的认同等问题。具体分为七个部分。

第一部分主要了解文化发展与培育和践行核心价值观的感知与评价。具体内容包括 2019 年关注的中华人民共和国成立 70 周年文化发展与优秀传统文化继承和弘扬的回顾性评价、红色革命文化建设和楷模人物标杆文化建设、核心价值观践行、文化自信等热点问题。

第二部分主要调查"一带一路"建设与文化对外交流、文化教育产业发展状况。内容涉及"一带一路"建设与出入境旅游，教育、文化人文交流平台（桥梁和纽带）建设，文化包容性发展以及成效评价。

第三部分和第四部分主要了解公共文化建设效果以及基层公共文化建设中的短板问题。具体内容包括非遗保护，公共文化服务满意度，知识产权保护，社区（镇、村）宜居文化环境建设，扶贫与人文环境改善，地方性、群众性特色文化发展，基层党员干部在群众中的形象与影响力等问题。问卷重点对照《国家基本公共文化服务指导标准（2015－2020 年）》，了解基层文化建设中的硬件建设、基本服务及短板问题。

第五部分调查文化产业与融媒体发展状况。侧重调查网络与融媒体文化建设以及文化产品期待与需求，包括网络政务文化满意度、深度报道需求、影视剧消费偏好、个体对传统文化的继承意向以及网络游戏发展与监管等。相关题目与前面几年的调查内容有连续观察的意义，可以与近几年调查的数据进行比较，分析需求的变化。

第六部分了解企业或社团文化发展状况。内容包括人们对基层社团文化建设的评价、企业或基层社团专业能力与创新能力、企业文化建设的外部性和经济效应等。

第七部分主要调查传统文化的认同与评价。内容包括传统文化传承中的礼仪礼节、习俗、人文追求、社会风气、社会主义核心价值观的落实落细落小,以及幸福与奋斗的关系等。

为了分析被调查者对调查内容的认同度、关注度、获得感以及对相关问题的不同感受和评价,在第二大类设置了44个自陈式答题,采用李克特量表的五级区分度,用1~5进行度量,即"非常不同意""不同意""不清楚""同意""非常同意",分别用1、2、3、4、5表示。在具体做统计分析时,可以根据研究需要,进行认同或不认同("同意"或"不同意")的概率分析,也可以进行认同度、关注度、获得感等方面的水平以及差异分析。

本次调查的有效样本涉及29个省(自治区、直辖市),77个市(州),262个县(市、区)。29个省、自治区、直辖市分别是河北省、山西省、辽宁省、黑龙江省、江苏省、浙江省、安徽省、福建省、江西省、山东省、河南省、湖北省、湖南省、广东省、海南省、四川省、贵州省、云南省、陕西省、青海省,内蒙古自治区、广西壮族自治区、西藏自治区、宁夏回族自治区、新疆维吾尔自治区,北京市、天津市、上海市、重庆市。(仅吉林省、甘肃省两省空缺)湖北省涉及10个地级以上的市(州),具体是武汉市、黄石市、十堰市、宜昌市、荆门市、孝感市、荆州市、黄冈市、咸宁市、恩施土家族苗族自治州。

按照国家职业分类和《文化建设蓝皮书:中国文化发展报告(2020)》的研创需求,本次调查对被调查者的职业进行了分类。具体分为工人、农民、专业技术人员、党政机关工作人员、教师、学生、服务行业从业人员、企业管理人员、国家党群企事业单位负责人、自由职业者10个类别。

本次调查分两种形式进行,一是调查中心派调查人员赴实地调查,二是委托调研点调查。共发放问卷6000份,收回问卷5800份,问卷收回率为96.67%;剔除239份无效问卷后,有效问卷为5561份,有效问卷收回率为95.88%。在有效问卷中,由调研中心派调查人员赴实地调查获得的有效问卷共1426份，委托调研点调查获得的有效问卷共4135份。有效问卷内容应答未答的平均缺失率（缺失值）极低，为0.46%。这表明，参与调研的人员为确保调研数据的真实可靠与有效性，认真负责，兢兢业业，做了大量细致的工作。为了更有效地利用和挖掘调研成果，调查组委托湖北大学教育学院张智敏教授工作室建立了数据分析模板，对收回的问卷进行了系统分析，构建了数据库以及基础数据、基本数据分析表，数据合成表等成果。

在本次5561份有效样本中，属于城市（县及以上）的被调查者为3489人，占62.74%，属于农村（乡镇及以下）的被调查者为2072人，占37.26%。男性人数为2956人，占53.16%，女性人数为2605人，占46.84%，样本中男性人数多于女性。

按10岁一组进行分组，各年龄组人数分布如下：19岁及以下（最小年龄为16周岁）占7.82%，20~29岁占29.90%，30~39岁占25.52%，40~49岁占24.91%，50~59岁占9.06%，60岁及以上（最大年龄为86岁）占2.79%。样本中被调查者的年龄集中在20~49岁，平均年龄为35岁，年龄中位数为34岁，众数为40岁。

样本中的职业分布离散性好，其比重由高到低依次为：学生占13.95%，工人占12.30%，专业技术人员占11.76%，教师占11.58%，党政机关工作人员占10.68%，服务行业从业人员占9.96%，自由职业者占9.91%，农民占8.92%，企业管理人员占7.44%，国家党群企事业单位负责人占3.50%。样本的职业构成分布达到了预期。

样本中高学历人数居多，受过高等教育的人数占样本总人数的63.96%。学历构成的比重依次是：初中及以下占13.99%，高中（中专）占22.05%，大学专科占20.10%，大学本科占36.47%，硕士研究生及以上占7.39%。

从月收入构成的比重看，由低到高依次是：低于3000元占30.07%，3001~5000元占36.11%，5001~8000元占21.94%，8000元及以上占11.88%。收入水平的峰值在3000~5000元，人均月收入为5418.25元，比上年增加 752.15 元（2018 年人均月收入 4666.10 元）。

从被调查者关注文化发展的途径看，多项选择的频数统计显示，浏览互联网的人数比重最高，为 76.10%；其次是观看影视片，为 59.86%；之后是阅读报纸杂志，为 43.98%；最后是参加文化艺术活动，为 29.60%。与 2018 年调查数据相比，被调查者关注文化发展的途径的排序没有发生改变。

手机的普及使得人们利用手机获取各种资讯的概率大大提高。从被调查者 1 天中利用手机了解资讯的时间分类看，其选择比重由高到低依次是，1~2 小时占 40.69%，3~4 小时占 33.30%，1 小时以内占 12.74%，5 小时以上占 11.47%，有 1.78% 的被调查者没用手机。

从被调查者 1 年中在文化娱乐或旅游消费实际支出的排序看，1000 元以内占 48.30%，1000~2999 元占 26.90%，3000~4999 元占 13.52%，5000~10000 元占 7.30%，10000 元以上占 3.97%，人均年实际支出为 2585.90元，人均月支出为 215.49 元。文化娱乐或旅游消费占收入的比重为 3.98%。

根据限选题频数的比重，把人们在闲暇和可自由支配的时间里最喜欢的休闲娱乐方式进行排序，选择频数比重排在前六位的是：上网占 58.23%，看电视占 49.47%，看电影占 46.99%，看书读报占 21.92%，逛街占 19.87%。人们在闲暇和可自由支配的时间里，最喜欢的休闲娱乐方式差异明显。

从被调查者对所在村或社区的基础文化设施建设（多选题）的描述看，49.29% 的人告知有文化广场，48.73% 的人告知有综合文化服务中心，42.62% 的人告知有健身路径，36.76% 的人告知有阅报栏，19.89% 的人告知有电子阅报屏，15.68% 的人告知有农家书屋，9.60% 的人告知有非遗文化建筑。同时被调查者对所在乡镇或街道提供文化服务（多选题）也进行了描述：55.30% 的人告知有卫星转播电视节目，44.56% 的人告知有免费开放的图书馆，44.38% 的人告知有政务公开，24.47% 的人告知有送戏下乡活动，17.59% 的人告知有免费开放的艺术馆。

此外，本次问卷中关于文化发展与培育和践行核心价值观的感知与评价、"一带一路"建设与文化对外交流、公共文化及基层文化建设、文化产业与融媒体的发展、企业或社团文化发展、传统文化的认同等问题将由各分报告详细阐述。

调查团队：湖北大学高等人文研究院、中华文化发展湖北省协同创新中心·中国文化发展状况调查组

负 责 人：余 燕 张智敏 黄 妍

调查中心实地调查人员：张 景 董 力 马 飞 王浩宇 王 芮
朱仁富 安 喜 牟娅利 刘旭山 汤莹莹
张婷婷 张静芝 张 博 汪 曼 肖 笛
沙鑫煜 时 晶 胡西达尔·阿德力 郭清荣
徐 宁 梅诗岚 韩 玥

各地调研点负责人：方 熹 王新林 王与雄 付爱民 许莹芳
李秀红 李子晨 李占军 李文龙 李慧明
刘忠浩 刘琳琳 刘红旭 成 锋 朱章磊
吴 玲 吴晓云 张 越 张倩兮 杨云杰
沈 林 宋 韧 陈 俊 袁儒海 彭 禹
高涌翰 徐 昇 彭子平 董小红 蒋 成
颜昌武 谭悠然 潘从义

问卷设计：张智敏 黄 妍

调查组织：余 燕 黄 妍

数据输入及分析：张智敏教授工作室

数据输入成员：艾力凡江·艾买尔 吴紫欣 何甜甜 罗 佳 武 雷
赵健榕 钱永慧 鲁 琪 姜家琪 徐晓璐 裴梦姣

"中国文化发展状况调查（2019）" 问卷统计频数分析表

表1　分省份性别样本分布统计

单位：人，%

省份	样本数	占样本总体比重	男性		女性	
			人数	占比	人数	占比
北京市	149	2.68	93	62.42	56	37.58
天津市	142	2.55	77	54.23	65	45.77
上海市	195	3.51	104	53.33	91	46.67
重庆市	187	3.36	89	47.59	98	52.41
河北省	180	3.24	154	85.56	26	14.44
山西省	293	5.27	159	54.27	134	45.73
内蒙古自治区	113	2.03	50	44.25	63	55.75
辽宁省	200	3.60	106	53.00	94	47.00
黑龙江省	152	2.73	86	56.58	66	43.42
江苏省	163	2.93	90	55.21	73	44.79
浙江省	173	3.11	73	42.20	100	57.80
安徽省	196	3.52	88	44.90	108	55.10
福建省	82	1.47	52	63.41	30	36.59
江西省	171	3.07	100	58.48	71	41.52
山东省	173	3.11	87	50.29	86	49.71
河南省	170	3.06	85	50.00	85	50.00
湖北省	678	12.19	315	46.46	363	53.54
湖南省	82	1.47	54	65.85	28	34.15
广东省	120	2.16	51	42.50	69	57.50
广西壮族自治区	236	4.24	135	57.20	101	42.80
海南省	151	2.72	89	58.94	62	41.06
四川省	189	3.40	105	55.56	84	44.44
贵州省	249	4.48	135	54.22	114	45.78
云南省	192	3.45	72	37.50	120	62.50
西藏自治区	163	2.93	89	54.60	74	45.40
陕西省	191	3.43	107	56.02	84	43.98
青海省	152	2.73	74	48.68	78	51.32
宁夏回族自治区	169	3.04	77	45.56	92	54.44
新疆维吾尔自治区	250	4.50	160	64.00	90	36.00
总　计	5561	100.00	2956	53.16	2605	46.84

注：表中占总体样本比重的小数点后第三位按四舍五入处理。四舍五入的原则：小数点后第三位小于5的数舍去，大于或等于5的数进位入1。在总计时，如果小于100.00或者大于100.00，自动增减为100.00。下同。

表2　各省份样本分布统计

单位：人，%

省份	市(州)	县(市、区)	样本数	占总体比重	男性		女性	
					人数	占比	人数	占比
北京市	北京市	海淀区等12区	149	2.68	93	62.42	56	37.58
天津市	天津市	西青区等6区	142	2.55	77	54.23	65	45.77
上海市	上海市	浦东新区等14区	195	3.51	104	53.33	91	46.67
重庆市	重庆市	涪陵区等6区	187	3.36	89	47.59	98	52.41
河北省	石家庄市	正定县	180	3.24	154	85.56	26	14.44
山西省	太原市	清徐县等10区(县)	92	1.65	49	53.26	43	46.74
山西省	长治市	沁县	100	1.80	56	56.00	44	44.00
山西省	晋中市	介休市	101	1.82	54	53.47	47	46.53
内蒙古自治区	赤峰市	松山区等15区(旗)	113	2.03	50	44.25	63	55.75
辽宁省	沈阳市	于洪区等8区	100	1.80	46	46.00	54	54.00
辽宁省	大连市	西岗区等4区	100	1.80	60	60.00	40	40.00
黑龙江省	哈尔滨市	平房区等3区	64	1.15	22	34.38	42	65.63
黑龙江省	大庆市	龙凤区	88	1.58	64	72.73	24	27.27
江苏省	南京市	鼓楼区等5区	111	2.00	67	60.36	44	39.64
江苏省	常州市	金坛区	2	0.04	0	0.00	2	100.00
江苏省	苏州市	张家港市	9	0.16	4	44.44	5	55.56
江苏省	南通市	如东县	16	0.29	8	50.00	8	50.00
江苏省	扬州市	邗江区	12	0.22	5	41.67	7	58.33
江苏省	镇江市	京口区等2区	13	0.23	6	46.15	7	53.85
浙江省	温州市	乐清市及瓯海区等5区	173	3.11	73	42.20	100	57.80
安徽省	阜阳市	霍山县及裕安区	100	1.80	44	44.00	56	56.00
安徽省	六安市	颍州区等4区	96	1.73	44	45.83	52	54.17
福建省	南平市	武夷山市	82	1.47	52	63.41	30	36.59
江西省	赣州市	章贡区等6区(县)	171	3.07	100	58.48	71	41.25
山东省	济南市	历下区等5区	94	1.69	49	52.13	45	47.87
山东省	淄博市	张店区等6区	79	1.42	38	48.10	41	51.90
河南省	开封市	通许县	90	1.62	36	40.00	54	60.00

续表

省份	市(州)	县(市、区)	样本数	占总体样本比重	男性		女性	
					人数	占比	人数	占比
河南省	周口市	川汇区等4区	80	1.44	49	61.25	31	38.75
湖北省	武汉市	武昌区等7区	168	3.02	68	40.48	100	59.52
湖北省	黄石市	黄石港区等8区(县)	77	1.38	33	42.86	44	57.14
湖北省	十堰市	张湾区	24	0.43	2	8.33	22	91.67
湖北省	宜昌市	长阳土家族自治县	92	1.65	50	54.35	42	45.65
湖北省	荆门市	东宝区	7	0.13	0	0.00	7	100.00
湖北省	孝感市	孝昌县	17	0.31	9	52.94	8	47.06
湖北省	荆州市	沙市区等5区(县)	95	1.71	51	53.68	44	46.32
湖北省	黄冈市	黄州区	83	1.49	45	54.22	38	45.78
湖北省	咸宁市	通山县	18	0.32	8	44.44	10	55.56
湖北省	恩施土家族苗族自治州	咸丰县等5县	97	1.74	49	50.52	48	49.48
湖南省	长沙市	天心区等4区	82	1.47	54	65.85	28	34.15
广东省	广州市	天河区等10区(县)	86	1.55	41	47.67	45	52.33
广东省	汕头市	龙湖区	8	0.14	1	12.50	7	87.50
广东省	肇庆市	端州区	15	0.27	7	46.67	8	53.33
广东省	梅州市	梅江区	6	0.11	2	33.33	4	66.67
广东省	中山市	东升镇	5	0.09	0	0.00	5	100.00
广西壮族自治区	南宁市	西乡塘区等4区	49	0.88	22	44.90	27	55.10
广西壮族自治区	柳州市	柳南区等5区	92	1.65	58	63.04	34	36.96
广西壮族自治区	贵港市	港北区等4区	85	1.53	48	56.47	37	43.53
广西壮族自治区	玉林市	兴业县	10	0.18	7	70.00	3	30.00
海南省	海口市	龙华区等3区	42	0.76	24	57.14	18	42.86
海南省	儋州市	那大镇等3镇	55	0.99	36	65.45	19	34.55
海南省	海南省直辖县	屯昌县	27	0.49	13	48.15	14	51.85
海南省	海南省直辖县	临高县	27	0.49	16	59.26	11	40.74
四川省	成都市	郫都区	189	3.40	105	55.56	84	44.44
贵州省	贵阳市	云岩区	15	0.27	13	86.67	2	13.33
贵州省	六盘水市	钟山区	4	0.07	2	50.00	2	50.00

续表

省份	市（州）	县（市、区）	样本数	占总体样本比重	男性		女性	
					人数	占比	人数	占比
贵州省	遵义市	汇川区等5区（县）	108	1.94	53	49.07	55	50.93
贵州省	毕节市	七星关区	17	0.31	14	82.35	3	17.65
贵州省	铜仁市	思南县	105	1.89	53	50.48	52	49.52
云南省	昆明市	呈贡区等8区（县）	192	3.45	72	37.50	120	62.50
西藏自治区	山南市	乃东区等13区（县）	163	2.93	89	54.60	74	45.40
陕西省	汉中市	略阳县等4区（县）	96	1.73	55	57.29	41	42.71
陕西省	安康市	汉滨区等5区（县）	95	1.71	52	54.74	43	45.26
青海省	西宁市	城东区等4区	152	2.73	74	48.68	78	51.32
宁夏回族自治区	银川市	贺兰县等3区（县）	8	0.14	3	37.50	5	62.50
宁夏回族自治区	吴忠市	青铜峡市和利通区	161	2.90	74	45.96	87	54.04
新疆维吾尔自治区	乌鲁木齐市	天山区等5区	30	0.54	26	86.67	4	13.33
新疆维吾尔自治区	克拉玛依市	克拉玛依区	7	0.13	7	100.00	0	0.00
新疆维吾尔自治区	吐鲁番市	高昌区	4	0.07	4	100.00	0	0.00
新疆维吾尔自治区	哈密市	伊州区	3	0.05	3	100.00	0	0.00
新疆维吾尔自治区	博尔塔拉蒙古自治州	博乐市	16	0.29	2	12.50	14	87.50
新疆维吾尔自治区	巴音郭楞蒙古自治州	库尔勒市	15	0.27	15	100.00	0	0.00
新疆维吾尔自治区	阿克苏地区	阿克苏市	5	0.09	5	100.00	0	0.00
新疆维吾尔自治区	喀什地区	喀什市	3	0.05	3	100.00	0	0.00
新疆维吾尔自治区	和田地区	和田市	5	0.09	5	100.00	0	0.00
新疆维吾尔自治区	伊犁哈萨克自治州	伊宁市	106	1.91	62	58.49	44	41.51
新疆维吾尔自治区	塔城地区	塔城市	6	0.11	6	100.00	0	0.00
新疆维吾尔自治区	阿勒泰地区	阿勒泰市	50	0.90	22	44.00	28	56.00
总计			5561	100.00	2956	53.16	2605	46.84

表 3　样本的年龄分布统计

单位：人，%

分类	样本数	占总体样本比重	占有效样本比重	累计有效比重
19 岁及以下	435	7.82	7.82	7.82
20 ~ 29 岁	1663	29.90	29.90	37.73
30 ~ 39 岁	1419	25.52	25.52	63.24
40 ~ 49 岁	1385	24.91	24.91	88.15
50 ~ 59 岁	504	9.06	9.06	97.21
60 岁及以上	155	2.79	2.79	100.00
合计	5561	100.00	100.00	

注：表中累计有效比重的计算方法依次是：第一类样本数占总体样本数的比重；第一、二类样本数之和，占总体样本数的比重；第一、二、三类样本数之和，占总体样本数的比重，至100.00%。下同。

表 4　样本的学历分布统计

单位：人，%

分类	样本数	占总体样本比重	占有效样本比重	累计有效比重
初中及以下	778	13.99	13.99	13.99
高中(中专)	1226	22.05	22.05	36.04
大学专科	1118	20.10	20.10	56.14
大学本科	2028	36.47	36.47	92.61
硕士及以上	411	7.39	7.39	100.00
合计	5561	100.00	100.00	

表 5　样本的职业分布统计

单位：人，%

分类	样本数	占总体样本比重	占有效样本比重	累计有效比重
工人	684	12.30	12.30	12.30
农民	496	8.92	8.92	21.22
专业技术人员	654	11.76	11.76	32.98
党政机关工作人员	594	10.68	10.68	43.66
教师	644	11.58	11.58	55.24
学生	776	13.95	13.95	69.20

续表

分类	样本数	占总体样本比重	占有效样本比重	累计有效比重
服务行业从业人员	554	9.96	9.96	79.16
企业管理人员	414	7.44	7.44	86.60
国家党群企事业单位负责人	194	3.49	3.49	90.09
自由职业者	551	9.91	9.91	100.00
合计	5561	100.00	100.00	

表6 样本的月收入分布统计

单位：人，%

分类	样本数	占总体样本比重	占有效样本比重	累计有效比重
低于3000元	1672	30.07	30.07	30.07
3001~5000元	2008	36.11	36.11	66.18
5001~8000元	1220	21.94	21.94	88.11
8001~10000元	363	6.53	6.53	94.64
10000元以上	298	5.36	5.36	100.00
合计	5561	100.00	100.00	

表7 文化消费需求实现的途径

单位：人，%

分类	人数	占样本比重	占选择人次比重
浏览互联网	4232	76.10	36.32
阅读报纸杂志	2446	43.98	20.99
参加文化艺术活动	1646	29.60	14.13
观看影视片	3329	59.86	28.57
选择人次总计	11653	—	100.00

表8 所在村（社区）的基础文化设施建设（多选题）

单位：人，%

分类	人数	占样本比重	占选择人次比重
综合文化服务中心	2710	48.73	18.23
农家书屋	872	15.68	5.86
阅报栏	2044	36.76	13.75
电子阅报屏	1106	19.89	7.44
文化广场	2741	49.29	18.44
公园	2491	44.79	16.75
健身路径	2370	42.62	15.94
非遗文化建筑	534	9.60	3.59
选择人次总计	14868	—	100.00

表9 所在乡镇（街道）提供的文化服务（多选题）

单位：人，%

分类	人数	占样本比重	占选择人次比重
卫星转播电视节目	3075	55.30	29.68
送戏下乡	1361	24.47	13.14
免费开放的图书馆	2478	44.56	23.92
免费开放的艺术馆	978	17.59	9.44
政务公开服务	2468	44.38	23.82
选择人次总计	10360	—	100.00

表10 每天用手机了解各种资讯的时间

单位：人，%

分类	样本数	占总体样本比重	占有效样本比重	累计有效比重
5小时及以上	638	11.47	11.47	11.47
3~4小时	1853	33.32	33.32	44.79
1~2小时	2263	40.69	40.69	85.49
1小时以内	708	12.73	12.73	98.22
没用手机	99	1.78	1.78	100.00
合计	5561	100.00	100.00	

注：调查时将超过2小时计入3小时之中；超过4小时计入5小时之中。

表 11　每年在文娱或旅游消费方面的实际支出

单位：人，%

分类	样本数	占总体样本比重	占有效样本比重	累计有效比重
1000 元以内	2686	48.30	48.30	48.30
1000～2999 元	1496	26.90	26.90	75.20
3000～4999 元	752	13.52	13.52	88.73
5000～10000 元	406	7.30	7.30	96.03
10000 元以上	221	3.97	3.97	100.00
合计	5561	100.00	100.00	

表 12　喜欢的国产电影电视片的类型（多选题）

单位：人，%

分类	人数	占样本比重	占选择人次比重
历史纪录片	2613	47.10	19.57
科幻片	2397	43.10	17.95
喜剧片	3323	59.76	24.89
武侠动作片	1944	34.96	14.56
青春爱情片	1634	29.36	12.24
恐怖片	694	12.48	5.20
动画片	747	13.43	5.59
选择人次总计	13352	—	100.00

表 13　喜欢的网站（前提网站无不良视频内容）（多选题）

单位：人，%

分类	人数	占样本比重	占选择人次比重
腾讯视频	3135	56.37	23.32
优酷	2055	36.95	15.29
爱奇艺	2841	51.09	21.14
抖音	2442	43.91	18.17
QQ 音乐	1865	33.54	13.88
喜马拉雅	1103	19.83	8.21
选择人次总计	13441	—	100.00

表 14　最喜欢的娱乐方式（排序限选题）

单位：人，%

排序	看电视		打麻将		看电影		上网		听广播		跳广场舞	
	人数	比重	人数	比重	人数	比重	人数	比重	人数	比重	人数	比重
第一	1689	60.11	372	40.52	914	34.98	1232	38.05	90	15.13	79	20.47
第二	609	21.67	356	38.78	1092	41.79	1270	39.22	221	37.14	131	33.94
第三	512	18.22	190	20.70	607	23.23	736	22.73	284	47.73	176	45.60
合计	2810	100.00	918	100.00	2613	100.00	3238	100.00	595	100.00	386	100.00

排序	下棋		看书读报		看戏		逛街		与邻居聊天		运动健身	
	人数	比重	人数	比重	人数	比重	人数	比重	人数	比重	人数	比重
第一	88	18.41	272	22.31	25	17.01	183	16.56	114	16.03	354	20.65
第二	198	41.42	440	36.10	68	46.26	379	34.30	234	32.91	370	21.59
第三	192	40.17	507	41.59	54	36.73	543	49.14	363	51.05	990	57.76
合计	478	100.00	1219	100.00	147	100.00	1105	100.00	711	100.00	1714	100.00

表 15　最喜欢的娱乐方式占总体的比重（排序限选题）

单位：人，%

娱乐方式	看电视	打麻将	看电影	上网	听广播	跳广场舞	下棋	看书读报	看戏	逛街	与邻居聊天	运动健身
选择人数	2810	918	2613	3238	595	386	478	1219	147	1105	711	1714
占样本比重	50.53	16.51	46.99	58.23	10.70	6.94	8.60	21.92	2.64	19.87	12.79	30.82

表 16　对"中华人民共和国成立 70 周年来文化事业建设和发展的成就辉煌"观点的认同统计

单位：人，%

分类	样本数	占总体样本比重	占有效样本比重	累计有效比重
非常不同意	58	1.04	1.04	1.04
不同意	90	1.62	1.62	2.66
不清楚	530	9.53	9.53	12.19
同意	1920	34.53	34.53	46.72
非常同意	2963	53.28	53.28	100.00
合计	5561	100.00	100.00	

表17 对"中华人民共和国成立70周年来文化事业的发展明显提升了综合国力"观点的认同统计

单位：人，%

分类	样本数	占总体样本比重	占有效样本比重	累计有效比重
非常不同意	45	0.81	0.81	0.81
不同意	90	1.62	1.62	2.43
不清楚	459	8.25	8.25	10.68
同意	1950	35.07	35.07	45.75
非常同意	3017	54.25	54.25	100.00
合计	5561	100.00	100.00	

表18 对"建国70年来中华优秀传统文化得到了很好的继承和弘扬"观点的认同统计

单位：人，%

分类	样本数	占总体样本比重	占有效样本比重	累计有效比重
非常不同意	52	0.94	0.94	0.94
不同意	192	3.45	3.45	4.39
不清楚	665	11.96	11.96	16.35
同意	2094	37.66	37.66	54.00
非常同意	2558	46.00	46.00	100.00
合计	5561	100.00	100.00	

表19 对"红色文化基地建设大大提升了人们对革命传统文化继承的认知认同"观点的认同统计

单位：人，%

分类	样本数	占总体样本比重	占有效样本比重	累计有效比重
非常不同意	45	0.81	0.81	0.81
不同意	117	2.10	2.10	2.91
不清楚	618	11.11	11.11	14.03
同意	2117	38.07	38.07	52.09
非常同意	2664	47.91	47.91	100.00
合计	5561	100.00	100.00	

表20 对"培育和践行核心价值观明显增强了我国的文化自信和国家认同"
观点的认同统计

单位：人，%

分类	样本数	占总体样本比重	占有效样本比重	累计有效比重
非常不同意	36	0.65	0.65	0.65
不同意	94	1.69	1.69	2.34
不清楚	562	10.11	10.11	12.44
同意	2147	38.61	38.61	51.05
非常同意	2722	48.95	48.95	100.00
合计	5561	100.00	100.00	

表21 对"我觉得核心价值观已深入人心"观点的认同统计

单位：人，%

分类	样本数	占总体样本比重	占有效样本比重	累计有效比重
非常不同意	58	1.04	1.04	1.04
不同意	249	4.48	4.48	5.52
不清楚	974	17.51	17.51	23.04
同意	2120	38.12	38.12	61.16
非常同意	2160	38.84	38.84	100.00
合计	5561	100.00	100.00	

表22 对"我国积极推进亚洲和人类命运共同体建设体现了大国的责任和担当"
观点的认同统计

单位：人，%

分类	样本数	占总体样本比重	占有效样本比重	累计有效比重
非常不同意	37	0.67	0.67	0.67
不同意	100	1.80	1.80	2.46
不清楚	532	9.57	9.57	12.03
同意	2047	36.81	36.81	48.84
非常同意	2845	51.16	51.16	100.00
合计	5561	100.00	100.00	

表23 对"身边老战士老专家老劳模的楷模事迹激励我不忘初心励志前行"

观点的认同统计

单位：人，%

分类	样本数	占总体样本比重	占有效样本比重	累计有效比重
非常不同意	39	0.70	0.70	0.70
不同意	111	2.00	2.00	2.70
不清楚	588	10.57	10.57	13.27
同意	2100	37.76	37.76	51.03
非常同意	2723	48.97	48.97	100.00
合计	5561	100.00	100.00	

表24 对"核心价值观应该融入国家治理中使之法制化道德化政策化"

观点的认同统计

单位：人，%

分类	样本数	占总体样本比重	占有效样本比重	累计有效比重
非常不同意	46	0.83	0.83	0.83
不同意	84	1.51	1.51	2.34
不清楚	553	9.94	9.94	12.28
同意	2067	37.17	37.17	49.45
非常同意	2811	50.55	50.55	100.00
合计	5561	100.00	100.00	

表25 对"'一带一路'搭建了文化产业开放的桥梁，激发了外国人到

中国旅游的热情"观点的认同统计

单位：人，%

分类	样本数	占总体样本比重	占有效样本比重	累计有效比重
非常不同意	43	0.77	0.77	0.77
不同意	85	1.53	1.53	2.30
不清楚	690	12.41	12.41	14.71
同意	2208	39.71	39.71	54.41
非常同意	2535	45.59	45.59	100.00
合计	5561	100.00	100.00	

表26 对"'一带一路'扩大了教育文化对外开放，促进了文化交流和人文沟通"观点的认同统计

单位：人，%

分类	样本数	占总体样本比重	占有效样本比重	累计有效比重
非常不同意	34	0.61	0.61	0.61
不同意	100	1.80	1.80	2.41
不清楚	537	9.66	9.66	12.07
同意	2183	39.26	39.26	51.32
非常同意	2707	48.68	48.68	100.00
合计	5561	100.00	100.00	

表27 对"'一带一路'扩大了国与国的交往，促使了不同国家文明的交流和融合"观点的认同统计

单位：人，%

分类	样本数	占总体样本比重	占有效样本比重	累计有效比重
非常不同意	34	0.61	0.61	0.61
不同意	98	1.76	1.76	2.37
不清楚	561	10.09	10.09	12.46
同意	2157	38.79	38.79	51.25
非常同意	2711	48.75	48.75	100.00
合计	5561	100.00	100.00	

表28 对"'一带一路'促进了人们对不同文化的理解，推进了各国人民相知相亲"观点的认同统计

单位：人，%

分类	样本数	占总体样本比重	占有效样本比重	累计有效比重
非常不同意	33	0.59	0.59	0.59
不同意	95	1.71	1.71	2.30
不清楚	647	11.63	11.63	13.94
同意	2138	38.45	38.45	52.38
非常同意	2648	47.62	47.62	100.00
合计	5561	100.00	100.00	

表29　对"'一带一路'教育文化对外交流互联互通合作促进了民心相通"
观点的认同统计

单位：人，%

分类	样本数	占总体样本比重	占有效样本比重	累计有效比重
非常不同意	37	0.67	0.67	0.67
不同意	113	2.03	2.03	2.70
不清楚	633	11.38	11.38	14.08
同意	2198	39.53	39.53	53.61
非常同意	2580	46.39	46.39	100.00
合计	5561	100.00	100.00	

表30　对"孔子学院对传播中华优秀传统文化起到了重要的桥梁和纽带作用"
观点的认同统计

单位：人，%

分类	样本数	占总体样本比重	占有效样本比重	累计有效比重
非常不同意	51	0.92	0.92	0.92
不同意	116	2.09	2.09	3.00
不清楚	852	15.32	15.32	18.32
同意	2145	38.57	38.57	56.90
非常同意	2397	43.10	43.10	100.00
合计	5561	100.00	100.00	

表31　对"近年来地方特色曲艺文化得到了民间艺人的关注，受到民众的喜爱"
观点的认同统计

单位：人，%

分类	样本数	占总体样本比重	占有效样本比重	累计有效比重
非常不同意	44	0.79	0.79	0.79
不同意	177	3.18	3.18	3.97
不清楚	967	17.39	17.39	21.36
同意	2287	41.13	41.13	62.49
非常同意	2086	37.51	37.51	100.00
合计	5561	100.00	100.00	

表32 对"近年来国家和公民非物质遗产保护意识增强，地方文物保护成效显著"
观点的认同统计

单位：人，%

分类	样本数	占总体样本比重	占有效样本比重	累计有效比重
非常不同意	42	0.76	0.76	0.76
不同意	133	2.39	2.39	3.15
不清楚	814	14.64	14.64	17.78
同意	2383	42.85	42.85	60.64
非常同意	2189	39.36	39.36	100.00
合计	5561	100.00	100.00	

表33 对"近年来公共文化服务设施和服务建设科技含量越来越高、越来越便利"
观点的认同统计

单位：人，%

分类	样本数	占总体样本比重	占有效样本比重	累计有效比重
非常不同意	37	0.67	0.67	0.67
不同意	104	1.87	1.87	2.54
不清楚	637	11.45	11.45	13.99
同意	2393	43.03	43.03	57.02
非常同意	2390	42.98	42.98	100.00
合计	5561	100.00	100.00	

表34 对"近年来公共文化服务设施和服务明显改善，越来越符合大众的需求"
观点的认同统计

单位：人，%

分类	样本数	占总体样本比重	占有效样本比重	累计有效比重
非常不同意	41	0.74	0.74	0.74
不同意	121	2.18	2.18	2.91
不清楚	643	11.56	11.56	14.48
同意	2376	42.73	42.73	57.20
非常同意	2380	42.80	42.80	100.00
合计	5561	100.00	100.00	

表35 对"近年来知识产权保护意识明显增强，激发了民众的文化创新活力"观点的认同统计

单位：人，%

分类	样本数	占总体样本比重	占有效样本比重	累计有效比重
非常不同意	53	0.95	0.95	0.95
不同意	164	2.95	2.95	3.90
不清楚	823	14.80	14.80	18.70
同意	2320	41.72	41.72	60.42
非常同意	2201	39.58	39.58	100.00
合计	5561	100.00	100.00	

表36 对"我认为过于强调知识产权会阻碍知识创新和文化创新发展"观点的认同统计

单位：人，%

分类	样本数	占总体样本比重	占有效样本比重	累计有效比重
非常不同意	487	8.76	8.76	8.76
不同意	605	10.88	10.88	19.64
不清楚	1029	18.50	18.50	38.14
同意	1836	33.02	33.02	71.16
非常同意	1604	28.84	28.84	100.00
合计	5561	100.00	100.00	

表37 对"社区（镇、村）绿色宜居环境明显改善，人们幸福感明显提升"观点的认同统计

单位：人，%

分类	样本数	占总体样本比重	占有效样本比重	累计有效比重
非常不同意	47	0.85	0.85	0.85
不同意	163	2.93	2.93	3.78
不清楚	712	12.80	12.80	16.58
同意	2448	44.02	44.02	60.60
非常同意	2191	39.40	39.40	100.00
合计	5561	100.00	100.00	

表38 对"社区（镇、村）广场歌舞活动开展得有声有色，深受人们喜爱"
观点的认同统计

单位：人，%

分类	样本数	占总体样本比重	占有效样本比重	累计有效比重
非常不同意	66	1.19	1.19	1.19
不同意	222	3.99	3.99	5.18
不清楚	768	13.81	13.81	18.99
同意	2307	41.49	41.49	60.47
非常同意	2198	39.53	39.53	100.00
合计	5561	100.00	100.00	

表39 对"精准扶贫工作成效显著，贫困人口的居住环境改善明显"
观点的认同统计

单位：人，%

分类	样本数	占总体样本比重	占有效样本比重	累计有效比重
非常不同意	50	0.90	0.90	0.90
不同意	163	2.93	2.93	3.83
不清楚	873	15.70	15.70	19.53
同意	2351	42.28	42.28	61.81
非常同意	2124	38.19	38.19	100.00
合计	5561	100.00	100.00	

表40 对"特色扶贫工作成效显著，地方特色文化资源得到了合理的开发"
观点的认同统计

单位：人，%

分类	样本数	占总体样本比重	占有效样本比重	累计有效比重
非常不同意	51	0.92	0.92	0.92
不同意	160	2.88	2.88	3.79
不清楚	852	15.32	15.32	19.12
同意	2363	42.49	42.49	61.61
非常同意	2135	38.39	38.39	100.00
合计	5561	100.00	100.00	

表41 对"文化扶贫工作成效显著，乡村文化旅游发展迅速，旅游人数明显上升"

观点的认同统计

单位：人，%

分类	样本数	占总体样本比重	占有效样本比重	累计有效比重
非常不同意	46	0.83	0.83	0.83
不同意	165	2.97	2.97	3.79
不清楚	866	15.57	15.57	19.37
同意	2256	40.57	40.57	59.94
非常同意	2228	40.06	40.06	100.00
合计	5561	100.00	100.00	

表42 对"近几年来党员干部形象带领作用在群众中有了大幅度的提升"

观点的认同统计

单位：人，%

分类	样本数	占总体样本比重	占有效样本比重	累计有效比重
非常不同意	60	1.08	1.08	1.08
不同意	188	3.38	3.38	4.46
不清楚	876	15.75	15.75	20.21
同意	2323	41.77	41.77	61.99
非常同意	2114	38.01	38.01	100.00
合计	5561	100.00	100.00	

表43 对"我所在的地方实施了网络政务新媒体，方便了办事流程提高了满意度"

观点的认同统计

单位：人，%

分类	样本数	占总体样本比重	占有效样本比重	累计有效比重
非常不同意	49	0.88	0.88	0.88
不同意	174	3.13	3.13	4.01
不清楚	816	14.67	14.67	18.68
同意	2402	43.19	43.19	61.88
非常同意	2120	38.12	38.12	100.00
合计	5561	100.00	100.00	

表44 对"与简短的网络实时新闻相比我更愿意阅读更具深度的长篇新闻报道"观点的认同统计

单位：人，%

分类	样本数	占总体样本比重	占有效样本比重	累计有效比重
非常不同意	117	2.10	2.10	2.10
不同意	419	7.53	7.53	9.64
不清楚	888	15.97	15.97	25.61
同意	2241	40.30	40.30	65.91
非常同意	1896	34.09	34.09	100.00
合计	5561	100.00	100.00	

表45 对"反映现实生活题材的电视剧更能够影响我对生活和社会的看法"观点的认同统计

单位：人，%

分类	样本数	占总体样本比重	占有效样本比重	累计有效比重
非常不同意	58	1.04	1.04	1.04
不同意	170	3.06	3.06	4.10
不清楚	724	13.02	13.02	17.12
同意	2456	44.16	44.16	61.28
非常同意	2153	38.72	38.72	100.00
合计	5561	100.00	100.00	

表46 对"流浪地球等科幻片在世界各国受到欢迎说明中国电影质量提升明显"观点的认同统计

单位：人，%

分类	样本数	占总体样本比重	占有效样本比重	累计有效比重
非常不同意	60	1.08	1.08	1.08
不同意	168	3.02	3.02	4.10
不清楚	826	14.85	14.85	18.95
同意	2287	41.13	41.13	60.08
非常同意	2220	39.92	39.92	100.00
合计	5561	100.00	100.00	

表47 对"我期待观看更多反映地方特色的国产优秀电影电视作品"

观点的认同统计

单位：人，%

分类	样本数	占总体样本比重	占有效样本比重	累计有效比重
非常不同意	28	0.50	0.50	0.50
不同意	104	1.87	1.87	2.37
不清楚	510	9.17	9.17	11.54
同意	2260	40.64	40.64	52.18
非常同意	2659	47.82	47.82	100.00
合计	5561	100.00	100.00	

表48 对"近年来我至少对一种中国传统文化产生了兴趣并尝试去学习"

观点的认同统计

单位：人，%

分类	样本数	占总体样本比重	占有效样本比重	累计有效比重
非常不同意	90	1.62	1.62	1.62
不同意	239	4.30	4.30	5.92
不清楚	821	14.76	14.76	20.68
同意	2288	41.14	41.14	61.82
非常同意	2123	38.18	38.18	100.00
合计	5561	100.00	100.00	

表49 对"我认为需要对网络游戏进行进一步管理才能避免负面影响"

观点的认同统计

单位：人，%

分类	样本数	占总体样本比重	占有效样本比重	累计有效比重
非常不同意	59	1.06	1.06	1.06
不同意	141	2.54	2.54	3.60
不清楚	660	11.87	11.87	15.46
同意	2093	37.64	37.64	53.10
非常同意	2608	46.90	46.90	100.00
合计	5561	100.00	100.00	

表50 对"在社区（企业、乡镇、村）文化建设中社团活动起着重要的作用"
观点的认同统计

单位：人，%

分类	样本数	占总体样本 比重	占有效样本 比重	累计有效 比重
非常不同意	39	0.70	0.70	0.70
不同意	152	2.73	2.73	3.43
不清楚	776	13.95	13.95	17.39
同意	2370	42.62	42.62	60.01
非常同意	2224	39.99	39.99	100.00
合计	5561	100.00	100.00	

表51 对"企业或社团组织工作人员的专业能力、创新能力有了明显的提高"
观点的认同统计

单位：人，%

分类	样本数	占总体样本 比重	占有效样本 比重	累计有效 比重
非常不同意	38	0.68	0.68	0.68
不同意	167	3.00	3.00	3.69
不清楚	914	16.44	16.44	20.12
同意	2339	42.06	42.06	62.18
非常同意	2103	37.82	37.82	100.00
合计	5561	100.00	100.00	

表52 对"我所在单位的企业文化建设为企业创造了良好的外部形象和经济效益"
观点的认同统计

单位：人，%

分类	样本数	占总体样本 比重	占有效样本 比重	累计有效 比重
非常不同意	38	0.68	0.68	0.68
不同意	177	3.18	3.18	3.87
不清楚	876	15.75	15.75	19.62
同意	2286	41.11	41.11	60.73
非常同意	2184	39.27	39.27	100.00
合计	5561	100.00	100.00	

表53 对"中国传统节日的礼仪和仪式对继承和弘扬传统文化有重要意义"
观点的认同统计

单位：人，%

分类	样本数	占总体样本比重	占有效样本比重	累计有效比重
非常不同意	34	0.61	0.61	0.61
不同意	84	1.51	1.51	2.12
不清楚	511	9.19	9.19	11.31
同意	2177	39.15	39.15	50.46
非常同意	2755	49.54	49.54	100.00
合计	5561	100.00	100.00	

表54 对"我认为在城镇化的过程中传统村落解体，一些传统习俗已经丢失"
观点的认同统计

单位：人，%

分类	样本数	占总体样本比重	占有效样本比重	累计有效比重
非常不同意	79	1.42	1.42	1.42
不同意	205	3.69	3.69	5.11
不清楚	837	15.05	15.05	20.16
同意	2257	40.59	40.59	60.74
非常同意	2183	39.26	39.26	100.00
合计	5561	100.00	100.00	

表55 对"我认为随着社会经济的发展，人们在人文和精神上的追求越来越高"
观点的认同统计

单位：人，%

分类	样本数	占总体样本比重	占有效样本比重	累计有效比重
非常不同意	35	0.63	0.63	0.63
不同意	81	1.46	1.46	2.09
不清楚	457	8.22	8.22	10.30
同意	2268	40.78	40.78	51.09
非常同意	2720	48.91	48.91	100.00
合计	5561	100.00	100.00	

表 56 对"通过文明社会的构建，家庭和睦邻里相亲的社会风尚越来越好"
观点的认同统计

单位：人，%

分类	样本数	占总体样本比重	占有效样本比重	累计有效比重
非常不同意	40	0.72	0.72	0.72
不同意	141	2.54	2.54	3.25
不清楚	666	11.98	11.98	15.23
同意	2221	39.94	39.94	55.17
非常同意	2493	44.83	44.83	100.00
合计	5561	100.00	100.00	

表 57 对"当今人们对自由平等公正法治理解更理性，且继承了传统文化精髓"
观点的认同统计

单位：人，%

分类	样本数	占总体样本比重	占有效样本比重	累计有效比重
非常不同意	37	0.67	0.67	0.67
不同意	156	2.81	2.81	3.47
不清楚	759	13.65	13.65	17.12
同意	2241	40.30	40.30	57.42
非常同意	2368	42.58	42.58	100.00
合计	5561	100.00	100.00	

表 58 对"你觉得吃亏是福吗?"观点的认同统计

单位：人，%

分类	样本数	占总体样本比重	占有效样本比重	累计有效比重
非常不同意	207	3.72	3.72	3.72
不同意	506	9.10	9.10	12.82
不清楚	907	16.31	16.31	29.13
同意	1998	35.93	35.93	65.06
非常同意	1943	34.94	34.94	100.00
合计	5561	100.00	100.00	

表 59 对"幸福是奋斗出来的应该成为我们的基本信念"观点的认同统计

单位：人，%

分类	样本数	占总体样本比重	占有效样本比重	累计有效比重
非常不同意	50	0.90	0.90	0.90
不同意	87	1.56	1.56	2.46
不清楚	359	6.46	6.46	8.92
同意	1663	29.90	29.90	38.82
非常同意	3402	61.18	61.18	100.00
合计	5561	100.00	100.00	

附　录

Appendix

B.11
中国文化发展大事记
（2019年1月~12月）

刘　刚　贺艳菊*

2019年1月

1月5日　由山东省淄博市文化和旅游局打造的淄博市公共文化服务平台——"文化淄博"在淄博正式上线。

1月8日　为促进中俄文化艺术交流、丰富哈尔滨广大市民精神文化生活，由黑龙江省政协主办的"北方冬韵"——中俄油画论坛暨学术邀请展在哈尔滨开幕。

---

* 刘刚，博士，教授，湖北大学图书馆馆长，研究方向为物流管理；贺艳菊，硕士，湖北大学图书馆副研究馆员，主要从事参考咨询及学科服务工作，研究方向为信息伦理研究。

1月11日　由文化和旅游部、广东省人民政府等共同主办的第三届中国设计大展及公共艺术专题展在深圳开幕。

1月13日　2018"中国非遗年度人物"推选结果在北京揭晓。该活动旨在盘点过去一年中为非遗保护传承事业做出突出贡献的标志性人物，梳理一年中非遗领域的重大事件，记录非遗传承发展的生动实践。

1月19日　陕西省首个专注于非物质文化遗产生产性保护产业发展的平台组织——陕西非物质文化遗产产业联盟在西安正式成立。

2019年2月

2月1~18日　由云南省委台湾工作办公室、云南省文化和旅游厅等共同主办的第二届"七彩云南·相约台湾"文化月活动在台湾高雄举行。

2月14日　2019年全国艺术创作工作会议在北京召开。

2月18日　由江苏省人民政府新闻办公室和外事办公室主办的"感知中国·江苏文化周"在柬埔寨首都金边开幕。

2月28日　由北京市政府、青海省政府共同主办的"山宗·水源·路之冲——'一带一路'中的青海"展览在北京开幕。

2019年3月

3月2日　由文化和旅游部主办的"全国舞台艺术优秀剧目暨优秀民族歌剧展演"在北京开幕。

3月4日　为庆祝中葡建交40年，"2019年葡萄牙文化节"在北京开幕。本届艺术节将在北京、上海、澳门和广州举办20场文化活动。

3月17日　"礼乐筑梦"中国-越南青年儒家文化交流活动暨2019年澜沧江-湄公河"双城记"大型青年文化交流系列活动在广西南宁开幕。

3月17~19日　2019年文化和旅游部对外和对港澳台工作会议在北京召开。会议强调要扎实推进"一带一路"文化和旅游建设，着力增强对外文化和旅游品牌竞争力，大力推动文化和旅游产业合作，不断提升对港澳台文化和旅游工作水平。

3月27日 由国家文物局主办的"文化遗产与文明交流互鉴"纪念宣传活动在北京举行。该活动旨在充分发挥文化遗产在文明交流互鉴中的积极作用，保护传承文化遗产，增进文明交流互鉴，维护世界和平稳定发展。

3月27日 由陕西省文化和旅游厅、西安市人民政府共同主办的2019"东亚文化之都"中国西安活动年在陕西西安开幕。

3月29～31日 由陕西、甘肃、宁夏、青海、新疆五省（区）文化和旅游厅等共同举办的2019西安丝绸之路国际旅游博览会在陕西西安举行。

2019年4月

4月2～3日 2019年全国产业发展工作会议在山东青岛召开。该会议旨在统筹推动文化产业和旅游产业发展，促进产业深度融合。

4月10日 由国家文物局、河南省政府共同主办的第二届中国－中东欧国家文化遗产论坛在河南洛阳开幕。

4月10日 "中埃文化对话"研讨会在埃及首都开罗举行。研讨会上，与会者就两国在文化领域未来合作方向与机遇进行了探讨。

4月11日 "殊方共享——丝绸之路国家博物馆文物精品展"在北京开幕。该展览开启了一场丝绸之路"文物的对话"，展现了丝路各国丰富的文化底蕴与融合互鉴。

4月18日 由中国工艺美术家协会、中国工艺美术学会、中国文化产业协会等共同主办的第十二届中国刺绣文化艺术节在江苏苏州开幕。

4月22日 由文化和旅游部、赞比亚共和国旅游与艺术部共同主办的"中赞文化年——赞比亚当代艺术展"在北京开幕。

4月23日 由中国国家博物馆中共衡水市委、衡水市人民政府共同主办的"文华衡水——河北衡水文化展"在北京开幕。

4月25日 由文化和旅游部、国家广播电视总局等共同主办的第十九届"相约北京"艺术节在北京开幕。

4月27日 由陕西省文化和旅游厅主办的"壮丽70年 畅想新时代"——2019陕西省群众文化节在西安开幕。

4月27~30日 第十四届中国义乌文化产品交易博览会暨第十一届中国国际旅游商品博览会在浙江义乌举行。

4月30日 由巴黎中国文化中心、中外文化交流中心等共同主办的"璀璨云南魅力非遗——中国云南省非物质文化遗产作品展"在法国巴黎开幕。

4月30日~5月5日 第十五届中国国际动漫节在浙江杭州举行。

2019年5月

5月10日 由文化和旅游部主办的"亚洲文明联展：大道融通——亚洲艺术作品展"在北京开幕。该展览展出了来自巴基斯坦、俄罗斯、韩国、马来西亚等41个国家的作品。

5月16~18日 由文化和旅游部主办的"亚洲文化旅游展"在北京举行。该展览展示了我国与其他亚洲国家文化旅游产业发展的最新成果，推动亚洲文化和旅游产业在更深层次、更宽领域的交流与合作。

5月16日 第十五届中国国际文化产业博览交易会在深圳开幕。

5月17日 由柏林中国文化中心、南京市文化和旅游厅共同举办的"中国南京旅游文化周"在德国柏林开幕。

5月18日 由国家文物局、湖南省政府共同主办的2019年"5·18国际博物馆日"中国主会场活动在湖南长沙开幕。

5月20日~6月2日 由文化和旅游部、上海市人民政府共同主办的第十二届中国艺术节在上海举行。

5月23日 湖南省文化和旅游厅与韩国首尔市在长沙签署了《中国湖南省—韩国首尔特别市促进文化旅游交流与合作的工作备忘录》。

5月29日 由文化和旅游部、北京市人民政府等共同主办的第十四届中国北京国际文化创意产业博览会暨 2019 中国文化产业发展论坛在北京举行。

2019年6月

6 月 5 日　为迎接 2019 年文化和自然遗产日，第五届京津冀非物质文化遗产联展在天津开幕。

6 月 7 日　2019 年全国非物质文化遗产保护工作会在广州召开。该会议旨在交流各地区、各单位非物质文化遗产保护实践经验，进一步推进非遗保护工作。

6 月 8 日　由国家文物局、陕西省政府共同主办的 2019 年"文化和自然遗产日"主场城市活动在陕西延安举行。

6 月 9 ~ 10 日　由埃及艾因夏姆斯大学、湖北大学、中山大学等共同举办的第七届"世界文化发展论坛"在埃及开罗举行。

6 月 10 日　由文化和旅游部港澳台办公室、中央政府驻港联络办青年工作部等共同主办的 2019 年"港澳大学生文化实践活动"在北京开幕。

6 月 11 ~ 12 日　由文化和旅游部、澳门特区政府社会文化司、香港特区政府民政事务局共同主办的 2019 年"根与魂——非物质文化遗产展演活动"在澳门、香港先后开幕。

6 月 11 ~ 15 日　以"共筑新丝路相约彩云南"为主题的"2019 中国·南亚东南亚艺术周"在云南昆明举行。

6 月 16 日　由湖北大学研创的《湖北文化蓝皮书：湖北文化发展报告（2018）》在湖北武汉正式发布，这是该校近年来推出的第三部湖北文化蓝皮书。

6 月 23 日　第四届中俄蒙三国旅游部长会议暨"万里茶道"文化旅游博览会在内蒙古乌兰察布举行。

6 月 23 日　由文化和旅游部、黑龙江省政府等共同主办的第十届中俄文化大集在黑龙江黑河开幕。

6 月 24 日　由文化和旅游部、广东省人民政府等共同主办的"湾区花正开——首届粤港澳大湾区文化艺术节"在广州开幕。

6月25日 由文化和旅游部、浙江省政府共同主办的2019年"艺海流金·诗画浙江"内地与港澳文化和旅游界交流活动在浙江杭州开幕。

6月26日 第二届中俄犹文化精品鉴赏节在黑龙江鹤岗举行。

6月26~27日 由中外文化交流中心、成都市非物质文化遗产保护协会等共同主办的中国成都非遗手工艺展示交流活动在坦桑尼亚达累斯萨拉姆和巴加莫约两地举行。

2019年7月

7月1日 由文化和旅游部、中国驻越南大使馆等共同主办的"文化产业与旅游发展及推广"展览暨研讨会在越南河内开幕。

7月2日 由国务院新闻办公室、中国驻以色列大使馆共同主办的"相约千年——魅力丝路文化行"系列活动在以色列特拉维夫举行。

7月3日 由北京师范大学、中国戏曲学院共同主办的"面向未来的亚洲艺术——2019亚洲国际文化艺术论坛"在北京开幕。

7月4日 由文化和旅游部、上海市人民政府共同主办的第十五届中国国际动漫游戏博览会在上海开幕。

7月5日 以"共建21世纪海上丝绸之路，促进中国－东盟文化合作"为主题的2019中国－东盟博览会文化展和动漫游戏展在广西南宁开幕。

7月16日 由四川省人民政府主办的第二届四川艺术节在四川成都开幕。

7月16日 由中国文物交流中心、重庆市文化遗产研究院等共同主办的"2019中法文化遗产日"活动在法国巴黎举行。

7月17日 第二届东北亚文化艺术博览会在黑龙江哈尔滨开幕。

7月27~30日 由国家新闻出版署、陕西省人民政府等共同主办的第二十九届全国图书交易博览会分别在陕西西安、延安、铜川三地举行。

7月30日 由文化和旅游部、甘肃省人民政府等共同主办的第四届丝绸之路国际文化博览会和第九届敦煌行·丝绸之路国际旅游节在甘肃合作市举行。

2019年8月

8月3日 由巴西中国和平统一促进总会、塔图伊市政府共同主办的"2019圣保罗中国文化日庆中巴建交45周年"活动在巴西圣保罗州的塔图伊举行。

8月4日 由人民网、鄂尔多斯市政府等共同主办的"文创链接未来"创投高峰论坛暨第三届鄂尔多斯文化创意大会在内蒙古鄂尔多斯开幕。

8月8日 由文化和旅游部、中国驻蒙古国大使馆等共同主办的"美丽中国"中国文化旅游推介活动在蒙古国乌兰巴托举行。

8月9日 由中国社会科学院主办的第二十次全国皮书年会（2019）在黑龙江哈尔滨开幕。

8月10日 第八届国际青少年文化艺术交流周在北京开幕。

8月21日 由国家新闻出版署、北京市人民政府等共同主办的第二十六届北京国际图书博览会暨第十七届北京国际图书节在北京开幕。

8月22日 以"网络文化与媒体传播"为主题的第七届中华文化发展论坛在北京举行。该论坛从2013年至今已成功举办六届，始终以传承中华文化为宗旨，成为两岸同胞深化发展中华文化创新、推进两岸文化交流融合的重要平台。

8月23~28日 由中国文学艺术界联合会、内蒙古自治区人民政府共同主办的第十一届中国国际民间艺术节在内蒙古呼和浩特举行。

8月30日 第十二届中国国际青年艺术周·广州系列活动在广州开幕。

2019年9月

9月2日 由国务院新闻办公室、中国驻蒙古国大使馆等共同主办的

"感知中国"纪念中蒙建交70周年系列文化活动在蒙古国乌兰巴托开幕。

9月2日 由文化和旅游部、中国驻白俄罗斯大使馆等共同主办的白俄罗斯"中国文化日"在白俄罗斯明斯克开幕。

9月5日 第四届中国－阿拉伯国家博览会在宁夏银川开幕。

9月6日 国家文物局与山东省人民政府在山东曲阜共同签署《合作实施"齐鲁文化遗产保护利用计划"框架协议》。

9月6日 由湖北大学高等人文研究院、中华文化发展湖北省协同创新中心等共同研创的《文化建设蓝皮书：中国文化发展报告（2019）》在湖北武汉正式发布。

9月7日 以"新中国文化发展七十年：回顾与展望"为主题的第六届中国文化发展论坛在湖北武汉举行。

9月7日 由文化和旅游部、陕西省人民政府共同主办的第六届丝绸之路国际艺术节在陕西西安开幕。

9月7日 由文化和旅游部、国家文物局共同主办的"中华传统文化典籍保护传承大展"在北京举行。

9月10日 由中国文学艺术界联合会、中国驻巴拿马使馆共同主办的中巴文化高端论坛在巴拿马首都巴拿马城举行。

9月20日 由文化和旅游部、广西壮族自治区人民政府共同主办的第十四届中国－东盟文化论坛在广西南宁开幕。

9月26日 为庆祝中华人民共和国成立70周年，由文化和旅游部主办的"伟大历程　壮丽画卷——庆祝中华人民共和国成立70周年美术作品展"在北京开幕。

9月26日 由国务院侨务办公室、吉林省人民政府等共同主办的"文化中国　魅力吉林"系列文化活动在哈萨克斯坦努尔苏丹开幕。

2019年10月

10月2～5日 第十一届中国西部动漫文化节在重庆开幕。

10 月 9 日 由山西省文化和旅游厅主办的 2019 数字文旅融合创新发展大会在山西太原举行。该会议涵盖"文旅＋""产业＋""科技＋""非遗＋""文创＋"五大方向和议题。

10 月 11 日 中央文史研究馆第六届国学论坛在北京举行。该论坛回顾了 70 年来中国文化建设的历程，展望了未来文化发展之路。

10 月 17 日 第七届中国成都国际非物质文化遗产节在四川成都开幕。

10 月 18 日 由文化和旅游部主办的第二十一届中国上海国际艺术节在上海开幕。

10 月 21～23 日 第三届"21 世纪海上丝绸之路"中国国际传播论坛在广东珠海举行。

10 月 23 日 由中国艺术研究院、中国社会科学院古代史研究所共同主办的首届泰山国际文化论坛在山东泰安举行。

10 月 25 日 第三届中国北京国际语言文化博览会在北京举行。

10 月 25～27 日 2019 中国国际民族民间工艺品·文化产品博览会在贵州贵阳举行。

2019年11月

11 月 1 日 由文化和旅游部、福建省人民政府等共同主办的第十二届海峡两岸文化产业博览交易会在福建厦门开幕。

11 月 9 日 第四届湘鄂赣皖四省非遗联展在安徽宣城开幕。

11 月 11 日 第四届中国非物质文化遗产传统技艺大展在安徽黄山开幕。

11 月 12～14 日 由广东省文化和旅游厅主办的"公共文化建设现场"——2019 广东公共文化研讨会在广州举行。

11 月 14～15 日 由广东江门市人民政府、暨南大学等共同主办的"一带一路"文化遗产合作与交流国际研讨会暨国际手工艺展在广东江门举行。

11 月 14～15 日 第十二届中日韩文化产业论坛在韩国釜山举行。

11 月 18 日 以"共同传承中华文化，实现同胞心灵契合"为主题的第五届中华文化论坛在北京开幕。

11月20日　第二届长三角国家公共文化服务体系示范区合作机制大会在安徽铜陵召开。

11月20~21日　由中国艺术研究院、山西省文化和旅游厅等共同主办的"上海合作组织：迈向命运共同体"暨2019"一带一路"文化艺术交流合作国际学术研讨会在山西太原举行。

11月21~24日　以"建设长三角文化产业共同体"为主题的第二届长三角国际文化产业博览会在上海举行。

11月22日　由文化和旅游部、福建省人民政府共同主办的第四届海上丝绸之路国际艺术节在福建泉州开幕。

11月27~30日　由文化和旅游部主办的第三届文明古国论坛部长级会议在北京举行。与会代表就保护文化遗产、深化文化合作等议题展开深入对话与交流。

2019年12月

12月3日　由文化和旅游部主办的2019年全国优秀现实题材舞台艺术作品展演在北京开幕。

12月5日　第四届山西文化产业博览交易会在山西太原开幕。

12月6日　由国家文物局、广东省人民政府共同主办的粤港澳大湾区文化遗产合作研讨会在深圳召开。

12月6~8日　由湖北省文化和旅游厅、中国文化传媒集团共同举办的2019长江文化旅游博览会在湖北武汉举行。

12月17日　文化和旅游部与澳门特区政府在澳门签署《关于建设"澳门故宫文化遗产保护传承中心"合作备忘录》。

12月18日　由文化和旅游部、朝鲜驻华使馆共同主办的中朝建交70周年纪念展在北京开幕。该活动是中朝建交70周年纪念活动的重要内容，将持续至12月24日。

12 月 19 日 国家文物局与四川省人民政府在四川成都签署《深化四川文物保护利用改革战略合作协议》。该协议旨在深化文物保护利用改革，探索文物保护利用改革新路径，共同推动四川文物事业的高质量发展。

12 月 28 日 2019 第四届三亚国际文化产业博览交易会在海南三亚开幕。

B.12

后　记

2019～2020年冬春之际，一场突如其来的新冠肺炎疫情袭击武汉。这是新中国成立以来在我国发生的传播速度最快、传染范围最广、防控难度最大的一次重大突发公共卫生事件。全国人民在以习近平同志为核心的党中央的坚强领导下，按照坚定信心、同舟共济、科学防治、精准施策的总要求，凝聚起抗击疫情的磅礴力量，经过艰苦卓绝的斗争，取得了武汉保卫战、湖北保卫战的决定性成果和疫情防控阻击战的重大战略成果。本蓝皮书就是在这一特殊的背景下诞生的，蓝皮书的研创人员都身居疫情中心，被严格封闭在家，克服了恐惧、忧虑、焦躁、不安等多种在大疫当前难免产生的情绪纷扰，想方设法地搜集资料，潜下心来做研究，终于完成了报告的撰写工作。他们虽然不是"逆行"英雄，却也是最早复工的"先行"学者，他们的敬业奉献精神也是伟大抗疫精神的一部分。他们的精神令我深深感动，作为蓝皮书的主编，我在此对他们表达崇高的敬意和深沉的谢意！

蓝皮书原发的、独有的数据来自湖北大学高等人文研究院、中华文化发展湖北省协同创新中心组织的"中国文化发展状况调查（2019）"问卷调查。调查数据为本蓝皮书提供了重要的、原发的、独有的数据支持，增强了它的说服力和可信度，反映了文化建设发展方面的社情民意，值得有关党政部门和读者的高度重视。本蓝皮书中的专题报告《公共文化机构资本积累对社会经济发展贡献的特征与趋势》由张智敏教授亲自撰写。张老师年事已高，退休多年，应我们的邀请负责一年一度的"中国文化发展状况调查"的问卷设计与数据处理工作。她在接受这项工作后，兢兢业业，埋头苦干，深入钻研，不仅高质量地完成了所负责的数据处理工作，而且还参与和改进问卷的设计、培训研创人员使用数据并帮助他们解决数据使用过程中所遇到的各种难题。更难能可贵的是，她还利用自己的统计学专业知识来研究中国文化发展问题。几年来，她完成了多篇研究报告，此次她又完成了长达3.6万字的极具学术性、专业性的高质量研究报告。这篇报告是她为庆祝新中国成立70周年主动提出研究撰写的，报告时间跨度长达70年，搜集资料的难度极大。她不辞辛劳，克服重重困难，最终圆满完成了研创和撰写工作。她的爱国热忱、敬业精神、负责态度和坚强意志都非常令人崇敬和赞叹！

本蓝皮书研创出版和相关调查的经费，主要来自中华文化发展湖北省协同创新中心，湖北省国内一流学科"中国语言文学与哲学文化"学科、湖北文化建设研究院、湖北省道德与文明研究中心、湖北省教育厅"十三五"省属高校优势学科群"中国文化传承与发展"也为蓝皮书研创和社会调查提供了经费支持。同时，本蓝皮书和社会调查一如既往地得到了湖北大学"文化发展学科平台"经费的支持。

本蓝皮书是由湖北大学高等人文研究院、中华文化发展湖北省协同创新中心、湖北文化建设研究院组织研创的，湖北大学高等人文研究院副院长阮航副教授、湖北大学高等人文研究院院长助理黄妍博士负责全书的具体组织、审稿、修改工作，张智敏教授负责数据处理和整理工作，全书是由阮航副教授和我最后审定的。上海大学社会科学部主任、马克思主义学院院长，本报告主编之一孙伟平教授对本书的重点部分特别是总报告进行了修改和审定。报告的研创出版，一如既往地得到了湖北大学各文科学院、各有关部门的大力支持，得到了社会科学文献出版社及其政法传媒分社的全力帮助和具体指导。作为报告研创课题组负责人，我谨代表课题组全体成员，对为本报告做出贡献、给予支持和提供帮助的各位领导、朋友和同仁深表谢忱！

江畅
"中国文化发展报告"课题组组长
湖北大学高等人文研究院名誉院长
中华文化发展湖北省协同创新中心主任

Abstract

From 2018 to 2019, the people of China greeted the 70th anniversary of the founding of the People's Republic of China with great pride, and under the guidance of Present Xi Jinping's Thought on Socialism with Chinese characteristics for a New Era, we have increased the intensity of cultural construction and achieved tremendous improvements that have attracted worldwide attention.

From 2018 to 2019, China's investment in cultural undertakings continued to grow steadily, providing significant support for the construction and development of cultural undertakings. The construction of cultural undertakings in China has achieved remarkable results. The integration of public services of both culture and tourism has been coordinated and promoted. The revitalization of rural culture has been carried out in depth, and the promotion of socialist culture with Chinese characteristics has entered a new phase. But in the process of cultural construction, more attention need to be paid to the people's cultural needs, to gain a stronger sense of benefit in culture, as well as to cultivate people's interest in reading, and improve their reading quality and reading level. China's cultural production has continued to deepen its reforms, and the overall situation has continued to improve, maintaining a relatively stable growth. The significance of culture and related industries for the national economy has steadily increased, and the import and export of cultural products has risen stably; the Internet cultural industry has become a new growth point in China's cultural production, showing great potential and international competitiveness. Chinese Cultural Products have made remarkable achievements in quantity reduction and quality improvement, as well as promoting the convergence and development of different cultural products. There are remarkable improvements made in Thematic publishing of books and the transition of the Periodical Industry. Domestic films have also achieved a strong uprising. However, the transformation from "quantity" to "quality" still has a long way to go. The convergence of old and new media has yet to make significant progress. A series of more specific policies have been issued and implemented in the field of public cultural services, which further improved the effectiveness of public cultural services so that it made remarkable progress. The construction of the public cultural service system is further improved; the basic public cultural services is further equalized; public cultural services has had more and more technological elements, and its supply became increasingly accurate; the effectiveness of the preservation of intangible cultural heritage is hard to miss, and the cultural assistance of the poverty alleviation has achieved remarkable results, the public's satisfaction with public cultural services has been further improved. The Chinese domestic cultural communication and influence gained tremendous achievements. Policies has continued to bring benefits to the cultural communication industry; the construction of county-level digital media centers has shown significant results; primary results have been exhibited of the structural adjustment in the film and television Industry; Network video industry have gradually a new type of cultural carrier.

The Research Center of Institute for Advanced Humanistic Studies, Hubei University conducted the annual "Survey on Development of Chinese Culture" (2019) from August to December 2019 to provide factual evidence and data support for the research of the "China Cultural Development Report (2020)".

In celebrating the 70th anniversary of the founding of the People's Republic of China, this report examines and analyzes the relationship between China's cultural development and economic and social development from 1949 to 2019 from an angle, and provides a research report on "Characteristics and Trends of the Contribution of Capital Accumulation of Cultural Institutions to Social and Economic Development". This report uses the time series data of 70 years of development of public cultural institutions since the founding of New China. Based on the description analysis, 10 different time series elastic variables are used to construct a long-term cointegration model.

In order to enhance the consciousness, initiative and predictability of China's cultural construction and development, this report is based on China's cultural reality. We made a general and exponential description and analysis of the new achievements, new trends and existing problems of China's cultural development from 2018 to 2019 in aspects of cultural construction, cultural production, cultural products, public cultural services, cultural domestic and international communication and influence. We also made a qualitative and quantitative assessment of the development level and competitiveness of Chinese culture in recent years. We also provided a preliminary prediction of the development prospect of China's cultural construction in 2020 and in the future, hoping to provide macro-theoretical reference and data support for the relevant decision-making and management of the CPC and the Chinese government.

Keywords: The Index of Cultural Development; Cultural Undertakings; Cultural Production; Cultural Product; Cultural Communication

Contents

I General Report

B. 1 Report on the Development of Chinese Culture (2019)

Ruan Hang, Luo Jia / 001

Abstract: In the year of 2018 −2019, the construction of Chinese culture has some outstanding achievements which can be outlined from the following six aspects: Chinese cultural policies issued in 2019 have shown great pertinence and highly strategic vision; the overall development of Chinese culture has exhibited a strong tendency of progress, as well as a balanced developmental scheme; with its outstanding performance, Chinese cultural industry is on its way of becoming one of the pillars of national economy; the capacities of cultural communication have been greatly enhanced, and the development of new media has been gaining great momentum; we have made remarkable progress in cultivating and Practicing Socialist Core Values; cultural achievements on foreign exchange of the Belt and Road Initiative is noticeable and have been recognized by Chinese people. However, there are still some issues of the present development of Chinese culture: the development of primary-level public cultural construction's organizations has remained stagnant, and cultural activities for the people have been inadequate; high-quality products and cultural masterpieces are still lacking while too many repetitive and slipshod products remains in the cultural market; excellent traditional culture has not been well developed and not gained enough support in Chinese cultural construction; party members and cadres have not done enough in playing proper leading roles of cultural construction; in the implement of Culture

Going Out Strategy, originality, pertinence and good methods are still lacking, as a result, the strategy fail to achieve its goal. To solve these problems, we should implement pertinent measures as follows: "gifting out our culture" should be combined with "sowing the seed for the love of the Chinese culture", so as to activate primary-level cultural lives and satisfy the ever-developing diversified cultural needs of people; government management and market mechanism should work together to encourage the production of cultural masterpieces; based on the essence of excellent traditional culture, different routes of cultural preservation and development should be designed to rejuvenate our excellent traditional cultural in contemporary Chinese cultural lives; party members and cadres should improve their understanding of culture, proper mechanism of democratic supervision should be constructed; and diversified channels for implementing the Culture Going Out Strategy should be explored to encourage different ways of telling Chinese stories well with pertinence and originality.

Keywords: Chinese Cultural Development; Cultural Construction; Cultural Policy; Socialist Core Values; Culture "Going Out"

Ⅱ Index Report

B. 2 Report on Chinese Culture Development Index and

Evaluation (2019)   *Qing Jing, Liu Haorong* / 045

Abstract: This report builds an index system of cultural development assessment based on 5 primary indicators of cultural input, cultural production, cultural supply, cultural communication, cultural consumption and 39 secondary indicators. The cultural development of 31 provinces and regions in China is analyzed and evaluated in the form of indexation, and the advantages and weakness of culture of different provinces and regions are clarified. Hence, it provides both reference for local cultural policy decision-making authorities and inspirations for the cultural development as a whole in China.

Keywords：The Index of Cultural Development；Cultural Communication；
Culture Consumption

Ⅲ Segment Reports

B. 3 Report on Chinese Cultural Undertakings（2019）

Huang Wenhong / 079

Abstract：From 2018 to 2019, China's investment in cultural undertakings continued to grow steadily, providing significant support for the construction and development of cultural undertakings. The construction of cultural undertakings in China has achieved remarkable results. The integration of public services of both culture and tourism has been coordinated and promoted. The revitalization of rural culture has been carried out in depth, and the promotion of socialist culture with Chinese characteristics has entered a new phase. But in the process of cultural construction, more attention need to be paid to the people's cultural needs, to gain a stronger sense of benefit in culture, as well as to cultivate people's interest in reading, and improve their reading quality and reading level.

Keywords：Cultural Undertaking；Integration of Culture and Tourism；Socialist Culture with Chinese Characteristics

B. 4 Report on Chinese Cultural Production （2019）

Tao Wenjia, You Yinbo and Wu Lei / 109

Abstract：The report is based on an analysis of the status of China's cultural production in 2018 −2019. In the past two years, China's cultural production has continued to deepen its reforms, and the overall situation has continued to improve, maintaining a relatively stable growth. The main achievements of China's cultural production are：the firm pace of the systematical reform in Cultural production, which provides a strong institutional guarantee and policy basis for the development of China's cultural industry; the significance of culture and related industries for the national economy has steadily increased, and the import and export of cultural products has risen stably; the Internet cultural industry has become a new growth point in China's cultural production, showing great potential and international competitiveness. But there are also some problems: the development of cultural manufacturing industries has slowed down; Internet cafés are facing serious challenge; people still show concerns for the preservation of traditional cultural customs. Therefore, it is necessary to pay great attention to the development of cultural manufacturing, prepare in advance for the challenges presented to Internet cafés, and further promote the preservation of traditional cultural customs.

Keywords: Cultural Production; Internet Cultural Industry; Cultural Manufacturing

B. 5 Report on Chinese Cultural Products (2019)

Zhang Yuanyuan / 143

Abstract: In 2018 − 2019, the overall development of Chinese Cultural Products has been stable. The total output of all kinds of cultural products has been reduced in various degrees, especially the traditional publications. The number of Audio-visual products and electronic publications fell to a record low. The quality of various cultural products has been significantly improved. Among them, books have performed well in thematic publications, and periodicals have taken various measures to optimize the structure, and domestic films have achieved good reputation and box office gains. Chinese Cultural Products have made remarkable achievements in quantity reduction and quality improvement as well as structural optimization in 2018 − 2019, however, the transformation from "quantity" to "quality" still has a long way to go. The convergence of old and new media still has the problem of "significant in proposal but slow in progress". To solve those problems, it is necessary for the government to strengthen its guidance for both the direction of development and quality of products at the policy level, and to give supports accordingly in areas such as personnel training and technology research. It is also necessary for the Production authorities to innovate and reshape the production and publication process in accordance with the needs of the Integrated development.

Keywords: Cultural Product; Thematic Publishing; Improve Quality and Efficiency; Structural Transformation; Integrated Development

B. 6 Report on the Development of Public Cultural Services

in China (2019) *Zhou Hongyan, Li Yuhan and Guo Jiafeng / 169*

Abstract: In 2018 − 2019, a series of policies have been issued and implemented in the field of public cultural services, which further improved the effectiveness of public cultural services so that it made remarkable progress. Such progress is mainly reflected in the following aspects: the construction of the public cultural service system is further improved; the basic public cultural services is further equalized; public cultural services has had more and more technological elements; the public's satisfaction with public cultural services has been further improved. But at the same time, there are still some related problems on public cultural services, such as, the level of residents' actual consumption of public cultural services is inadequate; the cultural facilities at the grassroots units mainly rely on traditional cultural facilities; digital technological cultural facilities are lacking; and the main provider of public cultural services is still the government. Therefore, the following aspects should be further promoted: broaden the channels of public cultural funds, strengthen the guidance of residents' cultural consumption; strengthen the digital construction of public cultural service infrastructure at the grassroots level; increase the investment in the central and western regions, further strengthen the supply of differentiated public cultural services; change the role of the government in public cultural services, and explore the potential participation of social institutes in public cultural services.

Keywords: Supply of Public Cultural Service; Cultural Consumption; Public Cultural Development; Supply Differentiation

B. 7 Report on the Domestic Cultural Communication and Influence in China (2019)

Huang Yan, Wang Liao and Huang Wenxia / 202

Abstract: In 2018 – 2019, The Chinese domestic cultural communication gained tremendous achievements. Firstly, during the reforms on the national cultural system, policies has continued to bring benefits to the cultural communication industry, and various industry regulations exhibited characteristics of precision and accuracy. Secondly, the construction of county-level digital media centers has shown results. There are 11 provinces and municipalities which gained full coverage of the county-level media centers. Thirdly, primary results have been exhibited of the structural adjustment in the film and television Industry. "Content first" becomes a golden rule in the film and television Industry. Network video industry have gradually a new type of cultural carrier. However, there are still several problems. Firstly, new media is lacking public credibility and cannot yet meet cultural needs of the peoples. Secondly, though the construction of county-level digital media centers has witnessed a growth burst, it will still face a series of problems of operation. Thirdly, the crisis in the film and television Industry will be exacerbated, the recovery of the whole industry will become a new mission and a new challenge. This report thus suggests that new media should learn and introduce excellent news gathering and editing mechanism from traditional media; county-level digital media centers should seek cross-level and cross-region cooperation to construct a multi-dimensional mechanism of personnel training; The film and television Industry should explore for a new developing model actively while obtaining the policy support in future.

Keywords: Reforms on the National Cultural System; County-level Digital Media Centers; Public Credibility of New Media; Adjustment of Film and Television Industry

B. 8 Report on the International Communication and Influence of Chinese Culture（2019） *Li Jialian, Ye Huazhen* / 236

Abstract: Based on the study of the total volume of international cultural products of 2018 −2019, the report analyzes the problems and limitations in the field of traditional paper cultural products represented by books, periodicals and newspaper, and of electronica cultural products represented by video, audio and electronica products. On the bases of this analysis, the report holds that the content of communication is mainly on the surface of the Chinese traditional cultural so its depth needs to be deepened; tension existed between the means of communication and diversified needs of cultural learners. the report makes three proposals in order to enhance communicative influence of Chinese culture. It is necessary to deepen the content of international cultural communication and explore alternative methods, as well as diversify the cultural destination of the cultural communication; we should integrate the international communication of Chinese culture with the modernization of contemporary China by using the modernization process to accelerate international communication of Chinese culture, and using the communication to deepen the modernization of contemporary China.

Keywords: Chinese Culture; International Communication; International Influence; Cultural Trade

Ⅳ   Special Report

B. 9   The Characteristics and Trends of the Contribution of Capital
        Accumulation of Public Cultural Institutions to Social and
        Economic Development
        —*A Modeling and Analysis Based on China's* 1949 −2018
        Time Series Data   *Zhang Zhimin* / 254

Abstract: This report uses the time series data of 70 years of development of
public cultural institutions since the founding of New China. Based on the
description analysis, 10 different time series elastic variables are used to construct a
long-term cointegration model and a short-term correction mode. This long-term
cointegration model shows that there is a clear endogenous codependence among the
investment of cultural undertakings, the accumulation of capital of public cultural
institutions, and the growth of both public cultural consumption and economic
output. Furthermore, the accumulation of public cultural capital has obvious output
growth effect on economic output. The short-term model shows that there is
insufficient explanatory reasons of the lack of what cultural investment, capital
accumulation of public cultural institutions and accumulation of public cultural
consumption contributed to economic growth and there is room for correction. The
present report argues that, from a policy perspective, the degree of investment
guarantee and the attention paid to the development of public cultural institutions are
closely related to economic output. Moreover, the chronic underinvestment of
public cultural undertakings and the lag in investment growth are caused by "two
deficiencies", namely, insufficient financial investment from the central government
and lack of attention paid by local authorities on investment. Therefore, the present
report puts forward the following suggestions: Firstly, to improve the mechanism of
investment to increase the financial investment in public cultural undertakings by the
central government so that the enthusiasm of local financial investment can be

stimulated. Secondly, the development of public cultural institutions should uphold its value goal: improving both the public welfare and excellent cultural heritage, so those institutions cannot be over-transformed. Thirdly, the development of public cultural institutions needs to gain more support in policy.

Keywords: Public Cultural Institutions; Capital Accumulation; Output Contribution; Co-integration Model

V   Data of Survey on Development of Chinese Culture

B. 10   Questionnaire of "Survey on Development of Chinese Culture (2019)" and Basic Information Analysis

Research Center of Institute for Advanced Humanistic Studies, Hubei University

Hubei Collaborative Innovation Center for Chinese Culture Development / 302

VI   Appendix

B. 11   Chronicle of Chinese Cultural Development (January 2019 −December 2019)   *Liu Gang, He Yanju / 332*

B. 12   Postscript   *Jiang Chang / 343*

权威报告・一手数据・特色资源

皮书数据库
ANNUAL REPORT(YEARBOOK)
DATABASE

分析解读当下中国发展变迁的高端智库平台

所获荣誉

- 2019年，入围国家新闻出版署数字出版精品遴选推荐计划项目
- 2016年，入选"'十三五'国家重点电子出版物出版规划骨干工程"
- 2015年，荣获"搜索中国正能量 点赞2015""创新中国科技创新奖"
- 2013年，荣获"中国出版政府奖·网络出版物奖"提名奖
- 连续多年荣获中国数字出版博览会"数字出版·优秀品牌"奖

成为会员

通过网址www.pishu.com.cn访问皮书数据库网站或下载皮书数据库APP，进行手机号码验证或邮箱验证即可成为皮书数据库会员。

会员福利

- 已注册用户购书后可免费获赠100元皮书数据库充值卡。刮开充值卡涂层获取充值密码，登录并进入"会员中心"—"在线充值"—"充值卡充值"，充值成功即可购买和查看数据库内容。
- 会员福利最终解释权归社会科学文献出版社所有。

数据库服务热线：400-008-6695
数据库服务QQ：2475522410
数据库服务邮箱：database@ssap.cn
图书销售热线：010-59367070/7028
图书服务QQ：1265056568
图书服务邮箱：duzhe@ssap.cn

社会科学文献出版社 皮书系列
SOCIAL SCIENCES ACADEMIC PRESS (CHINA)
卡号：788745486752
密码：

S 基本子库
SUB DATABASE

中国社会发展数据库（下设 12 个子库）

整合国内外中国社会发展研究成果，汇聚独家统计数据、深度分析报告，涉及社会、人口、政治、教育、法律等 12 个领域，为了解中国社会发展动态、跟踪社会核心热点、分析社会发展趋势提供一站式资源搜索和数据服务。

中国经济发展数据库（下设 12 个子库）

围绕国内外中国经济发展主题研究报告、学术资讯、基础数据等资料构建，内容涵盖宏观经济、农业经济、工业经济、产业经济等 12 个重点经济领域，为实时掌控经济运行态势、把握经济发展规律、洞察经济形势、进行经济决策提供参考和依据。

中国行业发展数据库（下设 17 个子库）

以中国国民经济行业分类为依据，覆盖金融业、旅游、医疗卫生、交通运输、能源矿产等 100 多个行业，跟踪分析国民经济相关行业市场运行状况和政策导向，汇集行业发展前沿资讯，为投资、从业及各种经济决策提供理论基础和实践指导。

中国区域发展数据库（下设 6 个子库）

对中国特定区域内的经济、社会、文化等领域现状与发展情况进行深度分析和预测，研究层级至县及县以下行政区，涉及地区、区域经济体、城市、农村等不同维度，为地方经济社会宏观态势研究、发展经验研究、案例分析提供数据服务。

中国文化传媒数据库（下设 18 个子库）

汇聚文化传媒领域专家观点、热点资讯，梳理国内外中国文化发展相关学术研究成果、一手统计数据，涵盖文化产业、新闻传播、电影娱乐、文学艺术、群众文化等 18 个重点研究领域。为文化传媒研究提供相关数据、研究报告和综合分析服务。

世界经济与国际关系数据库（下设 6 个子库）

立足"皮书系列"世界经济、国际关系相关学术资源，整合世界经济、国际政治、世界文化与科技、全球性问题、国际组织与国际法、区域研究 6 大领域研究成果，为世界经济与国际关系研究提供全方位数据分析，为决策和形势研判提供参考。

法律声明